MW01614288

CONTRE AVERROÈS

THOMAS D'AQUIN

L'UNITÉ DE L'INTELLECT CONTRE LES AVERROÏSTES

suivi des
Textes contre Averroès antérieurs à 1270

Texte latin.
Traduction, introduction,
bibliographie, chronologie, notes et index
par
Alain de LIBERA

Traduit avec le concours
du Centre national du Livre

GF-Flammarion

A Norman Kretzmann.

INTRODUCTION

Je suis celui qui pense "donc je suis".

J. LACAN

Quand en 1270, à une date inconnue, Thomas d'Aquin rédige le *De unitate intellectus contra averrois-tas*, il lui reste à peine quatre ans à vivre (il mourra à Fossanova le 7 mars 1274) et trois ans à travailler (malade, il cessera d'écrire dès décembre 1273). Œuvre de la maturité, le *De unitate* n'est pourtant pas son chant du cygne — plusieurs textes, disputes ou commentaires viendront encore après lui —, c'est une œuvre de combat, qui engage une bataille dont le Moyen Age lui-même ne verra pas la fin : la lutte contre l'averroïsme.

L'année 1270 est une année de crise, qui ouvre une décennie de crise politique, intellectuelle et institutionnelle. Le 11 juillet, le roi Louis IX lance la VIIIe croisade : il meurt un mois plus tard sous les murs de Tunis. Avec son brûlot anti-averroïste, Thomas lance la sienne : il sera plus heureux. Il est vrai qu'il n'est pas seul. Depuis trois ans, Bonaventure tonne contre les philosophes de la faculté des arts. L'ancien maître de Thomas, Albert le Grand, entre en lice. Il sera bientôt rejoint par l'évêque de Paris, Étienne Tempier. Pourquoi cette agitation ? Thomas lui-même nous répond : une erreur a envahi l'université parisienne — il faut la réfuter. Son auteur ? Averroès. Ses partisans ? des

chrétiens latins qui font profession d'ignorer leur
christianisme et de mépriser leur latinité. En un mot :
des *averroïstes*. Quelle erreur ? l'« unité de l'intellect »
et l'affirmation, fascinante mais paradoxale, que
l'« homme ne pense pas ». D'un mot : le *monopsychisme*. Deux mots que l'histoire a imposés : Thomas
lance le premier ; Leibniz forgera l'autre. On tente ici
de les expliquer.

En stigmatisant les partisans d'Averroès, en écrivant
contre eux tout un traité, Thomas prolonge deux
initiatives[1]. La première a été prise en 1267 par Bonaventure, qui dans ses *Collationes de decem praeceptis* a
solennellement mis en garde les étudiants et les
maîtres ès arts parisiens contre les « erreurs des philosophes ». La seconde a été prise par lui depuis longtemps déjà, c'est la critique de la théorie de l'intellect
formulée par Averroès dans son *Grand Commentaire
du livre de l'âme*. Nous reviendrons plus loin sur les
étapes du combat anti-averroïste de Thomas. Consi-
dérons d'abord ses contemporains.

L'attaque de Bonaventure contre les « philosophes »
porte explicitement sur deux erreurs qui, pour des
siècles, vont personnifier l'averroïsme : la première est
l'affirmation de l'éternité du monde, la deuxième, la
position de l'unité de l'intellect ; pourtant, Averroès
n'est pas nommé. Le ton n'en est pas moins vif : un
vrai péril est là. Sermon universitaire prononcé devant
« les maîtres, les licenciés, les bacheliers et les élèves
inscrits à la faculté », les *collationes* sont des conférences de Carême, prêchées chaque dimanche après-
midi, du 6 mars au 17 avril. C'est dans la deuxième
conférence (13 mars 1267), que l'unité de l'intellect
est dénoncée :

---

1. Sur la vie et l'œuvre de Thomas, sur la place du *De unitate
intellectus* dans l'ensemble de sa pensée, cf. l'ouvrage indispensable
de J.-P. Torrell, *Initiation à saint Thomas d'Aquin. Sa personne et son
œuvre* (Vestigia, 13), Paris-Fribourg, Le Cerf-éditions universitaires
de Fribourg, 1993.

« De la présomption téméraire de l'investigation philosophique procèdent les erreurs des philosophes,
comme de poser que le monde est éternel et qu'il y a un
seul intellect en tous <les hommes>. Poser le monde
éternel, c'est pervertir toute la sainte Écriture et revient
à dire que le Fils de Dieu ne s'est pas incarné. Mais
poser qu'il y a un seul intellect en tous <les hommes>
revient à dire qu'il n'y a ni vérité de foi, ni salut des
âmes, ni observance des commandements, et que le
pire homme sera sauvé et le meilleur damné[1]. »

Propos et diagnostic de théologien — de cœur et
d'institution — destiné, au fond, à des théologiens, le
discours de Bonaventure ne vise ni l'explication ni la
réfutation : la seule cause de l'erreur publiquement
attaquée est « la présomption téméraire de l'investigation philosophique ».

L'unité de l'intellect n'est pas la thèse forgée d'un
philosophe singulier, ce n'est pas une erreur individuelle ni une mauvaise philosophie : c'est le fruit de la
présomption qui travaille tout discours philosophique.
Il n'y a pas à mieux faire, mais à faire autre chose.

Erreur de philosophe, la thèse de l'unité de l'intellect n'est pas encore averroïste. Le fait est notable. En
1267, Averroès n'est pour Bonaventure qu'un philosophe parmi d'autres : ses erreurs ne sont pas ses
erreurs, elles engagent toute la profession. Est-ce à
dire que l'auteur des *Conférences sur les Dix commandements* ignore que le principal fauteur du monopsychisme est Averroès ? Non[2]. Mais il le fond dans la

1. Cf. Bonaventure, *Les Dix Commandements*, traduction, introduction et notes de M. Ozilou (*L'Œuvre de saint Bonaventure*),
Paris, Desclée/Cerf, 1992, p. 72.
2. Dès son *Commentaire des Sentences* (lu en 1250-1252), Bonaventure a pris la mesure exacte de la doctrine averroïste de
l'intellect. Toutefois, le personnage théorique d'Averroès ne l'in-
téresse pas comme tel, mais comme représentant de la philosophie.
Dans les *Conférences sur Les six jours de la Création*, prononcées
entre le 9 avril et le 28 mai 1273, la tendance se confirme. L'unité
de l'intellect est attribuée à Aristote « dans l'interprétation d'Averroès » (conf. VI, § 4) — c'est donc une lecture erronée d'Aristote,
dont on peut se demander si Aristote lui-même n'en est pas responsable : la thèse, en effet, prend place dans un ensemble commandé
par l'admission préalable de l'éternité du monde — thèse aristotélicienne par excellence. Le monopsychisme n'en est qu'une consé-

masse damnée des philosophes, et s'il met en garde les
maîtres et les étudiants, ce n'est pas contre l'averroïsme, c'est d'abord contre la philosophie : pas de
philosophes à l'université !

> « Celui qui conçoit de telles fictions, qui les soutient,
> qui les reproduit ou renchérit sur elles, erre très grave-
> ment, parce qu'il agit contre la deuxième parole du
> commandement [...]. C'est pourquoi tant l'auteur que
> le défenseur et l'imitateur sont tous interdits ici[1]. »

Un cadrage est donné, que confirment, un an plus
tard, les *Conférences sur les sept dons du Saint-Esprit*[2].
On le retrouvera en partie en 1270 dans l'intervention
d'Étienne Tempier. Entre les deux, toute une « réaction franciscaine » contre la philosophie enseignée à la
faculté des arts aura joué à plein, alimentée par plusieurs maîtres de l'ordre des mineurs, de Bonaventure
lui-même à Guillaume de Baglione[3].

---

quence parmi d'autres, la dernière venue, apparemment, après
l'admission de l'existence d'un nombre infini d'âmes, l'affirmation
de la corruptibilité de l'âme et celle de la métemsomatose : « Il
s'ensuit une autre cécité, celle de l'unité de l'intellect, car si on pose
que le monde est éternel, on aboutit nécessairement à l'une de ces
conséquences : soit il y a une infinité d'âmes, puisqu'il y a eu une
infinité d'hommes, soit l'âme est corruptible, soit il y a transmigration de corps en corps, soit il y a un seul intellect en tous, ce qui est
l'erreur attribuée à Aristote selon l'interprétation du Commentateur. » Bonaventure serait-il devenu plus philosophe ? Le plus vraisemblable est qu'il a lu le *De unitate intellectus*, dont le § 32 trace les
mêmes perspectives. Cf., pour tout ceci, Bonaventure, *Les six jours
de la Création*, conf. VI, traduction, introduction et notes de M.
Ozilou (*L'Œuvre de saint Bonaventure*), Paris, Desclée/Cerf, 1991,
p. 213. Dans la conf. VII, § 2, Bonaventure attribue à nouveau à
Aristote les deux erreurs incriminées dans la conf. VI, mais il
cherche à l'en excuser : « Au sujet de l'unité de l'intellect, on pourrait dire qu'il a pensé qu'il y a un seul intellect en raison de la
lumière influante, non en lui-même, parce que l'intellect est dénom-
bré selon le sujet. » Cf. trad. Ozilou, p. 226. Sur la chronologie des
œuvres de Bonaventure, cf. J.-G. Bougerol, *Introduction à saint
Bonaventure* (A la recherche de la vérité), Paris, Vrin, 1988.
    1. Cf. Bonaventure, *Les Dix Commandements*, trad. Ozilou,
p. 72 s.
    2. Cf. Bonaventure, *Conférences sur les sept dons du Saint-Esprit*,
conf. VIII, § 16-20 ; *Opera omnia*, V, p. 497-498.
    3. Sur cet auteur et le climat général de l'époque, cf. I. Brady,
« Background to the condemnation of 1270 : Master William of

Malgré l'intervention de Bonaventure, la crise philosophique s'installe à Paris. Les « averroïstes » y jouent un rôle — on y reviendra. Sur ce point, le meilleur témoin de l'évolution des esprits est Albert le Grand. Vers 1256, Albert, un des lecteurs les plus assidus d'Averroès, Albert, qui dans sa paraphrase du *De anima* ne craint pas d'écrire, ici, qu'« il s'accorde en tout avec Averroès[1] », là, « qu'il aime beaucoup la manière dont Averroès résout le problème de Théophraste[2] », rédige, à la demande du pape Alexandre IV (1254-1261), une grande dispute contre la théorie de l'unité de l'intellect, qu'il lit en curie pontificale à Rome ou à Anagni, puis met en forme en 1263. Il reprendra ce texte, quasi inchangé, dans la seconde partie de sa *Somme de théologie* dite « de Cologne », entre 1270 et 1280. Publié aujourd'hui sous le titre de *De unitate intellectus*, la « dispute d'Anagni » a longtemps été considérée comme spécialement dirigée contre les « averroïstes[3] ». Rien, pourtant, dans la tra-

---

Baglione, OFM », *Franciscan Studies*, 39 (1970), p. 5-48 ; « The Questions of Master William of Baglione, OFM, *De aeternitate mundi* (Paris, 1266-1267) », *Antonianum*, 47 (1972), p. 362-371 et 575-616.

1. Cf. Albert le Grand, *De anima*, III, 3, 11 ; Stroick, p. 221, 70. Selon B. Mojsisch, cet « accord total » concerne la théorie de la jonction de l'homme avec l'intellect séparé. Cf., sur ce point, B. Mojsisch, « Grundlinien der Philosophie Alberts des Großen », p. 30, avec la note 13. Cf., également, L. Hödl, « Über die averroistische Wende der lateinischen Philosophie des Mittelalters im 13. Jh. », *Recherches de théologie ancienne et médiévale*, 39 (1972), p. 171-204 (spécialement p. 186) ; A. Zimmermann, « Albertus Magnus und der lateinische Averroismus », in *Albertus Magnus. Doctor universalis (1280/1980)*, hrsg. von G. Meyer. A. Zimmermann (Walberger Studien 6), Mainz, 1980, p. 465-493 (spécialement, p. 485). Sur le rapport d'Albert à Averroès, cf., enfin, A. de Libera, *Albert le Grand et la Philosophie* (À la Recherche de la Vérité), Paris, Vrin, 1990, p. 232-246.

2. Cf. Albert le Grand, *De anima*, II, 2, 19 ; Stroick, p. 205, 21-22. Par « problème de Théophraste » Albert entend la question de la distinction entre puissance de la matière et puissance de l'intellect possible (ou « hylique », c'est-à-dire « matériel », dans la terminologie d'Alexandre d'Aphrodise). La « solution » d'Averroès est exposée en *In De anima* III, comm. 14 ; Crawford, p. 429, 23-40.

3. On notera qu'au Moyen Âge, le terme « *averroista* », qu'on

dition manuscrite n'impose absolument cette lecture.
Si l'on considère, en effet, les témoins du XIIIᵉ siècle,
on constate qu'un seul — le ms. *V* (Paris Nat. lat.
14 577) — renvoie à l'averroïsme[1]. En outre, si le livre
est dirigé contre l'unité de l'intellect — un thème
traditionnellement, et à tort, associé au seul Averroès
—, aucune des trois parties qui le composent ne prend
l'averroïsme comme argument central[2]. La première

----

associe trop automatiquement à la polémique *De unitate intellectus
contra averroistas* de Thomas d'Aquin ou d'Albert, est employé dans
divers contextes, sans lien obligatoire avec les thèmes classiques de
l'« averroïsme » défini par l'historiographie — éternité du monde,
« double vérité », monopsychisme ; c'est le cas, par exemple, chez
Roger Bacon, qui attribue aux « averroïstes » une doctrine de l'unité
de la forme substantielle *seule donatrice d'être au composé*, qui évoque
plutôt la thèse fondamentale de l'ontologie thomiste, mise en cause
tant à Oxford (1277) que dans les *Correctoires* franciscains ! Cf., sur
ce point, Roger Bacon, *Compendium Studii theologiae*, I, chap. 3,
§ 80 : « Nec averroistae impedire possunt hoc, licet sentiunt cum eo
(= Averroès) quod forma dat esse aggregato, nam non solum
forma dat esse aggregato, sed materia. » Un peu plus loin Bacon
évoque l'« insania Averrois et multiplex eius fatuitas, quae stultos
cogit multipliciter in errorem ».

1. Le texte de l'*Incipit* (f. 24ra) dit, en effet : « Incipit liber de
diversitate animarum post mortem resolutis corporibus *contra averroistas* qui dicunt unam in omnibus » (« Ici commence le livre sur la
diversité des âmes après la mort, une fois les corps décomposés,
contre les averroïstes qui affirment qu'il n'y a qu'une âme en tous
<les hommes> »). Les autres manuscrits n'ont pas d'indication
(comme les mss. *A*, Erfurt, *Amplon.* Fol. 328, et *P*, Paris, Mazarine
3479) ou ne nomment personne (comme les mss. *M*,'Melk, *Stifts-
bibl.* 1703, *G*, Paris, *Nat. lat.* 13960, ou *B*, Paris, *Nat. lat.* 14706).
M dit simplement (f. 121rb) : « Incipit libellus de contradictione
contra eos qui dicunt quod post separationem ex omnibus non
remanet nisi intellectus unus et anima una » (« Ici commence le livre
portant contradiction à ceux qui disent qu'après la séparation <de
l'âme et du corps> il ne reste de tous <les hommes> qu'un seul
intellect et une seule âme »).

2. Dans le *De unitate* d'Albert, la question de l'unité de l'intellect
est abordée sur le terrain général de la *théologie* philosophique.
Contrairement à Thomas qui pose le problème au niveau épistémo-
logique — il s'agit, en effet, pour lui d'expliquer contre Averroès la
pluralité numérique des actes de connaissance et de pensée —,
Albert traite d'un problème eschatologique commun à la philosophie tardo-antique (néoplatonicienne) et aux trois religions du
Livre : « Que restera-t-il des âmes humaines après la mort ? » —

partie présente trente « *obiectiones* » ou « *rationes* »,
appelées « *viae* » (« voies », c'est-à-dire « méthodes »),
en faveur de l'unité de l'intellect. La deuxième partie
propose trente-six « *rationes in contrarium* », c'est-
à-dire trente-six arguments autonomes, en faveur de la
thèse opposée. La troisième comprend une « *solutio* »
— l'énoncé de la thèse personnelle d'Albert —, suivie
d'une « *responsio ad obiectiones* » — une réplique détaillée aux trente « *rationes* » de la première partie. Dans
ce vaste dispositif Averroès ne joue pas un rôle central : il coudoie les autres péripatéticiens et, d'une
manière générale, les « philosophes arabes » (« *omnes
Arabes* ») « qui ont été les premiers inventeurs de cette
erreur[1] » : « un Maure nommé Abubacher[2] », « un philosophe maure nommé Abubacher, mais connu aussi
sous le nom d'Haly[3] », « Haly Abubacher[4] », « Alfa-
rabi[5] », « Avicebron, dans le livre intitulé *La Matière et*

---

c'est-à-dire : *après la mort de tous les hommes* (un problème qui n'a
pas de sens du point de vue aristotélico-averroïste, qui considère les
espèces et le monde comme éternels). La réponse d'Averroès est
censée être qu'il ne restera rien en dehors de l'intellect possible, qui
n'est ni *de* l'homme ni *à* l'homme. Dans le *De unitate* d'Albert le
monopsychisme est une thèse d'anthropologie philosophique portant sur la destinée de l'homme, le sens de son existence, la possibilité d'une immortalité personnelle — donc d'une rétribution des
mérites et des fautes (la « peine et la gloire ») ; non une hypothèse
noétique destinée à résoudre un problème de théorie de la connaissance. La problématique d'Albert est donc plus proche de Bonaventure que de Thomas.
    1. Cf. Albert le Grand, *De unitate intellectus*, 1 ; éd. Hufnagel,
p. 7, 77-8, 18, notamment : « Dire que l'intellect n'est pas une partie
de l'âme, c'est l'hypothèse qui guide tous les Arabes : ce sont eux
qui ont été les premiers inventeurs de cette erreur. »
    2. Cf. Albert le Grand, *De unitate intellectus*, 1 ; éd. Hufnagel,
p. 6, 55-68.
    3. Cf. Albert le Grand, *De unitate intellectus*, 1 ; éd. Hufnagel,
p. 12, 40-62. Dans la *Summa theol.*, II, 12, 77 ; éd. Borgnet, p. 77a,
Albert remarque que cet « Abubaker est appelé aussi Almassor ».
Aux p. 83a et 84b, il précise que la thèse du « Maure Almassor » « a
été reprise par un autre Maure, Hali, son *socius* » !
    4. Cf. Albert le Grand, *De unitate intellectus*, 1 ; éd. Hufnagel,
p. 13, 7-10.
    5. Cf. Albert le Grand, *De unitate intellectus*, 1 ; éd. Hufnagel,
p. 7, 20-39.

la Forme ou *La source de vie*[1] », « Avempeche, dans la lettre qu'il a appelée *La prolongation de l'intellect en l'homme*[2] ». Le rôle, somme toute mineur, joué ici par Averroès — nommé trois fois[3] — s'explique aisé-

---

1. Cf. Albert le Grand, *De unitate intellectus,* 1 ; éd. Hufnagel, p. 8, 85-9, 9.

2. Cf. Albert le Grand, *De unitate intellectus,* 1 ; éd. Hufnagel, p. 11, 66-78. A ce propos il faut bien voir que, dans le *De unitate*, la thèse monopsychiste est originairement et essentiellement attribuée à « Avempeche » — c'est la vingt-sixième opinion discutée dans le traité — parce qu'en matière d'*histoire de la philosophie*, Albert suit Averroès à la lettre. Sur l'opinion d'Ibn Bajjâ, cf. Albert le Grand, *De unitate intellectus*, éd. Hufnagel, p. 11, 66-12, 3, d'après Averroès, *In De anima* III, comm. 5 ; éd. Crawford, p. 412, 729-739, qui, comme on le sait, limite le monopsychisme d'Ibn Bajjâ *au seul intellect agent.*

3. Cf. Albert le Grand, *De unitate intellectus,* 1 ; éd. Hufnagel, p. 5, 73-6, 3 (quatrième voie) ; 12, 4-39 (vingt-septième voie) ; 12, 63-13, 6 (vingt-neuvième voie). Des trois, c'est la vingt-neuvième voie qui est la plus intéressante, car elle aborde — enfin — deux thèmes centraux de la noétique d'Averroès. Premier thème : l'éternité de l'intellect possible. [1] Un agent universel est nécessairement fondé en quelque chose (un tel agent est, en effet, une forme, or, une forme n'a ni être ni activité si elle n'est pas fondée, *ens fundatum*) ; [2] l'intellect agent est nécessairement fondé dans un récepteur universel ; [3] donc, si l'intellect agent est éternel, ce qui le fonde, l'intellect possible, est lui aussi, éternel. Deuxième thème : il s'agit d'expliquer comment le *factum* de l'agent dans le patient peut être engendré et corruptible, autrement dit, comment l'intellect « produit », autrement dit l'intellect « spéculatif », partie actuée de l'intellect possible se continuant avec l'âme humaine, peut n'être pas éternel alors que l'intellect possible en lui-même est éternel. Telle que la résume Albert, la réponse d'Averroès est paradoxale. Loin d'expliquer la condition de possibilité de l'intellect « produit », le Commentateur se contente d'affirmer que « toute la nature intellectuelle en l'homme est séparée et éternelle ». Ce statut de l'intellectualité, à la fois intérieure et étrangère à l'homme, implique le monopsychisme : séparé et éternel l'intellect n'est pas « nombré selon le nombre de la matière » ; donc il n'est pas « nombré selon le nombre des hommes » ; donc, une fois les hommes disparus, « il ne reste d'eux qu'une seule chose » numériquement une, qui n'est d'aucune façon multipliée, puisque, en la rigueur des termes, elle n'est rien d'eux. Selon Albert, cet argument — qu'une saine méthode voudrait voir concilier avec la thèse de l'éternité de l'espèce humaine, problème qui n'est pas même effleuré — est « la source de la plupart des erreurs » de ceux des Latins « qui se disent philosophes ». Cf. Albert le Grand, *De unitate intellectus,* 1 ; éd. Hufnagel,

ment : Albert passe en revue les arguments mis au
service de la théorie de l'unité de l'intellect, il ne
discute pas une doctrine particulière. Certains auteurs
d'arguments ne sont d'ailleurs pas toujours partisans
de la théorie qu'ils viennent instrumenter — c'est le
cas, par exemple, de l'argument fondé sur la notion
fârâbîenne d'« intellect acquis » (*intellectus adeptus*),
dont Albert, qui y recourt lui-même abondamment,
s'empresse de noter : « Cet argument sert à beaucoup
de gens, il remonte à al-Fârâbî. Mais lui-même ne l'a
pas formulé pour ce à quoi ils l'utilisent. Il entendait
seulement montrer grâce à lui que l'âme est placée
dans le corps pour y acquérir l'intellect grâce à un
effort continu[1]. » Qui sont ces utilisateurs ? Les suc-

---

p. 13, 2-6 : « Et haec causa est, quia fere tota multitudo nostrorum,
qui se dicunt philosophos, est nutrita in positionibus fictis, quas
ipsimet invenerunt et quae tamen nulla possunt persuaderi ratione. »
Ces *« philosophes »* sont-ils des « averroïstes » au sens de Thomas ou
des « philosophes » au sens de Manfred ? Nous penchons pour la
seconde hypothèse, mais parce que, selon nous, la remarque d'Albert ne date pas ici de la « Dispute d'Anagni » (1256) mais du
Contra Averrroem rédigé à partir d'elle vers 1263. Cela étant, ceux
qu'Albert dénonce en 1263 n'adhèrent pas encore à une doctrine ;
ils fondent leurs « balivernes » sur *un argument* d'Averroès, dont
Albert tient à souligner qu'il ne manque pas de force, même si
certains ne veulent pas le voir : « Et est ratio, quae multum est fortis,
licet quibusdam non videatur » (*De unitate intellectus*, 1 ; éd. Hufnagel, p. 13, 1-2). Dans sa solution Albert n'insiste d'ailleurs pas sur
l'aspect « averroïste » des choses. Mieux : loin de condamner en bloc
Averroès, il se contente de distinguer deux sens du mot « séparé ».
Le premier sens est correct : c'est « séparé de la matière », au sens de
« ce qui n'est ni un corps ni une faculté logée dans le corps (*nec est
corpus nec virtus in corpore*) » — une expression directement empruntée au Commentateur ! —, le second est inacceptable : c'est
« séparé de tout existant particulier » — or, tout lecteur d'Averroès
peut aisément vérifier qu'il ne soutient pas cette séparation radicale.
La dénonciation attendue du monopsychisme tourne donc à l'avantage d'Averroès : on finit sur un autre terrain, la dénonciation du
matérialisme alexandrinien, un terrain où l'on sait bien qu'Albert
suit toujours à la lettre Averroès contre Alexandre. Cf. Albert le
Grand, *De unitate intellectus*, 3 ; éd. Hufnagel, p. 30, 19-49.
    1. Cf. Albert le Grand, *De unitate intellectus*, 1 ; éd. Hufnagel,
p. 7, 35-39. La doctrine fârâbîenne de l'« acquisition de l'intellect »
est, d'ailleurs, la doctrine même d'Albert — celle qu'il expose dans
les mêmes termes, mais avec plus de détails, dans le *De intellectu et
intelligibili*. Elle fonde une reformulation éthique de la philosophie

cesseurs arabes d'al-Fârâbî ou des Latins modernes ?
Les deux sans doute. Mais ces « Latins » ne sont pas
nécessairement des contemporains — pourquoi ne pas
penser aux syncrétistes andalous du XIIᵉ siècle ? — et
s'ils le sont, ils ne sont pas pour autant des « averroïstes » militants. Albert le confirme lui-même à sa
manière quand il conclut sa présentation des trente
« méthodes » de démonstration de l'unité de l'intellect
en soulignant l'importance de son rôle personnel — lui
qui a « partiellement tiré ces arguments de son propre
fonds (*ingenio proprio*) et, pour l'autre partie, fait la
synthèse des textes péripatéticiens [1] ». Aurait-il fallu
tant lire et tant inventer si des adversaires vivants
pouvaient à chaque instant se manifester ? C'est pour
le moins douteux. En outre, il faut garder à l'esprit
que, avant même d'être refondu dans la tardive
Summa theologiae de 1270-1280, le texte initial
d'Albert a connu au moins deux états : celui de la
« Dispute d'Anagni » (1256) et celui du *Contra errores
Averrois* composé d'après elle en 1263. Le « philosophisme » teinté d'« arabisme » qui tend à s'imposer à
Paris dans les années 1260-1265 n'existait certainement pas déjà cinq ou dix ans plus tôt — fût-ce à l'état
embryonnaire [2]. Dans les années 1255, en tout cas,

_____

qui culmine dans un état que le *De intellectu et intelligibili* ne craint
pas de caractériser avec Aristote comme « divin » (*intellectus divi-
nus*). On peut en résumer ainsi les thèmes essentiels : l'intellect
acquis désigne l'état de l'âme humaine « jointe » (*coniuncta*) à l'Intellect agent séparé ; l'état de « jonction » ou « vie théorétique » est l'état
que les philosophes définissent comme le but suprême de l'existence
humaine — l'« espérance philosophale » (*fiducia philosophantium*) et
l'« autre vie » (*alia vita*) selon al-Fârâbî ; cette forme de vie s'acquiert : elle est l'objet d'un travail et suppose une progression, une
« marche vers la prolongation (*moveri ad continuationem*) de l'intellect en l'âme » ; son contenu positif est cela même qu'Aristote
définissait comme l'objet de la théologie philosophique : la contemplation des êtres séparés ; son affect caractéristique peut être appelé
« félicité intellectuelle ». Sur tout ceci, cf. A. de Libera, « Psychologie
philosophique et théologie de l'intellect. Pour une histoire de la
philosophie allemande au XIVᵉ siècle », *Dialogue*, XXXI/3 (1992),
p. 377-397.
    1. Cf. Albert le Grand, *De unitate intellectus*, 1 ; éd. Hufnagel,
p. 13, 31-33.
    2. Sur la relation entre « philosophisme » et « averroïsme », cf.

l'« averroïsme » n'était pas même imminent : en fait, c'est seulement dans la refonte du texte de 1263, autrement dit dans la *Summa theologiae*, qu'Albert mentionne les *averroistae*. Mais, précisément, les temps ont changé : on est après la crise des années 1270, après le *De unitate intellectus contra averroistas* de Thomas d'Aquin ! C'est donc *rétrospectivement* qu'Albert rééquilibre son texte de 1256-1263 en mettant tout le poids sur Averroès. Encore faut-il bien voir que cela ne modifie en rien son contenu : si Averroès apparaît désormais comme la cible principale, les arguments dénoncés restent les mêmes — ce sont ceux des philosophes arabes. Certains viennent d'Averroès ; aucun n'est « averroïste ». *A fortiori*, aucun n'est à la fois « averroïste » et « latin ». En fait, Albert lui-même nous donne le sens de cette dérive dans la chronologie qui présente le texte qu'il va intégrer à sa *Somme* : la dispute lue devant Alexandre IV en 1256, à Anagni (où la curie séjourne de mai à novembre 1256) ou à Rome, a donné lieu à un livre, qui a circulé dans les années 1260-1265 sous le titre de *Contre Averroès*, et ce livre la *Summa* le reprend pour le bien de la *théologie*[1]. De 1256 aux années 1270 (période durant laquelle Albert travaille à sa *Somme*), les choses ont changé de la manière que laissaient prévoir les mises en garde de Bonaventure : la réfutation du monopsychisme averroïste est devenue une urgence théologique pour les chrétiens[2]. Ce n'était pas

---

Luca Bianchi, « Filosofi, Uomini e Bruti. Note per la storia di un'antropologia 'averroista' », *Rinascimento*, Seconda serie, vol. XXXII (1992), p. 185-201.
1. Cf. Albert le Grand, *Summa de mirabili scientia dei sive Summa theologiae*, Pars II, q. 77, mbr 3 ; Borgnet, t. 33, p. 100b : « Haec omnia aliquando collegi in curia existens ad praeceptum domini Alexandri papae, et factus fuit inde libellus, quem multi habent, et intitulatus est *Contra errores Averrois*. Et hic etiam posita sunt, ut perfectior sit scientia sacrae theologiae. »
2. D'où le jugement sévère porté *à ce moment* par Albert sur l'« erreur d'Averroès » et la retouche qu'il impose à la signification générale de son propre livre (cf. *Summa de mirabili scientia dei...*, éd. cit., p. 75a) : « [...] laquelle erreur est particulièrement dangereuse. Et c'est contre cette erreur que j'ai disputé autrefois quand j'étais à

le cas au moment de la dispute en curie. De fait, dans
l'état initial du texte, le *De unitate intellectus* d'Albert
est un livre de philosophe parlant de théologie *naturelle*. Albert le dit sans ambages, il va procéder en
philosophe contre ses adversaires et refuse explicitement d'assumer, ou plutôt d'invoquer, le point de vue
de la religion[1]. Le livre est, certes, destiné à des
contemporains — mais comme le *Guide des égarés* de
Maïmonide l'était en son temps : il s'agit, ni plus ni
moins, que d'éclairer les étudiants et les maîtres en
examinant pour eux les arguments des philosophes
anciens ou ceux que l'on pourrait être tenté d'en
extrapoler. Livre de philosophe, le *De unitate* d'Albert
n'est pas pour autant lié au corpus aristotélicien. Plus
qu'une petite somme spécialisée sur l'intellect selon
Aristote et Averroès, c'est donc le livre d'un artiste
discutant les arguments philosophiques employés
dans un domaine partagé par l'artiste et par le théologien : contrairement à ce que sera le *De unitate* de
Thomas, ce n'est pas, avant tout, une exégèse du *De
anima* d'Aristote. Au vrai, l'axe général de la « dispute
d'Anagni » n'a que peu à voir avec l'interprétation
averroïste de la théorie aristotélicienne de l'intellect.
L'articulation de la problématique est tout autre. La
question pendante est eschatologique : chez nombre
de ceux qui s'adonnent à la philosophie (« *apud non-
nullos eorum qui philosophiam profitentur* ») il y a un
doute sur (1) la séparation de l'âme et du corps, et
(2), dans l'hypothèse où l'âme est séparée du corps,
sur ce qui reste d'elle après la mort, et (3) dans
l'hypothèse où l'âme subsiste quant à l'intellect, si
« l'intellect restant d'une âme » est le même ou un
autre que « celui restant d'une autre âme ». Dès lors,
l'ambition du livre est simple, elle est scientifique et
pédagogique : « faire voir par le raisonnement et le
syllogisme ce qu'il faut soutenir et penser au sujet de

la curie » (« [...] qui error periculosus est nimis, et contra hunc
errorem iam pridem disputavi, cum essem in curia). »
    1. Cf. Albert le Grand, *De unitate intellectus*, 1 ; éd. Hufnagel,
p. 1, 1-23.

questions si incertaines ». D'où, la mise entre paren-
thèses de la dogmatique religieuse au profit de la
méthode de démonstration philosophique[1]. Disputant
en curie non contre un adversaire vivant, mais sur le
fond, *ad rem*[2], Albert ne pose pas au philosophe
contre le théologien, mais, neutralisant les *dicta legis*,
c'est-à-dire les énoncés *donnés* par la Loi, il adopte le
point de vue du *demonstrator*, du « scientifique » aristotélicien, c'est-à-dire celui des énoncés *établis* par le
raisonnement. Albert ne choisit donc pas entre religion et philosophie : il choisit la science. Au vrai, la
problématique du *De unitate* est commune à la philosophie et aux trois religions du Livre : un Avicenne,
un Ghazâlî ont autant à y faire qu'un artiste ou un
théologien parisiens. Dans les années 1255, le problème de l'unité de l'intellect ne divise donc pas la
communauté intellectuelle chrétienne : il la rassemble
face à un problème où buttent à la fois toutes les
philosophies et toutes les théologies.

En 1270, tout se présente autrement. Albert, mais
aussi bien Thomas, doivent compter avec une formidable nouveauté : l'apparition, à l'Université, d'un
conflit des Facultés, opposant de façon chronique
« artistes » et théologiens, et alimenté depuis 1265,
environ, par une véritable littérature de propagande
« philosophique[3] ».

1. Cf. Albert le Grand, *De unitate intellectus*, 1 ; éd. Hufnagel,
p. 1, 12-14 : « Et c'est pourquoi nous laissons entièrement de côté
ici tout ce qu'enseigne notre religion et n'acceptons que ce qui peut
recevoir une démonstration par le syllogisme » (« Et ideo quae-
cumque dicit lex nostra, nunc omnino praeterimus, tantum ea
accipientes quae per syllogismum accipiunt demonstrationem »).
2. Cf. Albert le Grand, *De unitate intellectus*, 1 ; éd. Hufnagel,
p. 1, 30-31 : « [...] ad positonem enim simul et ad rem disputatio
erit in hoc opere. »
3. Sur cette littérature des « Introductions à la philosophie » et
son idéologie anti-bonaventurienne (qui remet implicitement en
question le « rôle ancillaire de la philosophie »), sur le « rationalisme
mystique » régnant à l'université de Paris dans les années précédant
les condamnations de 1270 et 1277, cf. Cl. Lafleur, « L'Introduction à la philosophie *Ut testatur Aristotiles* (vers 1265-1270) », *Laval
théologique et philosophique*, 48/1 (1992), p. 81-107. Pour un panora-
ma général de la littérature concernée, cf. Cl. Lafleur, *Quatre introductions à la philosophie au XIII* siècle. Textes critiques et étude histo-

*
**

Le 10 décembre 1270, le nouvel évêque de Paris (7 octobre 1268) condamne treize propositions « philosophiques ». Ce n'est pas la première censure universitaire — l'aristotélisme n'a cessé d'être contrarié depuis 1210 —, mais c'est la première qui vise de front certains des thèmes fondamentaux du péripatétisme gréco-arabe. Fort de cette expérience, l'évêque récidivera d'ailleurs sept ans plus tard, à la demande du pape Jean XXI, en orchestrant la plus formidable mesure d'interdiction qu'ait connue l'Occident médiéval : 219 thèses sont frappées. La liste dressée par Tempier, lui-même ancien maître de l'université parisienne, se place à côté de deux autres listes. La première est celle de Bonaventure, dont elle reprend les thèmes de l'unité de l'intellect et de l'éternité du monde. La seconde est un questionnaire adressé par Gilles de Lessines à Albert le Grand, dont elle reprend treize propositions sur quinze. Ces treize propositions sont[1] :

> « 1. Il n'y a qu'un seul intellect numériquement identique pour tous les hommes ; 2. La proposition : "l'homme pense" est fausse ou impropre ; 3. La volonté humaine veut et choisit par nécessité ; 4. Tout ce qui advient ici-bas est soumis à la nécessité des corps célestes ; 5. Le monde est éternel ; 6. Il n'y a jamais eu de premier homme ; 7. L'âme, qui est la forme de l'homme en tant qu'homme, périt en même temps que son corps ; 8. Après la mort, l'âme étant séparée du corps ne peut brûler d'un feu corporel ; 9. Le libre arbitre est une puissance passive, non active, qui est mue par la nécessité du désir ; 10. Dieu ne connaît pas les singuliers ; 11. Dieu ne connaît rien d'autre que lui-même ; 12. Les actions de l'homme ne sont pas régies par la Providence divine ; 13. Dieu ne peut conférer l'immortalité ou l'incorruptibilité à une réalité mortelle ou corporelle[2]. »

---

rique (Université de Montréal. Publications de l'Institut d'études médiévales, XXIII), Montréal-Paris, Vrin, 1988.

1. Cf. H. Denifle et É. Châtelain, *Chartularium Universitatis Parisiensis*, Paris, Delalain, 1889, t. I, n° 432, p. 486-487.

2. On notera que sur les deux propositions du *Questionnaire* de Gilles de Lessines non reprises dans la liste d'Étienne Tempier l'une

Les treize articles de 1270 sont intégralement refor-

---

est purement théologique — *i.e.* 14. « Le corps du Christ gisant au
Sépulcre et celui du Christ souffrant sur la croix n'est ou n'était
numériquement pas le même corps absolument parlant, mais seulement sous un certain rapport » — tandis que l'autre — *i.e.* 15. « Que
si la simplicité de l'ange et de l'âme n'est pas une simplicité absolue,
ce n'est pas parce ce sont des êtres composés, mais seulement parce
qu'ils émanent de la Première cause absolument simple » — est
professée par Siger de Brabant, mais au moins un an plus tard ! En
outre, c'est explicitement contre la théorie thomiste de la composition réelle de l'être et de l'essence que le maître de Brabant formule
sa thèse. Sur ce point cf. Siger de Brabant, *Questions sur la Métaphysique*, q. 7 ; éd. D. Dunphy (Philosophes médiévaux, XXIV),
Louvain-la-Neuve, Éditions de l'Institut supérieur de philosophie,
1981, p. 47, 5-48, 30, spécialement : « [...] Quand il (= "frère
Thomas") dit que "tout ce qui est en deçà du Premier doit s'écarter
de la simplicité du Premier", je ne vois pas où il peut bien prendre
cette proposition. Ce que je trouve bien, en revanche, c'est que tout
ce qui est en deçà du Premier s'en écarte et se multiplie à mesure
qu'il accède à la puissance. Et la cause en est que nul n'est acte par
comme l'est le Premier. [...] De plus, à supposer même que cette
proposition fût vraie et qu'il y ait des choses qui ne soient pas
composées de matière et de forme, il n'en résulterait pas qu'elles
sont composées d'essence et d'être. Conclure cela serait une erreur
du conséquent. De fait, il y a une autre manière de s'écarter de la
simplicité, par exemple par l'acte même de penser, car tout ce qui
est autre que le Premier pense par l'intermédiaire d'une espèce
<intelligible> qui est différente de lui-même. » La version des
Quaestiones in Metaphysicam éditée par C.A. Graiff est encore plus
explicite dans son anti-thomisme, cf., pour le même passage, Siger
de Brabant, *Questions sur la Métaphysique*, q. 7 ; éd. C.A. Graiff
(Philosophes médiévaux, I), Louvain, 1948, p. 21, 60-65 : « Même
si tout étant causé s'écarte de la simplicité du Premier, il ne faut pas
pour autant qu'il y ait chez lui composition réelle de l'être et de
l'essence, car toutes les choses s'écartent du Premier en s'écartant
de l'actualité du Premier et en accédant à la puissance. C'est donc
par l'éloignement du Premier que les espèces des étants se diversifient et par une plus ou moins grande participation à l'Unité première. » Dans sa réponse au *Questionnaire*, Albert ne montre aucune
connaissance du dossier Thomas-Siger. En revanche, l'idée d'une
différenciation de l'étant par la distance qui le sépare du Premier
vient clairement d'Albert. Un des paradoxes de l'« averroïsme » de
Siger est qu'il puise parfois chez Albert le Grand de quoi répondre à
Thomas d'Aquin. En ce qui concerne le thème de la « distance »
constituante, il est clair, en tout cas, qu'il vient d'Albert et, à travers
lui, de Denys, *Noms divins*, V, 6, PG 3, 820B et IX, 7, PG 3, 916A.
Albert en fait un axiome, qu'il attribue alternativement à Denys, aux

mulés dans la liste du 7 mars 1277[1]. Plusieurs d'entre
eux sont directement issus d'Averroès. Les deux premiers sont au cœur de la problématique thomiste de
l'unité de l'intellect. Cette fois, dira-t-on, pas de doute,
l'« averroïsme » est bien là. Albert qui le stigmatise
après 1270 s'en aperçoit-il *dès 1270*? La question
mérite d'être posée.

Tout part pour lui, on l'a vu, d'un *Questionnaire*. En
1270, sans aucun doute *avant* l'intervention épiscopale, puisque ni Gilles, dans sa question, ni Albert,
dans sa réponse, n'y font allusion, un jeune domini-
cain de Lessines adresse au vieux maître allemand une
liste de « quinze articles proposés dans les écoles par
les maîtres parisiens, qui passent pour les plus grands
en philosophie[2] », et, étant donné leur aspect provo-
quant, qui leur a valu déjà « d'être attaquées en
maintes assemblées », il lui demande de les réfuter une
bonne fois. Nulle mention ici d'« averroïstes ». Répondant au *Questionnaire* par un opuscule intitulé *Les
quinze problèmes*, Albert n'y fait pas plus allusion que
son mandant. S'il critique effectivement les « parisiens » — qu'il ne fréquente plus directement — ce

---

« antiques philosophes » et aux péripatéticiens : « Ea quae sunt a
primo, per distantiam ab ipso accipiunt differentiam », *De causis et
processu universitatis*, I, 1, 10 ; éd. Fauser, p. 22, 10-12. En Dcpu II,
1, 15 ; Fauser, p. 78, 49-62, il rappelle que les *antiqui philosophi*
faisaient de la « distance » la *causa constitutiva animae*. A ce propos il
souligne que l'émanation hiérarchique est le bien commun des
Arabes et des Grecs, les Arabes appelant *influentia* ce que les Grecs
appellent *processio* — un concordat qui détermine la conception
albertiste du péripatétisme et qui, malgré l'écart historique et cultu-
rel qui les sépare, enracine la philosophie allemande naissante dans
l'univers nébuleux de la *Théologie d'Aristote*. C'est en ce sens que le
Dcpu I, 4, 1 (Fauser, p. 43, 15) attribue encore la notion de « pro-
cession » aux *antiquissimi Peripatetici et primi*.
    1. Le texte des condamnations de 1277 est édité et commenté
dans R. Hissette, *Enquête sur les 219 articles condamnés à Paris le 7
mars 1277* (Philosophes médiévaux, XXII), Louvain-Paris, Publications Universitaires-Vander-Oyez, 1977. Les correspondances sont
les suivantes : 1=32 ; 2=14 ; 3=159 ; 4=162 ; 5=187 ; 6=9 ;
7=116 ; 8=19 ; 9=134 ; 10=42 ; 11=3 ; 12=195 ; 13=25. Pour
une interprétation historique et philosophique d'ensemble des
condamnations de 1277, voir l'ouvrage fondamental de L. Bianchi,

n'est pas pour cause d'« averroïsme », mais parce qu'ils
consacrent trop de temps aux *sophismata*, au lieu de
lire et de méditer les textes des philosophes. Visiblement Albert ne veut pas se laisser entraîner dans le
« conflit des Facultés ». Les « maîtres » que lui dénonce
Gilles sont certainement des artistes ; mais ce n'est pas
comme philosophes qu'à son tour il les critique : c'est
comme *mauvais* philosophes, plus exactement comme
logiciens (« *sophistae* »). C'est ainsi qu'à propos du premier article — l'affirmation brutale de l'unité de
l'intellect — il commente : « Ce n'est pas seulement
pour les théologiens que ce qu'ils disent est faux, ce
l'est aussi pour la philosophie. La cause de leurs affirmations est l'ignorance des textes des philosophes, car
beaucoup de parisiens s'adonnent aux *sophismata* plutôt qu'à la philosophie[1]. » Le reproche n'est pas neuf :
on le trouve chez Étienne de Tournai[2], on le retrouve

---

*Il vescovo e i filosofi. La condanna parigina del 1277 e l'evoluzione
dell'aristotelismo scolastico*, Bergamo, Lubrina, 1990.
   2 (page 24). Cf. Albert le Grand, *De quindecim problematibus* ;
éd. Geyer, p. 31, 5-7 : « [...] articulos, quos proponunt in scholis
magistri parisienses qui in philosophia maiores reputantur. » La
« réputation philosophique » des maîtres parisiens n'est pas, à
l'époque, une simple formule de politesse. Il faut, de ce point de
vue, mettre en parallèle le *Questionnaire* de Gilles avec la *Lettre* de
Manfred aux maîtres de l'université de Paris, où le descendant de
Frédéric II, célèbre en termes non feints « les docteurs qui siègent
sur les quadriges de l'enseignement philosophique », les « élèves
illustres de la philosophie », qui « font revivre les philosophes antiques grâce au ministère de leur parole et qui, par l'enseignement,
entretiennent leur gloire passée ». Sur la *Lettre de Manfred* (longtemps attribuée à Frédéric), cf. R.-A. Gauthier, « Notes sur les
débuts (1225-1240) du premier "averroïsme" », *Rev. Sc. ph. th.*, 66
(1982), p. 322-330 (qui donne une édition critique du document).
   1. Cf. Albert le Grand, *De quindecim problematibus*, 1 ; éd.
Geyer, p. 34, 53-57 : « Non ergo tantum secundum theologos falsum est, quod dicunt, sed etiam secundum philosophiam ; sed
causa dicti est ignorantia philosophorum, quia multi parisienses non
philosophiam, sed sophismata sunt secuti. »
   2. On sait qu'Étienne de Tournai dénonçait chez les maîtres de
Paris la manie « d'attraper des petits mots vides avec leurs *sophismata*, comme des mouches dans une toile d'araignée » (« muscas ina-
nium verbulorum sophismatibus suis tanquam areneorum tendi-
culis includunt »). Sur ce point, cf. A. Mandonnet, *Siger de Brabant
et l'averroïsme latin*, I, Louvain, 1911, p. 123.

chez Roger Bacon[1]. Il est clair, en tout cas, qu'il ne
vise nommément *ni Averroès ni les partisans d'Averroès*.

Qu'en est-il du deuxième article, dont Thomas fera
l'épreuve cruciale de l'erreur averroïste ? Analysons le
texte :

> « Leur seconde thèse est que la proposition
> "l'homme pense" est fausse ou impropre.
>
> [1] On ne peut dire cela que si l'on ignore la philo-
> sophie et que si l'on ignore ce que l'on est soi-même[2].
> De fait, il est clairement établi en philosophie que
> l'homme est seulement intellect[3] et que la pensée est

---

1. Cf. Roger Bacon, *De erroribus medicorum* (*Opera Hactenus
Inedita*, IX), Oxford, 1928, p. 154 : « Le troisième défaut est que le
commun des médecins se consacre à la discussion de questions
infinies et d'arguments inutiles et ne s'en tient pas à l'expérience
comme il le faudrait (« Tertius defectus est quod vulgus medicorum
dat se disputationibus questionum infinitarum et argumentorum
inutilium, et non vacat experientie ut oportet »). Il y a plus de trente
ans ils s'en tenaient à l'expérience, qui seule apporte la certitude ;
mais maintenant avec l'art des topiques et des réfutations sophistiques ils multiplient les questions incidentes à l'infini et les arguments dialectiques et sophistiques en nombre plus infini encore, et
ils s'y engloutissent et ils cherchent sans trêve, mais ils ne trouvent
jamais la vérité. » Cité par B. Lawn, *The rise and decline of the
scholastic 'Quaestio Disputata', with special emphasis on its use in the
teaching of medicine and science* » (Education and Society in the
Middle Ages and Renaissance, vol. 2), Leiden-New York-Köln, E.J.
Brill, 1993, p. 40-41, note 11.

2. Ce qui, pour Albert, revient au même, puisque, selon le mot
d'Ihsâq al-Isrâ'îlî, « se connaître soi-même c'est connaître toutes
choses ». Cf. Isaac Israeli, *De definitionibus*, éd. Muckle, p. 306,
1-15. Cf., également, Anonyme, *Philosophica disciplina*, éd. Lafleur,
Quatre introductions ..., p. 258, 20-24 ; Arnoul de Provence, *Divisio
scientiarum*, éd. Lafleur, *Quatre introductions ...*, p. 310, 138-142 :
« La philosophie c'est la connaissance de l'homme par lui-même.
Car si l'homme se connaissait parfaitement lui-même, étant donné
qu'il est composé d'une substance spirituelle et d'une substance
corporelle — ce qui englobe tout le reste — il connaîtrait d'une
certaine manière en lui-même tout ce qui existe » (« Philosophia est
cognitio sui ipsius ab homine ; quia si homo se ipsum perfecte
cognosceret, cum sit compositus ex substantia spirituali et corporali
sub quibus omnia continentur, omnia quodammodo cognosceret in
seipso »). Sur Ihsâq al-Isrâ'îlî, cf. A. de Libera, *La philosophie médiévale* (Premier cycle), Paris, 1993, p. 195-199.

3. Comparer, sur ce point, à Thomas d'Aquin, *De unitate intellectus contra averroistas* (noté par la suite *De unitate*), § 74 et 87.

l'activité propre et connaturelle de l'homme, activité qui, quand elle n'est pas empêchée par un obstacle, constitue pour lui la suprême félicité[1]. Il est donc évident qu'il n'y a au monde rien de plus sensé et de plus propre que la proposition : "l'homme pense". Car, que signifie le mot « propre » ? « C'est ce qui convient à la totalité d'une espèce et à elle seule. » Or, comme l'a bien dit Boèce, si l'on regarde à la substance et aux traits essentiels, le propre de l'homme n'est ni la sensation animale ni l'activité du végétal, c'est la pensée et seulement la pensée.

[2] En outre, il n'y a pas de proposition plus vraie que celle qui attribue une activité propre et connaturelle à l'être auquel elle est propre et connaturelle. Il est donc évident qu'aucune proposition n'est plus vraie que "l'homme pense" — c'est une proposition du même ordre que "la lumière brille", ou que "le blanc est la couleur dissociante de la vue", ou que "la chaleur chauffe".

[3] Mais peut-être veulent-ils dire que l'intellect n'est rien de l'homme ? Si telle est leur intention, c'est une absurdité totale. Il s'ensuit, en effet, que ce par quoi l'homme est homme n'est rien de l'homme. Personne n'a jamais soutenu une telle opinion : elle n'est pas intelligible. De fait, quand, dans un genre, une espèce se distingue des autres espèces qui lui appartiennent, c'est toujours par le biais d'une certaine différence, ultime et logiquement convertible, à laquelle elle participe essentiellement — c'est ce que démontre Aristote dans la *Métaphysique* et on ne peut rien y objecter. Or, la différence ultime de l'homme est précisément la pensée : tel est l'enseignement unanime des stoïciens et des péripatéticiens.

[4] Mais peut-être veulent-ils dire que l'être intellectuel est en l'homme au titre de nature et de puissance, mais que l'acte qui lui correspond, l'activité intellectuelle elle-même, ne se trouve pas en lui ? C'est une nouvelle absurdité : il s'ensuit, en effet, que la nature propre à une espèce se voit destituée de toute activité.

[5] Maintenant, peut-être veulent-ils dire que l'activité propre à l'homme n'est pas la pensée, mais seulement le raisonnement ? Cette thèse n'est pas même

1. Cf. Thomas d'Aquin, *De unitate*, § 77.

celle d'un penseur négligent, c'est une baliverne. Il
suffit de considérer un peu attentivement les choses
pour voir qu'il n'y a jamais pensée discursive s'il n'y a
pas une mise en forme préalable de l'élément discursif
par une intuition de l'intellect qui compose ou sépare
<ses objets d'intuition : les essences ou quiddités>.
L'intellect est donc <premier> en nature et en raison.
Par conséquent, la pensée est plus propre à l'homme
que le raisonnement discursif.

[6] Mais peut-être veulent-ils dire que la pensée
revient seulement à une nature supérieure, par exemple
aux natures angéliques, et qu'ainsi elle ne saurait être le
propre d'une nature inférieure comme celle de
l'homme ? Ce genre de thèse ne relève pas du philosophe : le philosophe évite tout ce qui dépasse les
limites de la philosophie, et cela parce que ce n'est pas
son domaine. Or, la distinction des hiérarchies angéliques n'est connue que par la Révélation, grâce à
l'Esprit-Saint, elle n'est pas connue grâce à la philosophie. Certes, on peut objecter que les philosophes
admettent des hiérarchies d'Intelligences <cosmiques>,
et que, selon eux, c'est bien à ces Intelligences <et non
à l'homme> que la pensée revient en propre. Mais cette
thèse est, elle aussi, parfaitement absurde. Rien, en
effet, n'empêche que ce qui est prédiqué analogiquement puisse être propre à différents types de réalités,
du moment qu'il ne leur est pas propre de la même
manière.

[7] Maintenant, ils veulent peut-être dire, comme
certains philosophes arabes l'ont fait autrefois, qu'il y a
en dehors de l'âme un Intellect agent, et que cet Intellect remplit une fonction comparable à celle du soleil
ou à celle de l'art vis-à-vis de la matière. Mais c'est un
argument particulièrement faible : de fait on peut bien
admettre cette thèse sans, pour autant, être obligé de
soutenir que l'homme ne pense ni proprement ni véritablement. En effet, même si l'Intelligence est comparable au soleil qui est l'unique source de la lumière, et
qui, grâce à elle, forme toute chose et lui donne l'être
ou le pouvoir d'éclairer, même si l'Intelligence est
comparable à un art qui épanche dans la matière les
formes qu'il contient, cette émanation de lumière, qui
est attribuée à l'Intelligence, arrivera bien dans l'âme et
elle y aura un statut d'être, et c'est à ce titre même
qu'elle informera l'âme, la dotant d'un intellect et d'une

activité intellectuelle, tout comme le soleil informe tout ce qui brille en le dotant d'une forme qui le rend capable d'éclairer à son tour et d'accomplir cette activité. Or, ces êtres, c'est au sens propre et en vérité qu'on les appelle des "luminaires", c'est-à-dire des êtres dotés d'un authentique pouvoir d'illumination. Dans ces conditions, je ne vois pas pourquoi les hommes ne seraient pas eux aussi considérés comme des êtres intellectuels, authentiquement dotés d'une activité intellectuelle. Si l'on se place du point de vue de la participation à un même acte d'être, rien n'empêche que l'activité d'un être supérieur ne soit aussi la différence substantielle ou essentielle d'une nature inférieure : n'est-ce pas le cas de tout ce qui engendre par sa forme et sa substance ?

[8] Autrement dit, et pour conclure, on peut très bien soutenir la position <des philosophes arabes> sans pour autant céder à la thèse qu'en tirent <les maîtres parisiens> : en fait, ils ne prouvent rien.

[9] Je dis donc que leurs allégations sont, à tout point de vue, absurdes. »

La structure du texte est simple. Deux arguments sont avancés contre les tenants de l'article : le premier (§ 1) rappelle (a) que « l'homme est seulement intellect » et (b) que la pensée « est le propre de l'homme » ; le deuxième (§ 2) porte sur la proposition « l'homme pense », et, sur la base de (b), pose que « rien n'est plus vrai que la prédication d'un propre ». La suite du texte est constituée par une série de « peut-être » (§ 3-7) : Albert y passe en revue toutes les répliques possibles des tenants de l'article et les réfute les unes après les autres. Il conclut (§ 8-9) en rejetant à la fois leur position et leurs arguments.

Le point (a) est une des thèses les plus fondamentales de l'aristotélisme tel que l'entend Albert le Grand. La formule est dérivée d'*Éth. Nic.* X, 7, 1177b25 sqq. et d'*Éth. Nic.* IX, 8, 1168b30-1169a3. Elle contient elle-même plusieurs affirmations : (a1) « l'activité théorétique est celle de ce qu'il y a de divin en l'homme », d'où : il y a quelque chose de divin en l'homme ; (a2) « l'homme doit autant que possible s'immortaliser, c'est-à-dire tout faire pour vivre selon

la partie la plus noble qui est en lui » ; (a3) ce qu'il y a
de plus noble en l'homme est l'intellect, donc :
l'homme s'identifie avec « cette partie qui est la partie
fondamentale de son être et la meilleure ». Le point
(b) ne fait qu'expliciter la définition du propre dans
les *Topiques* I, 5, 102a18-19 (trad. Tricot, p. 11) : « Le
propre c'est ce qui tout en n'exprimant pas la quiddité
de la chose appartient pourtant à cette chose seule et
peut se réciproquer avec elle. » La réciprocation elle-
même est justifiée avec l'appui de Boèce, *In Isag.
Porph.*, *Editio prima*, II, 2 (PL 64, 50A). Le § 3 introduit le premier argument contre l'attribution de la
pensée à l'homme. L'« intellect n'est rien de l'homme »
(*nihil est hominis*), c'est-à-dire : n'est pas quelque
chose de l'homme (on dirait : *aliquid hominis*), autrement dit : ne fait pas partie de l'homme. Albert répond
par une citation d'Aristote, *Métaph.* VII, 12, 1038a19 :
« La dernière différence est la substance même de la
chose et sa définition. » Autrement dit : la différence
ultime définissant une espèce est convertible avec
l'espèce définie. Or, selon Albert, tous les philosophes
considèrent que la différence ultime de l'homme est la
pensée. L'argument des tenants de l'article est donc
sans valeur. Le deuxième argument (§ 4) revenant à
soutenir que la nature de l'homme n'a pas d'opération
propre, Albert sous-entend qu'il transgresse la règle
selon laquelle la nature ne fait rien en vain ou celle qui
pose qu'il n'y a rien d'inutile (*otiosum*) dans la nature.
Le troisième argument (§ 5) applique la distinction,
d'origine platonicienne, entre l'intuition intellectuelle
(*noêsis*, *intelligere*) et le raisonnement discursif (*dianoia*, *ratiocinatio*) [1]. Albert l'écarte d'un revers : il ne
peut y avoir raisonnement sans saisie des premiers
intelligibles, deuxième et troisième opérations de
l'intellect (inférence directe et raisonnement syllogis-

---

1. Cf., sur ce point, Thomas d'Aquin, *De unitate*, § 12, d'après
Aristote, *De an.* II, 3, 414b18-19 ; Tricot, p. 82 : « [...] d'autres ont
encore la faculté dianoétique et l'intellect, par exemple l'homme et
tout être vivant, s'il en existe, qui soit d'une nature semblable ou
supérieure. »

tique) sans première opération (saisie des quiddités simples). L'argument ici évacué n'est pas « averroïste » : la terminologie évoque une distinction gréco-latine, non une distinction arabo-latine — même si certains auteurs les confondent, la différence entre « intellect » et « raison » ne recouvre pas exactement la distinction entre « intellect » et « faculté cogitative » ou « distinctive » (*vis cogitativa, virtus distinctiva*) chez Averroès. Le quatrième argument (§ 6) suggère que l'intuition intellectuelle n'appartient qu'aux êtres dont la pensée n'est pas assujettie aux conditions de la sensibilité, c'est-à-dire aux natures angéliques. La réponse d'Albert est ici, pour la première fois, en prise sur un problème authentiquement « averroïste » — comment ne pas penser, en effet, aux règles d'auto-limitation disciplinaire invoquées par Boèce de Dacie dans son traité sur *L'éternité du monde* ? Dans le cas présent, toutefois, la maxime héritée d'Alain de Lille, utilisée par les averroïstes pour garantir l'indépendance de la philosophie [1] — pour Boèce de Dacie le physicien ne doit pas prouver que le monde a commencé (puisque dans les limites de sa spécialité cela ne peut être prouvé) et il a le droit de ne pas assumer la résurrection des corps (qui est impossible selon des causes naturelles, c'est-à-dire impossible à prouver dans le cadre de sa spécialité [2]) — est retour-

1. « Nul *artifex* n'a le droit de sortir des limites de sa spécialité, que ce soit pour en déduire les vérités des autres spécialités ou pour nier ce qu'elles déduisent de leurs propres principes. »
2. La version de la thèse de Boèce mise à l'index par É. Tempier en 1277 est toute différente. La proposition 191 (Cartulaire) — la thèse nº 70 dans la liste d'Hissette — dit en effet : « Le philosophe doit nier absolument la création du monde, dans la mesure même où il <i.e. le philosophe> s'appuie sur des causes naturelles. Le fidèle peut nier l'éternité du monde, dans la mesure où il <i.e. le fidèle> s'appuie sur des causes surnaturelles. » Cf., sur ce point, R. Hissette, *Enquête sur les 219 articles condamnés à Paris le 7 mars 1277...*, p. 284-285. Pour l'éternité du monde chez Boèce de Dacie, cf. G. Sajo, *Un traité récemment découvert de Boèce de Dacie : De aeternitate mundi*. Texte inédit avec une introduction critique. Avec en Appendice un texte inédit de Siger de Brabant, *Super VIe Metaphysicae*, Budapest, 1954 ; *De aeternitate mundi, De summo bono, De somnii*s, éd. N.J. Green-Pedersen, *Corpus Philosophorum Danicorum Medii Ævi*, VI/2, Hauniae (Copenhague), 1976.

née par Albert contre la philosophie : l'existence de
hiérarchies angéliques n'est pas accessible au philosophe. Il n'a donc pas le droit de l'invoquer. Une
seconde version de l'argument, conforme à la logique
des répartitions disciplinaires, ne trouve pas plus grâce
à ses yeux : attribuer la pensée aux seules Intelligences
cosmiques (qui, elles, sont de la spécialité du philosophe) ne change rien à l'affaire : la pensée peut fort
bien être prédiquée *analogiquement* des Intelligences
séparées et de l'homme — c'est d'ailleurs la théorie
que soutient Albert lui-même en distinguant les Intelligences qui sont des « intellects par essence » et les
hommes qui ont un « intellect par acquisition [1] ». Cette
distinction, fondée sur celle de l'être par essence et de
l'être par participation, est utilisée, sous cette forme,
pour réfuter l'utilisation de la thèse philosophique
arabe de l'Intellect agent séparé (§ 7) : la séparation de
l'intellect agent n'empêche pas la *participation* de
l'âme humaine à son activité.

On le voit, aucun de ces arguments n'est réellement
attaché à l'œuvre d'Averroès ; aucune des réponses
d'Albert ne le met spécialement en cause, lui ou ses
disciples. La conclusion s'impose : la critique d'Albert
(§ 8-9) concerne des maîtres parisiens qui ignorent la
philosophie, des « sophistes » plutôt que des « averroïstes ». Même l'allusion aux « philosophes des
Arabes » partisans de la séparation réelle de l'intellect
agent ne concerne pas particulièrement Averroès : la
spécificité de la noétique averroïste n'est pas, en effet,
d'affirmer la séparation et l'unité de l'intellect *agent*,
mais de l'intellect *possible*.

Comment expliquer que confronté par le *Questionnaire* de Gilles de Lessines à des thèses averroïstes
aussi caractéristiques que l'"homme ne pense pas",
Albert en soit réduit à évoquer une série d'hypothèses
argumentatives toutes plus éloignées de l'averroïsme
les unes que les autres ? L'explication est simple : en

---

1. Sur le sens de cette distinction, cf. A. de Libera, « Psychologie
philosophique et théologie de l'intellect... », p. 382-383, spécialement p. 382, note 6 et 383, note 11.

1270 Albert est à Cologne. Il a perdu le contact avec la réalité universitaire que l'évêque de Paris va bientôt sanctionner. Telle est la principale différence entre ses *Quinze problèmes* et le *De unitate intellectus* de Thomas — telle est aussi la raison pour laquelle, passé 1270, il intègre sous une forme plus ou moins remaniée une « Dispute d'Anagni » vieille de plus de quinze ans à sa *Somme de théologie* : Albert connaît Averroès, il ne connaît pas d'averroïstes. Ses informations sur les maîtres parisiens remontent à une époque où l'« averroïsme latin » n'existait pas. La situation de Thomas est entièrement différente.

Le *De unitate intellectus* de Thomas d'Aquin est directement consacré à la discussion de la première erreur qu'Étienne Tempier condamnera le 10 décembre 1270 : l'unité de l'intellect, mais il aborde aussi, naturellement, la deuxième[1] — qu'il a déjà attaquée dans la *Summa contra Gentiles*[2] et la *Sententia Libri De anima*[3]. Comme l'ouvrage homonyme d'Albert le Grand, le texte de Thomas est antérieur à la mesure épiscopale, toutefois, contrairement à Albert, il s'en prend, lui, explicitement, à des partisans *latins* d'Averroès, à des *chrétiens*, à des *contemporains*. En fait, tout le livre de Thomas s'insère dans une vivante polémique, qu'il a sans doute largement contribué à aiguiser et qui, en tout état de cause, va lui survivre. Deux témoignages.

Ceux qui répliquent à Thomas d'abord : Siger de Brabant, dont les *Quaestiones De anima intellectiva*

---

1. Cf. Thomas d'Aquin, *De unitate*, § 62, 64-66.
2. Cf., ici même, Thomas d'Aquin, *Summa contra Gentiles* (noté par la suite *SCG*), II, 59. Sur la relation entre le *De unitate* et la *Summa*, ainsi que sur la *Somme* en général, cf. A. de Libera, « Thomas d'Aquin », in *Gradus philosophique*, éd. L. Jaffro et M. Labrune (GF 773), Paris, GF-Flammarion, 1994, p. 765-783.
3. Cf., ici même, Thomas d'Aquin, *Commentaire du livre De l'âme*, III, chap. 1, § 2 (ad 429a20-429b5).

rédigées entre 1272 et 1274 répondent point par point
au *De unitate* ; un maître anonyme, désigné sous le
nom d'*Anonyme de Giele*[1], dont les *Quaestiones in
Aristotelis libros De anima*, composées entre 1270 et
1275 maintiennent l'essentiel des thèses averroïstes
malgré l'intervention thomasienne — s'agissant de
l'article 2, l'auteur, bravant la censure épiscopale, va
jusqu'à écrire :

> « Ce discours est long mais la réponse sera brève [...]
> Ceux-ci assument que l'homme au sens propre pense,
> mais ils ne le prouvent pas. C'est seulement une fois
> qu'ils ont fait l'hypothèse, qu'ils daignent argumenter.
> Mais si ce qu'ils supposent n'est pas vrai, ils n'ont
> aucun argument. Ainsi donc qu'au sens propre du mot
> l'homme *pense*, cela je ne le concède pas ; évidemment,
> si le point est concédé, je ne sais que répondre ; mais ce
> point je le nie et à juste titre ; c'est pourquoi je répon-
> drai facilement[2]. »

Thomas lui-même, ensuite, dont le style porte
toutes les marques de l'engagement personnel, depuis
le tableau rageur du prologue (§ 1) jusqu'au défi
méprisant de la conclusion (§ 120) :

> « Cela fait quelque temps qu'une erreur sur l'intellect
> a commencé de se répandre. Elle tire son origine des
> thèses d'Averroès, qui tente de soutenir que l'intellect
> qu'Aristote appelle « possible » et qu'il désigne, lui,
> improprement, du nom de « matériel », est une

---

1. Sur cet auteur inconnu, cf. M. Giele, « La date d'un Commentaire médiéval anonyme et inédit sur le *Traité de l'âme* d'Aristote », *Revue philosophique de Louvain*, 58 (1960), p. 529-556 s.
2. Cf. *Anonyme de Giele, Quaestiones De anima* II, q. 4 ; Giele,
p. 75, 40-47, spécialement : « Isti autem accipiunt quod homo proprie intelligit, nec hoc probant. Ex hoc supposito arguunt. Quod si
istud suppositum non est verum, non arguunt. Unde, quod homo
proprio sermone intelligit, non concedo ; illo tamen concesso, nescio respondere ; sed istud nego et merito ; ideo faciliter respondeo. »
Le vocabulaire de la dispute « obligationnelle » — avec ses *concedo*,
nego, *nescio* (ou *dubito*) — semblerait donner raison à Albert, quand
il dénonce le format purement logique de la philosophie pratiquée à
Paris. Il faut, cependant, souligner que l'auteur des ces *Quaestiones*
anonymes connaît bien les textes des philosophes — trop bien pour
en faire un simple « *sophista* ».

substance séparée du corps selon l'être, qui n'est d'aucune façon unie au corps comme forme. Il soutient en outre que l'intellect possible est unique pour tous les hommes. Nous avons déjà écrit plusieurs fois contre cette erreur, mais puisque l'impudence de ses partisans continue de résister à la vérité, l'intention qui nous anime aujourd'hui est de produire contre elle de nouveaux arguments pour la réfuter aux yeux de tous[1]. »

« Si quelqu'un faisant glorieusement étalage du faux nom de la science veut dire quelque chose contre ce que nous avons écrit, qu'il ne s'exprime pas dans les coins sombres ou devant des gamins qui ne savent pas juger de matières si ardues, mais qu'il réplique à cet écrit par un écrit, s'il l'ose. Il trouvera face à lui non seulement moi, qui suis le dernier de tous, mais bien d'autres zélateurs de la vérité, qui sauront résister à son erreur ou éclairer son ignorance[2]. »

Mais qui sont au juste les adversaires de Thomas ? Le *De unitate* ne laisse aucun doute à ce sujet : ce sont des enseignants de philosophie « latins » qui ont choisi Averroès envers et contre tous — c'est-à-dire : à la fois contre la tradition patristique latine et contre la saine tradition du péripatétisme ; ce sont des chrétiens qui affectent de pouvoir s'excepter eux-mêmes de l'univers de croyance et du système d'obligation définis par leur propre religion ; enfin, on l'a dit, ce sont des contemporains. Traditionnellement, l'ensemble de ces indications est considéré comme menant à une figure centrale : Siger de Brabant, auquel s'ajoute un autre maître ès arts de la seconde moitié du XIIIᵉ siècle : Boèce de Dacie[3]. Il faut revenir sur les deux cas.

On a beaucoup écrit sur Siger, véritable antihéros de l'hagiographie thomiste. Mort assassiné à Orvieto,

---

1. Cf. Thomas d'Aquin, *De unitate*, § 1.
2. Cf. Thomas d'Aquin, *De unitate*, § 120.
3. Pour l'historiographie de l'« averroïsme latin », Siger et Boèce, cf. G. Fioravanti, « Boezio di Dacia e la storiografia sull'averroismo », *Studi medievali*, 7 (1966), p. 283-32. Sur l'hétérogénéité du courant « averroïste », cf. L. Bianchi et E. Randi, *Vérités dissonantes. Aristote à la fin du Moyen Âge* (Vestigia, 11), Paris-Fribourg, Cerf-Éditions universitaires de Fribourg, 1993, spécialement p. 35.

« poignardé par son secrétaire devenu fou », après avoir dû fuir Paris où le *De unitate* de Thomas l'avait discrédité[1], « infidèle » et « blasphémateur » pour les chroniqueurs du XIVe siècle, « averroïste » enragé pour les historiens du XIXe et du début du XXe siècle, Siger appartient à ce qu'on pourrait appeler l'iconographie philosophique : il *représente* le mal — l'averroïsme — dans les « triomphes de la sainteté » : il est le faire valoir idéalisé de *saint* Thomas. Mais on lui prête trop et trop vite à vouloir à toute force plier les éléments connus de sa biographie au portrait en creux dessiné par la grande invective thomiste[2]. Derrière la légende

1. En fait, c'est d'abord Albert le Grand qui est crédité du mérite d'avoir contraint Siger à la fuite (alors qu'il n'était pas à Paris !). La thèse apparaît pour la première fois en 1320 dans la continuation brabançonne de la chronique de Matthieu le Polonais (*Monumenta Germaniae Historica, Scriptorum*, t. XXIV, p. 259-263). L'historiographie emboîtant le pas à la chronique, le maître de Brabant fera désormais partie des « triomphes » d'Albert, puis, surtout, de Thomas.

2. L'événement le plus déformé de toute la vie de Siger est — et c'est symptomatique — postérieur d'un an au *De unitate*. Il prend sens à partir de lui, et, à la fois, comme dans toute écriture de l'histoire abusivement fondée sur le mouvement rétrograde du vrai, il en légitime le projet comme la réalisation. Durant Noël 1271, le maître ès arts Aubry de Reims, un représentant typique du courant « corporatiste » prophilosophique qui, dans les années 1265, avait multiplié les *manifestes pour la philosophie*, est élu recteur de l'université par ses collègues des Nations française, picarde, anglaise (à l'unanimité moins un, pour chacune des trois) et par un quart seulement de la Nation normande — les trois quarts des maîtres restants l'estimant inapte à la charge. Une crise institutionnelle commence que les premiers historiens de l'averroïsme vont malencontreusement transformer en crise intellectuelle. Confirmé dans sa charge par un tribunal, Aubry l'occupe trois mois selon l'usage, face à une opposition qui ne désarme pas. A l'expiration du mandat légal du maître contesté, sans doute en représaille, on élit le successeur d'Aubry sans convoquer les Normands qui l'avaient boudé. Piqués au vif, ceux-ci répliquent en élisant leur propre recteur. La faculté des arts a désormais deux « fractions » (*partes*). La première, largement majoritaire, porte le nom de celui qui a été son premier recteur et la cause occasionnelle du conflit — c'est la *pars Alberici* (« la fraction d'Aubry »). La seconde s'appelle « fraction de Siger » (*pars Sigeri*). Rien là d'extraordinaire. Mais, l'incompréhension du vocable, renforcée par la légende, va transformer cette dénomination administrative en emblème philosophique. La *pars Sigeri* devient le

ténébreuse de l'histoire et les contresens romanesques
de l'historiographie, un fait, néanmoins, demeure :
« Siger fait partie de la génération qui a inauguré

« parti de Siger », c'est-à-dire : le parti des « averroïstes », Siger
lui-même étant promu chef de bande, figure de proue d'un mouvement dont il est la tête pensante et le bras armé (sur la « violence »
supposée de Siger — une fiction qui remonte à l'obscure affaire de
l'« enlèvement » du français Jean d'Ully par les Picards Robert de
Neuville et Rénier — cf. R.-A. Gauthier, « Notes sur Siger de
Brabant. I. Siger en 1265 », *Rev. Sc. ph. th.*, 67 (1983), p. 201-232,
spécial. p. 201-206). Singulier parti, pourtant, que ce parti averroïste, dont tous les membres, ou presque, sont normands ! Singulier chef, aussi, que ce maître, qui rassemble autour de lui les
partisans de la philosophie la plus virulente pour contrer les suppor-
teurs d'un des plus acharnés représentants de l'idéologie universitaire des années 1265 ! En fait, comme l'a bien montré R.-A.
Gauthier, l'élection de Siger, un membre de la nation picarde, à la
tête de la « fraction » des Normands n'a qu'une explication valable,
et elle est institutionnelle : le statut universitaire du 27 août 1266
interdisant sous peine d'excommunication à une Nation de se séparer des autres, les Normands fractionnaires doivent nécessairement
ôter à leur scission « toute apparence d'une séparation de Nation ».
Ils « pensent le faire en élisant pour leur premier recteur un Picard.
C'est ainsi que la fraction des Normands devient la fraction de
Siger ». L'unique contribution de Siger à la crise parisienne, que
l'arbitrage du cardinal-légat Simon de Brion va résoudre en mai
1275 au détriment des « schismatiques », est donc de leur fournir
une *couverture légale,* sans rapport avec la polémique qui l'oppose,
lui, à Thomas d'Aquin. Le fantôme de la *pars Sigeri* n'en hante pas
moins les histoires de la philosophie — au mépris de la plus élémentaire vraisemblance. Comme l'écrit avec humour R.-A. Gauthier : « Si les maîtres qui firent sécession étaient les *averroïstes,* il n'y
aurait eu qu'un seul averroïste, sur 60 maîtres, dans la Nation
française <celui qui avait voté contre l'élection d'Aubry>, un seul
sur 20 dans la Nation picarde, — Siger de Brabant, — un seul sur
20 dans la Nation anglaise, — ce serait alors Boèce de Dacie, —
mais dans la Nation normande, tous les maîtres, sauf 5 ou 6,
auraient été averroïstes et, par un surcroît de hasard, les 5 ou 6
orthodoxes auraient été les 5 ou 6 maîtres de l'archidiocèse de
Rouen, tandis que tous les maîtres des six évêchés suffragants, au
nombre de 14 ou 15, auraient été averroïstes ! » Cet averroïsme, « un
peu trop géographique pour être vrai », sert pourtant, depuis plus
d'un siècle, de cadrage à l'analyse du *De unitate intellectus* de
Thomas et à l'évaluation de son rôle dans l'histoire de la philosophie. Sur tout ceci, cf. R.-A. Gauthier, « Notes sur Siger de
Brabant. II. Siger en 1272-1275. Aubry de Reims et la scission des
Normands », *Rev. Sc. ph. th.*, 68 (1984), p. 3-49.

l'interprétation radicale de l'aristotélisme à l'université
de Paris et il a commenté le *Traité de l'âme* entre 1265
et 1270[1]. » En outre, il est le seul auteur antérieur à
1270 dont l'œuvre contienne des parallèles significatifs
avec des thèses stigmatisées dans le *De unitate intellectus contra averroistas*. Cette solitude appelle une certaine prudence dans le maniement des données tirées
des *Conférences* de Bonaventure ou des colophons des
manuscrits de Thomas et d'Albert. Pour le grand
historien de Siger, F. Van Steenberghen, « un groupe
notable de maîtres et d'étudiants partage les idées » de
Siger « ainsi qu'il résulte des textes de Bonaventure et
de Thomas, du témoignage de certains manuscrits du
De unitate intellectus et de l'évolution ultérieure des
événements[2] » — c'est, du moins, ce qu'il *faut* croire si
l'on veut conserver à l'affrontement de Thomas et de
Siger la dimension d'une gigantomachie fondatrice.
Siger en ressort « prince des averroïstes », et l'averroïsme lui-même comme une réalité institutionnelle.

Ce scénario ne fait plus, cependant, l'unanimité.
Une simple question de fait divise les historiens : la
cause occasionnelle de l'intervention de Thomas en
1270. Chacun s'accorde à dire que le texte qui
explique la composition du *De unitate intellectus contra
averroistas* est l'ouvrage édité par B. Bazán sous le titre
de *Quaestiones in tertium De anima*. L'hypothèse est
raisonnable : plusieurs passages du *De unitate*

---

1. Cf. B. Bazán, « Introduction » à Siger de Brabant, *Quaestiones
in tertium De anima. De anima intellectiva. De aeternitate mundi*.
Édition critique (Philosophes médiévaux, XIII), Louvain-Paris, Publications universitaires-Béatrice-Nauwelaerts, 1972, p. 68*. On
notera que, sur le terrain du philosophisme, Aubry de Reims,
l'adversaire institutionnel de Siger, est aussi radical que lui — et
aussi dépendant d'Averroès ! Cf. Aubry de Reims, *Philosophia*, éd.
R.-A. Gauthier, « Notes sur Siger de Brabant (fin). II. ... », p. 29,
15-17 : « Le nom d'*homme* se dit équivoquement de l'homme parfait
par les sciences spéculatives et des autres hommes, tout comme le
mot *animal* se dit équivoquement de l'animal vivant et de l'animal
peint sur un mur. » D'après Averroès, *In Phys. Prol.*, éd. Venise
1562, t. 4, fol. 1vaH. L'histoire de ce philosophème est reconstituée
dans L. Bianchi, « Filosofi, Uomini e Bruti... », *loc. cit.*

2. Cf. F. Van Steenberghen, *La philosophie au XIIIᵉ siècle*, p. 375.

semblent faire littéralement référence à des thèses centrales des *Quaestiones*. Le *De unitate* a deux cibles : la première, Averroès lui-même — une polémique désormais classique pour Thomas qui, dans les années précédentes, a plusieurs fois critiqué les absurdités de la noétique du « Commentateur » ; la seconde cible est la doctrine de défenseurs latins d'Averroès : une batterie de raisonnements et de preuves destinées à relayer l'argumentation défaillante du *Grand commentaire sur le livre De l'âme*. C'est là la place des *Quaestiones in tertium De anima* de Siger : seule source plausible et unique document incontestable d'un averroïsme distinct du complexe de lieux, de thèmes et de doctrines propre au philosophe cordouan. Place *ambiguë*, toutefois, car, si tous les historiens concèdent un rôle majeur au texte de Siger, une discordance totale règne sur la datation des *Quaestiones* et, par voie de conséquence, sur la signification et la portée à accorder aux thèses qu'elles véhiculent.

Pour B. Bazán, les *Quaestiones in tertium De anima* datent « de 1269 ou 1270 », « vraisemblablement du cours de l'année académique 1269-1270[1] ». C'est pourquoi, avant 1270 — y compris dans la « *Quaestio De anima* que Thomas d'Aquin met au programme des disputes scolaires dès son arrivée à Paris, en janvier 1269 » — Thomas réfute toujours Averroès et jamais les « averroïstes[2] ». Sans l'œuvre de Siger point d'« averroïsme ». Avant le geste de rupture des *Quaestiones in tertium De anima* Averroès est seul. Ce que les *Collationes de septem donis* de Bonaventure attaquent le 25 février et le 7 avril 1268 ce sont les erreurs des « philosophes » du passé — Aristote et Averroès, pour l'éternité du monde, Averroès, pour l'unité de l'intellect ; aucun maître contemporain n'est visé en particulier — à commencer par Siger. Bonaventure connaît bien déjà ce qui va passer pour la véritable caractéristique de la théorie de l'intellect d'Averroès : contraire-

---

1. Cf. B. Bazán, « Introduction »..., p. 74*.
2. Cf. B. Bazán, « Introduction »..., p. 70*.

ment aux maîtres qui l'ont précédé — les tenants de ce
qu'on a appelé d'un terme malheureux le « premier
averroïsme » — il sait que le « Commentateur » soutient qu'« il y a une seule âme intellectuelle pour tous
les hommes, et ce non seulement pour ce qui est de
l'intellect agent, mais aussi pour ce qui est de l'intellect
possible [1] ». Mais, précisément, il ne fait état d'aucune
tentative nouvelle de défense et illustration du monopsychisme. C'est seulement avec la réaction de Thomas que Siger entre dans l'histoire, et cette entrée est
nécessairement tardive, à la fois proche du *De unitate*
et de la condamnation du 10 décembre 1270 — pour
Bazán, en effet, « l'impétueux évêque » de Paris n'eût
pas « attendu plus de deux ans avant d'intervenir par
la condamnation » de 1270 « si les *Quaestiones in tertium De anima* avaient été professées dès avant
1268 [2] ».

A l'inverse de Bazán, R.-A. Gauthier minimise singulièrement le rôle des *Quaestiones* et il leur donne une
tout autre datation. Écrites « vers 1265 [3] », les *Quaestiones in tertium De anima* ne sont en rien œuvre
originale. Travail de jeunesse, dans tous les sens du
terme, le texte de Siger ne procède pas d'« une lecture
nouvelle et attentive d'Averroès », il n'a rien d'original
ni de personnel, c'est un collage maladroit d'informations incomplètes, erronées ou hétérogènes : l'« originalité » supposée de Siger est de fondre en une « âme
intellective unique les deux intellects agent et possible » et de déclarer cette âme intellective réellement
séparée de l'homme — pourtant, rien de tout cela
n'est original. Au moment où Siger s'en empare, la
première idée a été lancée par les maîtres ès arts
depuis plus de trente ans ; quant à la seconde, particulièrement l'unité et la séparation de l'intellect possible — Siger l'emprunte aux théologiens — Bonaven-

1. Cf. Bonaventure, *In II Sent.*, d. 18, a. 2, q. 1 ; *Opera omnia*,
Quaracchi, t. 2, p. 446-447.
2. Cf. B. Bazán, « Introduction »..., p. 69*.
3. Cf. R.-A. Gauthier, « Notes sur Siger de Brabant. I. Siger en
1265 », *Rev. Sc. ph. th.*, 67 (1983), p. 229.

ture, mais aussi Thomas « dans son Commentaire sur
le deuxième livre des *Sentences*, d. 17, q. 2, a. 1 » —
qui, dès les années 1254-1255, l'ont lue *à tort* chez
Averroès[1]. Loin d'avoir instauré la lecture « averroïste » d'Averroès, Siger n'a fait que reprendre les
idées de ses prédécesseurs — en fait, il n'a pas même
lu correctement ni directement l'œuvre d'Averroès :
une analyse serrée de certaines formulations des
Quaestiones in tertium De anima montre que sa
connaissance d'Averroès est largement empruntée à
Albert et à Thomas — « averroïsme de seconde main,
l'averroïsme de Siger n'est pas (comme le sera souvent
plus tard l'averroïsme) un averroïsme de philologue,
c'est un averroïsme de philosophe », « il ne naît pas de
l'analyse des textes » d'Averroès, mais « d'une option
rationnelle » alimentée par... la doxographie philosophique d'un Albert ou d'un Thomas[2]. Suprême ruse
de l'histoire : le promoteur de l'averroïsme latin avait
moins lu Averroès que ses adversaires théologiens ! Si
l'on suit Gauthier, on arrive ainsi à l'extraordinaire
situation que résume bien J.-P. Torrell : préparée par
Albert le Grand, la lecture « averroïste » d'Averroès
s'est répandue grâce à Thomas, « qui l'a reprise à
Bonaventure et dénoncée dans son propre commentaire des *Sentences* ». En fait, « Siger l'a trouvée
chez Thomas dont il était un lecteur assidu, et non
chez Averroès ». L'« averroïsme latin » n'a donc pas été
instauré par Siger, il a été « inventé par les théologiens » et adopté par le maître de Brabant. C'est là un
paradoxe inattendu : l'hérésie « monopsychiste » qui
« n'existait pas avant que les théologiens ne la
dénoncent, existe désormais grâce à eux[3] ». Un paradoxe savoureux, en tout cas, puisque, si l'on
comprend bien, en écrivant le *De unitate intellectus
contra averroistas*, Thomas aurait plus réagi contre un

---

1. Cf. R.-A. Gauthier, « Notes sur Siger de Brabant. I... », p. 229
et 231.
2. Cf. R.-A. Gauthier, « Notes sur Siger de Brabant. I... »,
p. 231-232.
3. Cf. J.-P. Torrell, *Initiation à saint Thomas d'Aquin...*, p. 281.

mauvais lecteur de son propre *Commentaire des Sentences* que contre un authentique disciple d'Averroès !

B. Bazán étant revenu sur la datation de la *Quaestio
De anima* — qu'il situe à présent en 1265-1266[1] — et
sur le lieu de sa « dispute » — Rome, et non plus le
« second séjour parisien », l'hypothèse démythifiante
de Gauthier ne manque pas de plausibilité. Reste,
cependant, à expliquer *comment* Siger a pu forger
l'« averroïsme » à partir de la lecture théologienne
d'Averroès. À suivre Gauthier, la réponse s'impose : le
rôle de Siger a consisté à trouver des arguments iné-
dits en faveur d'une thèse philosophique — l'unité de
l'intellect possible — que l'interprétation théologienne
(thomasienne) d'Averroès avait imposée à sa théorie
de l'intellect. Or, et ce n'est pas le moindre paradoxe
de cette surprenante affaire, l'interprétation du rôle de
Siger dans la crise averroïste selon R.-A. Gauthier
nous ramène, par des chemins imprévus, au diagnostic d'Albert sur les sources du « monopsychisme » des
maîtres parisiens. Pour Gauthier en effet, si Siger
emprunte à la critique thomasienne d'Averroès la
thèse générale de l'unité de l'intellect possible, les
arguments qu'il invente sont ceux d'un « *sophista* » :

> « Le Siger des *Quaestiones in tercium de anima* nous
> apparaît avant tout comme un logicien, rompu à la
> technique des "*impossibilia*" : sa culture est limitée, son
> information médiocre, sa connaissance des textes insuf-
> fisante, sa faculté d'invention nulle (on chercherait en
> vain chez lui une idée originale) ; mais une fois qu'il a
> reçu d'un autre une hypothèse, il excelle à en dévelop-
> per jusqu'au bout les conséquences[2]. »

Autrement dit : le Siger de 1265 n'est pas un penseur personnel, c'est encore un élève, il doit l'essentiel
de son information et de sa pensée aux œuvres des
théologiens, notamment au *Commentaire sur les Sen-*

---

1. Cf. B. Bazán, « Introduction » à l'éd. Léonine, t. 24 (à paraître).
2. Cf. R.-A. Gauthier, « Notes sur Siger de Brabant. I... »,
p. 231-232.

tences de saint Thomas ; c'est des théologiens qu'il tire jusqu'à sa manière de lire Averroès, et « *son originalité ne dépasse pas le jeu logique qui consiste à prendre la défense de la thèse "impossible"* »[1]. »

L'analyse est séduisante et elle a le mérite de reprendre le diagnostic d'Albert tout en donnant une explication plausible de l'apparente aberration du monopsychisme. Il faut avouer, en outre, que la proposition *Homo non intelligit* a tout de la "proposition impossible" au sens logique du terme, un type de proposition que l'on retrouve dans les disputes obligationnelles (*de impossibilis positione*) et les *sophismata* dénoncés par Albert[2], un type de proposition que Siger, de fait, a discuté[3]. Comment oublier, à ce pro-

---

1. Cf. R.-A. Gauthier, « Notes sur Siger de Brabant. I... », p. 232.

2. Sur la littérature et la pratique pédagogique des *sophismata* cf. A. de Libera, « Bulletin d'histoire de la logique médiévale », *Revue des Sciences Philosophiques et Théologiques* 71(1987), p. 590-634 ; « Roger Bacon et la référence vide. Sur quelques antécédents médiévaux du paradoxe de Meinong », in *Lectionum varietates. Hommage à Paul Vignaux (1904-1987)*, (Études de philosophie médiévale, LXV), Edité par J. Jolivet, Z. Kaluza, A. de Libera, Paris, Vrin, 1991, p. 85-120 ; « Nominaux et réaux. *Sophismata* et *consequentiae* dans la logique médiévale », *Rue Descartes*, 1 (1991), p. 139-164 ; *César et le Phénix, Distinctiones et sophismata parisiens du XIIIᵉ siècle* (Centro di cultura medievale, IV), Pise, Scuola Normale superiore, 1991 ; « Bulletin d'histoire de la logique médiévale », *Revue des Sciences Philosophiques et Théologiques*, 76 (1992), p. 640-666.

3. Cf. Siger de Brabant, *Écrits de logique, de morale et de physique*. Édition critique, éd. B. Bazán (Philosophes médiévaux, XIV), Louvain-Paris, Publications universitaires-Béatrice-Nauwelaerts, 1974, p. 67-97. L'*incipit* des *Impossibilia* de Siger précise les circonstances de ce type d'exercice. Cf. Siger de Brabant, *Impossibilia*, in *Écrits de logique, de morale et de physique* ; éd. B. Bazán, p. 67, 1-2 : « Les savants de l'école de Paris étant convoqués, un logicien (*sophista*) proposa de prouver plusieurs *impossibles* et d'argumenter en leur faveur ». Les *impossibilia* en question sont : (1) « Dieu n'existe pas », (2) « Tout ce qui nous apparaît n'est que simulacre et comparable à un songe ; nous ne sommes donc jamais certains de l'existence d'aucune chose » ; (3) « la Guerre de Troie a lieu en ce moment précis » ; (4) « Un grave placé en hauteur et libre de tout obstacle ne tombera pas. » Rien n'empêche de penser que la proposition « l'homme ne pense pas » ait fait l'objet de séances comparables. Les *Impossibilia* datent de 1272.

pos, que c'est dans la discussion d'un *sophisma* — *Utrum haec sit vera : Homo est animal, nullo homine existente* — que Siger en appelle à l'éternité des espèces pour justifier la vérité omnitemporelle des propositions analytiquement vraies[1] ?

Mais ne retire-t-on pas ici trop à Siger après lui avoir trop donné ? Il est possible que, comme le dit Gauthier, « Siger n'ait été ni un chef ni un violent, mais un comparse et un timide », il est possible qu'il ait, paradoxalement, tiré une partie de son information sur Averroès de l'œuvre de théologiens hostiles à Averroès, il est possible qu'avant 1270 son génie ait plus été dialectique que philologique et critique ; reste que ce sont bien *ses* arguments qui déclenchent la sainte fureur de Thomas à son retour à Paris, que ces arguments sont nouveaux et qu'ils imposent un sens de l'"averroïsme" qu'Averroès lui-même n'eût pas imaginé. Siger n'a sans doute pas inventé la manière de lire Averroès qui a soudain fait de ce dernier un tenant de l'unité et de la séparation de l'intellect possible ; mais il a inventé une manière d'argumenter cette thèse que Thomas a cru bon de réfuter pied à pied. S'il n'était pas original sur le fond, il l'était sur la

---

1. Cf. Siger de Brabant, *Quaestio Utrum haec sit vera : Homo est animal, nullo homine existente*, in *Écrits de logique, de morale et de physique* ; éd. B. Bazán, p. 57, 31-37, spécialement : « Il est de la définition même de la nature humaine d'exister de manière absolue, sans limitation à un temps déterminé, comme c'est le cas au contraire de Socrate ou de Platon. Donc celui qui pose qu'il n'y a pas d'homme prend en l'homme l'opposé même de ce qui appartient à sa définition » et 59, 8-10 : « L'hypothèse qui énonce qu'il n'existe aucun homme ou qu'il n'y a pas d'homme implique quelque chose de contraire à la nature humaine et qui est l'opposé même de sa définition. » La *Quaestio Utrum haec sit vera* — qui utilise le deuxième livre du *De intellectu et intelligibili* d'Albert le Grand — date de 1269. Comme le remarque justement F. Van Steenberghen, *Siger de Brabant d'après ses œuvres inédites*, II (Les philosophes belges, XIII), Louvain, 1942, p. 562 : « La *Q. utrum haec sit vera* affirme sans ambages l'éternité des espèces et conclut qu'il faut se tenir fermement à cette thèse ; aucune formule de réserve ou de prudence ne vient atténuer cette conclusion : le contraste avec le *De aeternitate* et les *Impossibilia* est net et semble bien marquer que la condamnation de 1270 n'a pas encore eu lieu. »

forme — et c'est bien ce qui a provoqué l'intervention
de Thomas. Quoi qu'on pense de l'utilité philosophique des *sophismata*, il est clair que Siger était un
bon logicien. Le reproche final décoché par le Docteur angélique à son adversaire — s'adresser *oralement*
à des jeunes incapables de juger par eux-mêmes — le
confirme à sa manière : qui plus que le logicien a
affaire à des débutants ? qui plus que lui est à même
de les prendre aux pièges de la dialectique ? qui plus
que lui pratique une science de l'oral ? Il est vrai que
Thomas utilise la même formule dans le *Contra retrahentes* ; mais il y va à nouveau des jeunes étudiants de
la faculté des arts, de ces « enfants » que les séculiers
— ici Nicolas de Lisieux — essaient de détourner
d'entrer chez les frères. *Non coram pueris garriat* — ne
pas caqueter devant des gamins ; écrire pour les gens
compétents : ce qui compte ici, c'est moins l'appel à
l'écrit contre l'oral — quoi qu'il dise, c'est bien aux
écrits de Siger et de Nicolas de Lisieux[1] que répond
Thomas — que le défi de choisir un lecteur adulte, *qui
a dépassé l'âge de la logique*. En ce sens, Thomas rejoint
Albert : face à une figure médiévale du philosophe
analytique — Siger — le Docteur angélique prend le
rôle de celui qu'on baptiserait aujourd'hui « philosophe continental » : il invoque la lecture des textes —
la philologie — et l'histoire de la philosophie.

Tel qu'il se présente à Thomas d'Aquin, l'« averroïsme » est une théorie de l'âme que l'on peut caractériser par les six thèses suivantes : (1) l'individu
humain est constitué par l'âme sensitive individuelle,
étendue et unie au corps selon l'être ; (2) l'intellect
« matériel » ou « possible » est une substance séparée et
éternelle, séparée du corps, unique pour tous les
hommes et qui n'est pas forme substantielle du corps ;

---

1. Le *Contra retrahentes* est la réponse au *De perfectione et excellentia status clericorum* de Nicolas de Lisieux. Cf. Bazán, « Introduction... », p. 74*, note 36.

(3) l'intellect agent est une substance séparée qui a
pour fonction d'abstraire les universaux des individus ; (4) la connaissance individuelle s'effectue chez
l'homme par l'intermédiaire d'images individuelles ;
(5) cette connaissance est appelée « intellect spéculatif », lequel est individué et destructible du fait de son
union avec les images ; (6) une fois la connaissance
humaine accomplie, l'intellect possible s'unit à l'intellect agent et forme avec lui l'« intellect acquis », *intellectus adeptus*, et c'est dans cet état que consiste la
félicité suprême de l'homme[1].

Cet ensemble articulé de thèses a de quoi sur-
prendre, notamment la position d'un intellect
« hylique », « matériel » ou « possible » séparé de l'âme
humaine. Renan y voyait une affirmation obscure et
inadéquate de « l'universalité des principes de la raison
pure » et celle, non moins embarrassée, d'une « unité
de constitution psychologique dans toute l'espèce
humaine[2] ». En somme, tout en « tirant la conséquence immédiate » des bribes de théorie livrées par
Aristote en *De anima* III, 5, le monopsychisme averroïste n'aurait fait, en l'hypostasiant *grossièrement* en
dehors de l'âme, qu'anticiper *maladroitement* une donnée (que l'on dira, au choix, cardinale ou controver-
sée) de la psychologie « moderne » : l'unité et l'universalité de la raison. Face au diagnostic de Renan, la

---

1. Cf. Z. Kuksewicz, *De Siger de Brabant à Jacques de Plaisance.
La théorie de l'intellect chez les averroïstes latins des XIIIᵉ et XIVᵉ siècles*
(Institut de philosophie et de sociologie de l'académie polonaise des
sciences), Ossolineum, Editions de l'Académie polonaise des
sciences, Wroclaw, Varsovie, Cracovie, 1968, p. 16. Sur la félicité
cf. Jean de Jandun, *Quaestiones in XII libros Metaphysicae*, I, quaest.
1 (*Utrum sapientia sit felicitas*), éd. Venise, 1553, fᵒ 1va : « La félicité
consiste dans la connaissance des principes (= causes) premiers et
séparés, principalement de Dieu (= le Principe des principes, la
Cause des causes). Et c'est là ce qu'on appelle la sagesse. » Cf.
également *Quaestiones super libros De anima*, III, q. 36, éd. Venise,
1587, avec les commentaires de Z. Kuksewicz, « A Mediaeval
Theory of Felicity », *Dialectics and Humanism*, 2-3 (1986), p. 229-
235.
2. Cf. E. Renan, *Averroès et l'averroïsme*, éd. H. Psichari, *Œuvres
complètes*, III, Paris, 1949, p. 117.

réaction du lecteur moderne risque de confondre l'ensemble de la psychologie aristotélicienne et médiévale dans l'évidente absurdité de l'averroïsme. Une question, tout au plus, émergera : *comment peut-on être averroïste ?* Si l'on préfère : par quelle perversion ou quelle insuffisance intellectuelles en vient-on à hypostasier à l'extérieur de l'âme humaine les premiers principes et les règles les plus générales de la pensée humaine ?

C'est cette attitude à la fois condescendante et antihistorique que la sévère critique thomiste d'Averroès et de ses partisans permet heureusement de dépasser. L'objectif de Thomas n'est pas d'opposer une fiction à une autre fiction, mais de replacer la doctrine averroïste dans l'ensemble de la tradition interprétative du *De anima* d'Aristote, d'en marquer les écarts et d'en expliquer les dérives.

Ouvrage de polémique philosophique, le *De unitate intellectus* de Thomas est aussi, et d'abord, une leçon de lecture et une leçon d'histoire. Le texte comprend cinq chapitres : les deux premiers sont philologiques, les trois suivants argumentatifs.

Le chapitre 1 pourrait s'intituler *Averroès contre Aristote*. Il s'agit, textes à l'appui, de mettre Averroès et ses partisans en contradiction avec le Stagirite. De fait, si la première caractéristique des « averroïstes » est de ne rien vouloir savoir des thèses philosophiques « latines », leur seconde est de ne rien comprendre au *De anima*. Interprètes superficiels, ils partagent la lecture « perverse » d'Averroès. Contre eux, patiemment, ligne par ligne, Thomas va donc implacablement dérouler le *texte* d'Aristote : chaque thèse « averroïste » est ainsi réfutée par une phrase du *De anima*, chaque interprétation hâtive, partielle, tronquée est redressée par un contexte négligé, un terme oublié, un passage occulté. À simplement dérouler la *lettre* d'Aristote, Thomas fait éclater les lacunes, les contresens et les raccourcis de son Commentateur. Le chapitre se clôt par la formulation de l'authentique thèse aristotélicienne sur l'intellect (§ 48) : « L'âme humaine est l'acte d'un corps et l'intellect possible est une de ses parties ou puissances. »

Le chapitre 2 achève la critique philologique de l'averroïsme en réfutant Averroès par l'exégèse péripatéticienne du *De anima*. C'est *Averroès contre le péripatétisme*. Thomas montre d'abord que la lecture averroïste est contraire à celle des péripatéticiens grecs : Thémistius[1], Théophraste, mais aussi Alexandre d'Aphrodise, qu'il défend contre l'interprétation « malveillante » du Commentateur (§ 55) — une attitude originale, qui le distingue d'Albert[2]. Pour le maître allemand, en effet, comme pour Averroès, Alexandre, figure centrale du matérialisme antique, est le destructeur de toute philosophie ; pour Thomas, en revanche, c'est Averroès qui est le « dépravateur » (§ 59) et le « corrupteur » (§ 117) « du péripatétisme ». Après les Grecs, viennent les « Arabes » : Avicenne et al-Ghazâlî. Tous tiennent le parti opposé à celui d'Averroès.

Dans les deux premiers chapitres du *De unitate* la démarche de Thomas témoigne d'une orientation bien particulière qui n'est ni celle de Bonaventure ni celle de Tempier. Il s'agit avant tout d'isoler *philosophiquement* Averroès. Les dogmes de la foi ne sont pas invoqués — l'aspect hérétique du monopsychisme est par trop évident (§ 2) — seuls comptent les « arguments et les textes des philosophes », les *rationes et dicta philosophorum*. En fait, Thomas s'attaque à une position culturelle qui consiste à critiquer les *Latins* sans les connaître au nom d'un péripatétisme que l'on ne connaît ou ne comprend pas mieux. Sa démarche est fondamentalement pédagogique.

---

1. Thomas est le premier commentateur médiéval d'Aristote a faire un usage approfondi de la traduction latine du commentaire sur le *De anima* de Thémistius achevée par Guillaume de Moerbeke en novembre 1267.

2. Une attitude sans fondement, aussi, car, comme le souligne l'édition Léonine, p. 230*–232*, « force est bien de reconnaître qu'en dénonçant l'"erreur" d'Averroès, c'est saint Thomas qui se trompe ». Au contraire, « la documentation fournie par Averroès était de bonne qualité et permettait de se faire des idées d'Alexandre une idée juste. »

Après le rappel des *dicta*, les chapitres 3-5 déve-
loppent les *rationes*. Le chapitre 3 est une réfutation de
la première erreur averroïste : l'affirmation de la séparation réelle de l'intellect par rapport à l'âme humaine.
Ayant défini la thèse philologiquement correcte, Thomas entreprend de l'élucider philosophiquement par
destruction de la thèse opposée. Il s'attaque donc par
l'argumentation à l'affirmation averroïste que l'intellect n'est pas l'âme ou une partie de l'âme qui est
forme du corps humain.

Le chapitre 4 est consacré à la seconde erreur
d'Averroès, la plus caractéristique de l'averroïsme :
l'affirmation de l'unité de l'intellect *possible*. Thomas
distingue clairement cette thèse de celle de l'unité de
l'intellect *agent* — qu'il rejette comme contraire à Aristote, mais dont il reconnaît qu'elle n'est pas absurde et
que, de fait, beaucoup de philosophes l'ont soutenue
(§ 83).

Le chapitre 5 conclut — comme dans une question
disputée — en réfutant les arguments des averroïstes
contre la vraie thèse, la pluralité des intellects : le
chapitre 4 avait réfuté la partie positive ou construc-
tive (*pars construens*) du monopsychisme, le chapitre 5
en annule logiquement la partie négative ou destruc-
tive (*pars destruens*). Cette ultime volée de bois vert se
termine sur un dernier rappel philologique : les averroïstes sont seuls à refuser la pluralité numérique des
intellects, ce sont de mauvais philosophes, mais ce
sont aussi de fieffés menteurs, qui prétendent imputer
aux seuls Latins, un rejet du monopsychisme qui est la
charte de tous les philosophes, qu'ils soient arabes
(comme al-Ghazâlî et Avicenne) ou grecs (comme
Thémistius).

Les dernières lignes (§ 118-119) portent le dernier
coup — probablement le plus célèbre de tout le livre
— en dénonçant chez les averroïstes une stratégie
intellectuelle qui a traversé les siècles : la revendication
d'une « double vérité ». Reprenons tout le passage.

> « [...] il y a lieu de s'étonner encore bien plus ou
> plutôt de s'indigner que tel, qui se prétend chrétien, ose

s'exprimer de manière si irrévérencieuse au sujet de la
foi chrétienne, en disant, par exemple, que "les Latins
n'acceptent pas cela parmi les principes", savoir qu'il y
a seulement un intellect, "pour la raison, peut-être, que
c'est contraire à leur religion". Il y a là deux maux :
premièrement, parce qu'il affecte de se demander si
cela est contraire à la foi ; deuxièmement parce qu'il se
présente comme s'il était étranger à cette religion. Et ce
qu'il dit après — "tel est l'argument par lequel les
catholiques semblent vouloir fonder leur position" —
où il appelle "position" la doctrine de la foi. Et ce qu'il
ose ensuite affirmer n'est pas le signe d'une moindre
présomption, savoir : que Dieu ne peut faire qu'il y ait
multiplicité d'intellects, car cela impliquerait contradiction.

   [119] Mais il y a encore plus grave — c'est ce qu'il
dit ensuite : "Par la raison je conclus de nécessité que
l'intellect est numériquement un, mais je tiens fermement le contraire par la foi." Il pense donc que la foi
porte sur des affirmations dont on peut conclure le
contraire en toute nécessité ; or puisqu'en toute nécessité seul peut être conclu le vrai nécessaire dont
l'opposé est le faux impossible, il s'ensuit, selon son
propre dire, que la foi porte sur du faux impossible,
hypothèse que Dieu lui-même ne pourrait réaliser et
que l'oreille d'un fidèle ne peut supporter. »

   Qui est l'auteur visé par Thomas ? La tradition
répond : Siger de Brabant. Certains textes médiévaux
ajoutent : Boèce de Dacie — un manuscrit parisien
des condamnations de 1277 (où figure en bonne place
le monopsychisme) livre le tout sous la rubrique :
Contra Sogerum et Boetium hereticos ; la *Declaratio Ray-
mundi* de Ramon Lull, qui est une réfutation com-
mentée des 219 thèses condamnées au siècle précédent par Tempier, porte aussi le titre de *Liber contra
errores Boetii et Sigerii* ; enfin, une autre copie du
syllabus de 1277 dit en toutes lettres que le « principal
propagateur des articles <condamnés> était un clerc
appelé Boèce » (*Principalis assertor istorum articulorum
fuit quidam clericus Boetius appellatus*). Faut-il croire
ces « témoignages » ? Rien n'y oblige pour Boèce de
Dacie — le seul argument positif, l'imputation de la

doctrine dite de la « double vérité » ne résiste pas à
l'examen. Mais pour Siger ? Chacun allègue ses parallèles. Les uns tirés des *Quaestiones in III De anima* ; les
autres des *Quaestiones De anima intellectiva*. Tous mis
ensemble rendent la chose vraisemblable. Aucun n'est
décisif. *Aucun, en tout cas, y compris les passages allégués
dans l'édition Léonine*[1], *ne concerne les points cruciaux
des § 118 et 119.* On nous pardonnera peut-être de
revenir — après tant d'autres — sur la question et de
proposer ce que nous croyons être une preuve
incontestable.

Remarquons d'abord que le philosophe dénoncé au
début du § 119 est le même que celui mentionné à la
fin du § 118 : le tenant de la « double vérité » est aussi
celui qui affirme l'impossibilité pour Dieu de réaliser
en même temps des contradictoires. Aucun texte de
Siger ne revendique expressément l'existence de *deux*
vérités contraires. Si l'on fait refluer le § 119 sur le
§ 118 on peut donc être tenté de conclure que le
mauvais chrétien et le *mauvais philosophe* stigmatisé par
Thomas, celui qui, visiblement, a provoqué, par ses
excès, sa colère vengeresse n'est pas Siger de Brabant.
Si, en revanche, on lit le § 119 à la lumière du § 118,
Siger redevient un candidat valable, car, jusque dans
le *De anima intellectiva*, chap. 7, autrement dit dans
l'œuvre où il répond — le plus prudemment possible
— au *De unitate intellectus*, le maître de Brabant
reprend l'argument soumettant Dieu au principe de
contradiction :

> « Mais si l'on dit : puisqu'il y a en moi une certaine
> âme intellective, Dieu peut en faire une autre semblable

---

1. L'édition Léonine relève seulement la formulation « prudente » de la « double vérité » dans les *Quaestiones De anima intellectiva*, chap. 3 et 7 ; Bazán, p. 88, 50-54 et 108, 86 et le passage sur le
feu de l'enfer — de sujet identique, mais sans ressemblance doctri-
nale — des *Quaestiones in III De anima* (Bazán, p. 31-35). Aucune
preuve donc.

à elle et ainsi il y en aura plusieurs, il faut répondre que
Dieu ne peut réaliser simultanément des contradictoires ou des opposés et que Dieu ne peut faire qu'il y
ait plusieurs hommes dont n'importe lequel puisse être
ce Socrate-ci : en effet, si tel était le cas cela reviendrait
à faire qu'ils soient à la fois plusieurs et un seul, plusieurs et pas plusieurs, un seul et pas un seul. »

L'indice fourni par le *De anima intellectiva* est capital : on dira qu'il est tardif. Nous répondons qu'il est
d'autant plus probant : Siger persiste et signe. En
outre, ce n'est pas le seul témoignage.

Aux § 95 et 96 Thomas a déjà mentionné l'argument litigieux et il en a rapporté les supposées
« preuves » :

« [95] ... Si donc l'intellect est séparé et s'il n'est pas
une forme matérielle, il n'est en rien multiplié par la
multiplication des corps.
[96] Ils font tellement confiance à cet argument
qu'ils disent que Dieu ne pourrait faire plusieurs intellects de même espèce en divers hommes. Ils pensent en
effet que cela impliquerait contradiction, car le fait
d'avoir une nature multipliable selon le nombre est
étranger à l'essence d'une forme séparée. Et ils ne s'en
tiennent pas là, car ils prétendent en conclure
qu'aucune forme séparée n'est numériquement une ni
quelque chose d'individué. »

De même au § 101, le *De unitate intellectus* précise
clairement quelle est la principale « preuve » : toute
multiplication est contraire à la nature de l'intellect.

« Et ceux qui, pour montrer que Dieu ne peut faire
qu'il y ait plusieurs intellects, prétendent que cela renfermerait une contradiction, argumentent de manière
très fruste. Supposé, en effet, qu'il ne soit pas de la
nature de l'intellect d'être multiplié, toute multiplication de l'intellect ne devrait pas nécessairement renfermer une contradiction. »

Or, c'est Siger, et ce dès les *Quaestiones in III De
anima*, qui, le premier, invoque ce principe :

« Je dis qu'il n'est pas dans la nature de l'intellect
d'être multiplié selon le nombre. En effet, la *Méta-*

physique, livre VII, dit que c'est seulement par la matière que ce qui engendre donne naissance à quelque chose de multiple en nombre et d'un en espèce[1]. »

Et il revient clairement à la charge dans le passage déjà cité du *De anima intellectiva* :

> « Si de par sa définition même l'âme intellective est quelque chose d'individuel, subsistant par soi, tel Socrate, faire une autre âme intellective de même espèce que celle qui est en ce moment, reviendrait à ce qu'elle soit faite à la fois même et autre de l'autre. En effet, dans les êtres séparés de la matière, l'individu est à lui-même sa propre espèce, et c'est pourquoi être contenu sous une espèce c'est pour un individu de ce genre être contenu sous un autre individu, ce qui est impossible. »

La conclusion s'impose d'elle-même : l'auteur dénoncé aux § 95, 96 et 118 du *De unitate,* celui qui est tacitement présent dans l'argumentation du § 101 est Siger de Brabant.

Mais, dira-t-on, aucun texte de Siger ne soutient la doctrine de la double vérité dénoncée par Thomas au § 118. L'objection est sans valeur. Tout d'abord, en effet, comme nous l'avons montré ailleurs, personne avant Thomas, qui l'invente, Tempier, qui l'institutionnalise, et Raymond Lulle qui la popularise, n'a soutenu l'absurde doctrine de la double vérité[2] — ni Boèce de Dacie auquel on l'attribue faute de connaître la logique ni *a fortiori* Siger de Brabant. La doctrine de la double vérité est un piège logique[3] tendu par Tho-

1. Cf. Siger de Brabant, *In III De anima,* q. 9 ; éd. Bazán, p. 26, 23-25.

2. Cf. A. de Libera, *Penser au Moyen Âge* (Chemin de pensée), Paris, Éd. du Seuil, 1991, p. 122-139.

3. L'argument de Thomas est fondé sur le principe cardinaux de la logique aristotélicienne — bivalence et contradiction. En bref : on ne peut simultanément affirmer une proposition et son contraire — si p est vrai, non-p est faux ; si p est faux, non-p est vrai. L'averroïste veut entraîner son adversaire dans un faux compromis : il demande le droit de penser que p (comme philosophe) et croire que non-p (comme chrétien). Thomas répond que ce n'est pas ce qu'il fait : en affirmant le caractère nécessaire, démonstratif, scientifique de la preuve que p est le cas, l'averroïste pose du même coup la fausseté et l'impossibilité de non-p. De fait, pas plus qu'on ne peut à la fois affirmer que p et affirmer que non-p, on ne peut

mas à des auteurs qui se contentaient d'affirmer que si
ce que la philosophie donnait pour vrai était faux aux
yeux de la foi, cela devait, pour ce motif même, être
rejeté. Ensuite, et surtout, à ne pas remarquer le lien
des § 118 et 119 du *De unitate*, les historiens ne se sont
pas aperçus qu'en obligeant logiquement l'« averroïste » à dire que *la foi porte sur de l'impossible*, Thomas ne faisait que reprendre ce que son adversaire
avait déjà confessé de lui-même en soutenant express-
sément que « Dieu ne peut faire qu'il y ait multiplicité
d'intellects, car cela impliquerait contradiction ». De
fait, affirmer, selon l'ordre de la nature et aux yeux de
la philosophie, l'impossibilité pour Dieu de réaliser
simultanément des contradictoires revient à poser que
le croyant qui maintient la pluralité des intellects *croit
à quelque chose d'impossible*. Or, et on ne l'a pas vu, la
première formulation de la doctrine de la double vérité
— autrement dit celle que forge Thomas pour piéger
son adversaire — n'est pas une formulation générale
portant sur les rapports de la foi et de la raison : c'est
un énoncé précis portant sur la problématique de
l'intellect. *C'est dans le contexte du monopsychisme et de
lui seul, et — allons plus loin — sur le terrain exact de la
soumission de Dieu au principe de contradiction, que naît
la pseudo-doctrine de la double vérité.* Il est donc inutile
de chercher chez Boèce, qui ne parle pas de l'unité de
l'intellect possible, et que Thomas n'a pas lu, l'amorce
d'une doctrine sciemment attribuée par Thomas à
Siger pour porter un coup fatal, et sur sa noétique, à
un auteur qu'il a lu.

Veut-on un argument supplémentaire ? Les formules mêmes de Siger dans le *De anima intellectiva*
nous l'apportent. Ayant lu le *De unitate*, le maître de
Brabant ne peut ignorer l'accusation qui lui est faite.
La naïveté de sa réponse peut étonner de la part d'un

---

affirmer que p est démontré sans poser en même temps que *non*-
non-p est démontré. Selon Thomas, dire, comme le fait l'averroïste,
que l'on peut démontrer à la fois p et *non*-non-p et, dans le même
temps, croire que non-p n'est qu'une misérable *fallacie*, qui ne peut
tromper personne.

si bon logicien, mais elle a une bonne explication : face
à l'imparable dialectique de Thomas, Siger conserve
son attitude initiale — il reproduit *en toute bonne foi* la
formule qui a permis à Thomas de le piéger. Estimant
qu'il n'a jamais personnellement mis *ex aequo* vérité
philosophique et vérité chrétienne, il redit ce qu'il a
toujours dit : les philosophes ont une conception de la
vérité que la foi dément. Seul l'accent change : le ton
est plus solennel — à la mesure de l'accusation.
L'argument qu'on lui reproche et la position qu'il
instrumente sont ceux des philosophes. La réponse de
la foi chrétienne, *qui est la seule expression de la vérité*,
est toute autre. Siger conclut donc sans détour, rem-
plaçant le défini (la foi chrétienne) par sa définition (la
vérité) : « Mais *il est certain selon la vérité qui ne peut
mentir* que les âmes intellectives sont multipliées par la
multiplication des corps humains. »

On peut juger qu'il y a là un repli stratégique. On
peut aussi penser que Siger se défend mal. Une chose
nous paraît sûre : sa maladresse même le désigne
comme le véritable interlocuteur de Thomas. Siger
essaie de convaincre — il ne le ferait pas s'il n'avait
pas toujours été prêt à le faire. Au contraire, sur le
même terrain et face au même problème, un anonyme
des années 1270, l'*Anonyme de Van Steenberghen*, ne
craint pas de chercher chez Averroès de quoi échapper au piège de Thomas. Mieux, au lieu de protester
de sa sincérité personnelle, il revendique le point de
vue quasi sociologique du « conflit des Facultés » :
contrairement à Siger, il ne se défend pas en chrétien
injustement soupçonné ; il contre-attaque en profes-
seur de philosophie face au théologien de profession.

> « Argument des théologiens : un agent dont la puis-
> sance ne souffre ni diminution ni imperfection peut
> faire qu'il y ait plusieurs formes séparées dans une
> même espèce ; or tel est le cas du Premier agent. [...] A
> cela il faut dire que c'est vrai selon la foi. Néanmoins,
> c'est le Commentateur qui donne la solution dans le
> livre *Du ciel et du monde*[1]. En effet il y soutient que ne

---

1. Cf. Averroès, *De caelo*, I, comm. 90 ; Venise, f⁰ 58L-59C.

pas pouvoir faire ce qui est impossible ne diminue en
rien la puissance du Premier ; c'est pourquoi le Commentateur dit que faire plusieurs formes séparées dans
une même espèce est impossible, puisque ce serait faire
des contradictoires [1]. »

Enfin, répondant à la dernière phrase du § 96 (« Et
ils ne s'en tiennent pas là, car ils prétendent en
conclure qu'aucune forme séparée n'est numériquement une ni quelque chose d'individué »), il assume
sans faiblir l'analyse de Thomas au § 119 — ce que dit
la foi est bel et bien *impossible*... aux yeux de la philosophie ! « Le fondement <de la position> du Commentateur <est le suivant> : Il se fonde sur ce
qu'aucune forme séparée ne peut être nombrée et
multipliée [2] ». Cette thèse est contraire à la foi, mais la
thèse contraire, celle de la foi, est elle-même impossible aux yeux de la philosophie : « Il est vrai que selon
la foi il peut y avoir pluralité numérique de formes
séparées au sein d'une même espèce ; mais, selon
Aristote et tous les philosophes, cela est impossible [3]. »
Ainsi donc, les arguments d'Averroès sont « *comme
irréfutables* » (!), « l'opposé », lui, « étant vrai par la
foi ».

On comprend ce qui fait l'originalité du *De unitate
intellectus* de Thomas : c'est de s'attaquer à un auteur
original et vivant, Siger de Brabant, non à une fiction
théorique, et d'aller au détail. Loin de retirer à
l'importance de la querelle de l'averroïsme en rédui-
sant sa base statistique, la concentration de la lecture
du *De unitate* sur la personne de Siger explique, au
contraire, certains aspects importants dans la
construction du mythe de l'« averroïsme latin » :
notamment, le rôle paradoxal joué par les théologiens
dans l'invention du mal qu'ils dénonçaient. C'est

---

1. Cf. *Anonyme de Van Steenberghen*, *Quaestiones De anima*, III,
q. 6 ; Van Steenberghen, p. 312, 13-15.
   2. Cf. *Anonyme de Van Steenberghen*, *Quaestiones De anima*, III,
q. 6 ; Van Steenberghen, p. 311, 4-6.
   3. Cf. *Anonyme de Van Steenberghen*, *Quaestiones De anima*, III,
q. 6 ; Van Steenberghen, p. 312, 18-20.

parce qu'il s'en prend à Siger de Brabant sur un terrain précis que Thomas invente la « double vérité », au départ un argument imparable, qui, cependant, sept ans plus tard, sous la plume volontairement brutale d'Étienne Tempier, deviendra une doctrine positive, définissant, dans sa duplicité même, la revendication centrale de l'« averroïsme [1] » ; c'est parce qu'il s'en prend à Siger que Thomas, avec cet argument, contraint *après-coup* l'*Anonyme de Van Steenberghen* à assumer la position qu'il avait polémiquement imputée à Siger. C'est parfois l'histoire elle-même qui fabrique les mythes de l'historiographie. Mais c'est elle aussi qui permet de les corriger : si Siger de Brabant est la cause occasionnelle de l'invention thomiste de la « double vérité », Boèce de Dacie n'a décidément plus rien à voir dans l'affaire. Analysant logiquement l'argument qui servait à lui attribuer la paternité de la doctrine, nous avons montré ailleurs qu'il ne pouvait logiquement en être l'auteur [2]. Nous achevons ici notre

---

1. Cf. É. Tempier, *Prologue* du *Syllabus* de 1277 : « Ils disent en effet que certaines choses sont vraies selon la philosophie, qui ne le sont pas selon la foi catholique, comme s'il y avait deux vérités contraires, comme si la vérité des Saintes Écritures pouvait être contredite par la vérité des textes de ces païens que Dieu a damnés. »

2. Cf. A. de Libera, *Penser au Moyen Âge*, p. 369-371. Loin d'affirmer la coexistence de deux vérités contradictoires, la vérité philosophique et la vérité de foi, Boèce soutient qu'elles ne peuvent s'opposer : leurs thèses supposées contradictoires n'ont qu'une apparence de contradiction. Cette théorie repose sur un principe fondamental de la logique aristotélicienne (*Réfutations sophistiques*, chap. 25) : l'impossibilité d'obtenir une contradiction en opposant une proposition prise au sens absolu (*simpliciter*) et la même proposition prise en un sens relatif (*secundum quid*). C'est sur cette base qu'il construit, à propos de l'éternité du monde (thèse n° 5 dans la liste du 10 décembre 1270) et de l'inexistence d'un premier homme (thèse n° 6), un argument, purement logique, destiné à montrer que les vérités de la foi et celles de la philosophie relèvent de « voies » distinctes : « Nous savons que celui qui affirme que *Socrate est blanc* et que celui qui nie que *sous un certain rapport Socrate est blanc*, disent vrai l'un et l'autre. De même, le Chrétien dit la vérité en affirmant que le monde et le premier mouvement soient nouveaux, qu'il y ait eu un premier homme, que chaque homme reviendra à la vie numériquement identique et qu'un être engendrable peut accéder à l'existence sans avoir été engendré, pourvu seulement qu'on

démonstration en disant qu'il n'avait pas non plus à
l'être : depuis la critique thomiste de Siger la place
était prise et bien prise.

L'impact du *De unitate intellectus* a été durable.
L'« averroïsme » n'a pas pour autant disparu. Au
contraire. Sans parler des trois phases qu'il a encore
connues aux XIIIᵉ et XIVᵉ siècles[1], ni de son extra-

---

admette que cela est possible par une cause dont la puissance soit
plus grande que ne l'est celle d'une cause naturelle. Mais il dit aussi
la vérité, celui qui dit que cela n'est pas possible par des causes et
des principes naturels. En effet, le physicien ne concède et ne nie
rien qu'à partir de principes naturels et de causes naturelles, de la
même manière que le grammairien, parlant en tant que tel, ne
concède rien sinon à partir de principes grammaticaux et de causes
grammaticales. » Autrement dit, entre l'affirmation du Chrétien : *le
monde est nouveau* et celle du philosophe : *selon l'ordre des causes et
des principes naturels le monde n'est pas nouveau*, il n'y a pas plus de
contradiction qu'entre *Socrate est blanc* et *sous un certain rapport
Socrate n'est pas blanc*. Y voir une contradiction, c'est faire une grave
faute de logique, se rendre coupable du paralogisme connu au
Moyen Âge sous le titre de *fallacia secundum quid et simpliciter*.
Comment accuser Boèce sans faire de faute logique, tel est le
problème brillamment résolu par É. Tempier dans sa reformulation
de l'argument thomasien sur la « double vérité » — il suffit de
« ponctuer » autrement le texte de Boèce, plus précisément de déplacer l'expression *secundum quid*, et de lire : « Nous savons en effet
que celui qui dit que Socrate est blanc et celui qui nie que Socrate
est blanc *disent vrai l'un et l'autre sous un certain rapport* », pour
obtenir deux vérités contraires là où Boèce voit deux vérités qui ne
se contredisent pas. La manipulation est évidente, mais elle traverse
les siècles. Le maître danois voit donc son nom constamment
associé à une doctrine affirmant que deux énoncés « p » et « non-p »
pris tous deux absolument sont vrais en même temps sous un
certain rapport, alors qu'il dit que « p » pris absolument et « non-p »
pris sous un certain rapport ne se contredisent pas.
    1. Il s'agit des deuxième, troisième et quatrième phases dans la
périodisation de Z. Kuksewicz, *De Siger de Brabant à Jacques de
Plaisance. La théorie de l'intellect chez les averroïstes latins des XIIIᵉ et
XIVᵉ siècles* (Institut de philosophie et de sociologie de l'académie
polonaise des sciences), Ossolineum, Éditions de l'Académie polonaise des sciences, Wroclaw, Varsovie, Cracovie, 1968 — la première phase étant celle de Siger de Brabant et de l'*Anonyme de Giele*.
La deuxième phase (1280-1300) est celle de l'Anonyme *Sicut dicit
Tullius* et de Gilles d'Orléans. La troisième (1300-1328), celle de

ordinaire vitalité dans l'Italie des xvᵉ et xviᵉ siècle, l'« averroïsme » s'est maintenu, presque plus vigoureux, dans les années immédiatement postérieures à l'intervention de Thomas. On l'a vu, Siger lui-même réplique avec les *Quaestiones de anima intellectiva* rédigées au plus tôt en 1273, plus probablement en 1274 — en tout cas, avant mai 1274, puisque Thomas y est cité comme un auteur encore vivant. Sans renoncer absolument à ses opinions antérieures, Siger a perdu un peu de sa superbe. La conclusion du chapitre 7, consacré à la « multiplication de l'âme intellective », est pour le moins prudente :

> « Toutes ces difficultés et quelques autres m'obligent à dire que, depuis longtemps, j'ai des doutes sur ce qu'il faut soutenir en ce problème selon la voie de la raison naturelle et sur ce qu'a vraiment enseigné Aristote sur ladite question. <Ma conclusion est qu'> étant dans un tel doute, il faut s'en tenir fermement à la foi, qui surpasse toute raison humaine[1]. »

Fait-il une autre réponse, plus offensive ? C'est ce que soutiennent la plupart des historiens depuis la découverte d'extraits d'un *Tractatus De intellectu* à lui attribué dans un ouvrage homonyme d'Agostino Nifo, averroïste padouan du xviᵉ siècle (1473-1546). Ce traité sigérien, aujourd'hui perdu, a été partiellement reconstitué par B. Nardi grâce aux extraits de Nifo. Le maître de Brabant, qui est censé avoir directement adressé le traité à Thomas, y apparaît soutenir une position « moyenne », très en retrait par rapport aux *Quaestiones in III De anima*.

« Voici, explique Nifo, comment il s'y prend pour

Jean de Göttingen, d'Antoine de Parme, de Thomas Wilton, de la *Quaestio* anonyme *De anima intellectiva*, de Marsile de Padoue, Jean de Jandun et Gauthier Burley. La quatrième, celle de l'averroïsme bolonais (première moitié du xivᵉ siècle), avec Angelo d'Arezzo, Taddeo de Parme, Anselme de Côme, Matthieu de Gubbio et Jacques de Plaisance. Sur Gilles d'Orléans, cf., en outre, Z. Kuksewicz, « Gilles d'Orléans était-il averroïste ? », *Revue philosophique de Louvain*, 88 (1990), p. 5-24.

1. Cf. Siger de Brabant, *De anima intellectiva*, chap. 7 ; Bazán, p. 108, 83-87.

faire sa médiation entre les averroïstes et les Latins : aux averroïstes il emprunte l'impartibilité, l'immatérialité et l'unité de l'intellect ; aux Latins, que l'intellect est la forme qui constitue à la fois l'homme et cet homme-ci, l'homme dans l'être spécifique, cet homme-ci dans cet être-ci ; que l'intellect est ce qui donne l'être à la fois dans l'individu et dans l'espèce ; et donc aussi l'être d'où est tirée la différence spécifique ultime[1]. »

On situe généralement le *De intellectu* entre les *Quaestiones in III De anima* et les *Quaestiones De anima intellectiva* — selon Nardi, Siger l'a envoyé à Thomas après mai 1272 (départ de Thomas pour Naples) et avant le 2 mai 1274 (date à laquelle sa mort est connue à Paris). Sur la date de la composition les avis divergent sensiblement. Z. Kuksewicz, qui place le *De intellectu* après le *De anima intellectiva*, voit celui-ci « durant l'année scolaire 1272-1273, plutôt fin 1272 » et celui-là « durant l'année scolaire 1273-1274, mais avant mars 1274[2] ». B. Bazán, au contraire, considère qu'il est invraisemblable que Siger ait attendu deux ans avant de riposter à l'attaque de Thomas et que les termes mêmes qu'il utilise dans le *De anima intellectiva* pour retracer l'histoire de ses doutes impliquent de « distancer le plus possible les deux écrits ». Il suit donc Nardi et soutient que le *De intellectu* « a été composé en 1271 ou même en 1270, avant la condamnation du 10 décembre 1270[3] ».

Le *De intellectu* a-t-il jamais existé ? La question — iconoclaste — a été récemment soulevée par A. Pattin. Selon lui, l'opuscule librement paraphrasé par Nifo pourrait bien n'être que les *Quaestiones in III*

---

1. Cf. Augustinus Niphus, *De intellectu*, I, tr. 3, c. 18 ; Venise, 1503, d'après B. Nardi, *Sigieri di Brabante nel pensiero del Rinascimento italiano*, Rome, 1945, p. 19.
2. Cf. Z. Kuksewicz, *De Siger de Brabant à Jacques de Plaisance...*, p. 76.
3. Cf. B. Bazán, « Introduction »..., p. 75*.

De anima[1]. Si tel était le cas, l'ouvrage n'aurait évidemment pas été envoyé à Thomas[2].

Quoi qu'il en soit de ces hypothèses, il faut avouer que le *De unitate* de Thomas a agi sur Siger sans effet retard. Dans le *Commentaire du Livre des causes*, composé entre 1274 et 1276, l'averroïsme de Siger n'est pratiquement plus qu'un souvenir. La thèse centrale des *Quaestiones in III De anima*, l'unité de l'intellect *selon Averroès*, est clairement abandonnée :

> « C'est une position qui est hérétique aux yeux de notre foi, et dont on peut aussi montrer qu'elle est irrationnelle[3] ».

> « Quant à savoir si Aristote a vraiment enseigné que l'intellect était unique en tous les hommes comme l'a fait son Commentateur, cela ne ressort pas avec certitude de ses paroles. Certains expliquent Aristote en lui faisant dire que l'intellect de tous les hommes est un, d'autres l'expliquent autrement. De toute façon, quel qu'ait été son enseignement, Aristote était un homme et il a pu se tromper : il faut tenir fermement que l'intellect est multiplié par la multiplication des hommes[4]. »

Que veut dire cet apparent reniement ? L'averroïsme décroissant de Siger ne traduit pas chez lui un

---

1. A dire vrai, il existe un autre témoin de l'existence d'un *De intellectu* : le prince des averroïstes parisiens du XIVᵉ : Jean de Jandun. Dans ses « Questions très subtiles » *Super libros Aristotelis De anima*, Venise, MDLXXXVII, l. III, q. 5, col. 245, Jean fait en effet allusion à l'opinion d'un « révérend docteur en philosophie, maître Rémi (*Remigius*) de Brabant, dans un certain *Traité De l'intellect* ». Si « Rémi » est une faute de l'imprimeur — aisément corrigée par la tradition manuscrite — il faut, malheureusement, constater que l'*incipit* mentionné par Jean (« *Cum anima sit aliorum cognoscitiva...* ») est aussi celui des *Quaestiones De anima intellectiva* ! Quant au témoignage, souvent allégué, de François de Sylvestris, sa valeur est également minime, puisqu'il dépend directement d'Agostino Nifo. Sur François, cf. B. Bazán, « Introduction », p. 74★.

2. Cf. A. Pattin, « Notes concernant quelques écrits attribués à Siger de Brabant », *Bulletin de philosophie médiévale*, 29 (1987), p. 176-177.

3. Cf. Siger de Brabant, *Quaestiones super librum de causis*, q. 27 ; Bazán, p. 112, 147-148.

4. Cf. Siger de Brabant, *Quaestiones super librum de causis*, q. 27 ; Bazán, p. 115, 246-252.

recul de la philosophie par rapport à la foi : le philosophe belge ne redevient pas chrétien en cessant d'être philosophe. En fait, son évolution est fondamentalement philosophique, et c'est cette évolution qui justifie philosophiquement son invocation de la foi. Sous la pression de Thomas, avec la maturation de sa propre réflexion, Siger a changé sa lecture d'Aristote. L'opération philologique de Thomas contre l'exégèse averroïste a porté ses fruits : Siger ne renonce pas à Aristote au bénéfice du christianisme ; il renonce à son ancienne lecture du *De anima*. Ce changement de stratégie interprétative est capital. Revisité et éclairé par Thomas l'aristotélisme de Siger a eu raison de son averroïsme.

Cela dit, au lendemain de 1270, tous les averroïstes n'ont pas déposé les armes. Paradoxalement, si rien ne prouve qu'ils existaient avant la polémique de Thomas avec Siger, plusieurs indices montrent qu'ils ont existé — ou commencé d'exister — après. La défaite de Siger n'a donc pas — au contraire — marqué la fin de l'« averroïsme latin ».

On peut évoquer ici plusieurs témoignages. Tout d'abord, dès la session de disputes quodlibétiques de Noël 1270 — donc, après les condamnations de Tempier —, l'inlassable adversaire des Mendiants, le maître séculier Gérard d'Abbeville doit revenir à la charge contre la théorie de l'unité de l'intellect — épinglant au passage plusieurs arguments de Siger. Son diagnostic sur le monopsychisme est sans appel :

> « Réponds que s'il y avait un seul intellect numériquement identique en tous les hommes, non multiplié ni distingué par une multiplicité numérique (*multitudine numerosa*), tous nos sermons, toute notre foi seraient vides de sens, ce qui est impossible en soi et absolument incroyable, ce qui est aussi faux et inintelligible — une fantasmagorie vide et excessive autant qu'une illusion folle et diabolique[1]. »

En 1272 — ou peut-être encore en 1275 — Gilles

---

1. Cf. Gérard d'Abbeville, *Quodlibet* VIII, ms. *Vat. lat.* 1015, f. 56ba, cité par Pattin, « Notes... », p. 173.

de Rome prolonge l'attaque avec son *De plurificatione intellectus possibilis*[1]. Enfin, on a déjà dit qu'en 1277 É. Tempier doit à nouveau censurer les deux thèses qu'il avait condamnées en décembre 1270 ! En sept ans, le monopsychisme n'a pas reculé.

Le meilleur témoin de cette étonnante résistance est l'*Anonyme d'Oxford*, Merton College 275, connu sous le titre d'*Anonyme de Giele* — déjà évoqué tantôt —, auquel le *De plurificatione intellectus possibilis* de Gilles de Rome réserve d'ailleurs un sort particulier[2]. Réponse arrogante et intrépide faite à Thomas entre 1270 et 1275, les *Quaestiones De anima* du maître inconnu représentent ce que l'on pourrait appeler — par analogie avec l'hégélianisme — l'« averroïsme de gauche[3] ». Il faudrait même dire d'« extrême gauche », comme le note Z. Kuksewicz[4] : de fait, si, face à la critique thomiste, Siger de Brabant a fini, selon le mot de Nardi, par « mitiger son averroïsme[5] », l'*Anonyme de Giele* le proclame dans une sorte d'ivresse de la transgression. Les arguments de Thomas sont passés

1. Cf. B. Bazán, « Introduction »..., p. 62*, notes 16-17.
2. Cf. M. Giele, « Introduction » à *Un commentaire averroïste sur les livres I et II du Traité de l'âme*, in M. Giele, F. Van Steenberghen, B. Bazán, *Trois commentaires anonymes sur le traité de l'âme d'Aristote* (Philosophes médiévaux, XI), Louvain-Paris, Publications universitaires-Béatrice-Nauwelaerts, 1971, p. 15.
3. Sur les courants extrémistes de l'averroïsme parisien, cf. G. Fioravanti, « Desiderio di sapere e vita filosofica nelle *Questioni sulla Metafisica* del ms. 1386 Universitätsbibliothek Leipzig », in *Historia Philosophiae Medii Aevi, Studien zur Geschichte der Philosophie des Mittelalters*, hrsg. B. Mojsisch-O. Pluta, Grüner, Amsterdam/Philadelphia, 1991, p. 271-283. Sur les divers courants de l'averroïsme et la diffusion de l'idéologie « pro-philosophique », cf., L. Bianchi, « La felicità intellettuale come professione nella Parigi del Duecento », *Rivista di Filosofia*, 78 (1987), p. 181-199 ; G. Fioravanti, « L'aristotelismo latino : Alberto Magno e i Magistri artium parigini (Sigieri du Brabante, Boezio di Dacia) », in P. Rossi et C. A. Viano, éd., *Storia della filosofia, 2. Il Medioevo*, Laterza, Rome-Bari, sous presse.
4. Cf. Z. Kuksewicz, *De Siger de Brabant à Jacques de Plaisance...*, p. 66.
5. Cf. B. Nardi, *Sigieri di Brabante nel pensiero del Rinascimento italiano*, Rome, 1945, p. 11.

au crible, rejetés, réfutés. Quant à la thèse finale, qui
couronne la q. 4 du livre II, elle va au-delà même de ce
que soutenait Siger : c'est la négation du fait de cons-
cience et le rejet de toute dimension personnelle de la
pensée. De tous les auteurs du XIIIᵉ siècle l'Anonyme
d'Oxford est le seul à refuser la proposition « *Homo
intelligit* ». Réfutant par avance la psychologie du
cogito, il se livre à l'apologie la plus radicale de ce que
J. Jolivet a appelé le « décentrement » averroïste « du
sujet[1] ». L'homme ne pense pas. Quelque chose —
l'intellect — se sert de lui pour penser.

> « Tu m'objectes : je fais moi l'expérience que je
> pense, je me perçois moi en train de penser ; je
> réponds : c'est faux. Au contraire, c'est l'intellect natu-
> rellement uni à toi en tant que moteur et recteur de ton
> corps, c'est l'intellect qui fait cette expérience, exacte-
> ment comme l'intellect séparé sait d'expérience qu'il a
> en lui des intelligibles. Si tu m'objectes : c'est moi, moi
> l'agrégat d'un corps et d'un intellect, qui fais l'expé-
> rience que je pense, je dis : c'est faux. Au contraire,
> c'est l'intellect qui a besoin de ton corps comme objet
> (*intellectus egens tuo corpore ut obiecto*), qui fait cette
> expérience et qui la communique à l'agrégat[2]. »

La thèse selon laquelle le corps humain est l'indispensable « objet » de la pensée de l'intellect est une
manière extrême[3] de dire que l'intellect est couplé à

---

1. Cf. J. Jolivet, « Averroès et le décentrement du sujet », in *Le
choc Averroès. Comment les philosophes arabes ont fait l'Europe*, Internationale de l'imaginaire*, 17/18 (1991), p. 161-169.

2. Cf. *Anonyme de Giele*, *Quaestiones De anima* II, q. 4 ; Giele,
p. 76, 91-96.

3. Cette notion du corps comme objet de l'intellect a eu une
exceptionnelle postérité : on la retrouve (retournée *contre* Averroès)
jusque dans le *De immortalitate animae* de Pomponazzi (1516).
Disciple d'Alexandre d'Aphrodise, Pomponazzi accepte l'idée, fon-
cièrement inadmissible pour l'averroïsme (qui se constitue, précisément, de l'exclure), que le corps peut être et l'objet *et le sujet* de la
pensée. Cf. Pietro Pomponazzi, *De immortalite animae* ; chap. 4, éd.
B. Mojsisch (Philosophische Bibliothek, 434), Hambourg, Felix
Meiner, 1990, p. 18 : « Selon sa définition générale l'âme est l'acte
d'un corps naturel organisé, etc. Donc l'âme intellective est l'acte
d'un corps naturel organisé. Donc, puisque selon l'être l'intellect est
l'acte d'un corps naturel organisé, il dépend aussi dans toutes ses
opérations d'un organe soit comme sujet soit comme objet. Il n'est

l'homme par le biais des « intentions imaginaires » qu'il
actualise en lui — thèse centrale de la psychologie
averroïste, expressément soutenue par Siger dans les
Quaestiones in III De anima[1], mais abandonnée dans le
De anima intellectiva. Tel que le voit l'Anonyme,
l'homme n'a véritablement en propre que les affects et
les images d'un corps qui sent, imagine et souffre. La
pensée qui naît en lui n'est pas de lui ni à lui. Elle vient
de l'extérieur. Elle le prend pour objet à travers ses
images. En la rigueur des termes l'homme n'est pas le
sujet de la pensée.

On peut s'étonner de l'ardeur persistante des partisans d'Averroès. Malgré les critiques de Thomas, malgré les censures de Tempier, le monopsychisme garde
un extraordinaire attrait pour certains maîtres parisiens. Pourquoi ? Un des arguments thomistes les plus
forts contre l'averroïsme est de montrer qu'il ne peut
expliquer que l'homme pense, mais seulement qu'il est
pensé (*De unitate*, § 62 et 75). Paradoxalement, c'est
cela même que revendiquent les averroïstes — naturellement, pas dans le sens où l'entend Thomas —
cela aussi qui fait le succès d'Averroès : leur thèse,
neuve et inattendue, est que l'âme humaine n'est pas
le fondement subjectif mais seulement le fondement
objectif de la pensée. Dans cette psychologie qui

---

donc jamais totalement séparé de tout organe. » Pomponazzi est,
comme on le sait, un adversaire acharné du monopsychisme averroïste. Son analyse de la thèse d'Averroès, au début du chap. 4
(Mojsisch, p. 14), est aussi violemment critique que celle de Gérard
d'Abbeville : « Bien que, à notre époque, cette opinion soit très
célébrée et que la majeure partie des gens s'entêtent à y voir celle
d'Aristote, il me semble, néanmoins, qu'elle n'est pas en elle-même
seulement très fausse, mais bien inintelligible et monstrueuse et
qu'elle est complètement étrangère à Aristote. Bien plus, je suis
d'avis qu'Aristote n'a jamais pu ajouter foi à une aussi formidable
sottise et même qu'elle n'a pas pu effleurer son esprit. »
    1. Cf. Siger de Brabant, *In III De anima*, q. 9 ; Bazán, p. 28,
79-82.

ignore la notion moderne de la « subjectivité », la *sub-jectité* du sujet s'entend encore dans le sens aristoté-licien de l'*hypokeimenon* — support ou suppôt, suppor-tant un ensemble d'affects ou d'affections. Contrairement aux occamistes qui soutiennent que la pensée est *subjectivement* dans l'âme comme une cou-leur est dans un mur, contrairement aux réalistes intentionnistes qui soutiennent qu'elle y est plutôt *objectivement*, comme un être idéal ou « objectif » placé face au regard de l'âme, les averroïstes professent que la pensée se fonde *objectivement* dans les images de l'âme (comme en autant d'objets auxquels elle donne une actualité formelle) et que, dans la rigueur des termes, elle se fonde *subjectivement* dans le seul intel-lect possible unique et séparé. C'est cette théorie d'une double fondation de la pensée dans les images (*obiective*) et l'intellect (*subiective*) que Thomas a reformulée dans la théorie du « *sujet* double » :

> « Averroès soutient que le principe de la pensée qu'on appelle intellect possible n'est ni une âme ni une partie de l'âme, sinon en un sens homonyme, et que c'est plutôt une substance séparée. Et il dit que la pensée de cette substance séparée devient mienne ou tienne quand l'intellect possible est couplé avec moi ou avec toi, grâce aux images qui se trouvent en moi ou en toi. Et il dit que cela se passe ainsi : l'espèce intelligible qui fait un avec l'intellect possible, étant sa forme et son acte, a deux sujets, l'un, c'est les images elles-mêmes, l'autre, l'intellect possible. Ainsi donc, c'est par sa forme que l'intellect possible entre en contact avec nous, par l'intermédiaire des images, et c'est pourquoi, au moment où l'intellect possible pense, cet homme-ci, lui aussi, pense[1]. »

Le passage de l'idée d'une double fondation objec-tive-subjective à celle d'une double fondation sub-jective — un « double sujet » fondateur — est à la fois une transformation violente de la théorie d'Averroès et la traduction directe de sa revendication la plus authentique. De fait, c'est le Commentateur lui-même

---

1. Cf. Thomas d'Aquin, *De unitate*, § 62.

qui parle des « deux *sujets* » de la pensée de l'homme,
sur le modèle des deux supports de la sensation — une
manière de repenser d'un point de vue fondationnel la
définition aristotélicienne de la sensation comme « acte
commun du sensible et du sentant ». La fine pointe de
la doctrine d'Averroès — inconnue d'Aristote — est,
cependant, la différence entre les modes de fondation
propres aux deux « sujets » de la pensée : l'un proprement « subjectif », c'est-à-dire aussi réel, mais extérieur
à l'âme humaine — celui qu'accomplit l'intellect possible unique et séparé —, l'autre « objectif », c'est-
à-dire aussi référentiel, mais intérieur à l'âme — celui
qu'accomplit l'image mentale.

> « Car, puisque former par l'intellect[1] comme le dit
> Aristote, c'est comme comprendre par les sens, et que
> comprendre par les sens s'accomplit par l'intermédiaire
> de deux sujets [...] il est également nécessaire que les
> pensés[2] en acte aient deux sujets, dont l'un est le sujet
> qui les rend vrais, à savoir les formes, qui sont des
> images vraies, et le second, celui qui fait de chaque
> pensé un être mondain réel, et c'est l'intellect matériel.
> Il n'y a en cela aucune différence entre le sens et
> l'intellect, si ce n'est que le sujet du sens, qui le rend
> vrai, est extérieur à l'âme, alors que le sujet de l'intel-
> lect, qui le rend vrai, est à l'intérieur de l'âme[3].

Pour Thomas, la double fondation de la pensée en
l'homme et à l'extérieur de l'homme dans une relation
d'exclusion interne à son objet — cela même que
revendique Averroès pour préserver l'immatérialité du
sujet de la pensée — apparaît comme un déficit théo-

---

1. Le verbe latin « *formare* » est la traduction arabo-latine du grec
« *noein* » — penser. Couramment attesté dans les versions latines
d'Averroès, il semble avoir été introduit dans les traductions d'Avicenne. Cf., sur ce point, Avicenne, *De anima*, V, 1 ; Van Riet, p. 76,
5.
2. Le substantif « pensé, -és » rend le latin « intellectum,-a ». On
peut aussi dire « objets d'intellection », mais à condition de
comprendre que ces objets de la pensée de l'intellect sont *acquis* par
l'homme dans sa jonction avec l'intellect séparé.
3. Cf. Averroès, *In De anima* III, comm. 5 ; Crawford, p. 400,
376-394.

rique. Le vice rédhibitoire de l'averroïsme est de ne pouvoir saisir le pensant comme pensant mais seulement comme pensé. Si, dans le système averroïste, la phrase *Homo intelligit* est impropre, ce n'est pas parce que — comme le proclame crânement l'*Anonyme de Giele* — quelque chose d'autre pense en lui, mais parce qu'il est lui-même ce qui est pensé. Dire que l'image est le fondement objectif de la pensée de l'intellect ne permet pas d'expliquer l'acquisition de la pensée par l'homme : pour être *humaine*, la pensée doit être comprise comme une action immanente de l'homme non comme une action transitive de l'intellect séparé[1].

Dès la *Summa contra Gentiles*, Thomas caractérise l'averroïsme par la doctrine du « sujet double[2] ». Le « sujet double » n'est pas un *moi divisé*, mais un *sujet clivé*. Comme le reconnaît l'*Anonyme de Giele*, la pensée n'a qu'un sujet réel, l'intellect séparé, qui *me* communique la pensée. Comment, toutefois, comprendre cette communication ? Paradoxalement, c'est l'analyse de la doctrine d'Averroès par Thomas dans le *De unitate*, § 65, qui permet de répondre à la question — mais la clarté du modèle proposé ne fait que mieux ressortir le déficit de la théorie décryptée. La thèse d'Averroès — et, avec elle, son pouvoir de fascination — en ressort expliquée, mais détruite.

Faisant de l'intellect une substance réellement séparée de l'âme humaine, Averroès doit expliquer la « prolongation » (*continuatio*) de l'intellect dans l'âme humaine. En quoi consiste cette « prolongation » ? Pour Thomas, Averroès soutient qu'il y a « contact »

1. Cf. Thomas d'Aquin, *De unitate*, § 70, d'après Aristote, *Metaph.* IX, 8, 1050a30-36 ; Tricot, p. 513-514. Sur la distinction entre action immanente et action transitive, cf. J.-M. Le Blond, *Logique et méthode chez Aristote*, Paris, Vrin, 1970, p. 369-370.
2. Cf. Thomas d'Aquin, *SCG* II, 73 : « [...] pour le Commentateur les espèces intelligibles ont un sujet double : le premier, l'intellect possible, leur donne l'éternité ; le second, l'image, leur donne la nouveauté ; tout comme le sujet de l'espèce visible, lui aussi, est double : d'une part, la chose extérieure à l'âme, de l'autre, la puissance visuelle. »

de l'intellect et de l'âme humaine chaque fois qu'il y a co-présence simultanée d'une espèce intelligible en deux suppôts ou sujets distincts, d'un côté, l'intellect possible, de l'autre, l'image ou *phantasma*. La pensée, autrement dit la *species intelligibilis* en acte — la pensée n'étant rien d'autre qu'actuation d'un intelligible — ce qu'Averroès appelle un « intellect spéculatif » (où le terme « intellect » désigne à la fois le penser, le pensant et le pensé), c'est la même chose en deux sujets.

Pour Thomas, l'idée même de « contact » ou de « prolongation » de l'intellect possible en l'homme par l'intermédiaire d'une *species* mène inéluctablement le monopsychisme à l'impasse. Si une même espèce intelligible est simultanément forme d'un intellect possible séparé et contenue dans les images ou intentions imaginaires de l'âme, cette pseudo « union » entre ses deux lieux de résidence — disons plutôt leur *inter-section* — ne peut suffire à faire penser l'homme, autrement dit à provoquer un acte de pensée singulier chez un individu singulier. Dans le système d'Aver-roès, le type d'union existant entre l'âme humaine qui contient les images et l'intellect possible qui contient leurs espèces intelligibles est le même qu'entre le mur qui contient une couleur et la vue qui contient l'espèce de cette couleur. Situation que l'on peut représenter dans les deux diagrammes de la page 70.

Or, ce n'est pas le mur qui voit la couleur, c'est la couleur du mur qui est vue par l'œil. Si donc la thèse d'Averroès est vraie, il faut concéder que ce n'est pas l'homme qui pense, mais que ses images sont pensées par l'intellect possible séparé.

> « [...] supposé qu'une seule espèce numériquement identique soit et forme de l'intellect possible et simulta-nément contenue dans les images, ce type de couplage ne suffirait encore pas pour que cet homme-ci pense. Il est en effet clair que quelque chose est pensé par l'espèce intelligible, alors que quelque chose pense par la puissance intellective, de même que quelque chose est senti par l'espèce sensible, alors que quelque chose sent par la puissance sensitive. C'est pourquoi le mur dans lequel se trouve la couleur, dont l'espèce sensible

en acte est dans la vue, est quelque chose de vu, non
quelque chose qui voit ; ce qui voit, c'est l'animal doté
de la faculté de vision où se trouve l'espèce sensible. Or
le couplage de l'intellect possible et de l'homme en qui
sont les images dont les espèces sont dans l'intellect
possible est comme le couplage du mur, dans lequel est
la couleur, et de la vue, dans laquelle est l'espèce de sa
couleur. <Si donc il y avait ce couplage>, de même que
le mur ne voit pas, mais que sa couleur est vue, il en
résulterait que l'homme ne penserait pas, mais que ses
images seraient pensées par l'intellect possible. »

La noétique d'Averroès est donc bien incompatible
avec toute idée d'une pensée individuelle : être averroïste c'est soutenir que l'homme ne pense pas. La
dernière parade de l'averroïste serait de substituer un
contre-modèle au modèle thomasien ; c'est ce qu'il
fait : il remplace le mur par un miroir, l'identité latente
par une identité réfléchie — dégageant du même coup

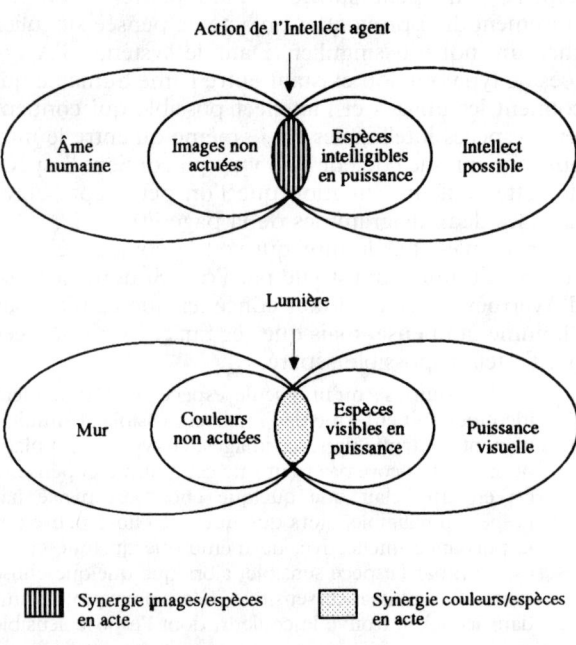

la structure qui commande la théorie de la vision dans
toute mystique spéculative : celle de l'œil cyclopéen où
le regard de l'âme se saisit lui-même comme regardé[1].
Dès le § 64 Thomas rejette l'hypothèse du miroir. Le
miroir n'est qu'un mur qui réfléchit : comme lui il
échoue à faire de l'homme le sujet de la pensée.

> « Ils disent que l'intellect possible est au contact des
> images comme le miroir est au contact de l'homme
> dont l'espèce se reflète en lui ; mais il est manifeste
> qu'un tel contact ne suffit pas à la prolongation de
> l'acte. Il est clair, en effet, que l'action du miroir, qui est
> de représenter, ne peut être attribuée à l'homme sous
> prétexte <qu'il y entre eux ce contact> : de même
> l'action de l'intellect possible ne peut, sous prétexte
> qu'il y a ce couplage, être attribuée à cet homme-ci
> qu'est Socrate, en sorte qu'on puisse vraiment dire que
> cet homme-ci pense. »

Le couplage de l'âme et de l'intellect, leur mise en

1. Cf. Maître Eckhart, *Sermon* 12 ; trad. Libera, p. 299 : « Pour
que mon œil puisse voir les couleurs, il doit être vide de toute
couleur (Aristote, *De anima* II, 7, 418b26 ; Tricot, p. 109). Quand
je vois une couleur bleue ou blanche, la vision de mon œil qui voit la
couleur, autrement dit cela même qui voit, est identique à ce qui est
vu par l'œil. *L'œil dans lequel je vois Dieu est le même œil dans lequel
Dieu me voit. Mon œil et l'œil de Dieu sont un seul et même œil, une
seule et même vision, une seule et même connaissance, un seul et même
amour.* » L'idée que l'homme peut atteindre à une connaissance de
soi exercée avec l'œil même de Dieu (dont, selon Eckhart, parle
1 Co 13, 12), n'est pas sans analogie structurelle avec la thèse
averroïste selon laquelle l'homme pense par l'opération même de
l'intellect agent séparé (*i.e.*, selon l'expression de Dietrich de Freiberg : « pense par l'intellection même par laquelle l'Intellect agent
lui-même pense », cf. *De visione beatifica*, 4.3.2., 5 ; éd. Mojsisch,
p. 114, 22-28). Rappelons que le texte du Sermon 12 sur l'« œil de
Dieu » est revendiqué par Hegel, dans les *Vorlesungen über Philosophie der Religion*, ed. H. Glockner, *Sämtliche Werke*, t. XV, p. 228.
Pour une confrontation d'Eckhart avec le monopsychisme aver-
roïste, cf. B. Mojsisch, « Die Theorie des Ich in seiner selbst-und
Weltbegründung bei Meister Eckhart », in Chr. Wenin, éd.,
L'homme et son univers au Moyen Âge (Philosophes médiévaux,
XXVI), Louvain-La-Neuve, 1986, p. 267-272, et, du même auteur,
« *Dynamik der Vernunft* bei Dietrich von Freiberg und Meister
Eckhart », in *Abendländische Mystik im Mittelalter*, hrsg. von Kurt
Ruh, Symposium Kloster Engelberg 1984, Stuttgart, 1986, p. 135-
144.

contact par l'« intellect spéculatif » pris comme image
spéculaire, n'abolit pas le clivage du sujet : il le réalise.

Première critique radicale de la théorie averroïste de
l'intellect, le *De unitate intellectus* est aussi la première
modélisation de la doctrine averroïste de la pensée.
Mais ce n'est pas au seul niveau théorique que Thomas innove pour réfuter ses adversaires. Le *De unitate
intellectus* est aussi la première interprétation systéma-
tique du *De anima* d'Aristote et — en même temps —
ce que l'on pourrait appeler une « contre-exégèse ». En
fait, tout le chapitre 1 du *De unitate* est à la fois une
réarticulation des contenus conceptuels de la théorie
de l'intellect du *De anima* et une destruction de l'interprétation averroïste. Aucun genre littéraire médiéval
n'offre le type de lecture pratiqué ici par Thomas. S'il
y a quelque chose comme un « sujet double » c'est bien
le double sujet du geste interprétatif qu'il accomplit
ici : à la fois *reconstruction* de la pensée d'Aristote et
déconstruction de l'exégèse averroïste. Ni la paraphrase
albertinienne de style avicennien qui s'incorpore le
texte de départ et le fond dans un exposé suivi, ni la
question disputée qui met en crise un référent textuel
éclaté, ni le commentaire littéral qui épelle une suite de
lemmes détachés les uns des autres en suivant la
logique exégétique des rapprochements extérieurs
plutôt que le fil herméneutique d'un enchaînement de
séquences, ne donnent une vue aussi structurée du
texte et de la pensée d'Aristote dans le livre *De l'âme*.
L'exégèse polémique pratiquée par Thomas dans le
De unitate met cet opuscule à part dans son œuvre
d'interprète. Cette machine de guerre contre l'averroïsme est une machine textuelle : c'est le texte même
d'Aristote qui, *re*-lu, c'est-à-dire *re*-lié, dénonce la proposition de lecture averroïste, c'est lui qui, dans son
enchaînement, son déroulé, fonctionne, *avec un coup
d'écart*, comme la meilleure réponse possible aux erre-
ments du Commentateur. Si l'on en croit Thomas,

l'« averroïste » est un interprète qui ne regarde jamais plus loin que la phrase qu'il a sous les yeux : rivé à son explication littérale, phrase après phrase, il paraphrase ou extrapole, alors qu'il lui suffirait de considérer la suite du texte pour voir que son hypothèse est prématurée ou inadéquate. Au lieu de cela, tout se passe comme si ayant fixé une perspective de lecture pour une phrase, il s'efforçait ensuite de la maintenir coûte que coûte, normalisant chaque passage, dût-il pour cela en altérer complètement le sens. L'exégèse thomasienne suppose qu'il y a dans le texte commenté une progression, un mouvement d'écriture, un dynamisme de la pensée en quête de sa propre résolution, et c'est ce processus qu'elle s'efforce de suivre. C'est lui, en tout cas, qu'elle oppose à l'exégèse morcelée et rétrospective d'Averroès, qui, loin de chercher le sens de ce qui est dit à partir de ce qui est dit plus loin, se contente de reporter automatiquement d'une phrase à l'autre, par une sorte de contagion sémantique, les bribes de sens dégagées du premier contact avec les textes. Dans le chapitre 1 du *De unitate*, la réfutation d'Averroès est donc à ce point conçue comme un moment discursif du *De anima* qu'Aristote lui-même est présenté par Thomas comme anticipant les erreurs de son interprète et les dénonçant par avance en chaque précision, complément ou nuance qu'il juge bon d'apporter à l'une de ses propres formulations. Cette méthode de *dénonciation anticipée* n'est pas la moindre originalité de ce joyau de l'argumentation philosophique qu'est le *De unitate*. Exégèse du *De anima*, critique de l'averroïsme, théorie générale de l'âme et de la pensée, petite histoire du péripatétisme, le *De unitate intellectus contra averroistas* est l'une des œuvres majeures de l'histoire de la philosophie.

Alain de LIBERA.

L'UNITÉ DE L'INTELLECT
CONTRE LES AVERROÏSTES

DE UNITATE INTELLECTUS
CONTRA AUERROISTAS

[1] Sicut omnes homines naturaliter scire desiderant
ueritatem, ita naturale desiderium inest hominibus
fugiendi errores et eos cum facultas affuerit confu-
tandi. Inter alios autem errores indecentior esse uidetur error quo circa intellectum erratur, per quem nati
sumus deuitatis erroribus cognoscere ueritatem. Ino-
leuit siquidem iam dudum circa intellectum error
apud multos, ex dictis Auerroys sumens originem, qui
asserere nititur intellectum quem Aristotiles possibilem uocat, ipse autem inconuenienti nomine materia-
lem, esse quandam substantiam secundum esse a corpore separatam, nec aliquo modo uniri ei ut forma ; et
ulterius quod iste intellectus possibilis sit unus
omnium hominum. Contra que iam pridem plura
conscripsimus ; sed quia errantium impudentia non
cessat ueritati reniti, propositum nostre intentionis est
iterato contra eundem errorem conscribere aliqua quibus manifeste predictus error confutetur.

[2] Nec id nunc agendum est ut positionem predictam in hoc ostendamus esse erroneam quod repugnat
ueritati fidei christiane ; hoc enim satis in promptu
cuique apparere potest. Subtracta enim ab hominibus
diuersitate intellectus, qui solus inter anime partes

L'UNITÉ DE L'INTELLECT
CONTRE LES AVERROÏSTES

CHAPITRE 1

[1] De même que, par nature, tous les hommes désirent connaître la vérité[1], il y a en eux un désir naturel d'échapper à l'erreur et de la réfuter quand ils en ont la faculté. De toutes les erreurs, la plus indécente semble être celle qui porte sur l'intellect, puisque c'est grâce à lui que nous sommes naturellement aptes à connaître la vérité en évitant l'erreur. Or, cela fait quelque temps qu'une erreur sur l'intellect a commencé de se répandre. Elle tire son origine des thèses d'Averroès, qui tente de soutenir que l'intellect qu'Aristote appelle « possible » et qu'il désigne, lui, improprement, du nom de « matériel », est une substance séparée du corps selon l'être, qui n'est d'aucune façon unie au corps comme forme[2]. Il soutient en outre que l'intellect possible est unique pour tous les hommes. Nous avons déjà écrit plusieurs fois[3] contre cette erreur, mais puisque l'impudence de ses partisans continue de résister à la vérité, l'intention qui nous anime aujourd'hui est de produire contre elle de nouveaux arguments pour la réfuter aux yeux de tous.

[2] Notre démarche ne consistera pas à montrer que cette position est erronée parce qu'elle est contraire à la vérité de la foi chrétienne. Cela sauterait aux yeux de n'importe qui : en effet, ôtez aux hommes toute diversité d'intellect — lui qui, seul de toutes les parties

incorruptibilis et immortalis apparet, sequitur post
mortem nichil de animabus hominum remanere nisi
unicam intellectus substantiam ; et sic tollitur retribu-
tio premiorum et penarum et diuersitas eorundem.
Intendimus autem ostendere positionem predictam
non minus contra philosophie principia esse quam
contra fidei documenta. Et quia quibusdam, ut dicunt,
in hac materia uerba Latinorum non sapiunt, sed
Peripateticorum uerba sectari se dicunt, quorum
libros numquam in hac materia uiderunt nisi Aristotilis, qui fuit secte peripatetice institutor, ostendemus
primo positionem predictam eius uerbis et sententie
repugnare omnino.

[3] Accipienda est igitur prima diffinitio anime
quam Aristotiles in II De anima ponit, dicens quod
anima est « actus primus corporis phisici organici ». Et
ne forte aliquis diceret hanc diffinitionem non omni
anime competere, propter hoc quod supra sub condicione dixerat « Si oportet aliquid commune in omni
anima dicere », quod intelligunt sic dictum quasi hoc
esse non possit, accipienda sunt uerba eius sequentia.
Dicit enim « Vniuersaliter quidem igitur dictum est
quid sit anima : substantia enim est que est secundum
rationem ; hoc autem est quod quid erat esse huiusmodi corpori », id est forma substantialis corporis phisici organici.

[4] Et ne forte dicatur ab hac uniuersalitate partem
intellectiuam excludi, hoc remouetur per id quod postea dicit « Quod quidem igitur non sit anima separabilis a corpore, aut partes quedam ipsius si partibilis
apta nata est, non immanifestum est : quarundam
enim partium actus est ipsarum. At uero secundum
quasdam nichil prohibet, propter id quod nullius corporis sunt actus » ; quod non potest intelligi nisi de hiis

de l'âme, s'avère incorruptible et immortel —, et il
s'ensuivra qu'après la mort rien ne restera des âmes
humaines que l'unique substance d'un seul intellect ;
vous supprimerez ainsi la répartition des récompenses
et des peines et jusqu'à la différence qui les distingue[4].
Non, notre intention est de montrer que ladite position est aussi contraire aux principes de la philosophie
qu'aux dogmes de la foi. Et puisque, en la matière,
certains, comme ils s'en targuent eux-mêmes, ne
veulent rien savoir de ce que disent les Latins mais
prétendent suivre exclusivement ce que disent les péripatéticiens, alors qu'ils n'ont jamais vu aucun livre
d'eux sur le sujet à l'exception des livres d'Aristote, le
chef d'école de la secte péripatéticienne, nous montre-
rons tout d'abord que ladite position est absolument
contraire à ses paroles comme à sa doctrine.

[3] Pour commencer, il faut rappeler la première
définition de l'âme donnée par Aristote dans le
deuxième livre *De l'âme*[5] : l'âme est « l'acte premier
d'un corps naturel organisé[6] ». Mais, pour que l'on
n'aille pas dire que cette définition ne convient pas à
chaque espèce d'âme sous prétexte que, dans les
lignes qui précèdent, Aristote parle au conditionnel[7]
— le texte dit : « S'il faut formuler quelque chose de
commun à toute espèce d'âme[8] », ce qu'ils
comprennent comme si, précisément, c'était impossible — il faut aussi prendre garde au passage qui
suit[9]. Car il précise[10] : « Nous avons donc bien dit ce
qu'était l'âme universellement parlant : c'est une substance dans le sens de forme[11], c'est-à-dire de quiddité
de ce genre de corps », autrement dit : c'est la forme
substantielle[12] d'un corps naturel organisé[13].

[4] Et pour que l'on n'exclue pas la partie intellective de cette universalité[14], Aristote prend les devants
et dit : « Que l'âme ne soit pas séparable du corps ou,
du moins, certaines de ses parties, si elle est naturellement partageable, cela est parfaitement évident[15]. En
effet, l'acte de certaines parties est celui de parties du
corps, mais pour certaines autres, rien n'empêche la
séparation, car elles ne sont l'acte d'aucun corps[16] ».

que ad partem intellectiuam pertinent, puta intellectus
et uoluntas. Ex quo manifeste ostenditur illius anime,
quam supra uniuersaliter diffinierat dicens eam esse
corporis actum, quasdam partes esse que sunt quarundam partium corporis actus, quasdam autem nullius corporis actus esse. Aliud enim est animam esse
actum corporis, et aliud partem eius esse corporis
actum, ut infra manifestabitur. Vnde et in hoc eodem
capitulo manifestat animam esse actum corporis per
hoc quod alique partes eius sunt corporis actus, cum
dicit « Considerare oportet in partibus quod dictum
est », scilicet in toto.

[5] Adhuc autem manifestius ex sequentibus apparet quod sub hac generalitate diffinitionis etiam intellectus includitur, per ea que sequntur. Nam cum satis
probauerit animam esse actum corporis quia separata
anima non est uiuens in actu, quia tamen aliquid
potest dici actu tale ad presentiam alicuius, non solum
si sit forma sed etiam si sit motor, sicut combustibile
ad presentiam comburentis actu comburitur, et quodlibet mobile ad presentiam mouentis actu mouetur :
posset alicui uenire in dubium utrum corpus sic uiuat
actu ad presentiam anime sicut mobile mouetur actu
ad presentiam motoris, an sicut materia est in actu ad
presentiam forme ; et precipue quia Plato posuit animam non uniri corpori ut formam, sed magis ut motorem et rectorem, ut patet per Plotinum et Gregorium
Nissenum, quos ideo induco quia non fuerunt Latini
sed Greci. Hanc igitur dubitationem insinuat Philosophus cum post premissa subiungit « Amplius autem
immanifestum si sic corporis actus anima sicut nauta
nauis ». Quia igitur post premissa adhuc hoc dubium
remanebat, concludit « Figuraliter quidem igitur sic
determinetur et describatur de anima », quia scilicet
nondum ad liquidum demonstrauerat ueritatem.

Or ces derniers mots[17] ne peuvent être compris que de ce qui relève de la partie intellective, à savoir l'intellect et la volonté[18]. Il en ressort donc manifestement que certaines parties de cette âme, qu'il avait précédemment définie universellement parlant comme acte d'un corps, sont effectivement l'acte de parties précises du corps et que certaines autres, en revanche, ne sont l'acte d'aucun corps. En effet, comme on le verra plus bas[19], c'est une chose que l'âme soit l'acte d'un corps et une autre que l'une de ses parties soit l'acte d'un corps.

C'est pourquoi, dans ce même chapitre, il prouve que l'âme est l'acte d'un corps en s'appuyant sur le fait que certaines de ses parties sont l'acte d'un corps, là où il dit : « Il faut appliquer », à savoir : au tout, « ce qui a été dit des parties[20] ».

[5] En outre, grâce à la suite, il est encore plus clair qu'il inclut aussi l'intellect dans la généralité de sa définition[21]. Dans la suite, en effet, il prouve abondamment que l'âme est l'acte d'un corps, notamment quand il pose qu'une âme séparée n'est pas vivante en acte. Toutefois, puisqu'une chose peut être dite telle <*i.e.* vivante> en acte du fait de la présence d'une autre chose non seulement si cette dernière est sa forme, mais même si elle est son moteur — comme il y a combustion en acte d'un combustible en présence d'un comburant[22] et mouvement en acte de tout mobile en présence d'un moteur —, quelqu'un pourrait demander si, en présence de l'âme, le corps vit en acte comme un mobile se meut en acte en présence d'un moteur ou comme une matière est en acte en présence d'une forme. Ce, d'autant plus que, pour Platon, l'âme n'est pas unie au corps comme une forme, mais comme un moteur ou un pilote — on le sait grâce à Plotin et à Grégoire de Nysse[23] que j'invoque maintenant parce que ce ne sont pas des Latins mais des Grecs. En outre, Aristote lui-même laisse planer le doute quand il ajoute : « De plus on ne voit pas encore si l'âme est l'acte du corps, comme le pilote, du navire[24]. » Et c'est parce que le doute sub-

[6] Ad hanc igitur dubitationem tollendam, consequenter procedit ad manifestandum id quod est
secundum se et secundum rationem certius, per ea
que sunt minus certa secundum se sed magis certa
quoad nos, id est per effectus anime qui sunt actus
ipsius. Vnde statim distinguit opera anime, dicens
quod « animatum distinguitur ab inanimato in
uiuendo », et quod multa sunt que pertinent ad uitam,
scilicet « intellectus, sensus, motus et status secundum
locum », et motus nutrimenti et augmenti, ita quod
cuicumque inest aliquod horum dicitur uiuere. Et
ostenso quomodo ista se habeant ad inuicem, id est
qualiter unum sine altero horum possit esse, concludit
in hoc quod anima sit omnium predictorum principium, et quod anima « determinatur — sicut per suas
partes — uegetatiuo, sensitiuo, intellectiuo, motu », et
quia hec omnia contingit in uno et eodem inueniri,
sicut in homine.

[7] Et Plato posuit diuersas esse animas in homine,
secundum quas diuerse operationes uite ei conueniant. Consequenter dubitationem mouet « Vtrum
unumquodque horum sit anima » per se, uel sit aliqua
pars anime ; et si sint partes unius anime, utrum differant solum secundum rationem, aut etiam differant
loco, id est organo. Et subiungit quod « de quibusdam
non difficile » hoc uidetur, sed quedam sunt que dubitationem habent. Ostendit enim consequenter quod
manifestum est de hiis que pertinent ad animam uege-
tabilem, et de hiis que pertinent ad animam sensibilem, per hoc quod plante et animalia quedam decisa
uiuunt, et in qualibet parte omnes operationes anime
que sunt in toto apparent. Sed de quibus dubitatio-

siste après cela qu'il termine en demandant « que l'on s'en tienne à titre de simple métaphore à cette détermination et à cette description de l'âme[25] », car à ce moment il n'a pas encore établi la vérité avec certitude[26].

[6] Dans la suite, pour dissiper ce doute, il s'efforce de mettre en lumière ce qui est plus certain en soi et selon le concept à partir de ce qui est moins certain en soi mais plus certain pour nous[27], autrement dit, s'agissant de l'âme : à partir de ses effets, c'est-à-dire : à partir de ses actes. C'est pourquoi la première chose qu'il fait est de distinguer les opérations de l'âme en posant que « l'animé diffère de l'inanimé par la vie[28] » et qu'il y a beaucoup de manifestations qui relèvent de la vie — « l'intellection, la sensation, le mouvement local et le repos, ainsi que le mouvement de nutrition et de croissance[29] » — en sorte que tout ce qui en présente une est dit vivre. Puis, une fois montré quel rapport ces manifestations ont entre elles, à savoir comment l'une peut exister sans l'autre, il termine en disant que l'« âme est leur principe » à toutes et qu'« elle est déterminée par elles, comme par ses parties, à savoir : les facultés végétative, sensitive, intellective et le mouvement[30] », mais qu'il y a un cas où toutes se trouvent réunies dans un seul et même individu : l'homme[31].

[7] Puis, comme Platon soutient qu'il y a différentes âmes en l'homme[32], qui le rendent capable des diverses opérations de la vie, Aristote enchaîne en soulevant un nouveau problème[33] : « Chacune de ces facultés est-elle une âme » par soi[34] ou n'est-elle qu'une partie d'âme, et si toutes sont les parties d'une même âme, diffèrent-elles seulement selon le concept ou bien également par le lieu[35], c'est-à-dire l'organe[36] ? Et il ajoute que « pour certaines la réponse ne semble pas difficile », mais que pour d'autres il y a matière à douter[37]. Et, de fait, il indique tout de suite ce qui est manifeste dans les propriétés de l'âme végétative et de l'âme sensitive, partant de ce que certaines plantes et certains animaux continuent de vivre après

nem habeat, ostendit subdens quod « de intellectu et
perspectiua potentia nichil adhuc manifestum est ».
Quod non dicit uolens ostendere quod intellectus non
sit anima, ut Commentator peruerse exponit et sectatores ipsius : manifeste enim hoc respondet ad id quod
supra dixerat « Quedam enim dubitationem habent ».
Vnde intelligendum est : nichil adhuc manifestum est,
an intellectus sit anima uel pars anime ; et si pars
anime, utrum separata loco, uel ratione tantum.

[8] Et quamuis dicat hoc adhuc non esse manifestum, tamen quid circa hoc prima fronte appareat
manifestat subdens « Sed uidetur genus alterum anime
esse ». Quod non est intelligendum, sicut Commentator et sectatores eius peruerse exponunt, ideo dictum
esse quia intellectus equiuoce dicatur anima, uel quod
predicta diffinitio sibi aptari non possit ; sed qualiter
sit hoc intelligendum apparet ex eo quod subditur « Et
hoc solum contingere separari sicut perpetuum a corruptibili ». In hoc ergo est alterum genus, quod intellectus uidetur esse quoddam perpetuum, alie autem
partes anime corruptibiles. Et quia corruptibile et perpetuum non uidentur in unam substantiam conuenire
posse, uidetur quod hoc solum de partibus anime,
scilicet intellectus, contingat separari, non quidem a
corpore, ut Commentator peruerse exponit, sed ab
aliis partibus anime, ne in unam substantiam anime
conueniant.

[9] Et quod sic sit intelligendum patet ex eo quod

avoir été sectionnés, ce qui veut dire que chaque partie présente la totalité des opérations qu'accomplit l'âme dans l'individu entier. Et quant à ce qui est sujet au doute, il le précise en ajoutant que « pour ce qui touche l'intellect et la puissance théorétique rien n'est encore évident[38] ». Il ne dit pas cela dans l'intention de montrer que l'intellect n'est pas une âme, comme l'expliquent perversement[39] le Commentateur et ses partisans[40] : de toute évidence cette phrase fait seulement écho à ce qu'il a dit plus haut, savoir, que « pour d'autres il y a matière à douter[41] ». Il faut donc comprendre : « rien » de tout cela « n'est encore évident », si l'intellect est âme ou s'il est une partie de l'âme, et si c'est une partie d'âme, si elle est séparée par le lieu ou seulement selon le concept.

[8] Et bien qu'il dise que « rien n'est encore évident », il n'en indique pas moins la première hypothèse qui vienne à l'esprit en disant : « Mais il semble bien que ce soit là un autre genre d'âme[42]. » Cette phrase, il ne faut pas l'entendre comme l'expliquent perversement le Commentateur et ses partisans[43], à savoir qu'Aristote l'énonce parce que l'intellect n'est dit « âme » que par homonymie[44], ou dans le sens que la définition <générale> ne peut lui convenir. La signification qu'il faut donner à cette phrase est donnée par la suite immédiate : « et que cela seul puisse être séparé, comme l'éternel du corruptible[45]. » C'est en cela, en effet, que l'intellect est d'« un autre genre » : en ce qu'il apparaît comme quelque chose d'éternel, alors que les autres parties de l'âme s'avèrent périssables. Et puisque le corruptible et l'éternel ne paraissent pas pouvoir s'accorder dans une même substance, il semble bien que, de toutes les parties de l'âme, « cela seul », à savoir l'intellect, « puisse être séparé », non pas, assurément, du corps, comme l'explique perversement le Commentateur, mais bien des autres parties de l'âme, afin, précisément qu'on ne les trouve pas toutes réunies dans une même substance — celle de l'âme[46].

[9] Et qu'il faille bien l'entendre ainsi, cela ressort à

subditur « Relique autem partes anime manifestum est
ex hiis quod non separabiles sunt », scilicet substantia
anime uel loco. De hoc enim supra quesitum est, et
hoc ex supradictis probatum est. Et quod non intelli-
gatur de separabilitate a corpore sed de separabilitate
potentiarum ab inuicem, patet per hoc quod subditur
« Ratione autem quod altere », scilicet sunt ad inuicem,
« manifestum : sensitiuo enim esse et opinatiuo alterum ». Et sic manifeste quod hic determinatur respondet questioni supra mote : supra enim quesitum est,
utrum una pars anime ab alia separata sit ratione
solum, aut et loco. Hic dimissa questione ista quantum
ad intellectum, de quo nichil hic determinat, de aliis
partibus anime dicit manifestum esse quod non sunt
separabiles, scilicet loco, sed sunt altere ratione.

[10] Hoc ergo habito quod anima determinatur
uegetatiuo, sensitiuo, intellectiuo et motu, uult ostendere consequenter quod, quantum ad omnes istas
partes, anima unitur corpori non sicut nauta naui sed
sicut forma. Et sic certificatum erit quid sit anima in
communi, quod supra figuraliter tantum dictum est.
Hoc autem probat per operationes anime sic : manifestum est enim quod illud quo primo aliquid operatur
est forma operantis, sicut dicimur scire anima et scire
scientia, per prius autem scientia quam anima, quia
per animam non scimus nisi in quantum habet scientiam ; et similiter sanari dicimur et corpore et sanitate,
sed per prius sanitate. Et sic patet scientiam esse
formam anime, et sanitatem corporis.

[11] Ex hoc procedit sic : « Anima est primum quo

l'évidence de ce qu'il dit ensuite[47] : « Quant aux autres parties de l'âme, il est clair, d'après ce qui précède, qu'elles ne sont pas séparables[48] », à savoir selon la substance de l'âme ou selon le lieu. En effet, la question a été posée plus haut, et ce qui a été répondu suffit à le prouver[49]. Et qu'il ne pense pas ici à la séparabilité par rapport au corps, mais bien à la séparabilité des puissances les unes par rapport aux autres, cela est confirmé par ce qui suit : « Qu'elles soient, en revanche, logiquement[50] autres », c'est-à-dire les unes par rapport aux autres, « c'est clair : l'acte de sentir est autre que l'acte d'opiner[51] ». A l'évidence, ce qui est déterminé ici répond à la question posée plus haut[52]. Ce qui, en effet, a été demandé plus haut c'est de savoir si une partie de l'âme est séparée d'une autre seulement logiquement ou bien aussi selon le lieu. Or, laissant de côté la question pour ce qui regarde l'intellect, au sujet duquel il ne détermine rien ici, Aristote dit clairement des autres parties de l'âme qu'elles ne sont pas séparables selon le lieu, mais qu'« elles sont, en revanche, logiquement autres ».

[10] Donc, une fois établi que l'âme est caractérisée par l'activité végétative, sensitive, intellective et par le mouvement, il entreprend de montrer que, dans toutes ces parties, l'âme n'est pas unie au corps comme le pilote au navire, mais comme une forme. Car il entend ainsi déterminer ce qu'est l'âme au sens général, chose qui n'a été précédemment indiquée que métaphoriquement. Pour ce faire, il examine les opérations de l'âme : il est, en effet, manifeste que ce qui opère quelque chose à titre premier c'est la forme de l'opérateur — par exemple, on est dit connaître par l'âme et connaître par la science, mais, on connaît par la science avant de connaître par l'âme, puisqu'on ne connaît par l'âme qu'en tant qu'elle est douée de science ; de même on est dit être en bonne santé par le corps et par la santé, mais à titre premier par la santé[53]. Ainsi il est clair que la science est forme de l'âme et que la santé est forme du corps[54].

[11] Cela posé, il poursuit ainsi[55] : « L'âme est, à

uiuimus », quod dicit propter uegetatiuum, « quo sentimus », propter sensitiuum, « et mouemur », propter
motiuum, « et intelligimus », propter intellectiuum ; et
concludit « Quare ratio quedam utique erit et species,
sed non ut materia et ut subiectum ». Manifeste ergo
quod supra dixerat, animam esse actum corporis phisici, hic concludit non solum de sensitiuo, uegetatiuo
et motiuo, sed etiam de intellectiuo. Fuit ergo sententia Aristotilis quod id quo intelligimus sit forma corporis phisici. Sed ne aliquis dicat : id quo intelligimus
non dicit hic intellectum possibilem, sed aliquid aliud,
manifeste hoc excluditur per id quod Aristotiles in III
De anima dicit, de intellectu possibili loquens « Dico
autem intellectum, quo opinatur et intelligit anima ».

[12] Sed antequam ad uerba Aristotilis que sunt in
III De anima accedamus, adhuc amplius circa uerba
ipsius in II De anima immoremur, ut ex collatione
uerborum eius ad inuicem appareat que fuerit eius
sententia de anima. Cum enim animam in communi
diffinisset, incipit distinguere potentias eius ; et dicit
quod potentie anime sunt « uegetatiuum, sensitiuum,
appetitiuum, motiuum secundum locum, intellectiuum ». Et quod intellectiuum sit intellectus, patet per
id quod postea subdit, diuisionem explanans « Alteris
autem intellectiuum et intellectus, ut hominibus ».
Vult ergo quod intellectus est potentia anime que est
actus corporis.

[13] Et quod huius anime potentiam dixerit intellectum, et iterum quod supra posita diffinitio anime sit
omnibus predictis partibus communis, patet per id
quod concludit « Manifestum igitur est quoniam
eodem modo una utique erit ratio anime et figure :

titre premier[56], ce par quoi nous vivons », il dit cela à cause de la faculté végétative, « ce par quoi nous sentons », il parle de la faculté sensitive, « ce par quoi nous nous mouvons », il parle de la faculté motrice, « et ce par quoi nous pensons[57] », il parle de la faculté intellective. Et il conclut : « Il en résulte qu'elle sera notion et forme, et non pas comme une matière et un sujet[58]. » Donc, à l'évidence, ce qu'il a posé plus haut en prémisse — à savoir que l'âme est la forme d'un corps naturel —, il le conclut ici non seulement pour la faculté sensitive, la faculté végétative et la faculté motrice, mais aussi pour la faculté intellective. La doctrine d'Aristote est donc que ce par quoi nous pensons est forme d'un corps naturel[59]. Cependant, pour que personne n'aille dire qu'Aristote ne soutient pas ici que ce par quoi nous pensons est l'intellect possible, mais quelque chose d'autre, nous dirons que, sans conteste, cela est exclu par ce qu'il dit de l'intellect possible dans le livre III *De l'âme* : « J'entends par intellect ce par quoi l'âme opine et pense[60]. »

[12] Mais avant de passer à l'examen des textes d'Aristote dans le livre III *De l'âme* attardons-nous encore un peu sur ce qu'il dit dans le livre II, pour que le rapprochement de toutes ses paroles nous révèle quelle y est au juste sa doctrine de l'âme[61] : pour donner de l'âme une définition générale, il a commencé par distinguer ses puissances, et il a dit que les puissances de l'âme étaient « les facultés végétative, sensitive, désirante, locomotrice et intellective[62] ». Que la faculté intellective soit l'intellect, cela ressort de ce qu'il a dit ensuite, au moment où il expliquait la division <des animaux> : « Mais d'autres ont la faculté intellective et l'intellect, comme les hommes[63]. » C'est donc qu'il veut que l'intellect soit une puissance de l'âme qui est l'acte d'un corps.

[13] Et qu'il ait appelé intellect la puissance de cette âme et qu'en outre la définition susdite de l'âme soit commune à toutes les parties que l'on a mentionnées ressort clairement de sa conclusion[64] : « Il est donc évident que s'il y a une notion commune de l'âme, ce

neque enim ibi figura est preter triangulum et que
consequenter sunt, neque hic anima preter predictas
est ». Non est ergo querenda alia anima preter predictas, quibus communis est anime diffinitio supra
posita. Neque plus de intellectu mentionem facit Aristotiles in hoc secundo, nisi quod postmodum subdit
quod « ultimum et minimum » dicit esse « ratiocinationem et intellectum », quia scilicet in paucioribus est, ut
per sequentia apparet.

[14] Sed quia magna differentia est quantum ad
modum operandi inter intellectum et ymaginationem,
subdit quod « de speculatiuo intellectu altera ratio
est ». Reseruat enim hoc inquirendum usque ad tertium. Et ne quis dicat, sicut Auerroys peruerse exponit, quod ideo dicit Aristotiles quod de intellectu speculatiuo est alia ratio, quia intellectus « neque est
anima neque pars anime » : statim hoc excluditur in
principio tertii, ubi resumit de intellectu tractatum.
Dicit enim « De parte autem anime qua cognoscit
anima et sapit ». Nec debet aliquis dicere quod hoc
dicatur solum secundum quod intellectus possibilis
diuiditur contra agentem, sicut aliqui sompniant ; hoc
enim dictum est antequam Aristotiles probet esse
intellectum possibilem et agentem : unde intellectum
dicit hic partem in communi, secundum quod continet et agentem et possibilem, sicut supra in secundo
manifeste distinxit intellectum contra alias partes
anime, ut iam dictum est.

[15] Est autem consideranda mirabilis diligentia et
ordo in processu Aristotilis : ab hiis enim incipit in
tertio tractare de intellectu que in secundo reliquerat
indeterminata. Duo autem supra reliquerat indetermi-

ne peut être que de la même façon qu'il y en a une de la figure ; car, dans ce dernier cas, il n'y a pas de figure en dehors du triangle et des figures qui lui sont consécutives, et, dans le cas qui nous occupe, il n'y a pas d'âmes non plus en dehors des âmes que l'on a énumérées[65]. » Il n'y a donc pas à chercher une autre âme en dehors des âmes susdites auxquelles la définition de l'âme posée plus haut est commune. Et Aristote ne fait plus d'autre mention de l'intellect dans ce deuxième livre, sinon ce qu'il ajoute un peu plus bas : « En dernier lieu et en petite quantité » il y a, dit-il, « le raisonnement et l'intellect[66] », car ils résident en peu[67], comme on le voit par la suite.

[14] Mais puisqu'il y a une grande différence dans la manière de fonctionner entre l'intellect et l'imagination, il précise que « ce qui concerne l'intellect théorétique est une autre question[68] ». Et de fait, il en diffère l'enquête jusqu'au livre III[69]. Mais pour que l'on n'aille pas dire, comme le fait perversement Averroès, qu'Aristote dit que la question de l'intellect théorétique est une autre question, parce que l'intellect « n'est ni une âme ni une partie de l'âme[70] », il exclut immédiatement cette thèse au début du livre III, là où il reprend l'analyse de l'intellect. Il parle en effet de « la partie de l'âme par laquelle l'âme connaît et comprend[71] ». Et l'on ne doit pas non plus avancer qu'il dit cela dans la seule mesure où l'intellect possible se distingue de l'intellect agent, comme certains l'ont inventé dans leurs rêves[72] ; en effet cette phrase intervient avant même qu'il ait prouvé qu'il y a un intellect possible et un intellect agent ; c'est pourquoi il faut dire qu'il appelle ici globalement « partie » l'intellect en tant qu'il contient l'agent et le possible, comme, auparavant, il avait, dans le livre II, clairement distingué entre l'intellect et les autres parties de l'âme, ainsi qu'on l'a déjà dit.

[15] Et il faut considérer comme ils le méritent le soin et l'ordre admirables qu'Aristote met dans sa démarche : dans le livre III, en effet, il commence à traiter de l'intellect en repartant de tout ce qu'il avait

nata circa intellectum. Primo quidem utrum intellectus ab aliis partibus anime separetur ratione solum, aut
etiam loco : quod quidem indeterminatum dimisit
cum dixit « De intellectu autem et perspectiua potentia
nichil adhuc manifestum est ». Et hanc questionem
primo resumit cum dicit « Siue separabili existente »,
scilicet ab aliis anime partibus, « siue non separabili
secundum magnitudinem, sed secundum rationem ».
Pro eodem enim accipit hic separabile secundum
magnitudinem, pro quo supra dixerat separabile loco.

[16] Secundo, indeterminatum reliquerat de differentia intellectus ad alias anime partes, cum postmodum dixit « De speculatiuo autem intellectu altera
ratio est ». Et hoc statim querit cum dicit « Considerandum quam habet differentiam ». Hanc autem differentiam talem intendit assignare, que possit stare cum
utroque premissorum, scilicet siue sit separabilis
anima magnitudine seu loco ab aliis partibus, siue
non ; quod ipse modus loquendi satis indicat. Considerandum enim dicit quam habet intellectus differentiam ad alias anime partes, siue sit separabilis ab eis
magnitudine seu loco, id est subiecto, siue non, sed
secundum rationem tantum. Vnde manifestum est
quod non intendit hanc differentiam ostendere, quod
sit substantia a corpore separata secundum esse, hoc
enim non posset saluari cum utroque predictorum ;
sed intendit assignare differentiam quantum ad
modum operandi : unde subdit « Et quomodo fit quidem ipsum intelligere ». Sic igitur per ea que ex uerbis
Aristotilis accipere possumus usque huc, manifestum
est quod ipse uoluit intellectum esse partem anime
que est actus corporis phisici.

laissé en suspens dans le livre II[73]. Or, concernant l'intellect, il avait laissé deux problèmes irrésolus. Premièrement, savoir si l'intellect était séparé des autres parties de l'âme seulement logiquement ou bien aussi selon le lieu — question qu'il laissait assurément pendante en écrivant : « Mais en ce qui touche l'intellect et la puissance théorétique[74], rien n'est encore évident[75]. » Or, c'est cette question qu'il reprend, pour commencer, quand il dit : « qu'elle existe séparément », à savoir : par rapport aux autres parties de l'âme, « ou qu'elle ne soit pas séparable selon la grandeur, mais seulement logiquement ». En effet, ce qu'il appelle ici « séparable selon la grandeur » n'est autre que ce qu'il avait dit plus haut « séparable selon le lieu[76] ».

[16] Deuxièmement, il avait laissé indéterminée la question de la différence entre l'intellect et les autres parties de l'âme, en disant ensuite : « quant à ce qui concerne l'intellect théorétique, c'est une autre question[77] ». Or c'est de cela qu'il s'enquiert à nouveau maintenant quand il dit : « Nous avons à examiner quelle différence présente » <cette partie>[78]. Or cette différence, il tente de l'assigner de manière telle qu'elle soit compatible avec l'une et l'autre branche de l'alternative, à savoir : que l'âme <intellective> soit séparable des autres parties selon la grandeur ou le lieu ou qu'elle ne le soit pas. Cela, sa manière même de s'exprimer l'indique bien. Il dit en effet : Nous avons à examiner quelle différence présente l'intellect par rapport aux autres parties de l'âme, qu'il soit séparable d'elles selon la grandeur ou le lieu, c'est-à-dire selon le sujet, ou qu'il ne le soit pas, mais qu'il le soit seulement logiquement. Il est donc clair, à le lire, qu'il n'entend pas montrer cette différence en faisant de <l'intellect> une substance séparée du corps selon l'être, car cela ne serait plus compatible avec l'une et l'autre des deux branches susdites. Il entend assigner la différence au niveau de la manière de fonctionner ; c'est pourquoi il ajoute : « et comment enfin se produit l'intellection elle-même[79] ». Ainsi donc, compte tenu

[17] Sed quia ex quibusdam uerbis consequentibus
Auerroyste accipere uolunt intentionem Aristotilis
fuisse, quod intellectus non sit anima que est actus
corporis, aut pars talis anime : ideo etiam diligentius
eius uerba sequentia consideranda sunt. Statim igitur
post questionem motam de differentia intellectus et
sensus, inquirit secundum quid intellectus sit similis
sensui, et secundum quid ab eo differat. Duo enim
supra de sensu determinauerat, scilicet quod sensus
est in potentia ad sensibilia, et quod sensus patitur et
corrumpitur ab excellentiis sensibilium. Hoc ergo est
quod querit Aristotiles dicens « Si igitur est intelligere
sicut sentire, aut pati aliquid utique erit ab intelligibili », ut scilicet sic corrumpatur intellectus ab excellenti intelligibili sicut sensus ab excellenti sensibili,
« aut aliquid huiusmodi alterum » : id est aut intelligere
est aliquid huiusmodi simile, scilicet ei quod est sentire, alterum tamen quantum ad hoc quod non sit
passibile.

[18] Huic igitur questioni statim respondet et
concludit, non ex precedentibus sed ex sequentibus,
que tamen ex precedentibus manifestantur, quod hanc
partem anime « oportet esse impassibilem », ut non
corrumpatur sicut sensus ; est tamen quedam alia pas-
sio eius secundum quod intelligere communi modo
pati dicitur. In hoc ergo differt a sensu. Sed consequenter ostendit in quo cum sensu conueniat, quia
scilicet oportet huiusmodi partem esse « susceptiuam
speciei » intelligibilis, et quod sit in potentia ad huiusmodi speciem, et quod non sit hoc in actu secundum
suam naturam ; sicut et de sensu supra dictum est
quod est in potentia ad sensibilia, et non in actu. Et ex
hoc concludit quod oportet sic « se habere sicut sensitiuum ad sensibilia sic intellectum ad intelligibilia ».

de ce que nous pouvons tirer des paroles qu'Aristote a
prononcées jusqu'à cet endroit, il est clair qu'il veut
que l'intellect soit une partie de l'âme qui est l'acte
d'un corps naturel.

[17] Mais puisque, de leur côté, les averroïstes prétendent tirer de certains passages ultérieurs que, pour
Aristote, l'intellect n'est ni une âme qui est l'acte d'un
corps ni la partie d'une telle âme, il nous faut examiner la suite <du livre III> avec encore plus de soin[80].
Or donc, à peine posée la question de la différence de
l'intellect et du sens, il demande en quoi l'intellect est
semblable au sens et en quoi il en diffère. En effet,
plus haut, il avait fixé deux choses au sujet du sens :
qu'il est en puissance par rapport aux sensibles[81] et
qu'il pâtit de l'excès de sensibles jusqu'à la destruction[82]. C'est donc de cela que s'enquiert Aristote
quand il dit : « Si donc le penser est analogue au
sentir[83], <penser> consistera ou bien à pâtir sous
l'action de l'intelligible », en sorte qu'il y aura corruption de l'intellect par excès d'intelligibles comme il y a
corruption du sens par excès de sensibles, « ou bien
dans un autre processus du même genre[84] » — ce qui
veut dire : ou bien penser consistera dans « un processus du même genre », c'est-à-dire semblable à la sensation, mais « autre », dans la mesure où il ne
comporte pas de passion.

[18] Il répond aussitôt à cette question en tirant sa
réponse non de ce qui précède, mais de ce qui suit[85]
— passage dont le sens, toutefois, se découvre à partir
de ce qui précède[86]. Il dit qu'« il faut que » cette partie
de l'âme « soit impassible » pour ne pas risquer d'être
détruite comme le sens et il précise que même si l'on
considère en un sens général que penser c'est pâtir, la
passion qu'elle subit est différente. C'est en cela donc
qu'elle diffère du sens. Mais, ensuite, il montre en
quoi elle s'accorde avec le sens : parce qu'il faut
qu'une partie de ce genre soit « susceptible de recevoir
la forme » intelligible et qu'elle soit en puissance à
l'égard de cette forme sans être la même chose en acte
selon sa nature — comme on a dit plus haut du sens
qu'il est en puissance à l'égard des sensibles, et non

[19] Hoc autem induxit ad excludendum opinionem Empedoclis et aliorum antiquorum, qui posuerunt quod cognoscens est de natura cogniti, utpote quod terram terra cognoscimus, aquam aqua. Aristotiles autem supra ostendit hoc non esse uerum in sensu, quia sensitiuum non est actu, sed potentia, ea que sentit ; et idem hic dicit de intellectu.

[20] Est autem differentia inter sensum et intellectum, quia sensus non est cognoscitiuus omnium, sed uisus colorum tantum, auditus sonorum, et sic de aliis ; intellectus autem est simpliciter omnium cognoscitiuus. Dicebant autem antiqui philosophi, estimantes quod cognoscens debet habere naturam cogniti, quod anima ad hoc quod cognoscat omnia, necesse est ex principiis omnium esse commixtam. Quia uero Aristotiles iam probauit de intellectu per similitudinem sensus, quod non est actu id quod cognoscit sed in potentia tantum, concludit e contrario quod « necesse est intellectum, quia cognoscit omnia, quod sit immixtus », id est non compositus ex omnibus, sicut Empedocles ponebat.

[21] Et ad hoc inducit testimonium Anaxagore, non tamen de hoc eodem intellectu loquentis, sed de intellectu qui mouet omnia. Sicut ergo Anaxagoras dixit illum intellectum esse immixtum ut imperet mouendo et segregando, hoc nos possumus dicere de intellectu humano, quod oportet eum esse immixtum ad hoc ut cognoscat omnia ; et hoc probat consequenter, et habetur sic sequens littera in Greco « Intus apparens enim prohibebit extraneum et obstruet ». Quod potest intelligi ex simili in uisu : si enim esset aliquis color intrinsecus pupille, ille color interior prohiberet uideri extraneum colorem, et quodammodo obstrueret oculum ne alia uideret. Similiter, si aliqua natura

pas en acte[87]. Et de cela il conclut qu'il faut que
« l'intellect se rapporte aux intelligibles comme la
faculté sensitive se rapporte aux sensibles[88] ».

[19] Il fait cette observation pour exclure l'opinion
d'Empédocle[89] et d'autres anciens qui soutenaient que
le connaissant est de la même nature que le connu, au
sens où, par exemple, nous connaîtrions la terre par la
terre et l'eau par l'eau[90]. Or, Aristote a montré plus
haut que cela n'était pas vrai pour le sens, puisque la
faculté sensitive n'est pas en acte ce qu'elle sent, mais
seulement en puissance[91], et il dit ici la même chose
de l'intellect.

[20] La différence entre le sens et l'intellect réside
donc en cela que le sens ne peut connaître tout, mais
que la vue connaît seulement les couleurs, l'ouïe, les
sons, et ainsi de suite[92] ; l'intellect, au contraire,
connaît tout absolument parlant[93]. Estimant que le
connaissant doit avoir la nature du connu, les philosophes anciens disaient que pour que l'âme connaisse
tout, il faut qu'elle soit un mixte des principes de
tout[94]. Or, puisque Aristote a déjà montré, en le
comparant au sens, que l'intellect n'est pas en acte ce
qu'il connaît, mais seulement en puissance, il conclut
au contraire[95] que, pour connaître tout, « l'intellect
doit nécessairement être sans mélange », c'est-à-dire
non composé de tous <les principes>, contrairement à
ce que soutenait Empédocle.

[21] Pour confirmer cette thèse, il invoque le témoignage d'Anaxagore, bien que ce dernier ne parle pas
du même intellect, mais de l'Intellect qui meut toutes
choses[96] : de même que pour Anaxagore cet Intellect
est « sans mélange, afin de commander » par le mouvement et la séparation[97], de même nous pouvons dire
de l'intellect humain qu'il faut qu'il soit sans mélange,
afin de « connaître toutes choses[98] ». Et cela Aristote le
prouve immédiatement. De fait, en grec, le passage
qui suit dit[99] : « car ce qui se manifeste à l'intérieur
empêche ce qui est à l'extérieur et lui fait obstacle[100]. »
On peut comprendre cette phrase en faisant une
comparaison avec la vue : si, en effet, il y avait une

rerum que intellectus cognoscit, puta terra aut aqua,
aut calidum et frigidum, et aliquid huiusmodi, esset
intrinseca intellectui, illa natura intrinseca impediret
ipsum et quodammodo obstrueret ne alia cognosceret.

[22] Quia ergo omnia cognoscit, concludit quod
non contingit ipsum habere aliquam naturam determinatam ex naturis sensibilibus quas cognoscit, « sed
hanc solam naturam habet quod sit possibilis », id est
in potentia ad ea que intelligit, quantum est ex sua
natura ; sed fit actu illa dum ea intelligit in actu, sicut
sensus in actu fit sensibile in actu, ut supra in secundo
dixerat. Concludit ergo quod intellectus antequam
intelligat in actu « nichil est actu eorum que sunt »
quod est contrarium hiis que antiqui dicebant, quod
est actu omnia.

[23] Et quia fecerat mentionem de dicto Anaxagore
loquentis de intellectu qui imperat omnibus, ne crede-
retur de illo intellectu hoc conclusisse, utitur tali modo
loquendi « Vocatus itaque anime intellectus, dico
autem intellectum quo opinatur et intelligit anima,
nichil est actu » etc. Ex quo duo apparent : primo
quidem quod non loquitur hic de intellectu qui sit
aliqua substantia separata, sed de intellectu quem
supra dixit potentiam et partem anime, quo anima
intelligit ; secundo, quod per supra dicta probauit
quod intellectus non habet naturam in actu : nondum
autem probauit quod non sit uirtus in corpore, ut
Auerroys dicit, sed hoc statim concludit ex premissis,
nam sequitur « Vnde neque misceri est rationabile
ipsum corpori ».

couleur à l'intérieur de la pupille, cette couleur intérieure empêcherait de voir la couleur extérieure, et,
d'une certaine manière, elle ferait obstacle à ce que
l'œil voie les autres. De même, si une des natures
<élémentaires entrant dans la composition> des
choses que connaît l'intellect, par exemple la terre ou
l'eau, ou le chaud et le froid, ou autre chose de ce
genre, était à l'intérieur de l'intellect, cette nature
interne lui ferait obstacle et l'empêcherait d'une certaine manière de connaître les autres.

[22] Donc, puisque l'intellect connaît tout, <Aris-
tote> conclut qu'il ne peut posséder aucune des
natures sensibles déterminées qu'il connaît[101], mais
que sa seule nature est d'être possible[102], c'est-à-dire,
pour ce qui dépend de cette nature, d'être en puissance par rapport à tout ce qu'il pense. En revanche,
l'intellect devient en acte ce qu'il pense au moment où
il le pense en acte, de même que le sens devient en
acte le sensible en acte, comme l'a dit plus haut le
livre II. Aristote conclut donc qu'avant de penser en
acte, l'intellect « n'est en acte aucune des choses qui
sont[103] » ; ce qui est contraire à ce que disaient les
Anciens, à savoir qu'il est toutes choses en acte.

[23] Et puisqu'il a cité le dit d'Anaxagore sur l'intellect qui « commande » à toutes choses, pour que l'on
ne croie pas que sa conclusion concerne cet Intellect-là, il use de cette tournure : « Ainsi cette partie de
l'âme qu'on appelle intellect, et j'entends par intellect
ce par quoi l'âme opine et pense, n'est rien en
acte[104] », etc. De quoi deux choses ressortent à l'évidence[105] : premièrement qu'il ne parle assurément pas
ici d'un intellect qui serait une substance séparée, mais
bien de l'intellect qu'il a traité plus haut de « puissance » et de « partie de l'âme », « par laquelle l'âme
pense » ; deuxièmement, que, grâce à ce qui précède, il
a prouvé que l'intellect n'a pas de nature en acte.
Jusqu'ici donc, il n'a pas encore prouvé que l'intellect
n'est pas « une faculté <logée> dans le corps », pour
reprendre la formule d'Averroès[106]. Mais il le tire
aussitôt de ce qu'il vient de dire, car il poursuit :

[24] Et hoc secundum probat per primum quod
supra probauit, scilicet quod intellectus non habet
aliquam in actu de naturis rerum sensibilium ; ex quo
patet quod non miscetur corpori, quia si misceretur
corpori, haberet aliquam de naturis corporeis ; et hoc
est quod subdit « Qualis enim aliquis utique fiet, aut
calidus aut frigidus, si organum aliquod erit sicut sensitiuo ». Sensus enim proportionatur suo organo et
trahitur quodammodo ad suam naturam ; unde etiam
secundum immutationem organi immutatur operatio
sensus. Sic ergo intelligitur istud « non misceri corpori », quia non habet organum sicut sensus. Et quod
intellectus anime non habeat organum, manifestat per
dictum quorundam qui dixerunt quod « anima est
locus specierum », large accipientes locum pro omni
receptiuo, more platonico ; nisi quod esse locum specierum non conuenit toti anime, sed solum intellec-
tiue : sensitiua enim pars non recipit in se species, sed
in organo ; pars autem intellectiua non recipit eas in
organo, sed in se ipsa. Item non sic est locus specierum quod habeat eas in actu, sed in potentia tantum.

[25] Quia ergo iam ostendit quid conueniat intellectui ex similitudine sensus, redit ad primum quod dixerat, quod « oportet partem intellectiuam esse impassibilem » ; et sic ammirabili subtilitate ex ipsa
similitudine sensus concludit dissimilitudinem. Ostendit ergo consequenter quod « non similiter sit impassibilis sensus et intellectus », per hoc quod sensus corrumpitur ab excellenti sensibili, non autem intellectus
ab excellenti intelligibili. Et huius causam assignat ex
supra probatis, « quia sensitiuum non est sine corpore,
sed intellectus est separatus ».

« Pour cette raison aussi, il n'est pas raisonnable d'admettre que l'intellect soit mêlé au corps [107]. »

[24] Et ce second point, il le prouve par le premier qu'il a précédemment établi, à savoir que l'intellect n'a en acte aucune des natures des choses sensibles : il en ressort qu'il n'est pas mêlé au corps, car s'il était mêlé au corps, il aurait une de ces natures corporelles [108]. C'est la signification de cette phrase : « car sinon il deviendrait d'une qualité déterminée, ou chaud ou froid, si, comme la faculté sensitive, il possédait quelque organe [109] ». En effet, chaque sens est proportionné à son organe et est d'une certaine manière attiré par sa nature ; c'est pourquoi l'opération des sens varie en fonction des changements subis par les organes. Voici donc ce que veut dire « ne pas être mêlé au corps » : ne pas avoir d'organe comme le sens. Et que l'intellect de l'âme n'ait pas d'organe, il le montre par le dit de ceux qui ont affirmé que « l'âme est le lieu des formes [110] » en prenant « lieu » au sens large pour toute espèce de récepteur, à la manière platonicienne — si ce n'est qu'être le « lieu des formes » ne convient pas à l'âme tout entière, mais seulement à l'intellective : en effet la partie sensitive ne reçoit pas les formes en elle-même, mais dans un organe, tandis que la partie intellective ne les reçoit pas dans un organe, mais en elle-même. De plus, il n'est pas « lieu des formes » en les contenant en acte, mais seulement en puissance.

[25] Et puisqu'il a déjà montré plus haut ce qui caractérise l'intellect en fonction de sa ressemblance avec le sens, il revient à la première chose qu'il ait dite à ce sujet [111], savoir qu'il faut que la partie intellective soit « impassible [112] ». Et c'est ainsi qu'avec une admirable subtilité il tire de leur ressemblance l'explication de leur dissemblance. En effet, il montre ensuite que « le sens et l'intellect ne sont pas impassibles de la même manière », car le sens est détruit par excès de sensibles, alors que l'intellect n'est pas détruit par excès d'intelligibles. Et il en assigne la cause à partir de

[26] Hoc autem ultimum uerbum maxime assu-
munt ad sui erroris fulcimentum, uolentes per hoc
habere quod intellectus neque sit anima neque pars
anime, sed quedam substantia separata. Sed cito
obliuiscuntur eius quod paulo supra Aristotiles dixit :
sic enim hic dicitur quod « sensitiuum non est sine
corpore et intellectus est separatus », sicut supra dixit
quod intellectus fieret « qualis, aut calidus aut frigidus,
si aliquod organum erit ei sicut sensitiuo ». Ea igitur
ratione hic dicitur quod sensitiuum non est sine corpore, intellectus autem est separatus, quia sensus
habet organum, non autem intellectus. Manifestissime
igitur apparet absque omni dubitatione ex uerbis Aristotilis hanc fuisse eius sententiam de intellectu possibili, quod intellectus sit aliquid anime que est actus
corporis ; ita tamen quod intellectus anime non habeat
aliquod organum corporale, sicut habent cetere potentie anime.

[27] Quomodo autem hoc esse possit, quod anima
sit forma corporis et aliqua uirtus anime non sit corporis uirtus, non difficile est intelligere, si quis etiam in
aliis rebus consideret. Videmus enim in multis quod
aliqua forma est quidem actus corporis ex elementis
commixti, et tamen habet aliquam uirtutem que non
est uirtus alicuius elementi, sed competit tali forme ex
altiori principio, puta corpore celesti : sicut quod
magnes habet uirtutem attrahendi ferrum, et iaspis
restringendi sanguinem. Et paulatim uidemus,
secundum quod forme sunt nobiliores, quod habent
aliquas uirtutes magis ac magis supergredientes materiam ; unde ultima formarum, que est anima humana,
habet uirtutem totaliter supergredientem materiam
corporalem, scilicet intellectum. Sic ergo intellectus

ce qui a été prouvé plus haut : « La faculté sensitive n'est pas sans le corps, mais l'intellect, lui, est séparé[113]. »

[26] Or c'est surtout cette phrase que <les averroïstes> invoquent pour donner un fondement à leur erreur[114]. Grâce à elle ils croient pouvoir conclure que l'intellect n'est ni une âme ni une partie de l'âme, mais une certaine substance séparée[115]. Mais c'est parce qu'ils oublient tout de suite ce qu'Aristote a dit un peu plus haut : en effet, s'il dit maintenant que « la faculté sensitive n'est pas sans le corps, mais que l'intellect, lui, est séparé[116] », c'est exactement au sens où il a dit d'abord que l'intellect « deviendrait d'une qualité déterminée, ou chaud ou froid, si, comme à la faculté sensitive, lui revenait quelque organe[117] ». Ce raisonnement prouve donc une seule chose : que la faculté sensitive n'est pas sans le corps et que l'intellect est séparé, parce que le sens possède un organe, mais pas l'intellect. Les paroles d'Aristote indiquent ainsi de la façon la plus claire et la plus indubitable que sa doctrine de l'intellect possible fait de l'intellect quelque chose de l'âme qui est l'acte d'un corps, ce, toutefois, de telle manière que cet intellect de l'âme ne soit doté d'aucun organe corporel comme en possèdent les autres puissances de l'âme.

[27] Comment il se peut que l'âme soit forme du corps et qu'une certaine faculté de l'âme ne soit pas une faculté du corps cela n'est pas difficile à comprendre si l'on veut bien regarder aussi ce qui se passe pour les autres choses[118]. C'est souvent, en effet, qu'une forme est l'acte d'un corps composé de divers éléments et qu'elle a néanmoins une certaine faculté qui n'est faculté d'aucun élément, mais qui lui revient en vertu d'un principe plus haut qu'elle, par exemple un corps céleste. C'est ainsi que l'aimant a la faculté d'attirer le fer ou le jaspe celle de coaguler le sang[119]. Et remontant de degré en degré, nous voyons qu'à proportion de leur noblesse les formes possèdent des facultés toujours plus élevées par rapport à la matière. C'est pourquoi la suprême des formes, qui est l'âme

separatus est quia non est uirtus in corpore ; sed est
uirtus in anima, anima autem est actus corporis.

[28] Nec dicimus quod anima, in qua est intellectus,
sic excedat materiam corporalem quod non habeat
esse in corpore ; sed quod intellectus, quem Aristotiles
dicit potentiam anime, non est actus corporis : neque
enim anima est actus corporis mediantibus suis potentiis, sed anima per se ipsam est actus corporis dans
corpori esse specificum. Alique autem potentie eius
sunt actus partium quarundam corporis, perficientes
ipsas ad aliquas operationes ; sic autem potentia que
est intellectus nullius corporis actus est, quia eius operatio non fit per organum corporale.

[29] Et ne alicui uideatur quod hoc ex nostro sensu
dicamus preter Aristotilis intentionem, inducenda sunt
uerba Aristotilis expresse hoc dicentis. Querit enim in
II Phisicorum « usque ad quantum oporteat cognoscere speciem et quod quid est » ; non enim omnem
formam considerare pertinet ad phisicum. Et soluit
subdens « Aut quemadmodum medicum neruum et
fabrum es, usquequo », id est usque ad aliquem terminum. Et usque ad quem terminum ostendit subdens
« Cuius enim causa unumquodque », quasi dicat : in
tantum medicus considerat neruum in quantum pertinet ad sanitatem, propter quam medicus neruum
considerat, et similiter faber es propter artificium. Et
quia phisicus considerat formam in quantum est in
materia, sic enim est forma corporis mobilis, similiter
accipiendum quod naturalis in tantum considerat formam in quantum est in materia. Terminus ergo considerationis phisici de formis est in formis que sunt in
materia quodammodo, et alio modo non in materia ;
iste enim forme sunt in confinio formarum separatarum et materialium. Vnde subdit « Et circa hec », scili-

humaine, a une faculté qui transcende entièrement la matière corporelle : l'intellect. Ainsi donc, l'intellect est séparé parce que ce n'est pas une faculté logée dans le corps, mais c'est une faculté logée dans l'âme, et l'âme, elle, est l'acte d'un corps[120].

[28] Et nous ne disons pas que l'âme, où se trouve l'intellect, dépasse à ce point la matière corporelle qu'elle n'a pas d'être dans le corps, mais que l'intellect, qu'Aristote appelle « puissance de l'âme », n'est pas l'acte d'un corps[121]. De fait, l'âme n'est pas l'acte du corps par l'intermédiaire de ses puissances, au contraire, c'est l'âme elle-même qui est par soi l'acte du corps, qui donne au corps son être spécifique. Mais certaines de ses puissances sont l'acte de certaines parties du corps et elles les achèvent en faisant s'effectuer leurs opérations : c'est en ce sens que la puissance qu'est l'intellect n'est l'acte d'aucun corps, car son opération ne s'effectue pas par un organe corporel.

[29] Et pour que l'on n'ait pas l'impression que nous disons cela de notre propre chef, sans tenir compte de l'intention d'Aristote, il nous faut citer les textes qui soutiennent expressément cette thèse. Dans le livre II des *Physiques* il demande « jusqu'à quel point il faut connaître la forme et la quiddité[122] » — en effet, il n'incombe pas au physicien de considérer n'importe quelle forme —, et il donne la réponse : « comme le médecin s'arrête au nerf et le forgeron à l'airain, pas plus loin », c'est-à-dire jusqu'à atteindre un certain terme. Et jusqu'à quel terme exact, il l'indique en précisant : « ce qui est la cause de chacun », ce qui veut dire : le médecin s'occupe du nerf dans la stricte mesure où il relève de la santé, c'est donc à cause d'elle qu'il considère le nerf ; et il en va de même du forgeron : il considère l'airain en vue de l'œuvre à produire. Et puisque le physicien considère la forme en tant qu'elle est dans la matière — c'est ainsi en effet qu'elle est forme du corps mobile —, il faut semblablement dire que le naturaliste considère la forme dans la stricte mesure où elle est dans la matière. Le

cet terminatur consideratio naturalis de formis, « que
sunt separate quidem species, in materia autem ». Que
autem sint iste forme, ostendit subdens « Homo enim
hominem generat ex materia, et sol ». Forma ergo
hominis est in materia et separata : in materia quidem
secundum esse quod dat corpori, sic enim est terminus generationis, separata autem secundum uirtutem
que est propria homini, scilicet secundum intellectum.
Non est ergo impossibile quod aliqua forma sit in
materia, et uirtus eius sit separata, sicut expositum est
de intellectu.

[30] Adhuc autem alio modo procedunt ad ostendendum quod Aristotilis sententia fuit, quod intellectus non sit anima uel pars anime que unitur corpori ut
forma. Dicit enim Aristotiles in pluribus locis, intellectum esse perpetuum et incorruptibilem, sicut patet in
II De anima, ubi dixit « Hoc solum contingere separari
sicut perpetuum a corruptibili » ; et in primo, ubi dixit
quod intellectus uidetur esse substantia quedam, « et
non corrumpi » ; et in tertio, ubi dixit « Separatus
autem est solum hoc quod uere est, et hoc solum
immortale et perpetuum est », quamuis hoc ultimum
quidam non exponant de intellectu possibili, sed de
intellectu agente.

Ex quibus omnibus uerbis apparet quod Aristotiles
uoluit intellectum esse aliquid incorruptibile.

[31] Videtur autem quod nichil incorruptibile possit
esse forma corporis corruptibilis. Non enim est acci-
dentale forme sed per se ei conuenit esse in materia,

point d'aboutissement de l'étude des formes par le physicien consiste donc dans les formes qui d'une certaine manière sont dans une matière et qui d'une autre manière ne le sont pas ; ces formes, en effet, sont à l'horizon qui distingue les formes séparées et les formes matérielles[123]. C'est pourquoi il précise que « c'est à elles » que se termine l'examen naturel des formes, à elles « qui sont des formes assurément séparées, mais dans une matière ». Quant à savoir ce que sont ces formes, il l'indique en précisant : « En effet, c'est l'homme qui engendre l'homme à partir de la matière, et le soleil[124]. » La forme de l'homme, donc, est à la fois dans la matière et séparée[125] : elle est dans la matière selon l'être qu'elle donne au corps, c'est ainsi, en effet, qu'elle est terme de la génération, mais elle est séparée selon la faculté qui est le propre de l'homme, à savoir l'intellect[126]. Il n'est donc pas impossible qu'une forme soit dans la matière et que, en même temps, sa faculté soit séparée, comme on l'a exposé au sujet de l'intellect[127].

[30] Mais <les averroïstes> ont encore une autre méthode pour prouver que la doctrine d'Aristote est que l'intellect n'est pas l'âme ou une partie de l'âme qui est unie au corps comme forme[128]. Aristote, en effet, assure en plusieurs passages que l'intellect est éternel et incorruptible, comme il ressort du livre II *De l'âme*, où il dit « que seul il peut être séparé, comme l'éternel du corruptible[129] » ; et dans le livre I, où il dit que l'intellect semble être « une certaine substance » « et n'être pas sujet à la corruption[130] » ; et dans le livre III, où il dit : « Cela seul est séparé, et est vraiment, et cela seul est immortel et éternel[131] », même si certains n'appliquent pas ce dernier texte à l'intellect possible, mais à l'intellect agent[132].

De toutes ces paroles, donc, il se dégage clairement qu'Aristote pense que l'intellect est quelque chose d'incorruptible.

[31] Or il semble que rien d'incorruptible ne puisse être la forme d'un corps corruptible. En effet, il n'est pas accidentel pour une forme, cela lui revient au

alioquin ex materia et forma fieret unum per accidens ; nichil autem potest esse sine eo quod inest ei
per se : ergo forma corporis non potest esse sine corpore. Si ergo corpus sit corruptibile, sequitur formam
corporis corruptibilem esse.

Preterea, forme separate a materia, et forme que
sunt in materia, non sunt eedem specie, ut probatur in
VII Methaphisice ; multo ergo minus una et eadem
forma numero potest nunc esse in corpore, nunc
autem sine corpore : destructo ergo corpore, uel destruitur forma corporis, uel transit ad aliud corpus. Si
ergo intellectus est forma corporis, uidetur ex necessitate sequi quod intellectus sit corruptibilis.

[32] Est autem sciendum quod hec ratio plurimos
mouit : unde Gregorius Nissenus imponit Aristotili e
conuerso quod, quia posuit animam esse formam,
quod posuerit eam esse corruptibilem ; quidam uero
posuerunt propter hoc animam transire de corpore in
corpus ; quidam etiam posuerunt quod anima haberet
corpus quoddam incorruptibile, a quo numquam
separaretur. Et ideo ostendendum est per uerba Aristotilis, quod sic posuit intellectiuam animam esse formam quod tamen posuit eam incorruptibilem.

[33] In XI enim Methaphisice, postquam ostenderat
quod forme non sunt ante materias, quia « quando
sanatur homo tunc est sanitas, et figura enee spere
simul est cum spera enea », consequenter inquirit
utrum aliqua forma remaneat post materiam ; et dicit
sic secundum translationem Boetii « Si uero aliquid
posterius remaneat », scilicet post materiam, « considerandum est : in quibusdam enim nichil prohibet, ut si
anima huiusmodi est, non omnis sed intellectus ;
omnem enim impossible est fortasse ». Patet ergo
quod animam, que est forma, quantum ad intellectiuam partem dicit nichil prohibere ramenere post

contraire par soi, que d'être dans une matière ; autrement ce qui résulterait de la forme et de la matière
serait un par accident ; mais rien ne peut être sans ce
qui lui convient par soi[133] : donc la forme du corps ne
peut être sans le corps. Si donc le corps est corruptible
il s'ensuit que la forme du corps est corruptible.

En outre, les formes séparées de la matière et les
formes qui sont dans une matière ne sont pas de la
même espèce, comme le montre la *Métaphysique*[134],
livre VII ; *a fortiori* une seule et même forme numériquement identique peut encore moins être un
moment dans un corps et un moment sans corps ;
donc, une fois que le corps a péri, soit la forme du
corps est détruite soit elle passe dans un autre corps.
Si donc l'intellect est la forme du corps, il semble en
découler nécessairement qu'il est corruptible[135].

[32] Il faut savoir que ce raisonnement en a troublé
plus d'un[136]. C'est à cause de lui que, sous prétexte
qu'il fait de l'âme une forme, Grégoire de Nysse
attribue à Aristote la thèse qu'elle est corruptible[137] ;
d'autres, en revanche, ont pour la même raison soutenu que l'âme passait de corps en corps ; d'autres
encore ont imaginé que l'âme possédait un certain
corps incorruptible, dont elle ne se séparait jamais[138].
C'est bien pourquoi il nous incombe de montrer à
l'aide des paroles d'Aristote qu'il a posé l'âme intellective comme forme tout en la caractérisant en même
temps comme incorruptible.

[33] De fait, dans la *Métaphysique*[139], livre XI, après
avoir montré que les formes ne sont pas avant les
matières, car c'est « quand l'homme est en bonne
santé qu'il y a santé, et la figure de la sphère d'airain
est simultanée à la sphère d'airain », il demande si une
forme quelconque demeure après la matière ; et voici
ce qu'il dit selon la traduction de Boèce[140] : « Si vraiment quelque chose demeure ensuite », à savoir après
la matière, « c'est à considérer : pour certaines en effet
rien ne l'empêche, par exemple, l'âme est dans ce cas,
non pas toute âme, mais l'intellect ; mais pour toutes
c'est peut-être impossible ». Il est donc clair que selon

corpus, et tamen ante corpus non fuisse. Cum enim
absolute dixisset quod cause mouentes sunt ante, non
autem cause formales, non quesiuit utrum aliqua
forma esset ante materiam, sed utrum aliqua forma
remaneat post materiam ; et dicit hoc nichil prohibere
de forma que est anima, quantum ad intellectiuam
partem.

[34] Cum igitur, secundum premissa Aristotilis
uerba, hec forma que est anima post corpus remaneat,
non tota sed intellectus, considerandum restat quare
magis anima secundum partem intellectiuam post corpus remaneat, quam secundum alias partes, et quam
alie forme post suas materias. Cuius quidem rationem
ex ipsis Aristotilis uerbis assumere oportet : dicit enim
« Separatum autem est solum hoc quod uere est, et
hoc solum immortale et perpetuum est ». Hanc igitur
rationem assignare uidetur quare hoc solum immortale et perpetuum esse uidetur, quia hoc solum est
separatum. Sed de quo hic loquatur dubium esse
potest, quibusdam dicentibus quod loquitur de intellectu possibili, quibusdam quod de agente : quorum
utrumque apparet esse falsum, si diligenter uerba
Aristotilis considerentur, nam de utroque Aristotiles
dixerat ipsum esse separatum. Restat igitur quod intel-
ligatur de tota intellectiua parte, que quidem separata
dicitur quia non est ei aliquod organum, sicut ex
uerbis Aristotilis patet.

[35] Dixerat autem Aristotiles in principio libri De
anima quod « si est aliquid anime operum aut passio-
num proprium, continget utique ipsam separari ; si
uero nullum est proprium ipsius, non utique erit separabilis ». Cuius quidem consequentie ratio talis est,
quia unumquodque operatur in quantum est ens ; eo
igitur modo unicuique competit operari quod sibi
competit esse. Forme igitur que nullam operationem
habent sine communicatione sue materie, ipse non

Aristote rien n'empêche que, dans sa partie intellective, l'âme, qui est forme, ne demeure après le corps, même si elle n'a pas été avant le corps[141]. En effet, en disant, absolument parlant, que les causes motrices « sont avant », mais pas les causes formelles, il ne pose pas la question de savoir si une forme quelconque est avant la matière, mais s'il en demeure après la matière ; et il répond que rien ne l'empêche s'agissant de la forme qu'est l'âme, pour ce qui est de sa partie intellective[142].

[34] Puis donc que, selon ces paroles d'Aristote, la forme qu'est l'âme demeure après le corps, non pas elle tout entière, mais l'intellect, il reste à considérer pourquoi l'âme demeure plus après le corps selon sa partie intellective que selon ses autres parties et plus que les autres formes après leurs matières[143]. On peut tirer l'explication des paroles mêmes d'Aristote — il dit en effet : « Cela seul est séparé, et est vraiment, et cela seul est immortel et éternel[144]. » Telle est donc la raison qu'il semble assigner pour laquelle « cela seul » semble être « immortel et éternel », parce que « cela seul est séparé ». Mais on peut garder un doute sur ce dont il parle exactement, puisque certains pensent qu'il parle de l'intellect possible[145] et d'autres de l'intellect agent[146]. Mais, si l'on examine attentivement les termes employés, tous s'avèrent avoir tort, car c'est de l'un et l'autre qu'il dit qu'il est séparé[147]. Il reste donc que c'est de la totalité de la partie intellective que s'entend sa thèse, et que cette partie est dite séparée parce qu'elle n'a aucun organe : c'est là ce qui ressort clairement de ses paroles[148].

[35] Mais, au début du livre *De l'âme*, Aristote dit : « S'il y a quelqu'une des opérations ou des passions de l'âme qui lui soit propre, elle pourra être vraiment séparée ; en revanche, s'il n'y en a aucune qui lui soit propre, elle ne sera pas vraiment séparée[149]. » Le fondement de cette inférence est que toute chose agit pour autant qu'elle est un être[150] ; par conséquent, il revient à chaque chose d'agir sur le mode même où il lui revient d'être. Mais les formes qui n'ont aucune

operantur, sed compositum est quod operatur per
formam ; unde huiusmodi forme ipse quidem proprie
loquendo non sunt, sed eis aliquid est. Sicut enim
calor non calefacit, sed calidum, ita etiam calor non est
proprie loquendo, sed calidum est per calorem ; propter quod Aristotiles dicit in XI Methaphisice quod de
accidentibus non uere dicitur quod sunt entia, sed
magis quod sunt entis. Et similis ratio est de formis
substantialibus que nullam operationem habent
absque communicatione materie, hoc excepto quod
huiusmodi forme sunt principium essendi substantiali-
ter.

Forma igitur que habet operationem secundum aliquam sui potentiam uel uirtutem absque communicatione sue materie, ipsa est que habet esse, nec est per
esse compositi tantum sicut alie forme, sed magis
compositum est per esse eius. Et ideo destructo
composito destruitur illa forma que est per esse
compositi ; non autem oportet quod destruatur ad
destructionem compositi illa forma per cuius esse
compositum est, et non ipsa per esse compositi.

[36] Si quis autem contra hoc obiciat quod Aristotiles dicit in I De anima, quod « intelligere et amare et
odire non sunt illius passiones, id est anime, sed huius
habentis illud secundum quod illud habet ; quare et
hoc corrupto neque memoratur neque amat, non enim
illius erant sed communis, quod quidem destructum
est » : patet responsio per dictum Themistii hoc expo-
nentis, qui dicit « Nunc dubitanti magis quam docenti
assimilatur » Aristotiles. Nondum enim destruxerat
opinionem dicentium non differre intellectum et sensum ; unde in toto illo capitulo loquitur de intellectu
sicut de sensu : quod patet precipue ubi probat intellectum incorruptibilem per exemplum sensus, qui non
corrumpitur ex senectute. Vnde et per totum sub

opération sans communiquer[151] avec une matière
n'agissent pas elles-mêmes, c'est le composé qui agit
par leur intermédiaire ; d'où, à proprement parler, ces
formes elles-mêmes ne sont pas, mais quelque chose
est grâce à elles. De même en effet que ce n'est pas la
chaleur qui chauffe, mais le chaud, de même aussi, à
proprement parler, la chaleur n'est pas, mais c'est le
chaud qui est par la chaleur ; c'est pourquoi Aristote
dit dans le livre XI de la *Métaphysique* que des acci-
dents on ne peut dire en toute vérité qu'ils sont des
êtres, mais seulement qu'ils sont d'un être[152]. Et l'on
peut faire le même argument avec les formes substantielles qui n'ont aucune opération sans communication
avec une matière, excepté le fait que ce type de forme
est le principe de l'existence substantielle[153].

Par conséquent, la forme qui a une opération
découlant d'une de ses puissances ou vertus sans
communication avec une matière, elle, possède l'être,
et ce n'est pas seulement par l'intermédiaire du
composé, comme les autres formes — au contraire,
c'est le composé qui est grâce à son être à elle. Et c'est
pourquoi, quand un composé est détruit, la forme qui
est par l'être du composé est détruite, alors que rien
n'impose que la forme par l'être de laquelle est un
composé (et non pas elle par l'être du composé) soit
détruite lorsque ce composé est détruit.

[36] Si quelqu'un objecte[154] à cela que dans le livre I
De l'âme Aristote dit : « Penser, tout comme aimer et
haïr, ne sont pas les passions de cette chose-là[155],
c'est-à-dire de l'âme, mais de celui qui la possède en
tant qu'il la possède ; c'est pourquoi aussi, celui-là une
fois détruit, on ne se souvient plus et l'on n'aime plus :
ce ne sont pas en effet ses <passions à elle>, mais
celles du composé qui, précisément, est détruit[156] », la
réponse est évidente : elle découle de ce que dit Thémistius quand il explique le passage : « Ici » Aristote
« paraît s'exprimer sur le mode du doute plus que sur
celui de l'enseignement positif[157]. » De fait, il n'a pas
encore réfuté la thèse de ceux qui ne distinguent pas
l'intellect et le sens. Dans tout ce chapitre il parle donc

conditione et sub dubio loquitur sicut inquirens, semper coniungens ea que sunt intellectus hiis que sunt
sensus : quod precipue apparet ex eo quod in principio solutionis dicit « Si enim et quam maxime dolere et
gaudere et intelligere » etc. Si quis autem pertinaciter
dicere uellet quod Aristotiles ibi loquitur determi-
nando ; adhuc restat responsio, quia intelligere dicitur
esse actus coniuncti non per se sed per accidens, in
quantum scilicet eius obiectum, quod est fantasma, est
in organo corporali, non quod iste actus per organum
corporale exerceatur.

[37] Si quis autem querat ulterius : si intellectus sine
fantasmate non intelligit, quomodo ergo anima habebit operationem intellectualem postquam fuerit a corpore separata ? Scire autem debet qui hoc obicit, quod
istam questionem soluere non pertinet ad naturalem.
Vnde Aristotiles in II Phisicorum dicit de anima
loquens « Quomodo autem separabile hoc se habeat et
quid sit, philosophie prime opus est determinare ».
Estimandum est enim quod alium modum intelligendi
habebit separata quam habeat coniuncta, similem scilicet aliis substantiis separatis. Vnde non sine causa
Aristotiles querit in III De anima « utrum intellectus
non separatus a magnitudine intelligat aliquid separatum » : per quod dat intelligere quod aliquid poterit
intelligere separatus, quod non potest non separatus.

[38] In quibus etiam uerbis ualde notandum est
quod, cum superius utrumque intellectum, scilicet

de l'intellect sur le modèle du sens : c'est particulièrement clair là où il prouve que l'intellect est incorruptible, grâce à l'exemple du sens qui ne dépérit pas du
fait de la vieillesse[158]. Voilà pourquoi, tout au long du
chapitre, en rattachant continuellement ce qui caractérise l'intellect à ce qui caractérise le sens, il ne cesse de
parler au conditionnel et sur un mode dubitatif,
comme quelqu'un qui continue à chercher. On s'en
rend spécialement compte en voyant les termes qu'il
emploie au début de sa solution, à savoir : « Si même,
en effet, il était entièrement établi que la souffrance, la
joie et l'intellection[159] », etc. Et si quelqu'un s'acharne
à dire qu'Aristote fait ici une véritable affirmation, il
restera encore à lui répondre que si penser est présenté
comme l'acte du composé, ce n'est pas par soi, mais
par accident, autrement dit : en tant que son objet, qui
est l'image[160], a pour siège un organe corporel, et non
pas au sens où cet acte serait exercé par un organe
corporel.

[37] Mais voici une autre question : si l'intellect ne
peut penser sans images, comment l'âme gardera-
t-elle une opération intellectuelle une fois séparée du
corps[161] ? Celui qui fait cette objection doit savoir
qu'il n'appartient pas au naturaliste de résoudre cette
question. C'est pourquoi, dans le livre II des *Physiques*, Aristote dit, parlant de l'âme : « Dire comment
cela se comporte à l'état séparé et ce que c'est, c'est à
la philosophie première qu'il appartient de le déterminer[162]. » Il faut en effet estimer qu'une fois séparée
l'âme aura une autre manière de penser qu'à l'état
d'union, une manière semblable à celle des autres
substances séparées. Ce n'est donc pas sans motif
qu'Aristote demande dans le livre III *De l'âme* si
l'intellect non séparé de la grandeur peut vraiment
penser quelque chose de séparé[163]. Par là, en fait, il
laisse entendre que quelque chose peut penser en
étant séparé ce qu'il ne peut <penser> en n'étant pas
séparé.

[38] Dans ce passage, en outre, il faut être spécialement attentif à ceci : alors que plus haut, il avait dit

possibilem et agentem, dixerit separatum, hic tamen
dicit eum non separatum. Est enim separatus in quantum non est actus organi, non separatus uero in quantum est pars siue potentia anime que est actus corporis, sicut supra dictum est.

Huiusmodi autem questiones certissime colligi
potest Aristotilem soluisse in hiis que patet eum scrip-
sisse de substantiis separatis, ex hiis que dicit in principio XII Methaphisice ; quos etiam libros uidi
numero X, licet nondum in lingua nostra translatos.

[39] Secundum hoc igitur patet quod rationes
inducte in contrarium necessitatem non habent.
Essentiale enim est anime quod corpori uniatur ; sed
hoc impeditur per accidens, non ex parte sua sed ex
parte corporis quod corrumpitur : sicut per se competit leui sursum esse, et « hoc est leui esse ut sit sursum », ut Aristotiles dicit in VIII Phisicorum, « contingit tamen per aliquod impedimentum quod non sit
sursum ».

[40] Ex hoc etiam patet solutio alterius rationis.
Sicut enim quod habet naturam ut sit sursum, et quod
non habet naturam ut sit sursum, specie differunt ; et
tamen idem et specie et numero est quod habet naturam ut sit sursum, licet quandoque sit sursum et
quandoque non sit sursum propter aliquod impedimentum : ita differunt specie due forme, quarum una
habet naturam ut uniatur corpori, alia uero non
habet ; sed tamen unum et idem specie et numero esse
potest habens naturam ut uniatur corpori, licet quandoque sit actu unitum, quandoque non actu unitum
propter aliquod impedimentum.

[41] Adhuc autem ad sui erroris fulcimentum assu-
munt quod Aristotiles dicit in libro De generatione

séparé l'un et l'autre intellect[164], à savoir le possible et l'agent, ici, au contraire, il dit qu'il n'est pas séparé. En effet, l'intellect est séparé en tant qu'il n'est pas l'acte d'un organe, mais, en tant qu'il est une partie ou une puissance de l'âme qui est acte d'un corps — comme on l'a admis plus haut — il n'est pas séparé[165].

De ce qu'il dit au début du livre XII de la *Métaphysique*[166] on peut très certainement déduire qu'Aristote a résolu ce genre de questions dans les <livres> que, manifestement, il a écrits sur les substances séparées[167] ; livres que j'ai aussi vus au nombre de dix, bien qu'ils ne fussent pas encore traduits en notre langue[168].

[39] Selon ce qu'on vient de dire, par conséquent, il est clair que les arguments produits pour soutenir la thèse contraire n'ont aucune nécessité[169]. Il est, en effet, essentiel à l'âme d'être unie à un corps, mais cela peut être empêché par accident, non de son fait, mais, quand il se corrompt, du fait du corps, comme il appartient par soi à ce qui est léger d'être en haut et comme « il est propre au léger d'être en haut », ainsi que le dit Aristote, *Physique*, livre VIII, « même s'il arrive que quelque obstacle l'empêche d'être en haut[170] ».

[40] De cela aussi découle clairement la solution de l'autre argument[171]. En effet, de même que ce dont la nature est d'être en haut et ce dont la nature n'est pas d'être en haut diffèrent par l'espèce, alors que ce dont la nature est d'être en haut reste spécifiquement et numériquement identique même si, à cause de quelque empêchement, il est tantôt en haut et tantôt pas, de même, deux formes, dont l'une a pour nature d'être unie à un corps et l'autre pas, diffèrent par l'espèce, mais ce qui a pour nature d'être uni à un corps peut être quelque chose de spécifiquement et numériquement identique même si tantôt il est uni en acte <à un corps> et si tantôt, à cause de quelque empêchement, il ne l'est pas.

[41] Mais, pour donner un fondement à leur erreur, ils allèguent encore[172] ce qu'Aristote dit dans le livre

animalium, scilicet « intellectum solum deforis aduenire et diuinum esse solum » ; nulla autem forma que
est actus materie aduenit deforis, sed educitur de
potentia materie : intellectus igitur non est forma corporis.

[42] Obiciunt etiam quod omnis forma corporis
mixti causatur ex elementis ; unde si intellectus esset
forma corporis humani, non esset ab extrinseco, sed
esset ex elementis causatus.

[43] Obiciunt etiam ulterius circa hoc, quod sequeretur quod etiam uegetatiuum et sensitiuum essent ab
extrinseco : quod est contra Aristotilem ; precipue si
esset una substantia anime cuius potentie essent uegetatiuum, sensitiuum et intellectiuum ; cum intellectus
sit ab extrinseco, secundum Aristotilem.

[44] Horum autem solutio in promptu apparet
secundum premissa. Cum enim dicitur quod omnis
forma educitur de potentia materie, considerandum
uidetur quid sit formam de potentia materie educi. Si
enim hoc nichil aliud sid quam materiam preexistere
in potentia ad formam, nichil prohibet sic dicere materiam corporalem preexstitisse in potentia ad animam
intellectiuam ; unde Aristotiles dicit in libro De generatione animalium « Primum quidem omnia uisa sunt
uiuere talia, scilicet separata fetuum, plante uita ;
consequenter autem palam quia et de sensitiua dicendum anima et de actiua et de intellectiua : omnes enim
necessarium potentia prius habere quam actu ».

[45] Sed quia potentia dicitur ad actum, necesse est
ut unumquodque secundum eam rationem sit in
potentia, secundum quam rationem conuenit sibi esse
actu. Iam autem ostensum est quod aliis formis, que

de *La génération des animaux* : que « l'intellect seul vient du dehors et que seul il est quelque chose de divin[173] » ; or aucune forme qui est acte d'une matière ne vient du dehors, elle vient, par éduction, de la puissance de la matière : l'intellect n'est donc pas la forme du corps[174].

[42] Ils objectent aussi que toute forme d'un corps mixte est causée par ses éléments ; d'où, si l'intellect était forme du corps humain, il ne serait pas d'origine extrinsèque, mais serait causé par les éléments[175].

[43] Toujours sur le même point, ils objectent encore qu'il s'ensuivrait que les facultés végétative et sensitive seraient elles aussi d'origine extrinsèque, ce qui est contre Aristote ; particulièrement si l'âme était une unique substance dont les puissances seraient la faculté végétative, la faculté sensitive et la faculté intellective, puisque, selon Aristote, l'intellect est d'origine extrinsèque[176].

[44] Mais, grâce à ce qu'on a vu plus haut, la réplique à ces arguments apparaît aussitôt clairement[177]. En effet, quand on dit que toute forme « vient, par éduction, de la puissance de la matière[178] », il semble indispensable de considérer ce que veut dire pour une forme de « venir de la matière par éduction ». Si, en effet, cela ne veut rien dire d'autre que la préexistence de la matière en puissance par rapport à la forme, on ne voit pas ce qui empêche de dire que la matière corporelle préexiste en puissance à l'âme intellective ; c'est pourquoi Aristote dit dans le livre de *La génération des animaux* : « Toutes ces choses semblent d'abord vivre ainsi, c'est-à-dire de la vie séparée des fœtus et des plantes. On peut ensuite clairement dire la même chose et de l'âme sensitive et de l'active et de l'intellective : on doit nécessairement les avoir en puissance avant de les avoir en acte[179]. »

[45] Mais puisque la puissance se dit relativement à l'acte, il faut que toute chose soit en puissance sous le rapport même selon lequel il lui revient aussi d'être en acte[180]. Or on a déjà montré pour les autres formes,

non habent operationem absque communicatione
materie, conuenit sic esse actu ut magis ipse sint
quibus composita sunt, et quodammodo compositis
coexistentes, quam quod ipse suum esse habeant ;
unde sicut totum esse earum est in concretione ad
materiam, ita totaliter educi dicuntur de potentia
materie. Anima autem intellectiua, cum habeat operationem sine corpore, non est esse suum solum in
concretione ad materiam ; unde non potest dici quod
educatur de materia, sed magis quod est a principio
extrinseco. Et hoc ex uerbis Aristotilis apparet « Relinquitur autem intellectum solum deforis aduenire et
diuinum esse solum » ; et causam assignat subdens
« Nichil enim ipsius operationi communicat corporalis
operatio ».

[46] Miror autem unde secunda obiectio processe-
rit, quod si intellectiua anima esset forma corporis
mixti, quod causaretur ex commixtione elementorum,
cum nulla anima ex commixtione elementorum causetur. Dicit enim Aristotiles immediate post uerba premissa « Omnis quidem igitur anime uirtus altero corpore uisa est participare et diuiniore uocatis
elementis : ut autem differunt honorabilitate anime et
uilitate inuicem, sic et talis differt natura ; omnium
quidem enim in spermate existit quod facit genitiua
esse spermata, uocatum calidum. Hoc autem non
ignis neque talis uirtus est, sed interceptus in spermate
et in spumoso spiritus aliquis et in spiritu natura,
proportionalis existens astrorum ordinationi ». Ergo ex
mixtione elementorum nedum intellectus, sed nec
anima uegetabilis producitur.

qui n'ont pas d'opération sans communiquer avec une matière, qu'il leur revient d'être en acte d'une manière telle que ce sont les choses dans la composition desquelles elles entrent qui sont davantage <en acte>, et <qu'il leur revient> de coexister en quelque façon avec les composés plutôt que d'avoir un être bien à elles[181] ; d'où puisque tout leur être est par combinaison avec une matière, c'est en ce sens qu'elles sont dites venir entièrement par éduction de la puissance de la matière. Or, puisque l'âme intellective a une opération indépendante du corps, son être n'est pas seulement par combinaison avec une matière ; donc on ne peut dire qu'elle vient de la matière par éduction, mais bien plutôt qu'elle est en vertu d'un principe extrinsèque. Et tout cela découle de ce que dit Aristote : « Il reste que l'intellect seul vient du dehors et que seul il est quelque chose de divin. » Et il en précise la cause en ajoutant : « Rien, en effet, dans son opération ne communique avec l'opération corporelle[182]. »

[46] Mais je me demande vraiment d'où pourrait bien procéder la seconde objection[183], — que si l'âme intellective était la forme d'un corps mixte, elle serait causée par le mélange des éléments —, puisque, précisément, aucune âme n'est causée par le mélange des éléments. En effet, immédiatement après les paroles susdites, Aristote dit : « Donc toute puissance de l'âme a semblé participer d'un autre corps, plus divin que ce que nous appelons éléments : de même que les âmes diffèrent les unes des autres en fonction de leur honorabilité ou de leur caractère vil, de même c'est ainsi que cette nature diffère des autres ; il existe en effet dans tous les spermes ce qui fait d'eux des principes générateurs, et c'est ce qu'on appelle le "chaud[184]". Or ce chaud n'est pas le feu ni une puissance de ce genre, mais un certain esprit contenu dans le sperme, dans la partie dite écumante[185], et cet esprit contient la nature dont l'existence est proportionnée à la disposition des astres[186]. » Donc, ni l'intellect ni même l'âme végétative ne sont produits à partir du mélange des éléments.

[47] Quod uero tertio obicitur, quod sequeretur sensitiuum et uegetatiuum esse ab extrinseco, non est ad propositum. Iam enim patet ex uerbis Aristotilis quod ipse hoc indeterminatum reliquit, utrum intellectus differat ab aliis partibus anime subiecto et loco, ut Plato dixit, uel ratione tantum. Si uero detur quod sint idem subiecto, sicut uerius est, nec adhuc inconueniens sequitur. Dicit enim Aristotiles in II De anima, quod « similiter se habent ei quod de figuris et que secundum animam sunt : semper enim in eo quod est consequenter, est potentia quod prius est, in figuris et in animatis ; ut in tetragono quidem trigonum est, in sensitiuo autem uegetatiuum ». Si autem idem subiecto est etiam intellectiuum, quod ipse sub dubio relinquit, similiter dicendum esset quod uegetatiuum et sensitiuum sint in intellectiuo ut trigonum et tetragonum in pentagono. Est autem tetragonum quidem a trigono simpliciter alia figura specie, non autem a trigono quod est potentia in ipso ; sicut nec quaternarius a ternario qui est pars ipsius, sed a ternario qui est seorsum existens. Et si contingeret diuersas figuras a diuersis agentibus produci, trigonum quidem seorsum a tetragono existens haberet aliam causam producentem quam tetragonum, sicut et habet aliam speciem ; sed trigonum quod inest tetragono haberet eandem causam producentem. Sic igitur uegetatiuum quidem seorsum a sensitiuo existens alia species anime est, et aliam causam productiuam habet ; eadem tamen causa productiua est sensitiui, et uegetatiui quod inest sensitiuo. Si ergo sic dicatur quod uegetatiuum et sensitiuum quod inest intellectiuo, est a causa extrinseca a qua est intellectiuum, nullum inconueniens sequitur : non enim inconueniens est effectum superioris agentis habere uirtutem quam habet effectus inferioris agentis, et adhuc amplius ; unde et anima intellectiua, quamuis sit ab exteriori agente, habet tamen uirtutes quas habent anima uegetatiua et sensitiua, que sunt ab inferioribus agentibus.

[47] Quant à ce qui est objecté en troisième lieu — « qu'il s'ensuivrait que les facultés végétative et sensitive seraient elles aussi d'origine extrinsèque », — cela ne fait rien à l'affaire [187]. Il est déjà clairement établi, en effet, de par les paroles mêmes d'Aristote que celui-ci a laissé indéterminée la question de savoir si l'intellect diffère des autres parties de l'âme par le sujet et par le lieu, comme le disait Platon, ou seulement logiquement [188]. Si l'on concède qu'ils sont identiques par le sujet, ce qui semble être le plus vrai, il ne peut en résulter aucun inconvénient. En effet, dans le livre II *De l'âme* Aristote dit que « le cas de l'âme et celui des figures sont semblables : toujours, en effet, l'antérieur est contenu en puissance dans ce qui lui est consécutif, aussi bien pour les figures que pour les êtres animés ; par exemple dans le quadrilatère est contenu le triangle et dans la faculté sensitive la faculté végétative [189]. » Mais si la faculté intellective est elle aussi identique par le sujet, ce qu'Aristote lui-même laisse en suspens, il faudra dire semblablement que les facultés végétative et sensitive sont dans l'intellective comme le triangle et le quadrilatère dans le pentagone [190]. Or le quadrilatère est une figure absolument distincte du triangle par l'espèce, mais il ne se distingue pas du triangle qui est contenu en lui en puissance ; de même le nombre quaternaire ne se distingue pas du ternaire qui fait partie de lui, mais du ternaire qui existe séparément. Et s'il arrivait que diverses figures fussent produites par divers agents, le triangle ayant une existence séparée de celle du quadrilatère aurait une autre cause productrice que lui, tout comme il a une autre espèce, mais le triangle qui est contenu dans le quadrilatère aurait la même cause productrice. De même, donc, la faculté végétative ayant une existence séparée de celle de la sensitive est une autre espèce d'âme et elle a une autre cause productive ; en revanche, c'est la même cause qui produit la faculté sensitive et la faculté végétative qui est contenue dans la sensitive. Par conséquent, si l'on dit que la faculté végétative et la faculté sensitive

[48] Sic igitur, diligenter consideratis fere omnibus
uerbis Aristotilis que de intellectu humano dixit, apparet eum huius fuisse sententie quod anima humana sit
actus corporis, et quod eius pars siue potentia sit
intellectus possibilis.

CAPITVLVM II

[49] Nunc autem considerare oportet quid alii Peripatetici de hoc ipso senserunt. Et accipiamus primo
uerba Themistii in Commento de anima, ubi sic dicit
« Intellectus iste quem dicimus in potentia magis est
anime connaturalis », scilicet quam agens ; « dico
autem non omni anime, sed solum humane. Et sicut
lumen potentia uisui et potentia coloribus adueniens
actu quidem uisum fecit et actu colores, ita et intellectus iste qui actu non solum ipsum actu intellectum
fecit, sed et potentia intelligibilia actu intelligibilia ipse
instituit ». Et post pauca concludit « Quam igitur rationem habet ars ad materiam, hanc et intellectus factiuus ad eum qui in potentia. Propter quod et in nobis
est intelligere quando uolumus. Non enim est ars
materie exterioris, sed inuestitur toti potentia intellectui qui factiuus ; ac si utique edificator lignis et erarius
eri non ab extrinseco existeret, per totum autem
ipsum penetrare potens erit. Sic enim et qui
secundum actum intellectus intellectui potentia super-
ueniens unum fit cum ipso ».

contenues dans l'intellective sont le produit de la même cause extrinsèque qui est celle de l'intellective, il n'en résulte aucun inconvénient, car il n'y a pas d'inconvénient à ce que l'effet d'un agent supérieur ait autant de vertus que l'effet d'un agent inférieur et même à ce qu'il en ait davantage ; d'où, bien que produite par un agent extérieur, l'âme intellective n'en a pas moins, elle aussi, les vertus que possèdent les âmes végétative et sensitive qui sont produites par des agents inférieurs.

[48] Ainsi donc, à considérer avec soin la quasi-totalité des paroles consacrées par Aristote à l'intellect humain, ce que fut sa doctrine apparaît clairement : l'âme humaine est l'acte d'un corps et l'intellect possible est une de ses parties ou puissances [191].

Chapitre 2

[49] Il nous faut maintenant examiner ce que les autres péripatéticiens ont dit sur le sujet. Prenons tout d'abord ce que dit Thémistius dans son *Commentaire de L'Âme* : « Cet intellect que nous appelons intellect en puissance est plus connaturel à l'âme » que l'intellect agent ; « je dis cela non pour toute âme, mais seulement pour l'âme humaine. Et de même que la lumière arrivant à la vue en puissance et aux couleurs en puissance produit la vue en acte et les couleurs en acte, de même aussi cet intellect, <l'intellect> en acte, fait passer à l'acte l'intellect <en puissance> et il institue les intelligibles en puissance intelligibles en acte [192]. » Et peu après cela il conclut : « Le rapport que l'art a à la matière, l'intellect poïétique [193] a exactement le même à l'intellect qui est en puissance. C'est bien pourquoi nous pensons quand nous le voulons. Car l'art ne reste pas extérieur à la matière, mais l'intellect poïétique investit toute sa puissance, comme si le constructeur n'était pas extérieur au bois et le laboureur à la charrue, mais avait le pouvoir de le pénétrer

[50] Et post pauca concludit « Nos igitur sumus aut
qui potentia intellectus, aut qui actu. Siquidem igitur
in compositis omnibus ex eo quod potentia et ex eo
quod actu, aliud est hoc et aliud est esse huic, aliud
utique erit ego et michi esse. Et ego quidem est
compositus intellectus ex potentia et actu, michi
autem esse ex eo quod actu est. Quare et que meditor
et que scribo, scribit quidem intellectus compositus ex
potentia et actu, scribit autem non qua potentia sed
qua actu ; operari enim inde sibi deriuatur ». Et post
pauca adhuc manifestius « Sicut igitur aliud est animal
et aliud animali esse, animali autem esse est ab anima
animalis, sic et aliud quidem ego, aliud autem michi
esse. Esse igitur michi ab anima et hac non omni ; non
enim a sensitiua, materia enim erat fantasie ; neque
rursum a fantastica, materia enim erat potentia intellectus ; neque eius qui potentia intellectus, materia
enim est factiui. A solo igitur factiuo est michi esse ».
Et post pauca subdit « Et usque ad hunc progressa
natura cessauit, tamquam nichil habens alterum hono-
ratius cui faceret ipsum subiectum. Nos itaque sumus
actiuus intellectus ».

[51] Et postea reprobans quorundam opinionem
dicit « Cum predixisset, scilicet Aristotiles, in omni
natura hoc quidem materiam esse, hoc autem quod
materiam mouet aut perficit, necesse ait et in anima
existere has differentias, et esse aliquem hunc talem
intellectum in omnia fieri, hunc talem in omnia facere.
In anima enim ait esse talem intellectum et anime

tout entier. Et c'est ainsi que l'intellect en acte qui vient s'ajouter à l'intellect en puissance ne fait qu'un avec lui[194]. »

[50] Et peu après il conclut : « Nous sommes par conséquent soit l'intellect qui est en puissance, soit celui qui est en acte. Donc, si en tous les composés de ce qui est en puissance et de ce qui est en acte, une chose est ceci et une autre l'être qui appartient à ceci, *moi* et l'*être qui m'appartient* seront absolument autres. Or *moi* est un intellect composé de puissance et d'acte, mais l'*être qui m'appartient* <est constitué> par ce qui est en acte[195]. C'est pourquoi ce que je médite et ce que j'écris c'est l'intellect composé de puissance et d'acte qui l'écrit, mais il ne l'écrit pas par ce qui en lui est en puissance, mais par ce qui en lui est en acte ; c'est depuis <cet acte>, en effet, que l'activité s'écoule en lui. » Et peu après il dit plus clairement : « De même donc qu'autre est l'animal et autre l'être qui appartient à l'animal, et que l'être qui appartient à l'animal vient de l'âme de l'animal, de même autre est *moi* et autre l'*être qui m'appartient*. L'*être qui m'appartient* vient de l'âme, mais pas de l'âme en totalité ; en effet, il ne vient pas de la sensitive, car <la sensitive> est la matière de l'imagination ; il ne vient pas non plus de l'imaginative, car <l'imaginative> est la matière de l'intellect en puissance ; il ne vient pas non plus de l'intellect qui est en puissance, car <l'intellect en puissance> est la matière de l'intellect poiétique. L'être <qui est> à moi vient donc du seul intellect poiétique. » Puis il ajoute : « Et une fois parvenue là la nature s'est arrêtée, comme si elle n'avait rien de plus honorable dont elle pût se servir comme d'un sujet. C'est pourquoi nous sommes l'intellect actif[196]. »

[51] Enfin, critiquant l'opinion de certains, il précise : « Quand il, c'est-à-dire Aristote, dit qu'en toute nature il y a quelque chose qui tient lieu de matière et quelque chose qui meut et achève[197] la matière, il ajoute qu'il est nécessaire que ces différences existent aussi dans l'âme, et qu'il y ait un intellect capable de tout devenir et un intellect capable de tout produire.

humane uelut quandam partem honoratissimam ». Et
post pauca dicit « Ex eadem etiam littera hoc contingit
confirmare, quod putat, scilicet Aristotiles, aut nostri
aliquid esse actiuum intellectum, aut nos ».

[52] Patet igitur ex premissis uerbis Themistii, quod
non solum intellectum possibilem, sed etiam agentem
partem anime humane esse dicit, et Aristotilem ait hoc
sensisse ; et iterum quod homo est id quod est, non ex
anima sensitiua ut quidam mentiuntur, sed ex parte
intellectiua et principaliori.

[53] Et Theophrasti quidem libros non uidi, sed
eius uerba introducit Themistius in Commento que
sunt talia, sic dicens « Melius est autem et dicta Theophrasti proponere de intellectu potentia et de eo qui
actu. De eo igitur qui potentia hec ait : Intellectus
autem qualiter a foris existens et tamquam super-
positus, tamen connaturalis ? Et que natura ipsius ?
Hoc quidem enim nichil esse secundum actum, potentia autem omnia bene, sicut et sensus. Non enim sic
accipiendum est ut neque sit ipse, litigiosum est enim,
sed ut subiectam quandam potentiam sicut et in materialibus. Sed hoc a foris igitur, non ut adiectum, sed ut
in prima generatione comprehendens ponendum ».

[54] Sic igitur Theophrastus, cum quesisset duo :
primo quidem quomodo intellectus possibilis sit ab
extrinseco, et tamen nobis connaturalis ; et secundo
que sit natura intellectus possibilis : respondit primo
ad secundum quod est in potentia omnia, non quidem
sicut nichil existens sed sicut sensus ad sensibilia. Et
ex hoc concludit responsionem prime questionis,
quod non intelligitur sic esse ab extrinseco quasi aliquid adiectum accidentaliter uel tempore procedente,

Et, de fait, il dit qu'il y a un tel intellect dans l'âme et qu'il est comme la partie la plus honorable de l'âme humaine. » Et peu après il conclut : « A partir de ce même passage on peut donc bien confirmer qu'il, c'est-à-dire Aristote, soutient que l'intellect actif est nôtre ou que nous sommes lui[198]. »

[52] A partir des textes de Thémistius il est donc clair qu'il soutient que non seulement l'intellect possible, mais aussi l'intellect agent sont une partie de l'âme humaine, et qu'il déclare qu'Aristote l'a professé. Il est clair, en outre, qu'il pense que l'homme est ce qu'il est non grâce à l'âme sensitive, comme le soutiennent mensongèrement certains, mais grâce à la partie intellective et principale <de son être>.

[53] J'avoue n'avoir pas lu les livres de Théophraste, mais Thémistius rapporte ses paroles dans son *Commentaire*, et voici ce qu'il dit : « Il vaut mieux faire état des dits de Théophraste au sujet de l'intellect en puissance et de celui qui est en acte. De celui qui est en puissance, donc, il dit : Mais l'intellect s'il existe au-dehors et comme superposé <à l'homme>, comment lui sera-t-il malgré tout connaturel ? Et quelle sera sa nature ? En effet, il ne peut rien être selon l'acte, mais il peut tout être en puissance, tout comme les sens. On ne peut le prendre en tant qu'il n'est rien — car cela n'a pas de sens —, en revanche, on peut le prendre comme une certaine puissance servant de sujet, comme dans les choses matérielles. Or, ce quelque chose il faut le poser de l'extérieur non comme un ajout, mais comme constituant <l'homme> dès le premier moment de sa génération[199]. »

[54] Ainsi donc, aux deux questions qu'il pose — premièrement : comment l'intellect possible est à la fois d'origine extérieure et connaturel à l'homme ; deuxièmement : quelle est la nature de l'intellect possible —, Théophraste répond d'abord à la seconde question, qu'il est en puissance toutes choses, non certes comme un néant d'existence, mais comme le sens est en puissance par rapport aux sensibles. Puis, de là, il conclut sa réponse à la première question : il

sed a prima generatione, sicut continens et comprehendens naturam humanam.

[55] Quod autem Alexander intellectum possibilem
posuerit esse formam corporis, etiam ipse Auerroys
confitetur ; quamuis, ut arbitror, peruerse uerba
Alexandri acceperit, sicut et uerba Themistii preter
eius intellectum assumit. Nam quod dicit, Alexan-
drum dixisse intellectum possibilem non esse aliud
quam preparationem que est in natura humana ad
intellectum agentem et ad intelligibilia : hanc preparationem nichil aliud intellexit quam potentiam intellectiuam que est in anima ad intelligibilia. Et ideo dixit
eam non esse uirtutem in corpore quia talis potentia
non habet organum corporale, et non ex ea ratione, ut
Auerroys impugnat, secundum quod nulla preparatio
est uirtus in corpore.

[56] Et ut a Grecis ad Arabes transeamus, primo
manifestum est quod Auicenna posuit intellectum uirtutem anime que est forma corporis. Dicit enim sic in
suo libro De anima « Intellectus actiuus, id est practi-
cus, eget corpore et uirtutibus corporalibus ad omnes
actiones suas ; contemplatiuus autem intellectus eget
corpore et uirtutibus eius, sed nec semper nec
omnino : sufficit enim ipse sibi per se ipsum. Nichil
autem horum est anima humana, sed anima est id
quod habet has uirtutes et, sicut postea declarabimus,
est substantia solitaria, id est per se, que habet aptitu-
dinem ad actiones, quarum quedam sunt que non
perficiuntur nisi per instrumenta et per usum eorum
ullo modo ; quedam uero sunt quibus non sunt neces-
saria instrumenta aliquo modo ».

[57] Item, in prima parte dicit quod « anima
humana est perfectio prima corporis naturalis instru-
mentalis, secundum quod attribuitur ei agere actiones

ne faut pas entendre « d'origine extérieure » au sens de quelque chose d'ajouté accidentellement ou dans le cours du temps, mais de présent dès le premier moment de la génération, comme contenant ou constituant la nature humaine.

[55] Qu'Alexandre ait posé que l'intellect possible était forme du corps, Averroès lui-même le confesse [200], même si, selon moi, il interprète perversement les paroles d'Alexandre, comme il prend celles de Thémistius en dehors de leur signification. De fait, quand il dit qu'Alexandre soutient que l'intellect possible n'est rien d'autre que la préparation qui est dans la nature humaine vis-à-vis de l'intellect agent et des intelligibles, il n'entend rien d'autre par cette préparation que la puissance intellective qui est dans l'âme vis-à-vis des intelligibles. C'est pourquoi il dit que ce n'est pas une faculté logée dans le corps : parce que ce genre de faculté n'a pas d'organe corporel, et non pour la raison qu'Averroès attaque, selon quoi aucune préparation ne serait une faculté logée dans un corps.

[56] Et pour passer des Grecs aux Arabes, il est clair, tout d'abord, qu'Avicenne fait de l'intellect une faculté de l'âme qui est forme du corps. Il dit en effet dans son livre *De l'âme* : « L'intellect actif, c'est-à-dire pratique, a besoin du corps et de ses facultés corporelles pour toutes ses actions ; l'intellect contemplatif a besoin du corps et de ses facultés, mais il n'en a pas toujours besoin ni absolument besoin, car il se suffit à lui-même par lui-même. Mais l'âme humaine n'est aucune de ces facultés, l'âme est ce qui possède ces facultés, et, comme on le montrera par la suite, c'est une substance solitaire, c'est-à-dire par soi, qui a une aptitude à agir. Or, parmi ses actions, certaines ne s'accomplissent que par l'intermédiaire d'instruments et par leur utilisation sur un mode quelconque ; pour d'autres, en revanche, des instruments ne sont d'aucune façon nécessaires [201]. »

[57] De plus, dans la première partie il dit que « l'âme humaine est la perfection première d'un corps naturel organisé dans la mesure où il lui appartient

electione deliberationis, et adinuenire meditando, et
secundum hoc quod apprehendit uniuersalia ». Sed
uerum est quod postea dicit et probat quod anima
humana, secundum id quod est sibi proprium, id est
secundum uim intellectiuam, « non sic se habet ad
corpus ut forma, nec eget ut sibi preparetur organum ».

[58] Deinde subiungenda sunt uerba Algazelis sic
dicentis « Cum commixtio elementorum fuerit pul-
crioris et perfectioris equalitatis, qua nichil possit inueniri subtilius et pulcrius, tunc fiet apta ad recipiendum
a datore formarum formam pulcriorem formis aliis,
que est anima hominis. Huius uero anime humane
due sunt uirtutes : una operans et altera sciens », quam
uocat intellectum, ut ex consequentibus patet. Et
tamen postea multis argumentis probat, quod operatio
intellectus non fit per organum corporale.

[59] Hec autem premisimus, non quasi uolentes ex
philosophorum auctoritatibus reprobare supra posi-
tum errorem ; sed ut ostendamus quod non soli
Latini, quorum uerba quibusdam non sapiunt, sed
etiam Greci et Arabes hoc senserunt, quod intellectus
sit pars uel potentia seu uirtus anime que est corporis
forma. Vnde miror ex quibus Peripateticis hunc errorem se assumpsisse glorientur, nisi forte quia minus
uolunt cum ceteris Peripateticis recte sapere, quam
cum Auerroys oberrare, qui non tam fuit Peripateticus
quam philosophie peripatetice deprauator.

CAPITVLVM III

[60] Ostenso igitur ex uerbis Aristotilis et aliorum
sequentium ipsum quod intellectus est potentia anime
que est corporis forma, licet ipsa potentia que est

d'accomplir des actions par un choix délibératif et de trouver par la méditation, dans la mesure aussi où elle appréhende les universaux[202] ». Mais ce qu'il dit ensuite et prouve, est également vrai : selon ce qui lui est propre, c'est-à-dire selon sa force intellective, l'âme humaine, « ne se rapporte pas au corps comme une forme et n'a pas besoin d'un organe préparé pour elle[203] ».

[58] Pour finir, il faut citer les paroles d'Algazel : « Lorsque le mélange des éléments présente la plus belle et la plus parfaite égalité, que l'on ne peut rien trouver de plus raffiné ni de plus beau qu'elle, alors elle est prête à recevoir du Donateur des formes la forme qui est plus belle que les autres formes — l'âme humaine. Mais cette âme humaine a deux puissances : l'une opère, l'autre connaît[204]. » <La puissance théorétique>, il l'appelle intellect, comme cela est évident par ce qui suit. Mais, ensuite, il prouve par de multiples arguments que l'opération de l'intellect ne se fait pas par un organe corporel.

[59] Si nous invoquons tout cela, ce n'est pas pour réprouver l'erreur susdite par les autorités des philosophes, mais pour montrer que non seulement les Latins, dont <nos averroïstes> ne connaissent pas les textes, mais aussi les Grecs et les Arabes ont soutenu que l'intellect est une partie ou puissance ou faculté de l'âme qui est forme du corps. Je m'étonne donc que certains de ces péripatéticiens se glorifient d'avoir adopté cette erreur — mais, peut-être, ont-ils moins envie de savoir vraiment avec les autres péripatéticiens que de se tromper avec Averroès[205], qui ne fut pas tant péripatéticien que dépravateur de la philosophie péripatéticienne.

CHAPITRE 3

[60] Ayant donc montré à partir des paroles d'Aristote et de ceux qui l'ont suivi que l'intellect était une puissance de l'âme qui est forme d'un corps, bien que

intellectus non sit alicuius organi actus, « quia nichil
ipsius operationi communicat corporalis operatio », ut
Aristotiles dicit ; inquirendum est per rationes quid
circa hoc sentire sit necesse. Et quia, secundum doctrinam Aristotilis, oportet ex actibus principia actuum
considerare, ex ipso actu proprio intellectus qui est
intelligere primo hoc considerandum uidetur. In quo
nullam firmiorem rationem habere possumus ea quam
Aristotiles ponit, et sic argumentatur : « Anima est
primum quo uiuimus et intelligimus, ergo est ratio
quedam et species » corporis cuiusdam. Et adeo huic
rationi innititur, quod eam dicit esse demonstrationem, nam in principio capituli sic dicit « Non solum
quod quid est oportet diffinitiuam rationem ostendere,
sicut plures terminorum dicunt, sed et causam inesse
et demonstrare » ; et ponit exemplum : sicut demons-
tratur quid est tetragonismus, id est quadratum, per
inuentionem medie linee proportionalis.

[61] Virtus autem huius demonstrationis et insolu-
bilitas apparet, quia quicumque ab hac uia diuertere
uoluerint, necesse habent inconueniens dicere. Manifestum est enim quod hic homo singularis intelligit :
numquam enim de intellectu quereremus nisi intel-
ligeremus ; nec cum querimus de intellectu, de alio
principio querimus quam de eo quo nos intelligimus.
Vnde et Aristotiles dicit « Dico autem intellectum quo
intelligit anima ». Concludit autem sic Aristotiles quod
si aliquid est primum principium quo intelligimus,
oportet illud esse formam corporis ; quia ipse prius
manifestauit quod illud quo primo aliquid operatur est
forma. Et patet hoc per rationem, quia unumquodque
agit in quantum est actu ; est autem unumquodque
actu per formam : unde oportet illud quo primo aliquid agit esse formam.

la puissance même qu'est l'intellect ne soit pas l'acte d'un organe quelconque, « car rien de son opération ne communique avec l'opération corporelle[206] », comme le dit Aristote, il faut chercher par le raisonnement[207] quelle thèse soutenir à ce propos[208]. Et puisque, selon la doctrine d'Aristote, il importe d'examiner les principes des actes à partir des actes eux-mêmes, il semble qu'il faille d'abord examiner l'intellect à partir de son acte propre qui est la pensée. Sur ce point nous ne pouvons trouver raisonnement plus solide que celui que tient Aristote, qui argumente ainsi : « l'âme est, à titre premier[209], ce par quoi nous vivons et pensons », « c'est donc une certaine notion et forme » d'un corps[210]. Et il est tellement attaché à cet argument qu'il le qualifie de démonstration. De fait, au début du chapitre, il dit : « Non seulement la formule exprimant la définition doit montrer ce qui est, comme la plupart des termes le font, mais elle doit encore contenir la cause et la démontrer[211] » — et il donne un exemple : comme on démontre ce qu'est le tétragonisme[212], c'est-à-dire la quadrature, par la découverte d'une ligne moyenne proportionnelle[213].

[61] La force de cette démonstration et son caractère contraignant se révèlent dans le fait que tous ceux qui veulent s'écarter de cette voie aboutissent nécessairement à quelque chose d'inacceptable[214]. Il est en effet manifeste que cet homme singulier-ci pense : nous ne chercherions jamais à savoir ce qu'est l'intellect si nous ne pensions pas ; et en posant la question de savoir ce qu'est l'intellect nous ne nous enquérons pas d'un autre principe que celui-là même par lequel nous pensons. C'est bien pourquoi Aristote dit : « J'entends par intellect ce par quoi l'âme pense[215]. » Or sa conclusion est que s'il y a un principe premier par lequel nous pensons, il faut que ce principe soit forme du corps, puisqu'il a déjà clairement indiqué que ce par quoi quelque chose opère en premier lieu c'est sa forme[216]. Et c'est prouvé par le raisonnement : toute chose agit pour autant qu'elle est en acte ; or toute chose est en acte par une forme ; donc, nécessairement, ce par quoi quelque chose agit en premier lieu c'est sa forme.

[62] Si autem dicas quod principium huius actus
qui est intelligere, quod nominamus intellectum, non
sit forma, oportet te inuenire modum quo actio illius
principii sit actio huius hominis. Quod diuersimode
quidam conati sunt dicere. Quorum unus Auerroys,
ponens huiusmodi principium intelligendi quod dicitur intellectus possibilis non esse animam nec partem
anime nisi equiuoce, sed potius quod sit substantia
quedam separata, dixit quod intelligere illius substantie separate est intelligere mei uel illius, in quantum
intellectus ille possibilis copulatur michi uel tibi per
fantasmata que sunt in me et in te. Quod sic fieri
dicebat : species enim intelligibilis que fit unum cum
intellectu possibili, cum sit forma et actus eius, habet
duo subiecta, unum ipsa fantasmata, aliud intellectum
possibilem. Sic ergo intellectus possibilis continuatur
nobiscum per formam suam mediantibus fantasmatibus ; et sic dum intellectus possibilis intelligit, hic
homo intelligit.

[63] Quod autem hoc nichil sit, patet tripliciter.
Primo quidem quia sic continuatio intellectus ad
hominem non esset secundum primam eius generationem, ut Theophrastus dicit et Aristotiles innuit in II
Phisicorum, ubi dicit quod terminus naturalis considerationis de formis est ad formam secundum quam
homo generatur ab homine et a sole. Manifestum est
autem quod terminus considerationis naturalis est in
intellectu ; secundum autem dictum Auerroys, intellectus non continuaretur homini secundum suam
generationem, sed secundum operationem sensus, in
quantum est sentiens in actu : fantasia enim est
« motus a sensu secundum actum », ut dicitur in libro
De anima.

[64] Secundo uero, quia ista coniunctio non esset
secundum aliquid unum, sed secundum diuersa.

[62] Mais si tu dis que le principe de cet acte qu'est la pensée, principe que nous appelons intellect, n'est pas forme <du corps>[217], il va te falloir trouver la manière dont l'action de ce principe peut être aussi l'action de cet homme-ci <ou de cet homme-là>[218]. Or, là, certains auteurs ont des avis bien différents. Averroès est l'un d'entre eux[219]. Il soutient que ce principe de la pensée qu'on appelle intellect possible n'est ni une âme ni une partie d'âme, sinon en un sens homonyme, et que c'est plutôt une certaine substance séparée. Et il dit que la pensée de cette substance séparée devient mienne ou tienne quand l'intellect possible est couplé[220] avec moi ou avec toi, grâce aux images qui se trouvent en moi ou en toi. Et il dit que cela se passe ainsi[221] : l'espèce intelligible qui fait un avec l'intellect possible, étant sa forme et son acte, a deux sujets, l'un, c'est les images elles-mêmes, l'autre, l'intellect possible[222]. Ainsi donc, c'est par sa forme que l'intellect possible entre en contact avec nous, par l'intermédiaire des images, et c'est pourquoi, au moment où l'intellect possible pense, cet homme-ci, lui aussi, pense.

[63] Il y a trois preuves évidentes que cette thèse est nulle et non avenue[223]. Premièrement, parce que si tout se passait ainsi, la mise en contact de l'intellect avec l'homme n'aurait pas lieu dès le premier moment de la génération, comme le dit Théophraste et comme le laisse entendre Aristote dans le livre II des *Physiques*, quand il dit que le terme de l'étude physique des formes est la forme grâce à laquelle l'homme est engendré par l'homme et par le soleil[224]. Or il est manifeste que ce terme de l'étude physique est l'intellect, mais, selon ce que dit Averroès, l'intellect n'entrerait pas en contact avec l'homme dès sa génération, mais seulement par l'opération du sens, chaque fois que l'homme aurait une sensation actuelle[225] — l'imagination étant, en effet, « un mouvement provoqué par la sensation en acte », comme le dit le livre *De l'âme*[226].

[64] Deuxièmement, parce que cette jonction ne se réaliserait pas grâce à quelque chose d'un, mais à

Manifestum est enim quod species intelligibilis
secundum quod est in fantasmatibus, est intellecta in
potentia ; in intellectu autem possibili est secundum
quod est intellecta in actu, abstracta a fantasmatibus.
Si ergo species intelligibilis non est forma intellectus
possibilis nisi secundum quod est abstracta a fantasmatibus, sequitur quod per speciem intelligibilem non
continuatur fantasmatibus, sed magis ab eis est separatus. Nisi forte dicatur quod intellectus possibilis
continuatur fantasmatibus sicut speculum continuatur
homini cuius species resultat in speculo ; talis autem
continuatio manifestum est quod non sufficit ad continuationem actus. Manifestum est enim quod actio
speculi, que est representare, non propter hoc potest
attribui homini : unde nec actio intellectus possibilis
propter predictam copulationem posset attribui huic
homini qui est Sortes, ut hic homo intelligeret.

[65] Tertio, quia dato quod una et eadem species
numero esset forma intellectus possibilis et esset
simul in fantasmatibus : nec adhuc talis copulatio
sufficeret ad hoc quod hic homo intelligeret. Manifestum est enim quod per speciem intelligibilem aliquid intelligitur, sed per potentiam intellectiuam aliquid intelligit ; sicut etiam per speciem sensibilem
aliquid sentitur, per potentiam autem sensitiuam aliquid sentit. Vnde paries in quo est color, cuius species sensibilis in actu est in uisu, uidetur, non uidet ;
animal autem habens potentiam uisiuam, in qua est
talis species, uidet. Talis autem est predicta copulatio
intellectus possibilis ad hominem, in quo sunt fantasmata quorum species sunt in intellectu possibili, qualis est copulatio parietis in quo est color ad uisum in
quo est species sui coloris. Sicut igitur paries non
uidet, sed uidetur eius color, ita sequeretur quod
homo non intelligeret, sed quod eius fantasmata
intelligerentur ab intellectu possibili. Impossibile

travers des choses complètement disparates[227]. À l'évidence, en effet, tant qu'elle est contenue dans les
images, l'espèce intelligible reste pensée en puissance ;
dans l'intellect possible, en revanche, son être est celui
d'une pensée en acte, abstraite des images[228]. Si donc
l'espèce intelligible n'est forme de l'intellect possible
qu'en étant abstraite des images, ce n'est pas par
l'espèce intelligible que l'intellect possible va entrer en
contact avec les images[229] : au contraire, c'est plutôt
elle qui l'en séparera[230]. À moins peut-être qu'on ne
dise que l'intellect possible est au contact des images
comme le miroir est au contact de l'homme dont
l'espèce se reflète en lui ; mais il est manifeste qu'un
tel contact ne suffit pas à la prolongation de l'acte. Il
est clair, en effet, que l'action du miroir, qui est de
représenter, ne peut être attribuée à l'homme sous
prétexte <qu'il y entre eux ce contact> : de même
l'action de l'intellect possible ne peut, sous prétexte
qu'il y a ce couplage, être attribuée à cet homme-ci
qu'est Socrate, en sorte qu'on puisse vraiment dire
que cet homme-ci pense.

[65] Troisièmement, parce que, supposé qu'une
seule espèce numériquement identique soit et forme
de l'intellect possible et simultanément contenue dans
les images, ce type de couplage ne suffirait encore pas
pour que cet homme-ci pense[231]. Il est en effet clair
que quelque chose est pensé par l'espèce intelligible,
alors que quelque chose pense par la puissance intellective, de même que quelque chose est senti par
l'espèce sensible, alors que quelque chose sent par la
puissance sensitive. C'est pourquoi le mur dans lequel
se trouve la couleur, dont l'espèce sensible en acte est
dans la vue, est quelque chose de vu, non quelque
chose qui voit ; ce qui voit, c'est l'animal doté de la
faculté de vision où se trouve l'espèce sensible. Or le
couplage de l'intellect possible et de l'homme en qui
sont les images dont les espèces sont dans l'intellect
possible est comme le couplage du mur, dans lequel
est la couleur, et de la vue, dans laquelle est l'espèce de
sa couleur. <Si donc il y avait ce couplage>, de même

est ergo saluari quod hic homo intelligat, secundum
positionem Auerroys.

[66] Quidam uero uidentes quod secundum uiam
Auerroys sustineri non potest quod hic homo intelligat, in aliam diuerterunt uiam, et dicunt quod intellectus unitur corpori ut motor ; et sic, in quantum ex
corpore et intellectu fit unum ut ex mouente et moto,
intellectus est pars huius hominis : et ideo operatio
intellectus attribuitur huic homini, sicut operatio oculi
que est uidere attribuitur huic homini. Querendum est
autem ab eo qui hoc ponit, primo quid sit hoc singulare quod est Sortes : utrum Sortes sit solus intellectus
qui est motor ; aut sit motum ab ipso, quod est corpus
animatum anima uegetatiua et sensitiua ; aut sit
compositum ex utroque. Et quantum ex sua positione
uidetur, hoc tertium accipiet quod Sortes sit aliquid
compositum ex utroque.

[67] Procedamus ergo contra eos per rationem Aristotilis in VIII Methaphisice « Quid est igitur quod facit
unum hominem ». « Omnium enim que plures partes
habent et non sunt quasi coaceruatio totum, sed est
aliquod totum preter partes, est aliqua causa unum
essendi : sicut in quibusdam tactus, in quibusdam
uiscositas, aut aliquid aliud huiusmodi... Palam autem
quia si sic transformant, ut consueuerunt diffinire et
dicere, non contingit reddere et soluere dubitationem.
Si autem est ut dicimus : hoc quidem materia illud
uero forma, et hoc quidem potestate illud uero actu,
non adhuc dubitatio uidebitur esse. »

que le mur ne voit pas, mais que sa couleur est vue, il en résulterait que l'homme ne penserait pas, mais que ses images seraient pensées par l'intellect possible[232]. Il est donc bien impossible de sauver la thèse que cet homme-ci pense si l'on adopte la position d'Averroès.

[66] Comprenant que selon la voie d'Averroès il était impossible de soutenir que cet homme-ci pense, certains se sont engagés dans une autre voie. Ils disent que l'intellect est uni au corps comme un moteur[233]. Donc, l'intellect appartient à cet homme-ci dans la mesure où l'intellect et le corps ont une unité qui est celle d'un moteur et d'un mû ; c'est pourquoi l'opération de l'intellect est attribuée à cet homme-ci : au sens précis où l'opération de l'œil, qui est de voir, est aussi attribuée à l'homme[234]. Mais il faut demander d'entrée à qui soutient cette thèse ce qu'est exactement cet <homme> singulier — appelons-le Socrate : Socrate est-il seulement intellect, c'est-à-dire le moteur lui-même ? Est-il plutôt ce qui est mû par l'intellect, c'est-à-dire un corps animé par une âme végétative et sensitive ? Ou bien est-il composé des deux ? Pour ce qui semble ressortir de sa position[235], notre auteur choisira la troisième hypothèse, savoir que Socrate est un composé des deux[236].

[67] Procédons donc contre lui[237] <et ses semblables> en reprenant l'argument d'Aristote dans le livre VIII de la *Métaphysique* : « Qu'est-ce donc qui fait l'unité de l'homme[238] ? » « Pour tout ce qui a plusieurs parties, et dont la totalité n'est pas comme un simple entassement, mais dont le tout est quelque chose en dehors des parties, il y a une cause au fait d'être un : par exemple, pour certains c'est le contact, pour d'autres, la viscosité ou quelque autre chose de ce genre [...]. Mais il est notoire que s'il y a de telles transformations, selon les définitions et les déclarations habituelles <de ces philosophes>, il ne sera pas possible d'élucider et de résoudre cette difficulté. Mais s'il en est comme nous le disons, d'une part, la matière, de l'autre, la forme, d'une part, l'être en puissance, de l'autre, l'être en acte, il semble bien que le doute ne pourra subsister[239]. »

[68] Sed si tu dicas quod Sortes non est unum quid simpliciter, sed unum quid aggregatione motoris et moti, sequntur multa inconuenientia. Primo quidem quia, cum unumquodque sit similiter unum et ens, sequitur quod Sortes non sit aliquid ens, et quod non sit in specie nec in genere ; et ulterius quod non habeat aliquam actionem, quia actio non est nisi entis. Vnde non dicimus quod intelligere naute sit intelligere huius totius quod est nauta et nauis, sed naute tantum ; et similiter intelligere non erit actus Sortis, sed intellectus tantum utentis corpore Sortis : in solo enim toto quod est aliquid unum et ens, actio partis est actio totius. Et si quis aliter loquatur, improprie loquitur.

Et si tu dicas quod hoc modo celum intelligit per motorem suum, est assumptio difficilioris : per intellectum enim humanum oportet nos deuenire ad cognoscendum intellectus superiores, et non e conuerso.

[69] Si uero dicatur quod hoc indiuiduum quod est Sortes, est corpus animatum anima uegetatiua et sensitiua, ut uidetur sequi secundum eos qui ponunt quod hic homo non constituitur in specie per intellectum, sed per animam sensitiuam nobilitatam ex aliqua illustratione seu copulatione intellectus possibilis : tunc intellectus non se habet ad Sortem nisi sicut mouens ad motum. Sed secundum hoc actio intellectus que est intelligere, nullo modo poterit attribui Sorti : quod multipliciter apparet.

[70] Primo quidem per hoc quod dicit Philosophus in IX Methaphisice, quod « quorum diuersum aliquid erit preter usum quod fit, horum actus in facto est, ut

[68] Ainsi donc si tu dis que Socrate n'est pas quelque chose d'un au sens absolu, mais quelque chose d'un par agrégation d'un moteur et d'un mû, il en résultera de nombreux inconvénients. Premièrement parce que, comme toute chose est indissolublement une et être, il s'ensuit que <s'il n'est qu'un agrégat> Socrate ne sera pas un être[240], qu'il n'appartiendra à aucune espèce ni à aucun genre et qu'en outre il sera incapable de toute action, puisque seul un être a une action. D'où, comme nous ne disons pas que la pensée du pilote soit la pensée du tout constitué par le pilote et par le navire, mais bien seulement celle du pilote, de même, la pensée <de Socrate> ne sera pas l'acte de Socrate, mais seulement l'acte de l'intellect utilisant le corps de Socrate : en effet, c'est seulement dans un tout qui est une <vraie> unité et un <vrai> être que l'action de la partie est aussi l'action du tout. Et si quelqu'un s'exprime autrement, il s'exprime improprement.

Et si tu rétorques que le type <de pensée que tu attribues à Socrate> est celui qui permet au ciel de penser par <la pensée de> son moteur[241], tu supposes le plus difficile <pour justifier le plus facile>, car le rôle de l'intellect humain est de nous servir d'intermédiaire pour arriver à la connaissance des intellects supérieurs et non l'inverse[242].

[69] Si l'on dit, au contraire, que l'individu Socrate n'est qu'un corps animé par une âme végétative et sensitive, comme cela semble inévitable à ceux qui soutiennent que cet homme-ci n'est pas spécifiquement constitué par l'intellect, mais par l'âme sensitive ennoblie par un certain rayonnement ou couplage de l'intellect possible, il en résulte que l'intellect ne se rapporte à Socrate que comme le moteur au mû. Mais dès lors, l'action de l'intellect, qui est de penser, ne peut plus être en rien attribuée à Socrate. Cette conséquence se montre de plusieurs façons.

[70] Premièrement, par ce que dit Aristote dans le livre IX de la *Métaphysique* : « Là où quelque chose de distinct est produit en dehors de l'exercice, l'acte est

edificatio in edificato et contextio in contexto ; similiter autem et in aliis, et totaliter motus in moto. Quorum uero non est aliud aliquod opus preter actionem,
in eis existit actio, ut uisio in uidente et speculatio in
speculante ». Sic ergo, etsi intellectus ponatur uniri
Sorti ut mouens, nichil proficit ad hoc quod intelligere
sit in Sorte, nedum quod Sortes intelligat : quia intelligere est actio que est in intellectu tantum. Ex quo
etiam patet falsum esse quod dicunt, quod intellectus
non est actus corporis, sed ipsum intelligere ; non
enim potest esse alicuius actus intelligere, cuius non sit
actus intellectus, quia intelligere non est nisi in intellectu, sicut nec uisio nisi in uisu : unde nec uisio potest
esse alicuius, nisi illius cuius actus est uisus.

[71] Secundo, quia actio mouentis propria non
attribuitur instrumento aut moto, sed magis e
conuerso actio instrumenti attribuitur principali
mouenti : non enim potest dici quod serra disponat de
artificio, potest tamen dici quod artifex secat, quod est
opus serre. Propria autem operatio ipsius intellectus
est intelligere ; unde dato etiam quod intelligere esset
actio transiens in alterum sicut mouere, non sequitur
quod intelligere conueniret Sorti si intellectus uniatur
ei solum ut motor.

[72] Tertio, quia in hiis quorum actiones in alterum
transeunt, opposito modo attribuuntur actiones
mouentibus et motis : secundum edificationem enim
edificator dicitur edificare, edificium uero edificari. Si
ergo intelligere esset actio in alterum transiens sicut
movere, adhuc non esset dicendum quod Sortes intelligeret ad hoc quod intellectus uniretur ei ut motor,

dans ce qui est fait, comme l'action de bâtir est dans
ce qui est bâti, l'action de tisser dans ce qui est tissé ;
et il en va de même pour tout le reste — le mouvement
est tout entier dans le mû. En revanche, là où il n'y a
aucune œuvre en dehors de l'action, l'action existe
dans ce qui agit : c'est ainsi que la vision est dans celui
qui voit et la contemplation dans celui qui
contemple [243]. » Ainsi donc, même si l'on pose que
l'intellect est uni à Socrate comme moteur, rien ne
contribue pour autant à ce que la pensée soit en
Socrate ni à ce que Socrate lui-même pense, puisque
la pensée est une action dont le seul siège est l'intellect.
D'où résulte clairement la fausseté de leur autre thèse
affirmant que ce n'est pas l'intellect qui est l'acte du
corps, mais la pensée elle-même ; en effet, la pensée
ne saurait être l'acte d'une chose dont l'intellect ne
serait pas l'acte, puisque la pensée n'est que dans
l'intellect, comme la vision n'est que dans la vue —
c'est pourquoi la vision non plus ne peut être <l'acte>
de quelque chose si ce n'est de ce dont la vue est
l'acte [244].

[71] Deuxièmement, parce que l'action propre du
moteur ne s'attribue pas à l'instrument ou au mû ; au
contraire, c'est plutôt l'action de l'instrument qui
s'attribue au moteur principal. De fait, on ne peut dire
que la scie dispose de l'artisan, mais on peut dire que
l'artisan coupe, alors que c'est l'œuvre de la scie. Or
l'opération propre de l'intellect est la pensée ; d'où,
même si l'on supposait que la pensée fût une action
s'exerçant en autre chose, comme l'impulsion motrice,
il n'en découlerait pas que la pensée reviendrait à
Socrate si l'intellect lui était seulement uni comme
moteur.

[72] Troisièmement, parce que chez les êtres dont
les actions s'exercent en d'autres qu'eux l'action du
moteur et celle du mû s'attribuent sur un mode
opposé : dans une construction, par exemple, on dit
que le bâtisseur bâtit et que le bâtiment est bâti. Si
donc la pensée était une action s'exerçant en autre
chose comme l'impulsion motrice, on ne pourrait de

sed magis quod intellectus intelligeret et Sortes intel-
ligeretur ; aut forte quod intellectus intelligendo moue-
ret Sortem, et Sortes moueretur.

[73] Contingit tamen quandoque quod actio
mouentis traducitur in rem motam, puta cum ipsum
motum mouet ex eo quod mouetur, et calefactum
calefacit. Posset ergo aliquis sic dicere quod motum ab
intellectu, qui intelligendo mouet, ex hoc ipso quod
mouetur intelligit. Huic autem dicto Aristotiles resistit
in II De anima, unde principium huius rationis
assumpsimus. Cum enim dixisset quod id quo primo
scimus et sanamur est forma, scilicet scientia et sanitas, subiungit « Videtur enim in patienti et disposito
actiuorum inesse actus ». Quod exponens Themistius
dicit « Nam et si ab aliis aliquando scientia et sanitas
est, puta a docente et medico, tamen in patiente et
disposito facientium inexistere actus ostendimus
prius, in hiis que De natura ». Est ergo intentio Aristotilis, et euidenter est uerum, quod quando motum
mouet et habet actionem mouentis, oportet quod insit
ei actus aliquis a mouente quo huiusmodi actionem
habeat, et hoc est primum quo agit, et est actus et
forma eius ; sicut si aliquid est calefactum, calefacit
per calorem qui inest ei a calefaciente. Detur ergo
quod intellectus moueat animam Sortis, uel illus-
trando uel quocumque modo : hoc quod est relictum
ab impressione intellectus in Sorte est primum quo
Sortes intelligit. Id autem quo primo Sortes intelligit,
sicut sensu sentit, Aristotiles probauit esse in potentia
omnia, et per hoc non habere naturam determinatam
nisi hanc quod sit possilis ; et per consequens quod
non misceatur corpori, sed sit separatus. Dato ergo
quod sit aliquis intellectus separatus mouens Sortem,
tamen adhuc oportet quod iste intellectus possibilis de
quo Aristotiles loquitur, sit in anima Sortis, sicut et
sensus qui est in potentia ad omnia sensibilia, quo
Sortes sentit.

nouveau pas dire que Socrate pense du fait que l'intellect lui est uni comme moteur ; ce qu'il faudrait plutôt dire c'est que l'intellect pense et que Socrate est pensé[245], ou bien encore, peut-être, qu'en pensant l'intellect meut Socrate et que Socrate est mû.

[73] Cependant, il arrive parfois que l'action du moteur se transfère dans la chose mue, par exemple quand ce qui est mû meut à son tour du fait qu'il est mû ou quand ce qui est chauffé chauffe à son tour. On pourrait donc être tenté de dire que ce qui est mû par l'intellect, qui en pensant meut, pense lui-même du simple fait qu'il est mû. Mais Aristote s'oppose à cette thèse dans le livre II *De l'âme*, auquel nous empruntons le principe de cet argument. En effet, quand il dit que ce par quoi nous connaissons et sommes en bonne santé c'est, à titre premier, la forme[246], à savoir la science et la santé, il ajoute : « car il semble que ce soit dans le patient et ce qui est disposé que réside l'acte des actifs[247] ». Ce que Thémistius explique ainsi : « Car même si parfois la science et la santé sont par d'autres, par exemple par l'enseignant et le médecin, nous avons montré auparavant, dans les choses *De la nature*, que c'est dans le patient et le disposé que réside l'acte de ce qui les réalise[248]. » Ce que veut dire Aristote — et c'est évidemment vrai — c'est donc que quand ce qui est mû meut à son tour et a l'action du moteur, il faut qu'il ait en lui, du fait du moteur, un certain acte grâce auquel il possède aussi l'action correspondante, et c'est là le principe premier par quoi il agit : et c'est son acte et sa forme ; de même si quelque chose est chauffé, il peut chauffer à son tour par la chaleur qui est en lui, mais qui lui vient de ce qui le chauffe. Accordons donc que l'intellect meuve l'âme de Socrate soit en l'illuminant soit d'une manière quelconque, ce qui reste de l'impression produite par l'intellect en Socrate est le principe premier par quoi Socrate pense. Or ce par quoi, à titre premier, Socrate pense, tout comme le sens sent, Aristote a prouvé que c'était en puissance toutes choses, et, par là, que cela n'avait pas de nature déterminée sinon celle d'être

[74] Si autem dicatur quod hoc indiuiduum quod
est Sortes neque est aliquid compositum ex intellectu
et corpore animato, neque est corpus animatum tantum, sed est solum intellectus : hec iam erit opinio
Platonis, qui, ut Gregorius Nissenus refert, « propter
hanc difficultatem non uult hominem ex anima et
corpore esse, sed animam corpore utentem et uelut
indutam corpus ». Sed et Plotinus, ut Macrobius
refert, ipsam animam hominem esse testatur, sic
dicens « Ergo qui uidetur non ipse uerus homo est, sed
ille a quo regitur qui uidetur. Sic, cum morte animalis
discedit animatio, cadit corpus a regente uiduatum, et
hoc est quod uidetur in homine mortale. Anima uero,
qui uerus homo est, ab omni mortalitatis condicione
aliena est ». Qui quidem Plotinus unus de magnis
ponitur inter commentatores Aristotilis, ut Simplicius
refert in Commento Predicamentorum. Hec autem
sententia nec a uerbis Aristotilis multum aliena uidetur : dicit enim in IX Ethicorum quod « boni hominis
est bonum elaborare et sui ipsius gratia ; intellectiui
enim gratia quod unusquisque esse uidetur ». Quod
quidem non dicit propter hoc quod homo sit solus
intellectus, sed quia id quod est in homine principalius
est intellectus ; unde in consequentibus dicit quod
« quemadmodum ciuitas principalissimum maxime
esse uidetur, et omnis alia constitutio, sic et homo » :
unde subiungit quod « unusquisque homo uel est hoc,
scilicet intellectus, uel maxime ». Et per hunc modum
arbitror et Themistium in uerbis supra positis, et Plotinum in uerbis nunc inductis, dixisse quod homo est
anima uel intellectus.

possible ; et il a prouvé, par conséquent, que ce n'était pas mêlé au corps, mais séparé[249]. Supposé donc qu'il y ait un certain intellect séparé mouvant Socrate, il faudra toujours que cet intellect possible, dont parle Aristote, soit dans l'âme de Socrate tout comme le sens, qui est en puissance par rapport à tous les sensibles, et grâce auquel Socrate sent.

[74] Maintenant, si l'on dit que l'individu Socrate n'est ni quelque chose de composé de l'intellect et d'un corps animé ni seulement un corps animé, mais qu'il est seulement intellect, cela revient à l'opinion de Platon, qui, comme le rapporte Grégoire de Nysse, « face à cette difficulté, nie que l'homme soit fait d'une âme et d'un corps, et soutient qu'il est une âme se servant d'un corps et comme revêtue d'un corps[250] ». Mais Plotin lui aussi, comme le rapporte Macrobe, assure que c'est l'âme elle-même qui est l'homme ; il dit : « Ce qui paraît à l'extérieur n'est pas l'homme véritable lui-même, l'homme véritable est celui par qui est régi l'homme qui paraît à l'extérieur. Ainsi, quand, à la mort, l'animation disparaît de l'animal, le corps, veuf de son régent, périt, et c'est cela qu'on voit paraître dans l'homme mortel. L'âme, en revanche, qui est l'homme véritable, est étrangère à tout caractère de mortalité[251]. » Or, ce Plotin — assurément l'un d'entre les grands — compte aussi parmi les commentateurs d'Aristote, comme le rapporte Simplicius dans son *Commentaire des Catégories*[252]. Et, de fait, cette doctrine ne semble pas vraiment étrangère aux thèses d'Aristote : il dit en effet dans le livre IX des *Éthiques*, que « c'est d'un homme bon de travailler au bien et en vue de lui-même ; car c'est en vue de la partie intellective qui semble être ce qu'est tout un chacun[253] ». Mais cela, en vérité, Aristote ne le dit pas parce que l'homme est seulement intellect, mais parce que l'intellect est ce qu'il y a de principal en l'homme ; c'est pourquoi la suite du texte dit que « de même que la cité semble s'identifier avec ce qui tient en elle le rang principal (et qu'il en va de même dans toute autre constitution), de même c'est pareil pour

[75] Quod enim homo non sit intellectus tantum uel anima tantum, multipliciter probatur. Primo quidem ab ipso Gregorio Nisseno, qui inducta opinione Platonis subdit « Habet autem hic sermo difficile uel indissolubile quid : qualiter enim unum esse potest cum indumento anima ? Non enim unum est tunica cum induto ».

Secundo, quia Aristotiles in VII Methaphisice probat quod « homo et equs et similia » non sunt solum forma, « sed totum quoddam ex materia et forma ut uniuersaliter ; singulare uero ex ultima materia, ut Socrates iam est, et in aliis similiter ». Et hoc probauit per hoc quod nulla pars corporis potest diffiniri sine parte aliqua anime ; et recedente anima, nec oculus nec caro dicitur nisi equiuoce : quod non esset, si homo aut Sortes esset tantum intellectus aut anima.

Tertio, sequeretur quod, cum intellectus non moueat nisi per uoluntatem, ut probatur in III De anima, hoc esset de rebus subiectis uoluntati, quod retineret corpus homo cum uellet, et abiceret cum uellet : quod manifeste patet esse falsum.

[76] Sic igitur patet quod intellectus non unitur Sorti solum ut motor ; et quod, etiam si hoc esset, nichil proficeret ad hoc quod Sortes intelligeret. Qui ergo hanc positionem defendere uolunt, aut confiteantur se nichil intelligere et indignos esse cum quibus

l'homme[254] » ; c'est pourquoi aussi il ajoute que « tout
homme est soit cela, c'est-à-dire intellect, soit principalement cela[255] ». Et c'est en ce sens que je pense que
Thémistius, dans les paroles susdites, et Plotin[256],
dans celles que l'on vient de citer, ont dit que l'homme
était âme ou intellect[257].

[75] Qu'en effet l'homme ne soit pas seulement
intellect[258] ou seulement âme cela se prouve de plusieurs façons. Premièrement, par Grégoire de Nysse
lui-même qui, une fois introduite l'opinion de Platon,
précise : « Ce texte a quelque chose de difficile ou
d'inextricable : comment, en effet, l'âme peut-elle ne
faire qu'un avec son vêtement ? La tunique et celui
qui la porte ne font pas qu'un[259] ! »

Deuxièmement, parce que, dans le livre VII de la
Métaphysique, Aristote prouve que « l'homme et le
cheval et les autres <universaux> » ne sont pas seulement des formes « mais des touts <composés> d'une
matière et d'une forme prises universellement ; alors
que le singulier, lui, résulte de la matière dernière
particulière, comme Socrate qui existe sitôt après elle,
et de même pour les autres <singuliers>[260] ». Et cela il
l'a prouvé[261] par le fait qu'aucune partie du corps ne
peut être définie sans une partie de l'âme et que, si
l'âme disparaît, ni l'œil ni la chair ne se disent plus
qu'en un sens homonyme, ce qui ne serait pas le cas,
si l'homme ou Socrate étaient seulement intellect ou
âme.

Troisièmement, car il s'ensuivrait que, puisque
l'intellect ne meut que par l'entremise de la volonté,
comme cela est prouvé dans le livre III *De l'âme*[262], il
appartiendrait aux choses assujetties à la volonté de
l'homme de garder son corps quand il le voudrait et de
le déposer quand il le voudrait, ce qui est manifestement faux.

[76] Ainsi, il est bien clair que l'intellect n'est pas
seulement uni à Socrate comme un moteur et que,
même si c'était le cas, rien ne contribuerait pour
autant à ce que Socrate pense. Ceux, par conséquent,
qui veulent défendre cette position doivent soit

aliqui disputent, aut confiteantur quod Aristotiles
concludit : quod id quo primo intelligimus est species
et forma.

[77] Potest etiam hoc concludi ex hoc quod hic
homo in aliqua specie collocatur. Speciem autem sortitur unumquodque ex forma : id igitur per quod hic
homo speciem sortitur forma est. Vnumquodque
autem ab eo speciem sortitur, quod est principium
proprie operationis speciei ; propria autem operatio
hominis, in quantum est homo, est intelligere : per hoc
enim differt ab aliis animalibus, et ideo in hac opera-
tione Aristotiles felicitatem ultimam constituit. Principium autem quo intelligimus est intellectus, ut Aristotiles dicit ; oportet igitur ipsum uniri corpori ut
formam, non quidem ita quod ipsa intellectiua potentia sit alicuius organi actus, sed quia est uirtus anime
que est actus corporis phisici organici.

[78] Adhuc, secundum istorum positionem des-
truuntur moralis philosophie principia : subtrahitur
enim quod est in nobis. Non enim est aliquid in nobis
nisi per uoluntatem ; unde et hoc ipsum uoluntarium
dicitur, quod in nobis est. Voluntas autem in intellectu
est, ut patet per dictum Aristotilis in III De anima, et
per hoc quod in substantiis separatis est intellectus et
uoluntas ; et per hoc etiam quod contingit per uoluntatem aliquid in uniuersali amare uel odire, sicut odi-
mus latronum genus, ut Aristotiles dicit in sua Rheto-
rica. Si igitur intellectus non est aliquid huius hominis
ut sit uere unum cum eo, sed unitur ei solum per
fantasmata uel sicut motor, non erit in hoc homine
uoluntas, sed in intellectu separato. Et ita hic homo
non erit dominus sui actus, nec aliquis eius actus erit
laudabilis uel uituperabilis : quod est diuellere principia moralis philosophie. Quod cum sit absurdum et
uite humane contrarium, non enim esset necesse

confesser qu'ils ne comprennent rien et qu'ils ne sont pas dignes que l'on dispute avec eux[263], soit confesser ce qu'Aristote conclut : ce par quoi nous pensons, à titre premier, est espèce et forme[264].

[77] On peut arriver à la même conclusion en partant du fait que l'homme individuel se situe dans une espèce[265]. Or chacun se voit assortir une espèce en fonction de sa forme : par conséquent ce par quoi cet homme-ci se voit assortir une espèce est la forme. Or chacun se voit assortir une espèce en fonction du principe de l'opération propre à cette espèce ; mais l'opération propre de l'homme en tant qu'il est homme est de penser : c'est par cela en effet qu'il diffère des autres animaux ; et c'est pourquoi Aristote place l'ultime félicité dans cette opération[266]. Or le principe par lequel nous pensons est l'intellect, comme le dit Aristote[267] ; il importe donc qu'il soit uni au corps comme une forme, non certes de manière telle que la puissance intellective elle-même soit l'acte d'un organe quelconque, mais parce que c'est une faculté de l'âme qui est l'acte d'un corps naturel organisé[268].

[78] En outre, selon la position <des averroïstes>, les principes de la philosophie morale sont détruits : en effet, ce qui est en nous nous est retiré. De fait, rien n'est en nous que par notre volonté ; de là vient qu'on appelle « volontaire » cela même qui est en nous. Or la volonté a son assise dans l'intellect — cela résulte clairement de ce que dit Aristote dans le livre III *De l'âme*[269] et du fait que, dans les substances séparées, il y a intellect et volonté ; et cela se voit aussi au fait qu'il nous arrive, par la volonté, d'aimer ou de haïr quelque chose en général — c'est ainsi que nous haïssons le genre même des voleurs, comme le dit Aristote dans sa *Rhétorique*[270]. Si donc l'intellect ne fait pas partie de cet homme-ci au point de ne faire véritablement qu'un avec lui, si, au contraire, il lui est seulement uni par les images ou comme moteur, la volonté n'aura pas son siège dans cet homme-ci, mais dans l'intellect séparé. Et ainsi cet homme-ci ne sera pas maître de ses actes

consiliari nec leges ferre, sequitur quod intellectus sic
uniatur nobis ut uere ex eo et nobis fiat unum ; quod
uere non potest esse nisi eo modo quo dictum est, ut
sit scilicet potentia anime que unitur nobis ut forma.
Relinquitur igitur hoc absque omni dubitatione tenen-
dum, non propter reuelationem fidei, ut dicunt, sed
quia hoc subtrahere est niti contra manifeste apparen-
tia.

[79] Rationes uero quas in contrarium adducunt
non difficile est soluere. Dicunt enim quod ex hac
positione sequitur quod intellectus sit forma materialis, et non sit denudata ab omnibus naturis rerum
sensibilium ; et quod per consequens quicquid recipi-
tur in intellectu, recipietur sicut in materia indiuiduali-
ter et non uniuersaliter.

Et ulterius quod si est forma materialis, quod non
est intellecta in actu, et ita intellectus non poterit se
intelligere : quod est manifeste falsum. Nulla enim
forma materialis est intellecta in actu, sed in potentia
tantum : fit autem intellecta in actu per abstractionem.

[80] Horum autem solutio apparet ex hiis que premissa sunt. Non enim dicimus animam humanam esse
formam corporis secundum intellectiuam potentiam,
que secundum doctrinam Aristotilis nullius organi
actus est : unde remanet quod anima, quantum ad
intellectiuam potentiam, sit immaterialis et immateria-
liter recipiens et se ipsam intelligens. Vnde et Aristotiles signanter dicit quod anima est locus specierum
« non tota sed intellectus ».

et aucun de ses actes ne sera plus ni louable ni condamnable, ce qui est jeter à bas les principes mêmes de la philosophie morale. Puis donc que cela est absurde et contraire à toute vie humaine — dans cette perspective, en effet, il ne serait plus nécessaire ni d'ériger des préceptes ni de respecter des lois —, il faut en déduire que l'intellect nous est uni d'une manière telle que son union avec nous donne naissance à quelque chose d'un. Or, cela ne peut véritablement se faire que de la manière qu'on a dite : il faut que cet intellect soit une puissance de l'âme qui nous est unie comme forme. On doit donc soutenir cette thèse sans hésiter le moins du monde, non pas en vertu d'une révélation faite à la foi, comme le prétendent \<les averroïstes\>, mais parce que rejeter cela, c'est lutter contre l'évidence manifeste.

[79] Les arguments qu'ils allèguent contre \<nous\> ne sont pas difficiles à résoudre. Ils disent, en effet, que \<notre\> position conduit à faire de l'intellect une forme matérielle, à soutenir que celle-ci n'est pas dénuée de toutes les natures des choses sensibles et à considérer, par conséquent, que tout ce qui est reçu dans l'intellect y est reçu comme dans une matière, individuellement et non pas universellement.

En outre, si l'intellect est une forme matérielle, elle n'est pas pensée en acte ; ainsi l'intellect ne peut jamais se penser lui-même : ce qui est manifestement faux. Or, aucune forme matérielle n'est pensée en acte, mais seulement en puissance : elle ne devient pensée en acte que par abstraction.

[80] La réponse à ces arguments découle de ce qu'on a dit plus haut. Nous ne soutenons pas en effet que l'âme humaine est la forme du corps selon la puissance intellective, qui, d'après la doctrine d'Aristote, n'est l'acte d'aucun organe[271]. Il reste donc bien \<aussi pour nous\> que l'âme, du point de vue de la puissance intellective, est immatérielle, qu'elle reçoit immatériellement et qu'elle se pense elle-même. Et il est bien significatif qu'Aristote dise que l'âme est le lieu des espèces, « non pas elle tout entière, mais l'intellect[272] ».

[81] Si autem contra hoc obiciatur quod potentia
anime non potest esse immaterialior aut simplicior
quam eius essentia : optime quidem procederet ratio,
si essentia humane anime sic esset forma materie,
quod non per esse suum esset sed per esse compositi,
sicut est de aliis formis, que secundum se nec esse nec
operationem habent preter communicationem materie, que propter hoc materie immerse dicuntur. Anima
autem humana, quia secundum suum esse est, cui
aliqualiter communicat materia non totaliter comprehendens ipsam, eo quod maior est dignitas huius
forme quam capacitas materie : nichil prohibet quin
habeat aliquam operationem uel uirtutem ad quam
materia non attingit.

[82] Consideret autem qui hoc dicit, quod si hoc
intellectiuum principium quo nos intelligimus, esset
secundum esse separatum et distinctum ab anima que
est corporis nostri forma, esset secundum se intelligens et intellectum, et non quandoque intelligeret,
quandoque non ; neque etiam indigeret ut se ipsum
cognosceret per intelligibilia et per actus, sed per
essentiam suam sicut alie substantie separate. Neque
etiam esset conueniens quod ad intelligendum indigeret fantasmatibus nostris : non enim inuenitur in
rerum ordine quod superiores substantie ad suas principales perfectiones indigeant inferioribus substantiis ;
sicut nec corpora celestia formantur aut perficiuntur
ad suas operationes ex corporibus inferioribus.
Magnam igitur improbabilitatem continet sermo
dicentis quod intellectus sit quoddam principium
secundum substantiam separatum, et tamen quod per
species a fantasmatibus acceptas perficiatur et fiat
actu intelligens.

[81] Si l'on objecte[273] à cela qu'une puissance de l'âme ne peut être ni plus immatérielle ni plus simple que son essence : <je réponds que> le raisonnement serait impeccable si l'essence de l'âme humaine était forme d'une matière en n'étant pas en fonction de son propre être[274], mais seulement grâce à l'être du composé — comme c'est le cas des autres formes, qui en elles-mêmes n'ont ni être ni opération sans communiquer avec la matière, ce pourquoi, d'ailleurs, on dit qu'elles sont « immergées » dans la matière. Mais, puisque l'âme humaine est selon son propre être et que, d'une certaine manière, c'est la matière qui communique avec elle sans pouvoir la comprendre en totalité — la dignité de cette forme étant supérieure à la capacité de la matière —, rien n'empêche que l'âme ait une certaine opération ou faculté inaccessible à la matière.

[82] Enfin, que celui qui soutient cette position <averroïste> considère que si le principe intellectif par lequel nous pensons était séparé selon l'être et distinct de l'âme qui est forme de notre corps, il serait par lui-même toujours à la fois pensant et pensé, et il ne lui arriverait pas tantôt de penser et tantôt non ; il n'aurait pas non plus besoin de se connaître grâce à des intelligibles et par un acte, <il le ferait> par son essence comme les autres substances séparées. Et il ne lui serait pas non plus indispensable, pour penser, de recourir à nos images : de fait, il n'est pas dans l'ordre des choses que, pour arriver à leurs perfections principales, les substances supérieures aient besoin des substances inférieures ; pas plus que les corps célestes ne sont formés ou actualisés dans leurs opérations en vertu des corps inférieurs.

La thèse affirmant que l'intellect est un certain principe séparé selon sa substance et que, pourtant, il est actualisé et rendu pensant en acte par des espèces reçues des images, est donc d'une grande improbabilité.

CAPITVLVM IV

[83] Hiis igitur consideratis quantum ad id quod
ponunt intellectum non esse animam que est nostri
corporis forma, neque partem ipsius, sed aliquid
secundum substantiam separatum : considerandum
restat de hoc quod dicunt intellectum possibilem esse
unum in omnibus. Forte enim de agente hoc dicere
aliquam rationem haberet, et multi philosophi hoc
posuerunt : nichil enim uidetur inconueniens sequi, si
ab uno agente multa perficiantur, quemadmodum ab
uno sole perficiuntur omnes potentie uisiue animalium ad uidendum. Quamuis etiam hoc non sit
secundum intentionem Aristotilis, qui posuit intellectum agentem esse aliquid in anima, unde comparauit
ipsum lumini ; Plato autem ponens intellectum unum
separatum, comparauit ipsum soli, ut Themistius
dicit : est enim unus sol, sed plura lumina diffusa a
sole ad uidendum. Sed quicquid sit de intellectu
agente, dicere intellectum possibilem esse unum
omnium hominum, multipliciter impossibile apparet.

[84] Primo quidem, quia si intellectus possibilis est
quo intelligimus, necesse est dicere quod homo singularis intelligens uel sit ipse intellectus, uel intellectus
formaliter ei inhereat : non quidem ita quod sit forma
corporis, sed quia est uirtus anime que est forma
corporis.

Si quis autem dicat quod homo singularis est ipse
intellectus, consequens est quod hic homo singularis
non sit alius ab illo homine singulari, et quod omnes
homines sint unus homo, non quidem participatione
speciei, sed secundum unum indiuiduum.

Si uero intellectus inest nobis formaliter, sicut iam

CHAPITRE 4

[83] Ayant considéré les choses selon la thèse que l'intellect n'est pas l'âme qui est forme de notre corps ni une partie de cette âme, mais quelque chose de séparé selon la substance, il nous reste à examiner ce qui peut bien faire dire <aux averroïstes> que l'intellect possible est un en tous. En effet, soutenir cela de l'intellect agent ne serait peut-être pas complètement déraisonnable, et plusieurs philosophes l'ont affirmé : il ne semble pas, de fait, résulter d'inconvénient majeur à admettre que plusieurs choses soient actualisées par un seul agent, à la manière, par exemple, des puissances visuelles des animaux qui sont toutes actualisées en vision par un unique soleil, même si cela n'est pas conforme à la pensée d'Aristote. Pour lui, en effet, l'intellect agent est quelque chose dans l'âme, c'est pourquoi il le compare à une lumière. Platon, au contraire, pose un unique intellect séparé, c'est pourquoi il le compare au Soleil, comme le dit Thémistius[275], car il y a un seul Soleil, mais il diffuse une pluralité de lumières, ce qui provoque la vision. Cela étant, quel que soit le statut de l'intellect agent, dire que l'intellect possible est unique pour tous les hommes s'avère de bien des manières une impossibilité.

[84] Premièrement, parce que si l'intellect possible est ce par quoi nous pensons, il faut dire soit que l'homme singulier qui pense est l'intellect lui-même soit que l'intellect lui est formellement inhérent, non certes de telle manière qu'il soit lui-même forme du corps[276], mais parce qu'il est la faculté d'une âme qui est forme d'un corps.

Si l'on dit que l'homme singulier est l'intellect lui-même, il en découle que cet homme singulier-ci n'est pas distinct de cet homme singulier-là et que tous les hommes sont un seul homme, non certes par participation à une même espèce[277], mais comme un seul individu[278].

Si, en revanche, l'intellect se trouve formellement en

dictum est, sequitur quod diuersorum corporum sint
diuerse anime. Sicuti enim homo est ex corpore et
anima, ita hic homo, ut Callias aut Sortes, ex hoc
corpore et ex hac anima. Si autem anime sunt diuerse,
et intellectus possibilis est uirtus anime qua anima
intelligit, oportet quod differat numero ; quia nec fingere possibile est quod diuersarum rerum sit una
numero uirtus.

Si quis autem dicat quod homo intelligit per intellectum possibilem sicut per aliquid sui, quod tamen
est pars eius non ut forma sed sicut motor : iam
ostensum est supra quod hac positione facta, nullo
modo potest dici quod Sortes intelligat.

[85] Sed demus quod Sortes intelligat per hoc quod
intellectus intelligit, licet intellectus sit solum motor,
sicut homo uidet per hoc quod oculus uidet ; et ut
similitudinem sequamur, ponatur quod omnium
hominum sit unus oculus numero : inquirendum restat utrum omnes homines sint unus uidens uel multi
uidentes. Ad cuius ueritatis inquisitionem considerare
oportet quod aliter se habet de primo mouente, et
aliter de instrumento. Si enim multi homines utantur
uno et eodem instrumento numero, dicentur multi
operantes : puta, cum multi utuntur una machina ad
lapidis proiectionem uel eleuationem. Si uero principale agens sit unum quod utatur multis ut instrumentis, nichilominus operans est unum, sed forte operationes diuerse propter diuersa instrumenta ;
aliquando autem et operatio una, etsi ad eam multa
instrumenta requirantur. Sic igitur unitas operantis
attenditur non secundum instrumenta, sed secundum
principale quod utitur instrumentis.

[86] Predicta ergo positione facta, si oculus esset
principale in homine, qui uteretur omnibus potentiis

nous, comme on l'a déjà dit, il s'ensuit que les divers corps ont diverses âmes. De même en effet que l'homme est <composé> d'un corps et d'une âme, de même cet homme-ci, comme Callias ou Socrate, est <composé> de ce corps-ci et de cette âme-ci. Mais si les âmes sont diverses et si l'intellect possible est la faculté de l'âme par laquelle l'âme pense, il importe qu'il diffère numériquement, car il n'est pas non plus possible d'imaginer que diverses choses puissent avoir une même faculté numériquement identique.

Et si l'on dit qu'en pensant par l'intellect possible l'homme pense par quelque chose de sien, qui ne fait pas partie de lui comme une forme, mais seulement comme un moteur, on a déjà montré plus haut que si l'on adopte cette position, il n'y a plus aucun moyen de dire que Socrate pense.

[85] Mais supposons que — bien que l'intellect ne soit ici que le moteur — Socrate pense du fait que l'intellect pense, de même que l'homme voit du fait que l'œil voit, et, pour suivre jusqu'au bout la comparaison, supposons que tous les hommes n'aient qu'un seul œil numériquement identique : il reste à chercher si tous les hommes sont un seul voyant ou plusieurs voyants. Pour chercher la vérité sur ce point il faut d'abord considérer qu'il en va autrement du premier moteur et d'un instrument[279]. En effet, si plusieurs hommes se servent d'un seul et même instrument numériquement identique, on dit qu'ils sont plusieurs opérateurs : par exemple, quand plusieurs se servent d'une même machine pour projeter ou soulever une pierre. Si l'agent principal est unique et utilise plusieurs choses comme instruments, l'opérateur est unique, et les opérations peuvent être diverses à cause de divers instruments — parfois, au contraire, l'opération reste unique, même si plusieurs instruments sont requis pour l'effectuer. Ainsi donc l'unité de l'opérateur ne se reconnaît pas aux instruments, mais à l'agent principal qui utilise les instruments.

[86] Si l'on revient maintenant à l'hypothèse précédente et si l'on suppose, en outre, que l'œil est ce

anime et partibus corporis quasi instrumentis, multi
habentes unum oculum essent unus uidens ; si uero
oculus non sit principale hominis, sed aliquid sit eo
principalius quod utitur oculo, quod diuersificaretur
in diuersis, essent quidem multi uidentes sed uno
oculo.

[87] Manifestum est autem quod intellectus est id
quod est principale in homine, et quod utitur omnibus
potentiis anime et membris corporis tamquam orga-
nis ; et propter hoc Aristotiles subtiliter dixit quod
homo est intellectus « uel maxime ». Si igitur sit unus
intellectus omnium, ex necessitate sequitur quod sit
unus intelligens, et per consequens unus uolens et
unus utens pro sue uoluntatis arbitrio omnibus illis
secundum que homines diuersificantur ad inuicem. Et
ex hoc ulterius sequitur quod nulla differentia sit inter
homines quantum ad liberam uoluntatis electionem,
sed eadem sit omnium, si intellectus, apud quem
solum residet principalitas et dominium utendi omnibus aliis, est unus et indiuisus in omnibus. Quod est
manifeste falsum et impossibile : repugnat enim hiis
que apparent, et destruit totam scientiam moralem et
omnia que pertinent ad conuersationem ciuilem, que
est hominibus naturalis, ut Aristotiles dicit.

[88] Adhuc, si omnes homines intelligunt uno intellectu, qualitercumque eis uniatur, siue ut forma siue ut
motor, de necessitate sequitur quod omnium hominum sit unum numero ipsum intelligere quod est
simul et respectu unius intelligibilis : puta, si ego intel-
ligo lapidem et tu similiter, oportebit quod una et
eadem sit intellectualis operatio et mei et tui. Non
enim potest esse eiusdem actiui principii, siue sit
forma siue sit motor, respectu eiusdem obiecti nisi una
numero operatio eiusdem speciei in eodem tempore :
quod manifestum est ex hiis que Philosophus declarat
in V Phisicorum. Vnde si essent multi homines

qu'il y a de principal en l'homme, qu'il utilise toutes les puissances de l'âme et les parties du corps comme des instruments, la pluralité des <hommes> partageant un même œil ne sera qu'un seul voyant ; en revanche, si l'œil n'est pas le principal de l'homme, s'il y a quelque chose de plus important que lui, qui se sert de l'œil, tout en étant diversifié dans une pluralité <d'hommes>, il y aura bien plusieurs voyants, et par un seul œil.

[87] Or il est manifeste que l'intellect est ce qui est principal en l'homme et qu'il se sert de toutes les puissances de l'âme et des membres du corps comme d'instruments ; c'est bien pourquoi Aristote dit subtilement que l'homme est intellect « ou principalement [280] <intellect> ». Si donc l'intellect de tous <les hommes> est unique, il s'ensuit nécessairement qu'il n'y a qu'un seul pensant et, par conséquent, un seul voulant et un seul utilisateur, pour l'arbitre de sa volonté, de tout ce qui distingue les hommes les uns des autres. Et il en résulte en outre que si l'intellect, dans lequel seul résident la principauté et le pouvoir de tout utiliser, est identique et indivis en tous les hommes, il n'y a aucune différence entre eux quant au libre choix de la volonté et qu'elle est identique en tous. Ce qui est manifestement faux et impossible : c'est en effet contraire aux phénomènes et cela détruit toute science morale et tout ce qui relève de la société politique, qui est naturelle à l'homme, comme le dit Aristote [281].

[88] De plus, si tous les hommes pensent par un seul intellect, de quelque manière qu'il leur soit uni, que ce soit comme forme ou comme moteur, il s'ensuit nécessairement qu'une pensée partagée par tous les hommes simultanément par rapport à un même intelligible sera elle-même numériquement une ; par exemple, si je pense à une pierre et si tu y penses également, il faudra que mon opération intellectuelle et que ton opération intellectuelle ne fassent qu'une seule et même opération. En effet, rien ne peut venir du même principe actif, qu'il s'agisse d'une forme ou d'un moteur, par rapport à un même objet,

habentes unum oculum, omnium uisio non esset nisi
una respectu eiusdem obiecti in eodem tempore.
Similiter ergo, si intellectus sit unus omnium, sequitur
quod omnium hominum idem intelligentium eodem
tempore sit una actio intellectualis tantum ; et precipue cum nichil eorum secundum que ponuntur
homines differre ab inuicem, communicet in opera-
tione intellectuali. Fantasmata enim preambula sunt
actioni intellectus, sicut colores actioni uisus : unde
per eorum diuersitatem non diuersificaretur actio
intellectus, maxime respectu unius intelligibilis ;
secundum que tamen ponunt diuersificari scientiam
huius a scientia alterius, in quantum hic intelligit ea
quorum fantasmata habet et ille alia quorum fantasmata habet. Sed in duobus qui idem sciunt et intelligunt, ipsa operatio intellectualis per diuersitatem fan-
tasmatum nullatenus duersificari potest.

[89] Adhuc autem ostendendum est quod hec posi-
tio manifeste repugnat dictis Aristotilis. Cum enim
dixisset de intellectu possibili quod est separatus et
quod est in potentia omnia, subiungit quod « cum sic
singula fiat, scilicet in actu, ut sciens dicitur qui
secundum actum », id est hoc modo sicut scientia est
actus, et sicut sciens dicitur esse in actu in quantum
habet habitum ; unde subdit « hoc autem confestim
accidit cum possit operari per se ipsum. Est quidem
igitur et tunc potentia quodammodo, non tamen similiter ante addiscere aut inuenire ». Et postea, cum
quesiuisset « si intellectus simplex est et impassibile et
nulli nichil habet commune, sicut dixit Anaxagoras,
quomodo intelliget si intelligere pati aliquid est ? » ; et
ad hoc soluendum respondet dicens quod « potentia

qu'une opération numériquement identique, de la même espèce et dans le même temps : cela résulte nettement de ce qu'Aristote déclare dans le livre V des *Physiques*[282]. D'où, s'il y avait une pluralité d'hommes partageant un même œil, leur vision à tous ne ferait qu'une par rapport au même objet, dans le même temps. Semblablement, donc, s'il y a un unique intellect de tous les hommes, il y aura nécessairement une seule action intellectuelle de tous les hommes pensant la même chose en même temps ; et ce, principalement, parce que rien de ce qui est censé distinguer les hommes les uns des autres ne communique avec l'opération intellectuelle[283]. De fait, les images sont le préambule de l'action de l'intellect, comme les couleurs le sont pour celle de la vue : leur diversité ne suffit donc pas à diversifier l'action de l'intellect, surtout par rapport à un seul et même intelligible ; c'est pourquoi <les averroïstes> posent que la science de cet homme-ci diffère de la science de cet homme-là, dans la mesure où celui-ci pense les choses dont il a des images et celui-là d'autres choses dont il a des images — mais en deux <hommes> qui savent et pensent la même chose, l'opération intellectuelle elle-même ne peut en rien être diversifiée par la diversité des images.

[89] Mais il faut montrer en plus que cette thèse est entièrement incompatible avec les paroles d'Aristote. En effet, il dit que l'intellect possible est séparé et qu'il est en puissance toutes choses, mais il ajoute : « quand il devient ainsi chacune d'elles, à savoir en acte, il se dit comme le savant qui est en acte », en d'autres mots : au sens où si la science est l'acte, le savant est dit être en acte en tant qu'il en a un habitus[284] ; c'est pourquoi il précise : « cela arrive à l'instant où il est, de lui-même, capable d'opérer. Et même alors il est encore en puissance d'une certaine façon, non pas cependant de la même manière qu'avant d'avoir appris ou d'avoir trouvé[285] ». Puis, il demande : « Si l'intellect est simple et impassible et si, comme le dit Anaxagore, il n'a rien de commun avec quoi que ce

quodammodo est intelligibilia intellectus, sed actu
nichil antequam intelligat. Oportet autem sic sicut in
tabula nichil est actu scriptum : quod quidem accidit
in intellectu ». Est ergo sententia Aristotilis quod intellectus possibilis ante addiscere aut inuenire est in
potentia, sicut tabula in qua nichil est actu scriptum ;
sed post addiscere et inuenire est actu secundum habitum scientie, quo potest per se ipsum operari, quamuis et tunc sit in potentia ad considerare in actu.

[90] Vbi tria notanda sunt. Primum, quod habitus
scientie est actus primus ipsius intellectus possibilis,
qui secundum hunc fit actu et potest per se ipsum
operari. Non autem scientia est solum secundum fantasmata illustrata, ut quidam dicunt, uel quedam
facultas que nobis acquiritur ex frequenti meditatione
et exercitio, ut continuemur cum intellectu possibili
per nostra fantasmata.

Secundo, notandum est quod ante nostrum addiscere et inuenire, ipse intellectus possibilis est in potentia sicut tabula in qua nichil est scriptum.

Tertio, quod per nostrum addiscere seu inuenire
ipse intellectus possibilis fit actu. Hec autem nullo
modo possunt stare, si sit unus intellectus possibilis
omnium qui sunt et erunt et fuerunt.

[91] Manifestum est enim quod species conseruan-
tur in intellectu, est enim locus specierum, ut supra
Philosophus dixerat ; et iterum scientia est habitus
permanens. Si ergo per aliquem precedentium hominum factus est in actu secundum aliquas species intelligibiles, et perfectus secundum habitum scientie, ille
habitus et ille species in eo remanent. Cum autem
omne recipiens sit denudatum ab eo quod recipit,

soit, comment pensera-t-il, puisque penser c'est subir une certaine passion[286] ? » et, pour résoudre le problème, il répond : « L'intellect est, en puissance, d'une certaine façon, les intelligibles, mais il n'est en acte aucun d'eux avant de penser. Et il doit en être comme d'une tablette où il n'y a rien d'écrit en acte : c'est exactement ce qui se passe pour l'intellect[287]. » La doctrine d'Aristote est donc qu'avant d'apprendre ou de trouver l'intellect possible est en puissance comme une tablette où il n'y a rien d'écrit en acte. En revanche, après avoir appris et trouvé, il est en acte du point de vue de l'habitus du savoir grâce auquel il peut opérer tout seul, même s'il est simultanément en puissance par rapport à sa considération actuelle et effective[288].

[90] Il faut ici remarquer trois choses. Premièrement, que l'habitus du savoir est l'acte premier de l'intellect possible lui-même : c'est par lui que l'intellect passe à l'acte et peut opérer tout seul. La science n'est pas seulement le fruit d'une illumination par rapport aux images, comme certains le disent, ou une certaine capacité[289] que nous acquérons, par de fréquentes méditations et exercices, d'entrer en contact avec l'intellect possible à travers nos images.

Deuxièmement, qu'avant que nous n'apprenions et ne trouvions, l'intellect possible lui-même est en puissance comme une tablette où il n'y a rien d'écrit.

Troisièmement, que c'est par notre apprentissage et nos découvertes que l'intellect possible lui-même passe à l'acte. Or rien de tout cela n'arriverait si l'intellect possible de tous ceux qui sont, qui furent et qui seront, était unique.

[91] Il est en effet manifeste que les espèces sont conservées dans l'intellect. De fait, c'est « le lieu des espèces », comme Aristote l'a dit plus haut[290] ; et, en outre, la science est un habitus permanent. Si donc, grâce à un de nos prédécesseurs, l'intellect est passé à l'acte selon certaines espèces intelligibles et s'il a été actualisé dans un habitus de savoir, tant cet habitus que ces espèces demeurent en lui. Mais alors, comme

impossibile erit quod per meum addiscere aut inuenire
ille species acquirantur in intellectu possibili. Etsi enim
aliquis dicat quod per meum inuenire intellectus possibilis secundum aliquid fiat in actu de nouo, puta si
ego aliquid intelligibilium inuenio quod a nullo precedentium est inuentum : tamen in addiscendo hoc
contingere non potest, non enim possum addiscere
nisi quod docens sciuit. Frustra ergo dixit quod ante
addiscere aut inuenire intellectus erat in potentia.

[92] Sed et si quis addat homines semper fuisse
secundum opinionem Aristotilis, sequetur quod non
fuerit primus homo intelligens ; et sic per fantasmata
nullius species intelligibiles sunt acquisite in intellectu
possibili, sed sunt species intelligibiles intellectus possibilis eterne. Frustra ergo Aristotiles posuit intellectum agentem, qui faceret intelligibilia in potentia intelligibilia in actu ; frustra etiam posuit quod fantasmata
se habent ad intellectum possibilem sicut colores ad
uisum, si intellectus possibilis nichil a fantasmatibus
accipit. Quamuis et hoc ipsum irrationabile uideatur,
quod substantia separata a fantasmatibus nostris accipiat, et quod non possit se intelligere nisi post nostrum
addiscere aut intelligere ; quia Aristotiles post uerba
premissa subiungit « et ipse se ipsum tunc potest intelligere », scilicet post addiscere aut inuenire. Substantia
enim separata secundum se ipsam est intelligibilis :
unde per suam essentiam se intelligeret intellectus
possibilis, si esset substantia separata ; nec indigeret ad
hoc speciebus intelligibilibus ei superuenientibus per
nostrum intelligere aut inuenire.

« tout récepteur est dénué de ce qu'il reçoit[291] », mon apprentissage ou mes découvertes ne pourront jamais faire que ces espèces soient acquises dans l'intellect possible. En effet, même si quelqu'un soutient que grâce à une de mes découvertes l'intellect possible devient en acte quelque chose pour la première fois — par exemple, si je trouve un intelligible qui n'a été trouvé par aucun de mes prédécesseurs — la même chose ne pourra se produire grâce à un apprentissage, car je ne peux apprendre que ce qu'un enseignant connaît déjà. C'est donc pour rien qu'Aristote dit que l'intellect est en puissance avant d'apprendre ou de trouver[292].

[92] Et si quelqu'un ajoute que, selon l'opinion d'Aristote[293], il y a toujours eu des hommes, on doit en déduire qu'il n'y a pas eu de premier homme pensant. Dans ces conditions, les espèces intelligibles d'aucune chose n'ont été acquises dans l'intellect possible grâce aux images de quelqu'un, au contraire, les espèces intelligibles de l'intellect possible sont éternelles. C'est donc encore pour rien qu'Aristote affirme l'existence d'un intellect agent faisant passer les intelligibles de la puissance à l'acte[294] ; c'est aussi pour rien qu'il affirme que les images se rapportent à l'intellect possible comme les couleurs à la vue, si l'intellect possible ne reçoit rien des images. Par ailleurs, cette thèse même semble aussi déraisonnable : qu'une substance séparée reçoive quoi que ce soit de nos images et qu'elle ne puisse se penser elle-même qu'une fois que nous avons appris ou trouvé — or, après les paroles susdites, c'est bien ce que précise Aristote : « et alors il est aussi capable de se penser lui-même[295] », <alors>, c'est-à-dire, après qu'il y a eu apprentissage ou découverte. En effet, une substance séparée est intelligible en et par elle-même : par conséquent, c'est par sa propre essence que l'intellect possible se penserait s'il était une substance séparée ; il n'aurait pas besoin pour ce faire d'espèces intelligibles venant s'ajouter à lui en fonction de notre pensée ou de nos inventions.

[93] Si autem hec inconuenientia uelint euadere,
dicendo quod omnia predicta Aristotiles dicit de intellectu possibili secundum quod continuatur nobis, et
non secundum quod in se est : primo quidem dicendum est quod uerba Aristotilis hoc non sapiunt, immo
de ipso intellectu possibili loquitur secundum id quod
est proprium sibi, et secundum quod distinguitur ab
agente.

Deinde si non fiat uis de uerbis Aristotilis, ponamus, ut dicunt, quod intellectus possibilis ab eterno
habuerit species intelligibiles, per quas continuetur
nobiscum secundum fantasmata que sunt in nobis.
Oportet enim quod species intelligibiles que sunt in
intellectu possibili, et fantasmata que sunt in nobis,
aliquo horum trium modorum se habeant : quorum
unus est, quod species intelligibiles que sunt in intellectu possibili sint accepte a fantasmatibus que sunt in
nobis, ut sonant uerba Aristotilis ; quod non potest
esse secundum predictam positionem, ut ostensum
est. Secundus autem modus est ut ille species non sint
accepte a fantasmatibus, sed sint irradiantes supra
fantasmata nostra ; puta, si species alique essent in
oculo irradiantes supra colores qui sunt in pariete.
Tertius autem modus est ut neque species intelligibiles
que sunt in intellectu possibili sint recepte a fantasmatibus, neque imprimant aliquid supra fantasmata.

[94] Si autem ponatur secundum, scilicet quod species intelligibiles illustrent fantasmata et secundum
hoc intelligantur : primo quidem sequetur quod fantasmata fiunt intelligibilia actu, non per intellectum
agentem, sed per intellectum possibilem secundum
suas species. Secundo, quod talis irradiatio fantasma-
tum non poterit facere quod fantasmata sint intelligibilia actu : non enim fiunt fantasmata intelligibilia actu
nisi per abstractionem ; hoc autem magis erit receptio

[93] S'ils veulent échapper à ces inconvénients en expliquant que toutes ces paroles d'Aristote concernent chez lui l'intellect possible en tant qu'il est en contact avec nous et non l'intellect possible dans ce qu'il est en lui-même, il faut répondre, premièrement, que les paroles d'Aristote n'ont absolument aucun rapport avec <ce qu'ils allèguent>, au contraire : il parle de l'intellect possible dans ce qui lui est propre et en tant qu'il se distingue de l'intellect agent.

Mais, si l'on ne tire pas argument des paroles d'Aristote, on peut encore imaginer, comme ils le soutiennent, que l'intellect possible possède des espèces intelligibles de toute éternité, par le canal desquelles il entre en contact avec nous en fonction des images qui sont en nous. Or, les espèces intelligibles qui sont dans l'intellect possible et les images qui sont en nous ne peuvent entrer en relation que selon l'un des trois modes suivants : dans le premier mode, les espèces intelligibles qui sont dans l'intellect possible sont reçues par les images qui sont en nous, comme semblent l'indiquer les paroles d'Aristote ; mais, comme on l'a montré, cela ne peut se produire dans la perspective <averroïste>[296]. Dans le second mode, les espèces ne sont pas reçues par les images, mais elles rayonnent sur nos images — pour prendre une comparaison, on peut penser à des espèces dans l'œil, rayonnant à l'extérieur sur les couleurs contenues dans un mur. Dans le troisième mode, les espèces intelligibles qui sont dans l'intellect possible ne sont pas reçues par les images, mais elles n'impriment pas non plus quelque chose sur les images.

[94] Si l'on penche pour le deuxième mode, à savoir que les espèces intelligibles illuminent les images et que de par ce processus celles-ci deviennent des pensées, il en résulte plusieurs conséquences <fâcheuses> : premièrement, que les images deviennent intelligibles en acte non du fait de l'intellect agent, mais du fait de l'intellect possible, en fonction de ses espèces. Deuxièmement, qu'une telle illumination des images ne permet pas de les rendre

quam abstractio. Et iterum, cum omnis receptio sit
secundum naturam recepti, irradiatio specierum intelligibilium que sunt in intellectu possibili non erit in
fantasmatibus que sunt in nobis intelligibiliter, sed
sensibiliter et materialiter ; et sic nos non poterimus
intelligere uniuersale per huiusmodi irradiationem.

Si autem species intelligibiles intellectus possibilis
neque accipiuntur a fantasmatibus, neque irradiant
super ea, erunt omnino disparate et nichil proportio-
nale habentes, nec fantasmata aliquid facient ad intelligendum : quod manifestis repugnat.

Sic igitur omnibus modis impossibile est quod intellectus possibilis sit unus tantum omnium hominum.

CAPITVLVM V

[95] Restat autem nunc soluere ea quibus pluralita-
tem intellectus possibilis nituntur excludere. Quorum
primum est, quia omne quod multiplicatur secundum
diuisionem materie est forma materialis : unde substantie separate a materia non sunt plures in una specie. Si ergo plures intellectus essent in pluribus hominibus qui diuiduntur ad inuicem numero per
diuisionem materie, sequeretur ex necessitate quod
intellectus esset forma materialis : quod est contra
uerba Aristotilis et probationem ipsius qua probat
quod intellectus est separatus. Si ergo est separatus et
non est forma materialis, nullo modo multiplicatur
secundum multiplicationem corporum.

[96] Huic autem rationi tantum innituntur, quod
dicunt quod Deus non posset facere plures intellectus
unius speciei in diuersis hominibus : dicunt enim
quod hoc implicaret contradictionem, quia habere

intelligibles en acte : de fait, les images ne deviennent intelligibles en acte que par une abstraction, or ce <processus> est plus une réception qu'une abstraction. En outre, puisque toute réception dépend de la nature du récepteur[297], l'illumination des espèces intelligibles qui sont dans l'intellect possible ne parviendra pas sur un mode intelligible aux images qui sont en nous, mais seulement sur un mode sensible et matériel. Une telle illumination ne nous permettra donc pas de penser universellement[298].

Mais si les espèces intelligibles de l'intellect possible ne sont pas reçues par les images et si elles ne rayonnent pas non plus sur elles, elles seront absolument disparates, elles n'auront rien de proportionné, et les images ne contribueront en rien à la pensée : ce qui est absolument contraire aux évidences.

Il est donc à tout point de vue impossible que l'intellect possible de tous les hommes ne soit qu'un.

CHAPITRE 5

[95] Il ne reste plus maintenant qu'à réfuter les arguments qui tentent d'exclure la pluralité de l'intellect possible. Le premier est que tout ce qui est multiplié selon la division de la matière est forme matérielle ; d'où, les substances séparées de la matière ne sont pas plusieurs en une seule espèce. Si donc plusieurs intellects étaient en plusieurs hommes numériquement distincts les uns des autres par division de la matière, il s'ensuivrait nécessairement que l'intellect est une forme matérielle[299], ce qui va contre les paroles d'Aristote et l'argument par lequel il prouve que l'intellect est séparé. Si donc l'intellect est séparé et s'il n'est pas une forme matérielle, il n'est en rien multiplié par la multiplication des corps[300].

[96] Ils font tellement confiance à cet argument qu'ils disent que Dieu ne pourrait faire plusieurs intellects de même espèce en divers hommes. Ils pensent en effet que cela impliquerait contradiction[301], car le

naturam ut numeraliter multiplicetur est aliud a natura
forme separate. Procedunt autem ulterius, ex hoc
concludere uolentes quod nulla forma separata est una
numero nec aliquid indiuiduatum. Quod dicunt ex
ipso uocabulo apparere, quia non est unum numero
nisi quod est unum de numero ; forma autem liberata
a materia non est unum de numero, quia non habet in
se causam numeri, eo quod causa numeri est a materia.

[97] Sed ut a posterioribus incipiamus, uidentur
uocem propriam ignorare in hoc quod ultimo dictum
est. Dicit enim Aristotiles in IV Methaphisice quod
« cuiusque substantia unum est non secundum accidens », et quod « nichil est aliud unum preter ens ».
Substantia ergo separata si est ens, secundum suam
substantiam est una ; precipue cum Aristotiles dicat in
VIII Methaphisice quod ea que non habent materiam,
non habent causam ut sint unum et ens.
	Vnum autem in V Methaphisice dicitur quadrupli-
citer, scilicet numero, specie, genere, proportione.
Nec est dicendum quod aliqua substantia separata sit
unum tantum specie uel genere, quia hoc non est esse
simpliciter unum : relinquitur quod quelibet substantia separata sit unum numero. Nec dicitur aliquid
unum numero quia sit unum de numero — non enim
numerus est causa unius sed e conuerso —, sed quia
in numerando non diuiditur ; unum enim est id quod
non diuiditur.

[98] Nec iterum hoc uerum est, quod omnis numerus causetur ex materia : frustra enim Aristotiles quesiuisset numerum substantiarum separatarum. Ponit
etiam Aristotiles in V Methaphisice quod multum
dicitur non solum numero, sed specie et genere.

fait d'avoir une nature multipliable selon le nombre est
étranger à l'essence d'une forme séparée [302]. Et ils ne
s'en tiennent pas là, car ils prétendent en conclure
qu'aucune forme séparée n'est numériquement une ni
quelque chose d'individué [303]. Et ils disent que cela se
voit dans le langage lui-même, car n'est un en nombre
que ce qui est un de nombre [304] ; or une forme libérée
de toute matière n'est pas un de nombre — rien n'est
en elle le fait du nombre : c'est la matière qui fait qu'il
y a nombre [305].

[97] Mais, pour commencer par la fin, <les aver-
roïstes> semblent ignorer la signification même des
mots qu'ils utilisent — particulièrement dans le dernier argument. En effet, dans le livre IV de la *Métaphysique* Aristote dit que « la substance de chaque être
est une, et cela non par accident » ; il dit encore que
« l'un n'est rien d'autre en dehors de l'être [306] ». Si donc
la substance séparée est un être, elle est une selon sa
substance ; d'autant que, selon Aristote, *Métaphysique*,
livre VIII, pour les choses qui n'ont pas de matière il
n'y a pas de cause qui constitue leur unité et leur
être [307].

Mais le livre V de la *Métaphysique* montre que l'un
se dit de quatre façons : en nombre, ou selon l'espèce,
le genre ou la proportion [308]. Or, on ne peut pas dire
qu'une substance séparée soit une seulement par
l'espèce ou par le genre, car <être un par l'espèce ou
par le genre> ce n'est pas être un absolument parlant.
Il est donc bien clair que toute substance séparée est
une en nombre. En outre, on ne dit pas qu'une chose
est un en nombre car elle est un de nombre — en effet
ce n'est pas le nombre qui est cause de l'un, mais
l'inverse ; <on dit qu'une chose est un en nombre> car
elle ne se divise pas dans un dénombrement ; de fait,
est un ce qui ne se divise pas.

[98] Il n'est pas vrai non plus que la cause de tout
nombre est la matière : sinon, ce serait pour rien
qu'Aristote se demande quel est le nombre des
substances séparées. Et il précise bien dans le livre V
de la *Métaphysique* [309] que le multiple se dit non seulement selon le nombre, mais selon l'espèce et le genre.

Nec etiam hoc uerum est, quod substantia separata
non sit singularis et indiuiduum aliquid ; alioquin non
haberet aliquam operationem, cum actus sint solum
singularium, ut Philosophus dicit ; unde contra Plato-
nem argumentatur in VII Methaphisice quod si ydee
sunt separate, non predicabitur de multis ydea, nec
poterit diffiniri, sicut nec alia indiuidua que sunt unica
in sua specie, ut sol et luna. Non enim materia est
principium indiuiduationis in rebus materialibus, nisi
in quantum materia non est participabilis a pluribus,
cum sit primum subiectum non existens in alio ; unde
et de ydea Aristotiles dicit quod, si ydea esset separata
« esset quedam, id est indiuidua, quam impossibile
esset predicari de multis ».

[99] Indiuidue ergo sunt substantie separate et sin-
gulares ; non autem indiuiduantur ex materia, sed ex
hoc ipso quod non sunt nate in alio esse, et per
consequens nec participari a multis. Ex quo sequitur
quod si aliqua forma nata est participari ab aliquo, ita
quod sit actus alicuius materie, illa potest indiuiduari
et multiplicari per comparationem ad materiam. Iam
autem supra ostensum est quod intellectus est uirtus
anime que est actus corporis ; in multis igitur corporibus sunt multe anime, et in multis animabus sunt
multe uirtutes intellectuales que uocantur intellectus :
nec propter hoc sequitur quod intellectus sit uirtus
materialis, ut supra ostensum est.

[100] Si quis autem obiciat quod, si multiplicantur
secundum corpora, sequitur quod destructis corporibus non remaneant multe anime : patet solutio per ea
que supra dicta sunt. Vnumquodque enim sic est ens
sicut unum, ut dicitur in IV Methaphisice ; sicut igitur
esse anime est quidem in corpore in quantum est

Et il n'est pas vrai non plus qu'une substance séparée n'est pas singulière et qu'elle n'est pas un individu déterminé ; autrement elle n'aurait pas d'opération, puisque, comme dit Aristote, seuls les singuliers agissent[310]. C'est bien pourquoi, dans le livre VII de la *Métaphysique*[311], il objecte à Platon que si les Idées étaient séparées, il y aurait une Idée qui ne serait pas prédiquée de plusieurs et qui ne pourrait être définie, comme cela se produit pour les autres individus qui sont uniques de leur espèce, tels le Soleil et la Lune. En effet, dans les choses matérielles, la matière est principe d'individuation dans la stricte mesure où elle n'est pas participable par plusieurs, — puisqu'elle est un sujet premier qui ne peut exister dans un autre ; c'est pourquoi Aristote dit des Idées que si elles étaient séparées « il y en aurait une, c'est-à-dire une individuelle, qu'il serait impossible de prédiquer de plusieurs[312] ».

[99] Les substances séparées et singulières sont donc individuées, toutefois, elles ne sont pas individuées à cause de la matière, mais, précisément, parce qu'elles ne sont pas faites pour être en autre chose, ni non plus, par conséquent, pour être participées par plusieurs. Il en résulte que si une forme est faite pour être participée par quelque chose, et qu'ainsi elle se trouve être l'acte d'une matière, elle peut être individuée et multipliée de par son rapport à la matière. Mais on a déjà montré plus haut que l'intellect est la faculté d'une âme qui est l'acte d'un corps ; par conséquent, là où il y a plusieurs corps il y a plusieurs âmes, et là où il y a plusieurs âmes il y a plusieurs puissances intellectuelles qui s'appellent intellect — et il n'en découle pas pour autant que l'intellect soit une faculté matérielle, comme on l'a montré plus haut.

[100] Si l'on objecte que dans l'hypothèse où les âmes seraient multipliées en fonction des corps, il s'ensuivrait qu'une fois les corps détruits il ne pourrait subsister plusieurs âmes, la réponse est évidente grâce à ce qu'on a dit plus haut. Comme le dit la *Métaphysique*, livre IV : il en va de l'être de chaque chose

forma corporis, nec est ante corpus, tamen destructo
corpore adhuc remanet in suo esse : ita unaqueque
anima remanet in sua unitate, et per consequens multe
anime in sua multitudine.

[101] Valde autem ruditer argumentantur ad ostendendum quod hoc Deus facere non possit quod sint
multi intellectus, credentes hoc includere contradictionem. Dato enim quod non esset de natura intellectus
quod multiplicaretur, non propter hoc oporteret quod
intellectum multiplicari includeret contradictionem.
Nichil enim prohibet aliquid non habere in sua natura
causam alicuius, quod tamen habet illud ex alia causa :
sicut graue non habet ex sua natura quod sit sursum,
tamen graue esse sursum non includit contradictionem ; sed graue esse sursum secundum suam naturam
contradictionem includeret. Sic ergo si intellectus
naturaliter esset unus omnium quia non haberet naturalem causam multiplicationis, posset tamen sortiri
multiplicationem ex supernaturali causa, nec esset
implicatio contradictionis. Quod dicimus non propter
propositum, sed magis ne hec argumentandi forma ad
alia extendatur ; sic enim possent concludere quod
Deus non posset facere quod mortui resurgant, et
quod ceci ad uisum reparentur.

[102] Adhuc autem ad munimentum sui erroris
aliam rationem inducunt. Querunt enim utrum intellectum in me et in te est unum penitus, aut duo in
numero et unum in specie. Si unum intellectum, tunc
erit unus intellectus ; si duo in numero et unum in
specie, sequitur quod intellecta habebunt rem intellec-
tam : quecumque enim sunt duo in numero et unum
in specie sunt unum intellectum, quia est una quiditas
per quam intelligitur ; et sic procedetur in infinitum,
quod est impossibile. Ergo impossibile est quod sint

comme de son unité[313]. Donc, de même qu'il est vrai que l'être de l'âme est dans le corps dans la mesure où elle est forme du corps et qu'ainsi elle n'existe pas avant le corps, mais que, néanmoins, une fois ce corps détruit, elle demeure dans son être[314], de même <une fois le corps détruit> chaque âme demeure dans son unité et chaque pluralité d'âmes dans sa pluralité.

[101] Et ceux qui, pour montrer que Dieu ne peut faire qu'il y ait plusieurs intellects, prétendent que cela renfermerait une contradiction, argumentent de manière très fruste. Supposé, en effet, qu'il ne soit pas de la nature de l'intellect d'être multiplié[315], toute multiplication de l'intellect ne devrait pas nécessairement renfermer une contradiction. Le fait qu'il ne soit pas dans la nature d'une chose d'avoir telle ou telle propriété ne l'empêche pas de tenir cette propriété d'une autre cause : par exemple, il n'est pas de la nature d'un grave d'être en hauteur, pourtant il n'y a pas de contradiction à ce qu'il soit en hauteur ; ce qui renfermerait une contradiction ce serait qu'il soit en hauteur selon sa nature[316]. Ainsi donc si, faute d'une cause naturelle de multiplication, l'intellect de tous les hommes était naturellement un, une multiplication pourrait néanmoins lui échoir d'une cause surnaturelle et cela n'impliquerait aucune contradiction. Nous ne précisons pas ce point parce que le propos l'exige, mais pour que l'on n'étende pas ce type d'argumentation à autre chose ; car on pourrait s'en servir pour prouver que Dieu ne peut pas ressusciter les morts ni ramener les aveugles à la vue.

[102] Mais, pour mieux étayer leur erreur ils allèguent un autre argument[317]. Ils demandent si ce qui est pensé à la fois en moi et en toi est absolument le même ou si c'est deux en nombre et un en espèce. Si c'est le même pensé, il faut que le pensant, l'intellect, soit le même[318] ; si c'est deux en nombre et un en espèce, il y a entre eux ces deux un troisième qui est leur pensé — en effet, ce qui est deux en nombre et un en espèce donne lieu à une seule pensée, puisqu'une seule et même quiddité permet d'y penser — ; on

duo intellecta in numero in me et in te ; est ergo unum
tantum, et unus intellectus numero tantum in omnibus.

[103] Querendum est autem ab hiis qui tam subtiliter se argumentari putant, utrum quod sint duo
intellecta in numero et unum in specie, sit contra
rationem intellecti in quantum est intellectum, aut in
quantum est intellectum ab homine. Et manifestum
est secundum rationem quam ponunt, quod hoc est
contra rationem intellecti in quantum est intellectum ;
de ratione enim intellecti, in quantum huiusmodi, est
quod non indigeat quod ab eo aliquid abstrahatur ad
hoc quod sit intellectum. Ergo secundum eorum rationem simpliciter concludere possumus quod sit unum
intellectum tantum, et non solum unum intellectum ab
omnibus hominibus. Et si est unum intellectum tantum, secundum eorum rationem sequitur quod sit
unus intellectus tantum in toto mundo, et non solum
in hominibus. Ergo intellectus noster non solum est
substantia separata, sed etiam est ipse Deus ; et
uniuersaliter tollitur pluralitas substantiarum separatarum.
[104] Si quis autem uellet respondere quod intellectum ab una substantia separata et intellectum ab alia
non est unum specie, quia intellectus differunt specie,
se ipsum deciperet ; quia id quod intelligitur compara-
tur ad intelligere et ad intellectum sicut obiectum ad
actum et potentiam. Obiectum autem non recipit speciem ab actu neque a potentia, sed magis e conuerso :
est ergo simpliciter concedendum quod intellectum
unius rei, puta lapidis, est unum tantum non solum in
omnibus hominibus, sed etiam in omnibus intelligenti-
bus.

[105] Sed inquirendum restat quid sit ipsum intellectum. Si enim dicant quod intellectum est una species immaterialis existens in intellectu, latet ipsos quod
quodammodo transeunt in dogma Platonis, qui posuit

devra donc poursuivre à l'infini, ce qui est impossible. Il est donc impossible que ce qui est pensé à la fois en moi et en toi soit distinct en nombre ; par conséquent, il n'y a qu'un seul pensé et un seul intellect numériquement identique en tous.

[103] A ceux qui s'imaginent raisonner si subtilement il faut demander si avoir affaire à deux pensés distincts en nombre, mais un en espèce, va contre le concept de pensé en tant que pensé ou en tant que pensé par l'homme. Leur argument même prouve manifestement que pour eux cela va contre le concept de pensé en tant que pensé ; de fait, il n'est pas essentiel au pensé en tant que tel d'avoir à subir un travail d'abstraction pour pouvoir être pensé. En suivant leur argument nous pouvons donc conclure, plus largement, qu'il y a, en tout et pour tout, un seul pensé, et non pas un seul pensé par tous les hommes. Et s'il y a en tout et pour tout un seul pensé, il s'ensuit, selon leur argument, qu'il y a en tout et pour tout un intellect, mais dans la totalité du monde et non pas seulement dans les hommes. Donc, non seulement notre intellect est une substance séparée, mais encore c'est Dieu lui-même, et la pluralité des substances séparées est supprimée dans l'univers.

[104] Et si quelqu'un veut répondre que ce qui est pensé par une substance séparée et ce qui est pensé par une autre n'est pas un par l'espèce, car ces intellects diffèrent par l'espèce, il s'abusera lui-même, car ce qui est pensé se rapporte au penser et à l'intellect comme l'objet se rapporte à l'acte et à la puissance. Or l'objet ne reçoit d'espèce ni de l'acte ni de la puissance ; c'est bien plutôt l'inverse : il faut donc concéder plus largement que le pensé correspondant à une seule chose, par exemple à une pierre, est un et unique non seulement chez tous les hommes, mais encore chez tous les êtres pensants.

[105] Mais il reste à s'enquérir de ce qu'est le pensé lui-même. En effet, s'ils disent que le pensé est une unique espèce immatérielle existant dans l'intellect, ils ne se rendent pas compte que, d'une certaine manière,

quod de rebus sensibilibus nulla scientia potest
haberi, sed omnis scientia habetur de forma una
separata. Nichil enim refert ad propositum, utrum
aliquis dicat quod scientia que habetur de lapide
habetur de una forma lapidis separata, an de una
forma lapidis que est in intellectu : utrobique enim
sequitur quod scientie non sunt de rebus que sunt
hic, sed de rebus separatis solum. Sed quia Plato
posuit huiusmodi formas immateriales per se sub-
sistentes, poterat etiam cum hoc ponere plures intellectus participantes ab una forma separata unius ueritatis cognitionem. Isti autem quia ponunt huiusmodi
formas immateriales — quas dicunt esse intellecta —
in intellectu, necesse habent ponere quod sit unus
intellectus tantum, non solum omnium hominum,
sed etiam simpliciter.

[106] Est ergo dicendum secundum sententiam
Aristotilis quod intellectum quod est unum est ipsa
natura uel quiditas rei ; de rebus enim est scientia
naturalis et alie scientie, non de speciebus intellectis.
Si enim intellectum esset non ipsa natura lapidis que
est in rebus, sed species que est in intellectu, sequeretur quod ego non intelligerem rem que est lapis, sed
solum intentionem que est abstracta a lapide. Sed
uerum est quod natura lapidis prout est in singularibus, est intellecta in potentia ; sed fit intellecta in actu
per hoc quod species a rebus sensibilibus, mediantibus
sensibus, usque ad fantasiam perueniunt, et per uirtutem intellectus agentis species intelligibiles abstrahun-
tur, que sunt in intellectu possibili. Hee autem species
non se habent ad intellectum possibilem ut intellecta,
sed sicut species quibus intellectus intelligit, sicut et
species que sunt in uisu non sunt ipsa uisa, sed ea

ils en reviennent à la doctrine de Platon, pour qui la science ne peut porter sur les choses sensibles, puisque toute science porte sur une forme unique séparée. Car cela ne change rien à l'affaire de dire que la science que l'on a de la pierre porte sur la forme unique de la pierre séparée ou de dire qu'elle porte sur la forme unique de la pierre qui est dans l'intellect : dans l'un et l'autre cas, en effet, il s'ensuit que les sciences ne portent pas sur les choses qui sont ici-bas, mais seulement sur des choses séparées. Or, comme Platon soutenait que ces formes immatérielles subsistaient par soi, il lui était facile de poser aussi simultanément plusieurs intellects participant à la connaissance par la forme séparée et unique d'une vérité unique. Mais comme ces gens-ci, <les averroïstes>, placent ce genre de formes immatérielles — qu'ils disent être pensées — dans l'intellect[319], il leur faut bien admettre qu'il y a en tout et pour tout un intellect, non seulement chez tous les hommes, mais dans l'absolu.

[106] Il faut donc dire selon la doctrine d'Aristote que ce pensé qui est un est la nature même ou quiddité de la chose ; c'est en effet sur les choses mêmes que portent la science naturelle et les autres sciences, non sur les espèces pensées[320]. Si, en effet, le pensé n'était pas la nature même de la pierre qui est dans les choses, mais l'espèce qui est dans l'intellect, il s'ensuivrait que je ne penserais pas la chose qui est la pierre, mais seulement l'intention qui est abstraite de la pierre[321]. Mais il est bien vrai que la nature de la pierre, pour autant qu'elle est dans les singuliers, est pensée en puissance et que, pour en faire une pensée en acte, il faut que les espèces émises par les choses sensibles parviennent, par l'intermédiaire des sens, jusqu'à l'imagination, et que les espèces intelligibles, qui sont dans l'intellect possible, soient abstraites par la vertu de l'intellect agent. Toutefois, pour l'intellect possible ces espèces ne sont pas ce qu'il pense, mais les espèces par lesquelles il pense, de même que les espèces qui sont dans la vue ne sont pas ce qui est vu,

quibus uisus uidet : nisi in quantum intellectus reflec-
titur supra se ipsum, quod in sensu accidere non
potest.

[107] Si autem intelligere esset actio transiens in
exteriorem materiam, sicut comburere et mouere,
sequeretur quod intelligere esset secundum modum
quo natura rerum habet esse in singularibus, sicut
combustio ignis est secundum modum combustibilis.
Sed quia intelligere est actio in ipso intelligente
manens, ut Aristotiles dicit in IX Methaphisice, sequitur quod intelligere sit secundum modum intelligentis,
id est secundum exigentiam speciei qua intelligens
intelligit. Hec autem, cum sit abstracta a principiis
indiuidualibus, non representat rem secundum condi-
ciones indiuiduales, sed secundum naturam uniuersalem tantum. Nichil enim prohibet, si aliqua duo
coniunguntur in re, quin unum eorum representari
possit etiam in sensu sine altero : unde color mellis uel
pomi uidetur a uisu sine eius sapore. Sic igitur intellectus intelligit naturam uniuersalem per abstractionem ab indiuidualibus principiis.

[108] Est ergo unum quod intelligitur et a me et a
te, sed alio intelligitur a me et alio a te, id est alia
specie intelligibili ; et aliud est intelligere meum et
aliud tuum ; et alius est intellectus meus et alius tuus.
Vnde et Aristotiles in Predicamentis dicit aliquam
scientiam esse singularem quantum ad subiectum, « ut
quedam grammatica in subiecto quidem est anima, de
subiecto uero nullo dicitur ». Vnde et intellectus meus
quando intelligit se intelligere, intelligit quendam singularem actum ; quando autem intelligit intelligere
simpliciter, intelligit aliquid uniuersale. Non enim sin-

mais ce par quoi la vue voit — si ce n'est que <ces espèces peuvent devenir ce qu'il pense quand> l'intellect réfléchit sur lui-même, ce qui ne se produit pas pour les sens.

[107] Si penser était une action transitive passant dans une matière extérieure, comme brûler ou mouvoir, il s'ensuivrait que le mode d'être du penser serait le même que celui des natures réelles dans les singuliers — comme la combustion du feu qui suit le mode du combustible [322]. Mais puisque, comme le dit Aristote dans le livre IX de la *Métaphysique* [323], penser est une action immanente qui demeure dans le pensant lui-même, il s'ensuit que le penser suit le mode du pensant, c'est-à-dire l'exigence de l'espèce par laquelle pense le pensant. Or, puisqu'elle est abstraite des principes individuels, cette espèce ne représente pas la chose dans ses particularités individuelles, mais exclusivement dans sa nature universelle. En effet, si deux choses sont réellement jointes rien n'empêche que l'une puisse être représentée dans les sens indépendamment de l'autre : c'est ainsi que la couleur du miel ou d'un fruit est perçue par la vue indépendamment de leur saveur. C'est de cette manière, donc, que l'intellect pense la nature universelle par abstraction des principes individuels.

[108] Il y a donc quelque chose d'un qui est pensé à la fois par moi et par toi, mais il est pensé chez moi par l'intermédiaire d'une chose et chez toi par l'intermédiaire d'une autre, c'est-à-dire par une autre espèce intelligible ; et mon penser est une chose et ton penser en est une autre ; et mon intellect est une chose et ton intellect en est une autre. C'est pourquoi, dans les *Catégories*, Aristote dit qu'une certaine science est singulière quant à son sujet, « par exemple une certaine science grammaticale est dans un sujet, à savoir dans l'âme, mais elle n'est dite d'aucun sujet [324] ». C'est pourquoi aussi, quand il se pense lui-même en train de penser mon intellect pense un certain acte singulier ; alors que, quand il pense au penser absolument parlant, il pense quelque chose d'universel [325]. Ce n'est

gularitas repugnat intelligibilitati, sed materialitas :
unde, cum sint aliqua singularia immaterialia, sicut de
substantiis separatis supra dictum est, nichil prohibet
huiusmodi singularia intelligi.

[109] Ex hoc autem apparet quomodo sit eadem
scientia in discipulo et doctore. Est enim eadem quantum ad rem scitam, non tamen quantum ad species
intelligibiles quibus uterque intelligit ; quantum enim
ad hoc, indiuiduatur scientia in me et in illo. Nec
oportet quod scientia que est in discipulo causetur a
scientia que est in magistro, sicut calor aque a calore
ignis ; sed sicut sanitas que est in materia a sanitate
que est in anima medici. Sicut enim in infirmo est
principium naturale sanitatis, cui medicus auxilia subministrat ad sanitatem perficiendam, ita in discipulo
est principium naturale scientie, scilicet intellectus
agens et prima principia per se nota ; doctor autem
subministrat quedam amminicula, deducendo conclu-
siones ex principiis per se notis. Vnde et medicus
nititur eo modo sanare quo natura sanaret, scilicet
calefaciendo et infrigidando ; et magister eodem modo
inducit ad scientiam quo inueniens per se ipsum
scientiam acquireret, procedendo scilicet de notis ad
ignota. Et sicut sanitas in infirmo fit non secundum
potestatem medici, sed secundum facultatem nature :
ita et scientia causatur in discipulo non secundum
uirtutem magistri, sed secundum facultatem addiscen-
tis.

[110] Quod autem ulterius obiciunt, quod si rema-
nerent plures substantie intellectuales, destructis corporibus, sequeretur quod essent ociose, sicut Aristotiles in XI Methaphisice argumentatur quod, si essent
substantie separate non mouentes corpus, essent

pas en effet la singularité qui répugne à l'intelligibilité, mais la matérialité[326] : d'où, puisqu'il y a certains singuliers immatériels, comme c'est le cas des substances séparées dont on a parlé plus haut, rien n'empêche de penser ces singuliers.

[109] On voit par là comment il peut y avoir une même science dans l'élève et dans l'enseignant. C'est, en effet, la même pour ce qui est de la chose sue, mais ce n'est pas la même pour ce qui est des espèces intelligibles par lesquelles l'un et l'autre pensent ; au contraire, c'est de ce point de vue que la science s'individue en moi et en lui. Il n'est pas non plus nécessaire que la science qui est dans le disciple soit causée par la science qui est dans le maître comme la chaleur de l'eau est causée par celle du feu : <il suffit qu'elle soit causée> comme la santé qui est dans la matière l'est par celle qui est dans l'âme du médecin[327]. Car, de même qu'on trouve dans le malade le principe naturel de santé, auquel le médecin administre ses moyens auxiliaires pour actualiser pleinement la santé, de même, on trouve dans l'élève le principe naturel de la science — l'intellect agent et les premiers principes connus par soi —, et l'enseignant administre certaines aides en tirant les conclusions des principes connus par soi. C'est pourquoi le médecin s'efforce de soigner comme soignerait la nature, c'est-à-dire, en réchauffant et en refroidissant[328]. C'est pourquoi aussi le maître guide l'élève vers la science en faisant comme celui qui acquerrait la science en trouvant tout par lui-même : en procédant du connu à l'inconnu. Et de même que, chez le malade, la santé ne suit pas la puissance du médecin, mais la capacité de la nature, de même, chez l'élève, la science ne suit pas la puissance du maître, mais la capacité de l'apprenti.

[110] Ce qu'ils objectent ensuite — que si, après la destruction des corps, il demeurait une pluralité de substances intellectuelles, elles seraient forcément superflues[329], au sens où, dans le livre XI de la *Métaphysique*, Aristote soutient que s'il y avait des substances séparées ne mouvant pas de corps, elles

ociose : si bene litteram Aristotilis considerassent, de facili possent dissoluere. Nam Aristotiles, antequam hanc rationem inducat, premittit « Quare et substantias et principia immobilia tot rationabile suscipere ; necessarium enim dimittatur fortioribus dicere ». Ex quo patet quod ipse probabilitatem quandam sequitur, non necessitatem inducit.

[111] Deinde, cum ociosum sit quod non pertingit ad finem ad quem est, non potest dici etiam probabiliter quod substantie separate essent ociose, si non mouerent corpora ; nisi forte dicant quod motiones corporum sint fines substantiarum separatarum : quod est omnino impossibile, cum finis sit potior hiis que sunt ad finem. Vnde nec Aristotiles hoc inducit quod essent ociose si non mouerent corpora, sed quod « omnem substantiam impassibilem secundum se optimum sortitam finem esse oportet existimare ». Est enim perfectissimum uniuscuiusque rei ut non solum sit in se bonum, sed ut bonitatem in aliis causet. Non erat autem manifestum qualiter substantie separate causarent bonitatem in inferioribus, nisi per motum aliquorum corporum ; unde ex hoc Aristotiles quandam probabilem rationem assumit, ad ostendendum quod non sunt alique substantie separate nisi que per motus celestium corporum manifestantur : quamuis hoc necessitatem non habeat, ut ipsemet dicit.

[112] Concedimus autem quod anima humana a corpore separata non habet ultimam perfectionem sue nature, cum sit pars nature humane ; nulla enim pars habet omnimodam perfectionem si a toto separetur. Non autem propter hoc frustra est ; non enim est hu-

seraient superflues [330] —, ils pourraient facilement le réfuter eux-mêmes s'ils considéraient bien la lettre d'Aristote. Car, avant d'introduire cet argument, Aristote pose qu'« il est raisonnable de penser qu'il y a un nombre égal de substances et de principes immobiles », mais il « laisse à de plus forts le soin de dire si cela est nécessaire [331]. » D'où il est clair qu'il se contente d'une certaine probabilité et ne fait intervenir aucune nécessité.

[111] Ensuite, puisque est superflu ce qui n'atteint pas à la fin pour laquelle il est fait, on ne peut dire, même à titre de simple probabilité, que les substances séparées seraient superflues si elles ne mouvaient pas des corps ; à moins, peut-être, que <les averroïstes> pensent que les mouvements des corps sont les fins des substances séparées : ce qui est complètement impossible, puisqu'une fin est plus importante que ce qui l'a pour fin. C'est pourquoi Aristote ne soutient pas non plus que les substances séparées seraient superflues si elles ne mouvaient pas de corps, mais que « toute substance impassible ayant atteint par soi un bien optimum doit être estimée comme une fin [332] ». Car, le plus parfait pour une chose est non seulement d'être bonne en soi, mais d'être cause de bonté en d'autres choses. Or, comme on ne voyait pas bien comment des substances séparées seraient causes de bonté dans le monde inférieur si ce n'est à travers le mouvement de certains corps, Aristote a forgé à partir de là un argument probable pour montrer qu'il n'y a pas d'autres substances séparées que celles qui sont révélées par le mouvement des corps célestes, même si, comme il le dit lui-même, il n'y a sur ce point aucune nécessité.

[112] Or nous concédons que, séparée du corps, l'âme humaine n'a pas l'ultime perfection de sa nature [333], puisqu'elle est une partie de la nature humaine ; en effet, nulle partie n'a de perfection complète si elle est séparée du tout. Mais, ce n'est pas pour autant qu'elle est inutile [334] : la fin de l'âme humaine n'est pas, en effet, de mouvoir le corps, c'est

mane anime finis mouere corpus, sed intelligere, in quo
est sua felicitas, ut Aristotiles probat in X Ethicorum.

[113] Obiciunt etiam ad sui erroris assertionem,
quia si intellectus essent plures plurium hominum,
cum intellectus sit incorruptibilis, sequeretur quod
essent actu infiniti intellectus secundum positionem
Aristotilis, qui posuit mundum eternum et homines
semper fuisse. Ad hanc autem obiectionem sic respondet Algazel in sua Methaphisica : dicit enim quod « in
quocumque fuerit unum istorum sine alio », id est
quantitas uel multitudo sine ordine, « infinitas non
remouebitur ab eo, sicut a motu celi ». Et postea subdit « Similiter et animas humanas, que sunt separabiles
a corporibus per mortem, concedimus esse infinitas
numero, quamuis habeant esse simul, quoniam non
est inter eas ordinatio naturalis, qua remota desinant
esse anime : eo quod nulle earum sunt cause aliis, sed
simul sunt sine prius et posterius natura et situ. Non
enim intelligitur in eis prius et posterius secundum
naturam nisi secundum tempus creationis sue. In
essentiis autem earum, secundum quod sunt essentie,
non est ordinatio ullo modo, sed sunt equales in esse ;
e contrario spatiis et corporibus et causa et causato ».

[114] Quomodo autem Aristotiles hoc solueret, a
nobis sciri non potest, quia illam partem Methaphisice
non habemus quam fecit de substantiis separatis. Dicit
enim Philosophus in II Phisicorum quod de formis
« que sunt separate, in materia autem », in quantum
sunt separabiles considerare « est opus philosophie
prime ». Quicquid autem circa hoc dicatur, manifestum est quod ex hoc nullam angustiam Catholici
patiuntur, qui ponunt mundum incepisse.

[115] Patet autem falsum esse quod dicunt hoc
fuisse principium apud omnes philosophantes, et

de penser, ce en quoi réside sa félicité, comme le prouve Aristote au livre X des *Éthiques*[335].

[113] Ils objectent aussi en faveur de leur erreur que s'il y avait pluralité d'intellects là où il y a pluralité d'hommes, il s'ensuivrait, comme l'intellect est incorruptible, qu'il y aurait une infinité d'intellects en acte[336] selon la doctrine d'Aristote, qui stipule que le monde est éternel et qu'il y a toujours eu des hommes[337]. Mais, dans sa *Métaphysique*, Algazel répond à cette objection : il dit en effet qu'« à chaque fois que l'un de ceux-ci se trouve sans l'autre », à savoir la quantité ou le multiple sans l'ordre, « l'infinité ne lui est pas ôtée, comme au mouvement du ciel[338] ». Et il ajoute : « Nous concédons de même que les âmes humaines aussi, lesquelles sont séparables des corps par la mort, sont infinies en nombre, même si elles sont simultanément, puisqu'il n'y a pas entre elles de relation naturelle d'ordre, qui, une fois supprimée, ferait que les âmes cesseraient d'être : de fait, aucune d'entre elles n'est la cause des autres, mais elles sont toutes en même temps sans relation d'antérieur et de postérieur, de nature ou de place. Car, l'antérieur et le postérieur ne désignent pas en elles une relation de nature, sinon quant au temps de leur création. Et dans leurs essences, en tant qu'elles sont des essences, il n'y a non plus aucune sorte de relation d'ordre, puisqu'elles sont égales en être, au contraire des espaces et des corps, de la cause et du causé[339]. »

[114] Comment Aristote résoudrait la question, nous ne pouvons le savoir, puisque nous n'avons pas la partie de la *Métaphysique* qu'il a faite sur les substances séparées. Or, il dit bien dans le livre II des *Physiques* que considérer dans la matière, en tant qu'elles sont séparables, les formes « qui sont séparées » « est l'œuvre de la philosophie première[340] ». En tout cas, quoi que l'on dise sur ce sujet, il nous paraît clair que les catholiques ne peuvent en être gênés, eux qui posent que le monde a eu un commencement.

[115] En revanche, il est tout aussi clair que ce que disent <les averroïstes> est faux, à savoir : que cela a

Arabes et Peripateticos, quod intellectus non multiplicetur numeraliter, licet apud Latinos non. Algazel
enim Latinus non fuit, sed Arabs. Auicenna etiam, qui
Arabs fuit, in suo libro De anima sic dicit « Prudentia
et stultitia et opinio et alia huiusmodi similia, non sunt
nisi in essentia anime. Ergo anima non est una sed est
multe numero, et eius species una est ».

[116] Et ut Grecos non omittamus, ponenda sunt
circa hoc uerba Themistii in Commento. Cum enim
quesisset de intellectu agente utrum sit unus aut
plures, subiungit soluens « Aut primus quidem illustrans est unus, illustrati autem et illustrantes sunt
plures. Sol quidem enim est unus, lumen autem dices
modo aliquo partiri ad uisus. Propter hoc enim non
solem in comparatione proposuit, scilicet Aristotiles,
sed lumen ; Plato autem solem ». Ergo patet per uerba
Themistii quod nec intellectus agens, de quo Aristotiles loquitur, est unus qui est illustrans, nec etiam
possibilis qui est illustratus ; sed uerum est quod principium illustrationis est unum, scilicet aliqua substantia separata : uel Deus secundum Catholicos, uel intel-
ligentia ultima secundum Auicennam. Vnitatem
autem huius separati principii probat Themistius per
hoc quod docens et addiscens idem intelligit, quod
non esset nisi esset idem principium illustrans. Sed
uerum est quod postea dicit, quosdam dubitasse de
intellectu possibili utrum sit unus. Nec circa hoc plus
loquitur, quia non erat intentio eius tangere diuersas
opiniones philosophorum, sed exponere sententias
Aristotilis, Platonis et Theophrasti ; unde in fine
concludit « Sed quod quidem dixi pronuntiare quidem
de eo quod uidetur philosophis, singularis est studii et

toujours été un principe pour tous ceux qui philo-
sophaient chez les Arabes et chez les péripatéticiens
que l'intellect n'est pas multiplié selon le nombre, bien
que cela ne l'ait pas été chez les Latins. En effet,
Algazel n'était pas un Latin, mais un Arabe. Et Avicenne, qui était aussi un Arabe, dit dans son livre *De
l'âme* : « La prudence, la bêtise, l'opinion et autres
choses semblables ne sont que dans l'essence de l'âme.
Donc l'âme n'est pas numériquement une, mais multiple, et c'est son espèce qui est une [341]. »

[116] Et pour ne pas oublier les Grecs, on mention-
nera ce que dit là-dessus Thémistius dans son *Commentaire*. En effet, quand il demande à propos de
l'intellect agent s'il est un ou plusieurs, il répond par
cette analyse : « Ou bien le premier qui éclaire est
unique et ceux qui éclairent et sont éclairés [342] sont
plusieurs. En effet, le Soleil est unique, mais on sait
bien que la lumière, d'une certaine façon, arrive divi-
sée à la vue. C'est pourquoi il, c'est-à-dire Aristote,
n'a pas pris comme comparaison le Soleil, mais la
lumière ; tandis que Platon, lui, a choisi le Soleil [343]. » Il
est donc évident, à lire Thémistius, que ni l'intellect
agent dont parle Aristote n'est unique, lui qui éclaire,
ni l'intellect possible, qui est éclairé ; il est vrai, en
revanche, que le principe de l'illumination est unique,
à savoir que c'est une certaine substance séparée : soit
Dieu, selon les catholiques, soit la dernière Intelligence, selon Avicenne [344]. Or Thémistius prouve
l'unité de ce principe séparé par cela que l'enseignant
et l'apprenti pensent la même chose [345], ce qui ne serait
pas le cas s'il n'y avait pas un seul et même principe
illuminateur. Mais ce qu'il dit ensuite est vrai [346] : certains se sont aussi demandés si l'intellect possible était
unique. Toutefois, il ne dit rien de plus là-dessus, car
ce n'était pas son intention de toucher à toutes les
opinions des philosophes ; il voulait seulement expliquer les doctrines d'Aristote, de Platon et de Théophraste ; c'est pourquoi il conclut ainsi : « Ce que j'ai
dit pour me prononcer sur ce que croient les philosophes cela réclame encore bien des études et bien de

sollicitudinis. Quod autem maxime aliquis utique ex
uerbis que collegimus accipiat de hiis sententiam Aristotilis et Theophrasti, magis autem et ipsius Platonis,
hoc promptum est propalare ».

[117] Ergo patet quod Aristotiles et Theophrastus
et Themistius et ipse Plato non habuerunt pro principio, quod intellectus possibilis sit unus in omnibus.
Patet etiam quod Auerroys peruerse refert sententiam
Themistii et Theophrasti de intellectu possibili et
agente ; unde merito supra diximus eum philosophie
peripatetice peruersorem. Vnde mirum est quomodo
aliqui, solum commentum Auerroys uidentes, pronuntiare presumunt, quod ipse dicit hoc sensisse
omnes philosophos Grecos et Arabes, preter Latinos.

[118] Est etiam maiori ammiratione uel etiam indi-
gnatione dignum, quod aliquis Christianum se profi-
tens tam irreuerenter de christiana fide loqui pre-
sumpserit : sicut cum dicit quod « Latini pro principiis
hoc non recipiunt », scilicet quod sit unus intellectus
tantum, « quia forte lex eorum est in contrarium ». Vbi
duo sunt mala : primo, quia dubitat an hoc sit contra
fidem ; secundo, quia alienum se innuit esse ab hac
lege. Et quod postmodum dicit « Hec est ratio per
quam Catholici uidentur habere suam positionem »,
ubi sententiam fidei positionem nominat. Nec minoris
presumptionis est quod postmodum asserere audet,
Deum non posse facere quod sint multi intellectus,
quia implicat contradictionem.

[119] Adhuc autem grauius est quod postmodum
dicit « Per rationem concludo de necessitate quod
intellectus est unus numero, firmiter tamen teneo
oppositum per fidem ». Ergo sentit quod fides sit de
aliquibus quorum contraria de necessitate concludi
possunt ; cum autem de necessitate concludi non pos-

l'attention. A l'inverse, tirer des paroles récoltées une vue complète de la doctrine d'Aristote et de Théophraste et, plus encore, de Platon lui-même, cela peut se faire rapidement [347]. »

[117] Il est donc clair que ni Aristote, ni Théophraste, ni Thémistius, ni Platon lui-même n'ont jamais considéré comme un principe qu'il y avait un unique intellect possible en tous <les hommes>. Il est également clair qu'Averroès rapporte perversement la doctrine de Thémistius et de Théophraste au sujet de l'intellect possible et de l'intellect agent ; c'est donc à bon droit que nous l'avons appelé plus haut le corrupteur de la philosophie péripatéticienne [348]. Et il y a bien lieu de s'étonner que certains, qui n'ont d'yeux que pour le commentaire d'Averroès, osent affirmer que ce qu'il dit, tous les philosophes, les Grecs et les Arabes, à l'exception des Latins, l'ont professé.

[118] Mais il y a lieu de s'étonner encore bien plus ou plutôt de s'indigner que tel, qui se prétend chrétien, ose s'exprimer de manière si irrévérencieuse au sujet de la foi chrétienne, en disant, par exemple, que « les Latins n'acceptent pas cela parmi les principes », savoir qu'il y a seulement un intellect, « pour la raison, peut-être, que c'est contraire à leur religion ». Il y a là deux maux : premièrement, parce qu'il affecte de se demander si cela est contraire à la foi ; deuxièmement parce qu'il se présente comme s'il était étranger à cette religion. Et ce qu'il dit après — « tel est l'argument par lequel les catholiques semblent vouloir fonder leur position » — où il appelle « position » la doctrine de la foi. Et ce qu'il ose ensuite affirmer n'est pas le signe d'une moindre présomption, savoir : que Dieu ne peut faire qu'il y ait multiplicité d'intellects, car cela impliquerait contradiction [349].

[119] Mais il y a encore plus grave — c'est ce qu'il dit ensuite : « Par la raison je conclus de nécessité que l'intellect est numériquement un, mais je tiens fermement le contraire par la foi [350]. » Il pense donc que la foi porte sur des affirmations dont on peut conclure le contraire en toute nécessité ; or puisqu'en toute néces-

sit nisi uerum necessarium, cuius oppositum est falsum impossible, sequitur secundum eius dictum quod
fides sit de falso impossibili, quod etiam Deus facere
non potest : quod fidelium aures ferre non possunt.

Non caret etiam magna temeritate, quod de hiis que
ad philosophiam non pertinent, sed sunt pure fidei,
disputare presumit, sicut quod anima patiatur ab igne
inferni, et dicere sententias doctorum de hoc esse
reprobandas ; pari enim ratione posset disputare de
Trinitate, de Incarnatione et aliis huiusmodi, de quibus nonnisi cecutiens loqueretur.

[120] Hec igitur sunt que in destructionem predicti
erroris conscripsimus, non per documenta fidei, sed
per ipsorum philosophorum rationes et dicta. Si quis
autem gloriabundus de falsi nominis scientia uelit
contra hec que scripsimus aliquid dicere, non loquatur
in angulis nec coram pueris qui nesciunt de tam arduis
iudicare, sed contra hoc scriptum rescribat, si audet ;
et inueniet non solum me, qui aliorum sum minimus,
sed multos alios ueritatis zelatores, per quos eius errori
resistetur, uel ignorantie consuletur.

sité seul peut être conclu le vrai nécessaire dont
l'opposé est le faux impossible, il s'ensuit, selon son
propre dire, que la foi porte sur du faux impossible,
hypothèse que Dieu lui-même ne pourrait réaliser et
que l'oreille d'un fidèle ne peut supporter [351].

C'est également signe d'une extraordinaire témérité
qu'il prenne sur lui de disputer de thèses qui ne
relèvent pas de la philosophie, mais de la pure foi [352] —
comme par exemple que l'âme souffre du feu de
l'enfer [353] — et qu'il dise qu'il faut, sur ce point,
condamner les doctrines des Pères ; avec le même
raisonnement il pourrait, en effet, disputer de la Tri-
nité, de l'Incarnation et d'autres thèmes semblables,
dont on ne saurait pourtant parler qu'en balbutiant.

[120] Voilà donc ce que nous avons écrit pour
détruire l'erreur en question, non en invoquant les
dogmes de la foi, mais en recourant aux raisonnements et aux dits des philosophes eux-mêmes. Si
quelqu'un faisant glorieusement étalage du faux nom
de la science veut dire quelque chose contre ce que
nous avons écrit, qu'il ne s'exprime pas dans les coins
sombres ou devant des gamins qui ne savent pas juger
de matières si ardues, mais qu'il réplique à cet écrit
par un écrit, s'il l'ose [354]. Il trouvera face à lui non
seulement moi, qui suis le dernier de tous, mais bien
d'autres zélateurs de la vérité, qui sauront résister à
son erreur ou éclairer son ignorance.

NOTES

1. Cf. Aristote, *Métaph.* I, 1, 980a22 ; Tricot, p. 2 : « Tous les hommes désirent naturellement savoir. »

2. Résumant la doctrine d'Averroès à partir d'une édition fautive de Thomas, F. Picavet, « L'averroïsme et les averroïstes du XIIIe siècle, d'après le *De unitate intellectus contra averroistas* de saint Thomas d'Aquin », *Revue de l'histoire des religions*, Paris, 1902, tiré à part, p. 3, fait un total et inévitable contresens — il attribue à Averroès une doctrine de l'intellect forme du corps : « Averroès affirme que l'intellect appelé possible par Aristote, nommé par lui d'un nom qui ne convient pas, matériel, est une substance séparée selon l'être, *unie à lui en quelque façon comme forme* ; il soutient en effet que l'intellect possible est un pour tous. » Mais que dire de la « traduction » du chanoine Bandel ! Que peut-on bien entendre aux doctrines d'Averroès quand on lit (*Opuscules de saint Thomas d'Aquin*, Paris, Vrin Reprise, 1984, p. 248) : « [...] Averroès, qui s'efforce de prouver que l'intellect, qu'Aristote reconnoît comme possible, par une dénomination fausse [le chanoine ne traduit d'ailleurs pas la totalité de son texte latin, qui dit exactement : « nommé par lui d'un nom qui ne convient pas, *immatériel* » !], est une espèce de substance séparée du corps quant à l'essence, et *qui lui est unie, d'une certaine façon*, quant à la forme » ?

3. Contre l'unité de l'intellect possible : *In I Sent.*, dist. 8, q. 5, a.2 (ad 6m) ; *In II Sent.*, dist. 17, q. 2, a. 1 ; *SCG*, II, 59, 73, 75 ; *Quaestio De anima*, a. 3 ; *Summa theol.*, I, q. 75, a. 2 ; *De spir. creat.*, a. 9 ; *In III De Anima*, chap. 1, Gauthier, p. 205, 275-207, 383 (suivra le *Compend. theol.*, chap. 85) ; Contre l'unité de l'intellect agent : *In II Sent.*, dist. 17, q. 2, a. 1 ; *De veritate*, q. 10, a. 6 ; *SCG*, II, 76, 78 ; *Quaestio De anima*, a. 5 ; *Summa theol.*, I, q. 79, a. 4, 5 ; *De spir. creat.*, a. 10 ; *In III De Anima*, chap. 4, Gauthier, p. 220, 87-223, 249 (suivra le *Compend. theol.*, chap. 86).

4. Pour Thomas, le monopsychisme est la ruine de l'éthique : le § 87 établira, en ce sens, que l'unité de l'intellect rend impossibles la morale comme la politique. L'argument est mentionné dans l'*Anonyme de Van Steenberghen, Quaestiones De anima*, III, q. 7 ; Van

Steenberghen, p. 314, 32-34 : « Poser qu'il y a un intellect numériquement identique dans tous les hommes, c'est supprimer la
rétribution du bien après la mort et la punition du mal, ce qui est
inadmissible. » Dans l'*Anonyme de Bazán*, *Quaestiones De anima*, III,
q. 21 ; Bazán, p. 511, 45-53, le scénario est plus explicite et le
verdict identique à celui de Thomas : « La thèse opposée <à Aver-
roès> est notre foi. Et je la confirme par des arguments. Voici le
premier [...] : s'il y avait un seul et même intellect en tous, la
récompense de tous ceux qui vont au ciel serait unique et identique,
et le péché de ceux qui sont en enfer serait le même, et identique
serait la récompense de saint Pierre, des autres apôtres et d'un
simple paysan ; or, selon notre foi, cela est impossible à soutenir ;
donc il est impossible qu'il y ait un unique intellect en tous. »

5. La définition annoncée par Thomas comme « la première » est,
en réalité, la *dernière* de trois. La première (*De an.* II, 1, 412a19-20)
en fait « l'essence » ou « la forme » (*ousian* [...] *ôs eidos*) d'un corps
naturel ayant la vie en puissance » (*Transl. vetus*, Gauthier, p. 135 ;
Transl. nova, Gauthier, p. 67 : « Necesse est ergo animam substan-
ciam esse, sicut speciem corporis phisici potencia vitam habentis ») ;
la deuxième (*De an.* II, 1, 412a27-28) précise que c'est, « en définitive, une entéléchie première d'un corps naturel ayant la vie puissance » (Tricot, p. 68 ; *Transl. vetus*, Gauthier, p. 148 : « Unde et
anima est actus primus corporis phisici potencia vitam habentis » ;
Transl. nova, Gauthier, p. 67 : « Unde anima est primus actus corporis phisici potencia vitam habentis »).

6. Cf. Aristote, *De an.* II, 1, 412b5 ; Tricot, p. 68-69 : « L'âme est
l'entéléchie première d'un corps naturel organisé. » Le terme *entelecheia* est introduit, dès les premières lignes du *De anima*, en 402a26,
avec la deuxième question générale posée au sujet de l'âme : « Est-
elle au nombre des êtres en puissance ou n'est-elle pas plutôt une
entéléchie ? » (Tricot, p. 4). La *Transl. vetus*, Gauthier, p. 15
explique le terme, et incorpore la glose à l'original : « [...] utrum
eorum que sunt potencia aut magis endelichia, id est perfectio vel
actus, sit » ; il en va de même de la *Transl. vetus**, Stroick, p. 7,
74-75 : « [...] utrum eorum quae sunt potentia, an magis endelichia,
idest perfectio, vel actus quidam sit. » La *Transl. nova*, Gauthier,
p. 3, rétablit une leçon plus conforme au grec : « [...] utrum eorum
que in potencia sunt, an magis endelichia quedam sit » ; la *Transl.
ar.-lat.*, Crawford, p. 9, 5-7 dit dans le même sens : « [...] utrum sit
ens in potentia, aut est dignior ut sit aliqua endelechia ». On notera
que dans son explication du terme « *entelecheia* » Bodéüs (p. 78,
note 3) emploie les mêmes termes que la *Transl. vetus* : « La notion
de "réalisation" (*entelecheia*), qui équivaut, dans l'usage, à celle
d'activité (*energeia*), désigne l'état actuel comme aboutissement »
(où « état actuel » correspond à *actus* et « aboutissement » à *perfectio*).

7. C'est ce que fait Averroès, *In De an.* II, comm. 7 ; Crawford,
p. 138, 15-25 (à propos de 412b4-5 « Si, par conséquent, il faut dire
quelque chose d'universel applicable à toute âme, nous dirons que
c'est la perfection première d'un corps naturel organisé ») : « *Si, par
conséquent, il faut dire quelque chose d'universel*, etc. C'est-à-dire : si,

par conséquent, il est possible de définir l'âme par une définition universelle, aucune définition n'est plus universelle que celle-ci ni plus adaptée à l'essence (*substantia*) de l'âme : que l'âme est la perfection première d'un corps naturel organisé. Et il présente cet énoncé sous la forme d'un doute, en disant : *Si, par conséquent, il faut dire quelque chose*, en s'excusant comme par avance du doute qui s'attache aux parties de cette définition. En effet, pour l'âme rationnelle et pour les autres facultés de l'âme le terme perfection s'attribue d'une manière qui est, pour ainsi dire, purement équivoque, comme on le verra ensuite. Et c'est pourquoi quelqu'un peut élever un doute et dire que l'âme n'a pas de définition universelle. Et c'est pour cela qu'il dit : *Si par conséquent*, etc. Comme pour dire : par conséquent, si l'on admettait la possibilité de trouver un énoncé universel s'appliquant à toutes les parties de l'âme, cet énoncé ne pourrait être que le suivant.

8. Tricot traduit ainsi 412b4-5 : « Si donc c'est une définition générale, applicable à toute espèce d'âme, que nous avons à formuler, etc. » ; Bodéüs, p. 137 donne : « Et si l'on a besoin d'une formule qui s'applique en commun à toute âme, etc. »

9. Cette première intervention caractérise parfaitement le procédé exégétique que va suivre Thomas dans tout le chap. 1. Chaque interprétation (fautive) d'une phrase d'Aristote par Averroès sera immanquablement rejetée pour cause de précipitation et, généralement, corrigée par un passage ultérieur, voire contigu. Sur la méthode de reconstruction-déconstruction suivie par Thomas dans le chap. 1 du *De unitate*, cf., *supra*, notre « Introduction ».

10. Cf. Aristote, *De an.* II, 2, 412b9-11 ; Tricot, p. 69 : « Nous avons donc défini, en termes généraux, ce qu'est l'âme : elle est une substance au sens de forme, c'est-à-dire la quiddité d'un corps d'une qualité déterminée. »

11. Nous traduisons ici délibérément le latin médiéval *ratio* par « forme » plutôt que par « raison ». Malgré les apparences — *ratio* rendant le grec *logos* — on peut montrer que, dans sa complexité même, le lexique original d'Aristote impose cette solution. La définition de l'âme (son *logos koinotatos*, dit 412a5-6, c'est-à-dire : sa « formule la plus largement partagée », sa « définition la plus générale », traduit Tricot) c'est d'être *ousia hê kata ton logon*. Tricot (suivi par Barbotin) traduit : « une substance au sens de forme » ; Hamlyn propose : « substance, that corresponding to the principle of a thing ». En 412b15-16 Aristote, au terme d'une comparaison avec une hache (Tricot, p. 69-70 : « Supposons qu'un instrument, tel que la hache, fût un corps naturel, la quiddité de la hache serait sa substance, et ce serait son âme »), conclut : « Mais ce n'est pas d'un corps de ce genre-ci que l'âme est la quiddité et la forme, mais d'un corps naturel de ce genre-là, c'est-à-dire ayant un principe de mouvement et de repos en lui-même. » « La quiddité et la forme » (Tricot, p. 70) rend : « *to ti ên einai kai o logos* », la *Transl. vetus*, Gauthier, p. 148 — *Transl. nova* Gauthier, p. 74 donnent : « quod quid est esse et ratio » ; la *Transl. ar.-lat.*, Crawford, p. 140, 9-10 : « quiditas... et intentio ». En 414a13-14, ayant défini l'âme comme

« ce par quoi nous vivons, percevons et pensons », Aristote en déduit
qu'elle sera « notion et forme, et non pas matière et substrat »
(Tricot, p. 79). « Notion et forme » rend « *logos tis... kai eidos* ». La
Transl. vetus, Gauthier, p. 177 — *Transl. nova*, Gauthier, p. 82
donnent : « ratio quedam... et species » ; la *Transl. ar.-lat.*, Crawford, p. 163, 14-15 dit : « aliqua intentio et forma ». A rapprocher
tous ces passages on voit que les expressions *ratio* (versions gréco-
latines) et *intentio* (version arabo-latine) rendent le même mot grec
de *logos*, tandis que celles de *species* et de *forma* rendent *eidos*, et *quod
quid erat esse* ou *quod quid est esse* (versions gréco-latines) ou *quiditas*
(version arabo-latine), *to ti ên einai*. *Logos* étant soit rapproché
d'*eidos* (« forme »), comme en 414a13-14, soit substitué à lui,
comme en 412a5-6 ou en 412b15-16, on voit sur quelles ambiguïtés
— *logos*-forme et *logos*-formule, naturellement, mais aussi *logos*-
forme et *logos*-concept (B. Cassin) — s'édifie la problématique de
l'âme. En traduisant 412b9-11 : « En termes généraux, voilà donc ce
qu'est l'âme : *c'est la substance, en effet, qui correspond à la raison*. Ce
qui veut dire : la détermination qui fait être de telle sorte
de corps ce qu'il est », Bodéüs, p. 138, rend particulièrement sensible cette ambiguïté ; le texte cité par Thomas : « substantia enim
est que *est* secundum rationem », extrapolé de la *Transl. nova* (voir
infra, note 12), dit lui aussi, littéralement : « c'est une substance qui
est selon la *ratio* », mais il faut comprendre : c'est-à-dire selon la
notion — autrement dit : qui est adéquate à la notion, au concept de
la chose, qui est ce qu'enveloppe la notion et ce que développe la
formule, ce qui en chaque chose est à la fois le dicible par excellence
et l'étant par excellence, bref, ce qu'elle est, d'un mot : sa *forme*.

12. L'équation thomasienne « *ratio* (*logos*) = quiddité = forme
substantielle » est parfaitement conforme à la définition de la forme
en *Métaph., VII*, 7, 1032b1 (*Transl. media*, Vuillemin-Diem, p. 133,
17-18) : « Speciem dico quid erat esse cuiusque et primam substantiam », « j'appelle *forme* l'essence de chaque chose et la substance
première » (Tricot, p. 380-381 : « J'appelle *forme* la quiddité de
chaque être, sa substance première »). Sur cette association chez
Aristote, cf. P. Aubenque, *Le problème de l'être chez Aristote. Essai sur
la problématique aristotélicienne*, Paris, P.U.F., 1962, p. 459-460 : la
forme se trouve « constamment associée par Aristote au discours : la
forme d'une chose, c'est ce qui peut en être circonscrit dans une
définition (*logos*). L'assimilation, pourtant si problématique, du mot
et de la forme finira par aller de soi, comme en témoignera la
traduction ambiguë de *logos* par *ratio* et même quelquefois par
forma. »

13. Puisque les averroïstes donnent une interprétation potentiellement négative de la tournure hypothétique de 412b4-6 (*Transl.
vetus*, Gauthier, p. 148 — *Transl. nova*, Gauthier, p. 67 : « Si autem
aliquod commune in omni anima oportet dicere, erit utique actus
primus corporis phisici organici » ; *Transl. ar.-lat.*, Crawford, p. 138,
1-3 : « Si igitur aliquod universale dicendum est in omni anima,
dicemus quod est prima perfectio corporis naturalis organici ») —
autrement dit : puisqu'ils affectent de croire qu'Aristote s'exprime

hypothétiquement parce qu'il sait bien qu'il n'y a pas de définition véritablement universelle applicable à toutes les sortes d'âmes (végétative, sensitive, intellective) —, Thomas réplique en leur opposant l'énoncé catégorique de 412b9-11 : la définition qu'on a donnée était bel et bien générale — une substance au sens de la quiddité d'un corps « de ce genre », *i.e.* « naturel » et « organisé » (cf. *Transl. vetus*, Gauthier, p. 148 : « Universaliter quidem igitur dictum est quid est anima : substancia enim est secundum rationem, hoc autem est quod quid erat esse huiusmodi corporis » ; *Transl. nova*, Gauthier, p. 74 : « Universaliter quidem igitur dictum est quid *sit* anima : substancia enim est *que* secundum rationem. Hoc autem est quod quid erat esse huiusmodi *corpori* » ; *Transl. ar.-lat.*, Crawford, p. 139, 1-3 : « Iam igitur diximus quid est anima universaliter. Et est substancia secundum hanc intentionem, scilicet secundum illud quod hoc corpus est quod est »).

14. Dans le *De anima intellectiva*, chap. 3 ; Bazán, p. 78, 18-22, Siger de Brabant rapporte fidèlement l'argumentation de Thomas aux § 3 et 4. Il y répond, p. 87, 37-88, 49, avec une surprenante fermeté : « Ce que dit Aristote de l'âme universellement parlant ne permet pas de savoir comment l'âme intellective est l'acte d'un corps ou sa forme, et cela se voit bien à ses propres paroles à cet endroit du texte comme aux multiples commentaires qu'on en a faits. C'est bien pourquoi il laisse entendre que la définition générale de l'âme, où il est dit qu'elle est l'acte d'un corps, est plus d'un énoncé polysémique (*multipliciter dicti*) que d'un genre. Et Thémistius dit bien que l'âme ainsi définie est considérée dans l'universel au sens précis où l'on peut la définir universellement comme n'étant pas universelle. En revanche, là où il étudie la nature propre et les caractéristiques de l'intellect, c'est-à-dire à partir du livre III, il soutient clairement que l'intellect ne communique pas avec les autres <facultés> dans la matière, qu'il est séparé du corps, qu'il n'a pas d'organe, qu'il est impassible et qu'il est une puissance sans matière. Et tout cela, il le dit non seulement pour la puissance, mais aussi pour la substance de l'âme intellective. » Le double recours à Thémistius, *In III De an., ad* 414b19 ; Verbeke, p. 113, 55-57 (« il est ridicule, en tout ce qui est prédiqué en un sens universel tel qu'il s'agit plus là d'énoncés polysémiques que de genres, d'exiger une raison de définition universelle, qui ne peut être propre à aucune des choses qui sont désignées par le terme universellement parlant ») et 114, 69-70 (« Typo quidem igitur dictum est de anima et ut possibile est dicere universaliter de eo quod non est universale ») permet à Siger de réaffirmer la thèse d'Averroès — la définition générale de l'âme est homonymique — sans prononcer son nom. Le changement d'*auctoritas* prudemment effectué entre les *Quaestiones In III De anima* et les *Quaestiones De anima intellectiva* noté par Bazán (p. 77* : « quant au *De anima intellectiva*, on peut dire que Thémistius a remplacé Averroès comme source secondaire ») ne change donc rien ici au contenu averroïste de l'exégèse d'Aristote par le maître de Brabant.

15. Pour 413a4-5, la *Transl. vetus*, Gauthier, p. 149 donne :

« Quod quidem igitur non sit anima separabilis a corpore, aut pars quaedam ipsius, si separabilis apta nata est, non inmanifestum est ». La *Transl. nova*, Gauthier, p. 74 porte aussi « non inmanifestum est ». On retrouvera la même expression dans certaines versions de 413a8-9. La traduction française des deux passages grecs par Tricot ne permet pas de déceler ce parallèle gréco-latin, puisque, dans le premier cas, il traduit par « cela n'est pas douteux », alors que, dans le second, il donne « on ne voit pas bien ».

16. Cf. Aristote, *De an.* II, 1, 413a4-7 ; Tricot, p. 71-72 : « L'âme n'est donc pas séparable du corps, tout au moins certaines parties de l'âme, si l'âme est naturellement partageable : cela n'est pas douteux. En effet, pour certaines parties du corps, leur entéléchie est celle des parties elles-mêmes. Cependant rien n'empêche que certaines autres parties, du moins, ne soient séparables, en raison de ce qu'elles ne sont les entéléchies d'aucun corps. » Après l'interprétation négative de la tournure hypothétique d'Aristote en 412b4-6, Thomas doit affronter une interprétation restrictive de l'énoncé catégorique de 412b9-11, excluant l'âme intellective du domaine d'objets couvert par la définition dite « générale » : comme précédemment il répond par un nouveau texte d'Aristote, en l'occurrence 413a4-7 qui, selon lui, établit clairement que l'intellect fait bien partie de l'âme entendue comme acte d'un corps naturel organisé. La pointe de l'argument est que la définition de l'âme comme acte d'un corps n'implique pas que chaque partie de l'âme soit elle-même l'acte d'une partie du corps. Autrement dit : rien n'empêche une certaine séparation de l'intellect compris comme partie d'une âme elle-même définie, globalement, comme entéléchie première d'un corps. Être une « partie » ou « parcelle » d'âme ne signifie pas nécessairement être l'acte d'une partie de corps, cela peut aussi signifier appartenir à une âme actuant un corps. L'intellect peut donc bien être séparé du corps tout en faisant partie de l'âme individuelle actuant chaque corps individuel. Comme le précisera le § 27, l'intellect de l'homme est séparé au sens où il n'est pas une puissance ou faculté ayant son siège dans le corps ; il n'en est pas moins une faculté de l'âme et l'âme, elle-même, l'acte d'un corps.

17. Dans *In III De anima*, q. 7 ; Bazán, p. 23, 38-46, Siger de Brabant utilise 413a4-7 (lu avec Averroès, *In De an.* II, comm. 21 ; Crawford, p. 160, 10-27) pour prouver que « l'intellect n'achève pas le corps par sa substance, mais par sa puissance ». Dans la version de Siger l'expression « nullius sunt corporis actus » (correspondant à « certaines parties de l'âme ne sont l'acte d'aucun corps ») subit une série de modifications : (1) elle reçoit pour sujet l'intellect (au lieu de « certaines parties de l'âme ») ; (2) elle incorpore une glose renvoyant à l'idée de substance. Le tout devient ainsi : « quod attendens Aristoteles dixit in secundo quod *intellectus* nullius corporis est *ad substantiam* actus » — et d'ajouter : « id est, nullius partis corporis ». Pour étayer sa lecture Siger renvoie à deux traductions (« sic enim dicit *alia translatio* »). Ni la *Transl. vetus*, Gauthier, p. 23 (« propter id quod nullius sunt corporis actus »), ni la *Transl. nova*

Gauthier, p. 74 (« propter id quod nullius corporis sunt actus »), ni
la *Transl. ar.-lat.*, Crawford, p. 147 ; 5-6 (« quia non sunt perfectiones alicuius rei ex corpore ») n'intercalent l'expression « ad substantiam ».

18. Pour Bodéüs, Aristote veut dire qu'« il est des fonctions »
(c'est le sens que Bodéüs donne à « parties de l'âme ») « que l'âme
remplit sans organes proprement affectés à ces fonctions » : il ne
veut pas dire qu'il y a des fonctions accomplies par l'âme « sans
organes corporels » (thèse des commentateurs qui « pensent à l'intelligence », cf. *De gen. animal.*, II, 3, 736b28-29, et *infra* § 45). En
d'autres termes, selon Bodéüs, il y a pour Aristote des fonctions qui
sont « tributaires du corps », mais qui ne sont pas pour autant des
« réalisations » (ou entéléchies) « d'un corps ». C'est parce qu'il
refuse une interprétation de ce genre qu'Averroès aboutit à sa thèse
de la séparation réelle de l'intellect. Thomas, au contraire, interprète
le passage comme Bodéüs.

19. Cf., *infra*, § 28.

20. Thomas condense ici tout un passage du *De anima* II, 1,
412b17-25 ; Tricot, p. 70 (*Transl. nova* Gauthier, p. 74) : « *Appli-
quons maintenant ce que nous venons de dire aux parties* du corps
vivant. Si l'œil, en effet, était un animal, la vue serait son âme : car
c'est là la substance formelle de l'œil. Or l'œil est la matière de la
vue, et la vue venant à faire défaut, il n'y a plus d'œil, sinon par
homonymie, comme un œil de pierre ou un œil dessiné. *Il faut aussi
étendre ce qui est vrai des parties, à l'ensemble* du corps vivant. En
effet, ce que la partie de l'âme est à la partie du corps, la sensibilité
tout entière l'est à l'ensemble du corps sentant, en tant que tel. » Le
§ 4 contient deux moitiés bien distinctes : dans la première Thomas
explique en quoi l'on peut dire, suivant Aristote, que l'intellect est
séparé du corps tout en faisant partie d'une âme qui est l'acte d'un
corps. Dans la seconde il s'explique sur la différence, capitale pour
sa démonstration, entre être l'acte d'un corps pour l'âme et être
l'acte d'un corps pour une partie de l'âme. Selon lui, en 412b17-25,
en montrant que l'âme est l'acte d'un corps parce que certaines de
ses parties — *alique partes* — sont l'acte d'un corps, Aristote fait un
transfert, fondé sur une comparaison avec la sensation, et, plus
spécialement, avec la vue et la vision. Or, ce transfert, cette applica-
tion analogique, fonctionnent dans un seul sens : de certaines parties au tout, et non pas du tout à la totalité des parties. Autrement
dit : s'il est légitime d'étendre au tout de l'âme ce qui vaut pour
certaines de ses parties, il n'y a aucune raison d'appliquer à chaque
partie ce qui vaut pour le tout. En démontrant que l'âme est l'acte
d'un corps par référence au statut de *certaines* de ses parties, Aristote donne à entendre qu'il ne faut pas définir le statut de chaque
partie en fonction de celui de l'âme prise comme un tout ou, si l'on
préfère, qu'il ne faut pas nécessairement assigner à chaque partie le
statut de toutes les autres parties.

21. Dans le § 5 la stratégie argumentative de Thomas est simple.
L'adversaire, étant contraint d'admettre la pertinence de l'argument
tiré de 413a4-7, cherche à en atténuer la portée. Il concède que

l'âme est bien l'acte d'un corps, mais c'est pour distinguer aussitôt deux façons d'actuer : actuer comme une forme actue une matière et actuer comme un moteur actue un mobile. La question est alors de définir le modèle d'actuation applicable à l'âme dans son rapport au corps : est-elle pour lui comme une forme ou comme un moteur ? Il va de soi que l'averroïste va tenter de répondre « comme un moteur », puisque cette réponse seule lui permet de poser la séparation réelle de l'intellect par rapport à l'âme humaine, forme d'un corps naturel organisé. Dans l'immédiat, il se contente de soutenir qu'en 413a7-8, Aristote lui-même semble douter, puisqu'il dit qu'« on ne voit pas bien si l'âme est l'entéléchie du corps, comme le pilote, du navire ». Confronté à un texte d'Aristote laissant la porte ouverte au monopsychisme, Thomas va devoir fixer la place et la portée exactes du passage dans l'ensemble du propos aristotélicien. Sa lecture, axée sur 413a9-10, consiste à accepter provisoirement l'hypothèse de l'âme « pilote » comme simple *« description figurée »*, métaphore transitoire, dont il va montrer comment, dans la suite du texte, Aristote se dégage, pour arriver à une *« définition certaine »*. Cette analyse se fait en deux moments : [A] Thomas commence par établir que, selon Aristote, l'âme est « déterminée » par un ensemble articulé d'activités qui constituent ses « parties », puis [B] il montre que dans toutes ces « parties », le rapport de l'âme au corps se présente comme celui d'une forme à une matière et non comme celui d'un pilote à un navire. Au terme de ce double mouvement, on obtient la définition véritablement générale de l'âme qui, seule, peut remplacer la description « figurée et provisoire » introduite, sur un mode hypothétique, en 413a7-8.

22. Nous gardons ce terme vieilli pour préserver la série latine. Littré rappelle que « Lavoisier avait donné à l'oxygène le nom de comburant par excellence » et précise que « le soufre, le chlore et l'iode sont des comburants ».

23. Comme le remarque A. Mansion, « L'immortalité de l'âme et de l'intellect d'après Aristote », *Revue philos. de Louvain*, 51 (1953), p. 456-465, l'image du pilote et du navire ne figure pas originairement chez Platon. Les témoins invoqués par Thomas sont indirects et tardifs. Le témoignage de « Grégoire de Nysse » — en réalité Némésius d'Émèse, *De natura hominis*, chap. 3 ; éd. Verbeke-Moncho, p. 51-52 — est produit dès *In II Sent.*, dist. 1, q. 2, a. 4, ad 3m et, plus littéralement, dans *In II Sent.*, dist. 17, q. 2, a. 2 ; il est repris dans *In III Sent.*, dist. 5, q. 3, a. 2 ; *In III Sent.*, dist. 22, q. 1, a. 1 ; *In IV Sent.*, dist. 44, q. 3, a. 3, sol. 2 ; *SCG*, II, 57 ; *Quaest. De potentia*, q. 5, a. 10 ; *Quaestio De anima*, q. 1 (éd. Robb, p. 59, 6-11) et 11 (p. 170, 6-8) ; *De spir. creat.*, a. 2, *In II De anima*, chap. 2, éd. Gauthier, p. 76, 153-157. En fait, Némésius lui-même ne parle pas de navire, il se contente de poser que « Platon ne veut pas que l'animal soit composé d'une âme et d'un corps », mais soutient plutôt que « l'âme se sert du corps et est comme revêtue par le corps » (« Igitur Plato [...] non vult animal ex anima et corpore esse, sed animam corpore utentem et velut indutam corpus »). La référence à Plotin passe par l'intermédiaire de Macrobe (*In Somnium*

Scipionis, II, chap. 12), explicitement évoqué *infra*, chap. 3, § 74. En fait, ni Némésius ni Macrobe ne donnent le texte exact du « moteur ».

24. Cf. Aristote, *De an.* II, 1, 413a7-8 ; Tricot, p. 72. Si le plus vieux manuscrit latin du *De anima* (Avranches, Bibl. Mun. 221, *Aristoteles latinus* n° 401, XIIᵉ siècle) a « inmanifestum » (« non-manifeste »), les différentes versions latines de 413a7-8 sont nettement discordantes, et d'interprétations contrastées. La *Transl. vetus*, Gauthier, p. 149, donne : « Amplius *manifestum* est, si sic sit actus corporis anima sicut nauta navis » ; la *Transl. vetus**, Stroick, p. 69 : « Amplius autem *non inmanifestum* est, si sic sit actus corporis anima sicut nauta navis » ; la *Transl. nova*, Gauthier, p. 74 : « Amplius autem *inmanifestum* si sic corporis actus anima, sicut nauta navis » ; la *Transl. ar.-lat.*, Crawford, p. 147, 6-7 : « Et cum hoc *non declaratur* utrum anima corpori sit sicut gubernator navi ». On notera que, dans sa paraphrase du *De anima*, Albert le Grand ne suit pas le texte de la *Transl. vetus** spécialement établi par Stroick, mais celui de la *Transl. vetus*, procuré par Gauthier pour la *Lectura* parisienne *anonyme* de 1245 (notée par la suite *Lectura anonyme*) ! Cf. Albert le Grand, *De anima*, éd. Stroick, p. 70, 48-50 : « *Amplius autem manifestum est* hoc, *si* dicatur *anima* intellectiva sive rationalis movere *corpus* et esse *actus* eius, *sicut nauta* est actus et motor *navis*. »

25. Cf. Aristote, *De an.* II, 1, 413a9-10 ; Tricot, p. 72 ; Bodéüs, p. 140 : « A titre d'ébauche, on s'en tiendra à cette définition et à cette esquisse de l'âme. »

26. Dans son exégèse de 413a4-10, Averroès suit le même mouvement que Thomas dans le § 5. Simplement, là où l'Aquinate rapporte d'emblée la thèse de l'âme motrice à Platon, pour lui laisser le rôle de simple description métaphorique provisoire chez Aristote, Averroès — une fois suggéré que toutes les parties de l'âme ne sont pas forcément « perfection » d'une des parties du corps et que même s'il s'agit dans tous les cas de « perfections » du corps, certaines de ces perfections peuvent en être séparées —, évoque positivement l'exemple du « moteur », pour faire comprendre que « la perfection du navire peut être séparée du navire en la personne du pilote » (« quedam perfectiones possunt abstrahi, ut perfectio navis per gubernatorem ») et conclut : « C'est pourquoi il ne semble pas que l'on puisse manifestement tirer de cette définition que toutes les parties de l'âme ne peuvent être séparées ». Loin de dénoncer le caractère « provisoire et métaphorique » de la description de 413a7-8, Averroès indique donc que cette définition très générale (*secundum sermones universales*), fondée sur une comparaison (*exemplariter*), sera affinée ensuite, lorsque l'on aura « examiné la définition propre à chaque partie de l'âme en particulier ». Mais il va de soi que l'attente d'une véritable démonstration scientifique n'a pas le même sens chez les deux auteurs : pour Thomas l'avenir permettra de remplacer un modèle déficient (le rapport pilote/navire) par un modèle adéquat (le rapport forme/matière), valable pour toutes les sortes d'âmes, y compris l'intellective ; pour Averroès, au contraire, il s'agira de préciser les choses en appliquant les deux modèles de

manière différenciée aux diverses sortes de relations âme/corps : le rapport forme/matière aux âmes végétative et sensitive, le rapport pilote/navire à l'âme intellective. Ici comme ailleurs, la grande préoccupation d'Ibn Rushd reste la réfutation d'Alexandre d'Aphrodise. Pour Alexandre, 413a4-10 est mis au service du matérialisme : « Alexandre soutient que cette définition montre bien que toutes les parties de l'âme sont non séparées » (Crawford, p. 148, 29-31) ; pour Averroès, 413a4-10 « ne montre pas que toutes les parties de l'âme ne peuvent être séparées » (Crawford, p. 148, 27-29). Derrière la subtilité logique, l'enjeu reste évident : Averroès reproche à Alexandre de rendre toute séparation impossible ; Thomas reproche à Averroès d'aller trop loin dans la séparation. C'est à partir du § 66 du *De unitate* que commence la critique de fond de la théorie de l'âme motrice.

27. Cf. Aristote, *De an.* II, 2, 413a11-12 ; Tricot, p. 72.

28. Bodéüs, p. 141, traduit : « l'animé se distingue de l'inanimé par le fait qu'il est en vie ».

29. Cf. Aristote, *De an.* II, 2, 413a20-25 ; Tricot, p. 73-74.

30. Cf. Aristote, *De an.* II, 2, 413b10-13 ; Tricot, p. 75-76.

31. Le § 6 vise à poser les fondements bio-logiques de la noétique. Une fois esquissée la description provisoire de l'âme, Aristote s'engage dans la recherche d'une définition adéquate. Selon Thomas, conformément à la méthode qui veut que l'on remonte du plus certain pour nous (l'effet) au plus certain en soi (la cause), 413a11-12, le Stagirite s'attache, pour commencer, à l'examen des activités ou effets de l'âme. Comme on pouvait s'y attendre, la psychologie étant inscrite dans le champ des sciences de la nature, l'analyse de ces activités est conduite dans le cadre d'une description du phénomène de la vie. Pensée, sensation, mouvement local, repos, nutrition, croissance, bref tout ce en quoi consiste la vie, 413a20-25, tout cela a un seul et même principe : l'âme. Le regard porté par Aristote sur l'âme est donc d'abord celui d'un biologiste. L'âme est le principe de toutes les activités vitales. Le Stagirite exprime cette pluralité en disant que l'âme a diverses « parties » ou « facultés » qui rendent compte de ces différentes fonctions, 413b10-13. Ayant énuméré les divers aspects de la *vie animée*, Thomas conclut en soulignant que la totalité des *fonctions psychiques* est réunie en l'homme et en lui seul.

32. On sait que dans la *République*, IV, 436a *sqq.*, Platon s'interroge sur la pluralité des principes qui nous permettent d'« acquérir notre savoir », de « nous emporter » et d'éprouver de la « concupiscence » : y a-t-il trois principes différents « pour chaque ordre différent de notre activité » ? « Ou bien est-ce par l'âme tout entière que nous agissons dans chacun de ces domaines, lorsque nous nous déterminons à agir ? » (trad. L. Robin, in *Platon, Œuvres complètes*, I, Paris, Gallimard, 1950, p. 1003). Le problème de Platon est assumé par Aristote en *De an.* I, 5, 411a26-411b5, notamment (411b1-5 ; Tricot, p. 62) : « Est-ce à l'âme entière que chacun de ces états doit être attribué ? Est-ce par elle tout entière que nous pensons, que nous sentons, que nous nous mouvons et que nous

accomplissons ou subissons chacun des autres états, ou bien les différentes opérations doivent-elles être assignées à des parties différentes ? Et, par suite, la vie elle-même réside-t-elle dans une seule partie déterminée, ou dans plusieurs, ou dans toutes ? ou bien est-elle due à quelque autre cause ? » La solution de Platon, telle qu'elle est exposée en *Timée*, 69c, est présentée et réfutée en 411b5 *sqq*. Cependant, Aristote ne nomme pas Platon, et la thèse qu'il attribue à ses adversaires anonymes n'est pas celle d'une pluralité réelle d'âmes, mais d'une divisibilité réelle de l'âme d'après ses activités : « Certains philosophes soutiennent que l'âme est partageable, et qu'une partie pense tandis qu'une autre désire » (411b5-6, *Transl. nova*, Gauthier, p. 64 : « Dicunt itaque quidam partibilem ipsam, et alio quidem intelligere, alio autem concupiscere »). Autrement dit, à en juger par 411b5-6, la thèse de Platon n'est pas qu'il y a différentes âmes en l'homme, mais que l'âme humaine est divisible en parties réellement distinctes, « selon le lieu » — ce qui est une façon d'entendre la dernière alternative ouverte au § 6. La doxographie d'Aristote n'est pas sans fondement, mais reste imprécise — le *Timée* explique avec beaucoup plus de détail la répartition des fonctions psychiques dans l'homme, distinguant une « partie moyenne » logée dans la poitrine et isolée par le diaphragme d'une partie concupiscible, située dans le bas-ventre, mais jointe à la partie rationnelle, logée dans la tête, par l'isthme du cou. Dans ces conditions, si l'on ne peut alléguer ni Platon (qui ne l'a pas soutenue) ni Aristote (qui ne la lui impute pas) comme source de la thèse thomasienne selon laquelle « Plato posuit esse diversas animas in homine », comment expliquer cette formulation ? Il est clair que ni l'idée ni la formule ne viennent de Thomas lui-même. Albert le Grand l'utilise à diverses reprises, que ce soit dans le *De an.* I, 1, 4 ; Stroick, p. 7, 65-69 (« D'autres, comme Platon, ont soutenu que le même corps contenait plusieurs âmes spécifiquement différentes, l'âme intellective, située dans le cerveau, la concupiscible ou appétitive, située dans le foie, l'irascible, dans la biliaire, la vitale, dans le cœur, et la générative, dans les testicules ») ou dans le *De natura et origine animae*, II, 8 ; Geyer ; p. 32, 26-45 (« Platon [...] dit qu'il y a plusieurs âmes dans le corps de l'homme — quatre, plus précisément [...], l'intellectuelle ou rationnelle dans le cerveau, la concupiscible dans le foie et l'irascible dans la biliaire, et il semble qu'il ait aussi situé la sensible dans la moelle du cerveau antérieur, et qu'il lui ait rattaché la motrice logée dans les nerfs de la partie postérieure du cerveau. Mais ailleurs il semble qu'il compte l'âme sensitive et l'âme motrice comme deux âmes différentes, et il lui arrive aussi d'ajouter une âme végétative à toutes ces variétés d'âmes. Et c'est pourquoi il dit que parfois la raison tombe dans l'enfer du ventre en suivant la concupiscible, et qu'elle ne peut plus s'élever vers sa retraite céleste [...] »). L'allusion d'Albert à l'« enfer du ventre » (« in infernum abdominis ») trahit sa source : le *De Platone et eius dogmate* (I, chap. 13) d'Apulée (« infernos abdominis sedes tenere »). Une certaine confusion (jusque dans le nombre même des âmes distinguées) entoure donc, comme on le voit, la tradition médiévale de la

« tripartition de l'âme selon Platon ». On notera que s'ils associent clairement Platon à l'erreur dénoncée par Aristote en 411b5-6, ni Averroès ni Simplicius n'évoquent la théorie des trois sortes d'âmes. Simplicius parle d'une distinction entre les « parcelles de l'âme » (*In De an.* II, ad. 411b5 ; Verbeke, p. 88, 59-63 : « [...] comme semble le faire Timée quand il dit que nous pensons grâce à un principe, que nous désirons grâce à un autre et que nous nous emportons grâce à un troisième, assignant chacune de ces parcelles d'âme [« particulas animae »], qui à la tête, qui au cœur, qui au foie »), Averroès, d'une division de l'âme selon la diversité des membres concernés par l'accomplissement de ses fonctions. Cf. Averroès, *In De an.* I, comm. 90 ; Crawford, p. 121, 8-13 : « Aristote fait ici allusion (*innuit*) à Platon, dont l'opinion est que l'âme se divise essentiellement dans le corps suivant la distinction des membres dans lesquels elle accomplit ses diverses activités et qu'elle n'est pas, de ce point de vue, rassemblée dans un même membre, la partie intelligente se trouvant seulement dans le cerveau, la partie désirante, seulement dans le cœur, et la partie nutritive, seulement dans le foie. »

33. Le § 7 est tout entier construit sur l'alternative imposée par la théorie pluraliste de Platon. 413b13-15 : les diverses fonctions biologiques du psychique supposent-elles une pluralité réelle d'âmes (comme le croit Platon lui-même, selon Thomas) ou une pluralité de parties pour une même âme ? Et si les différentes facultés sont les parties d'une même âme diffèrent-elles les unes des autres réellement ou bien logiquement, selon le lieu ou selon le « concept » ? Selon 413b15-16, la question est facile à trancher pour certaines facultés — si l'on sectionne une plante ou certains insectes (*Transl. nova*, Gauthier, p. 82 : « ut in entomis decisis »), on peut aisément voir que la fonction nutritive n'est pas localisée dans une partie déterminée du végétal, ni les facultés motrice et sensitive dans une partie précise du corps de l'animal (413b16-24). Tout le problème vient de l'intellect et de la faculté théorétique. Au vrai, en 413b24-27, Aristote fait deux remarques : la première (=a) est qu'on n'a jusqu'ici rien énoncé d'évident les concernant ; la seconde (= b) est que les apparences plaident pour un statut spécial de l'intellect : ce serait un « autre genre d'âme » et, par là même, une entité réellement séparable contrairement aux autres âmes. Le § 7 n'aborde que la première de ces remarques. L'exégèse de la seconde est réservée au § 8. Concernant la première remarque, 413b24-25, Thomas va explicitement porter l'attaque contre l'interprétation du passage chez Averroès et ses disciples.

34. L'expression d'*âme par soi* est empruntée à la reformulation de la question d'Aristote par Averroès. Cf. *In De an.* II, comm. 19, Crawford, p. 157. Le texte de la *Transl. ar.-lat.* (Crawford, p. 157, 1-2) dit : « Utrum igitur unaqueque istarum sit anima, aut pars anime ? » (« Or donc, chacune d'entre elles est-elle une âme ou une partie d'âme ? »). Averroès commente : « Il dit : *Or donc, chacune d'entre elles*, etc. C'est-à-dire : or donc il faut examiner si chacun des principes existant dans un animal est une âme ou non, et si c'est une âme, est-ce une âme par soi (« utrum est anima per se ») ou une

partie d'âme, et si c'est une partie d'âme, est-ce une partie distincte du corps selon l'essence et le lieu dans l'être animé. »

35. Bodéüs, p. 143, traduit : « [...] est-ce que cela implique une séparation uniquement de raison ou bien aussi de lieu ? ».

36. Cf. Aristote, *De an.* II, 2, 413b13-15 ; Tricot, p. 76 : « Mais chacune de ces facultés est-elle une âme ou seulement une partie de l'âme, et, si elle en est une partie, l'est-elle de façon à n'être séparable que logiquement ou à l'être aussi dans le lieu ? »

37. Cf. Aristote, *De an.* II, 2, 413b15-16 ; Tricot, p. 76.

38. Cf. Aristote, *De an.* II, 2, 413b24-25 ; Tricot, p. 76-77, *Transl. vetus*, Gauthier, p. 176 — *Transl. nova* Gauthier, p. 82 : « De intellectu autem et perspectiva potencia, nichil adhuc manifestum est ». La *Transl. ar.-lat.*, Crawford, p. 159, 1-2 donne, en revanche : « Intellectus autem et virtus speculativa, nichil adhuc declaratum est de eis » — *i.e.* « Quant à l'intellect et à la faculté théorétique, on n'en a rien dit jusqu'ici », ou, si l'on préfère : « on ne s'en est pas occupé jusqu'ici » ; « on n'a donné aucune indication les concernant. » La différence entre les versions gréco-latine et arabo-latine du texte d'Aristote explique en partie les divergences d'interprétation entre Averroès et Thomas. L'exégèse d'Averroès en est, en tout cas, singulièrement compliquée. Cf. Averroès, *In De an.* II, comm. 21 ; Crawford, p. 160, 6-15 : « Ayant dit qu'il fallait chercher si chacun de ces principes était ou non une âme, il commence à parler (*incepit declarare*) d'une faculté qui ne semble pas être une âme, et dont tout confirme au contraire qu'elle n'en est pas une. Et il dit : *Quant à l'intellect et à la faculté théorétique*, etc. C'est-à-dire : quant à l'intellect en acte, et à la faculté qui s'achève (*que perficitur*) grâce à l'intellect en acte, on n'a pas déclaré (*non est declaratum*) si c'était une âme ou non, comme on l'a fait pour les autres principes, et cela parce que cette faculté ne semble pas utiliser d'instrument corporel dans son activité, comme le font, au contraire, les autres facultés. » Dans la *SCG*, II, 61, Thomas évoque la discordance des deux versions latines de 413b24-25, et il attribue explicitement l'erreur d'Averroès à la corruption du texte arabe. Cf. *infra*. p. 309, note 5. La traduction Bodéüs, p. 143, exprime bien le sens attribué par Thomas à 413b24-26 : « Le cas de l'intelligence et de la faculté spéculative, cependant, n'est pas encore clair. Mais il y a apparence (*eoike*) que ce soit un genre d'âme différent. »

39. On sait que « perversement » signifie non seulement « d'une manière perverse » (« dépravée », « corrompue », « maligne »), mais aussi « à contresens » (signification attestée en français médiéval dès 1200). Thomas joue évidemment ici sur les deux acceptions.

40. Le sens du passage selon Averroès est que « jusqu'ici on n'a pas parlé de l'intellect », autrement dit : qu'aucune des observations faites au sujet des propriétés de l'âme végétative et de l'âme sensitive ne doit être considérée comme s'appliquant à l'intellect, puisqu'*en les énonçant Aristote ne pensait pas à l'intellect*. Si Aristote nous dit lui-même qu'il ne *visait* pas l'intellect en évoquant certaines propriétés des parties couvertes par la définition « générale » de l'âme, c'est qu'il n'entend pas intégrer l'âme intellective à cette définition. Tout

mène donc irrésistiblement à la conclusion formulée en 413b25-26 :
l'intellect ne peut être qu'un « autre genre d'âme » — c'est-à-dire :
autre chose que l'âme humaine prise dans la totalité de ses fonctions
spécifiques.

41. A l'exégèse de 413b24-25 par Averroès, qui vise à justifier
par avance la reprise affirmative de l'hypothèse énoncée en
413b25-26 — si Aristote considère que *rien ne visait* l'intellect dans
tout ce qui a été dit des parties végétative et sensitive, c'est que,
précisément, il considère déjà que l'intellect est « un autre genre
d'âme » —, Thomas, une fois de plus, oppose un autre passage du
De an. Expliquant 413b24-25 par 413b15-16, il note donc que les
deux passages se répondent ou, plutôt, se répètent : 413b24-25 ne
fait que redire ce que 413b15-16 a déjà clairement formulé : le
statut problématique de l'intellect par rapport aux autres parties de
l'âme.

42. Cf. Aristote, *De an.* II, 2, 413b25-26, Tricot, p. 77.

43. C'est le cas de l'*Anonyme de Giele*, *Quaestiones De anima* II, q.
4, arg. 3 ; Giele, p. 69, 40-44 : « Aristote dit que l'intellect est un
autre genre d'âme et qu'il est séparé, etc. ; par conséquent ce n'est
pas le même genre de substances que les autres. Donc, si l'intellect
était la perfection d'un corps, le corps humain aurait plusieurs
perfections substantielles et il faudrait bien que l'une ou l'autre des
ces perfections soit un accident du corps. »

44. Thomas reprend ici l'expression même d'Averroès, *In De an.*
II, comm. 21 ; Crawford, p. 160, 24-161,3 : « Et il dit : *Mais pourtant il semble que ce soit un autre genre d'âme*, etc. C'est-à-dire : mais
pourtant il vaut mieux dire, c'est d'ailleurs ce qui paraît plus vrai à
l'examen, que c'est un autre genre d'âme, et que si on veut l'appeler
âme, ce sera par homonymie. Et si tel est le statut de l'intellect,
nécessairement il sera, de toutes les facultés de l'âme, le seul à
pouvoir être séparé du corps et à ne pas subir de corruption à la
corruption du corps, et ce, à la manière dont ce qui est éternel est
séparé. Et c'est ce qui se produit puisqu'à certains moments l'intellect est couplé au corps, tandis qu'à d'autres il ne lui est pas
couplé. »

45. Cf. Aristote, *De an.* II, 2, 413b26-27, Tricot, p. 77 ; Bodéüs,
p. 143-144 : « Et il se peut que lui seul soit séparé, comme l'éternel
du périssable. »

46. L'exégèse de 413b25-26 est d'une importance cruciale. Pour
Averroès, Aristote veut dire que l'intellect n'est pas « âme » au sens
« général » défini précédemment (« perfection première d'un corps
naturel organisé »), mais seulement « âme » par homonymie. Pour
Thomas la pointe de la thèse n'est pas là. Comme d'habitude, la
phrase d'Aristote s'éclaire par ce qui suit, c'est-à-dire par 413b26-
27 : si l'intellect donne l'impression d'être un genre d'âme différent
des autres âmes, ce n'est pas parce qu'il ne peut recevoir la définition dite « générale » ni, *a fortiori*, parce qu'il ne serait d'aucune
façon une âme, mais, précisément, parce qu'il est le seul genre
d'âme à pouvoir être séparé. Ce qui le met à part des autres types
d'âmes est cela même qui explique sa séparabilité : son incorruptibi-

lité. L'intellect est la seule partie de l'âme qui soit incorruptible. Du coup, c'est le sens même de la problématique de la séparation qui est radicalement remis en cause. Contre Averroès, qui entend la séparation de l'intellect dans le sens d'une séparation d'avec le corps, Thomas renoue avec ce qui, à ses yeux est l'inspiration véritable d'Aristote, depuis l'alternative ouverte en 413b13-15 : la séparation des facultés les unes par rapport aux autres. On a vu que l'erreur de Platon était de distribuer les parties de l'âme en autant d'âmes distinctes « selon le lieu » et l'« instrument corporel » ; l'erreur d'Averroès est de continuer à sa manière la même erreur en ne voyant pas que ce qui est en question, c'est la possibilité de séparer l'intellect des autres parties de l'âme pour pouvoir respecter le principe de contradiction. De fait, le problème d'Aristote n'est pas que l'intellect ne peut faire partie de l'âme humaine, et donc être uni, à travers elle, à un corps, parce qu'il est éternel, mais bien, au contraire, que, étant une partie éternelle, ou, plus exactement incorruptible, de l'âme humaine, il ne peut y coexister avec les parties corruptibles, un même sujet naturel ne pouvant supporter des propriétés contradictoires en même temps et sous le même rapport. Le vrai problème d'Aristote, celui qui reste pour le moment irrésolu, celui pour la solution duquel on ne dispose encore d'aucun élément « manifeste », est donc celui-ci : comment penser la coexistence dans l'âme de toutes ses facultés, quand les unes sont corruptibles et l'autre ne l'est pas ?

47. Le § 9 justifie le changement de perspective introduit au § 8. Thomas plaide pour la cohérence du propos aristotélicien. 413b27-31 donne la réponse d'Aristote à la question posée en 413b13-15. Seulement, cette réponse ne concerne que ce qui va de soi — les facultés dont 413b15-16 avait souligné qu'elles ne posaient aucune difficulté (« pour certaines d'entre elles, la solution n'est pas difficile à apercevoir ») — et elle laisse volontairement de côté ce qui avait été d'emblée indiqué comme douteux (« mais, pour d'autres, il y a difficulté », Tricot, p. 76) : l'intellect. Thomas peut donc conclure la section [A] en faisant remarquer qu'Aristote répond à la question posée en 413b13-15 : les facultés, puissances ou parties de l'âme, végétative et sensitive, ne sont pas localement séparées les unes des autres — elles sont *diffuses* dans l'organisme ; elles sont, en revanche, conceptuellement distinctes. La mise en place du système des parties « déterminant » l'âme dans l'ensemble de ses activités solidaires, qui constituait le point [A], premier élément de la réfutation d'Averroès *par les textes*, est donc achevé. La question reste en suspens pour l'intellect, dans l'exégèse thomiste comme dans le texte qu'elle explique.

48. Cf. Aristote, *De an.* II, 2, 413b27-29 ; Bodéüs, p. 144 : « Avec le reste des parcelles de l'âme, toutefois, il est clair, d'après ce qui précède, qu'on n'a pas affaire à des choses séparables, comme certains le prétendent. » L'adversaire d'Aristote est clairement Platon. C'est ce que n'a pas suffisamment gardé à l'esprit Averroès, qui, du coup, a occulté l'authentique problématique aristotélicienne de la séparation des facultés ou parties de l'âme, au bénéfice de celle de la séparation de l'âme intellective par rapport au corps.

49. Thomas veut ici parler des observations sur les plantes et les animaux segmentés rapportées au § 5, à partir de 413b16-21, en justification de 413b16 : « pour certaines » (*i.e.* pour les parties végétative et sensitive) « la réponse ne semble pas difficile ».

50. « Logiquement » (Tricot, p. 77) : on peut aussi dire « selon la notion », ou « en raison » (Bodéüs, p. 144).

51. Cf. Aristote, *De an.* II, 2, 413b29-30 ; Bodéüs, p. 144 : « Le sensitif est, en effet, d'une essence différente de l'opinatif, puisque sentir n'est pas se faire une opinion. » L'opinatif, le *doxastikon* ou faculté « doxastique », est ici distingué du sens en ce qu'il peut, contrairement à lui, « saisir le général et porter sur lui un jugement vrai ou faux ». Cf., sur ce point, Bodéüs, p. 144, note 3.

52. Cf. la question du § 7, d'après 413b13-15, explicitement imputée au déficit de la division platonicienne des âmes.

53. Thomas condense ici *De an.* II, 2, 414a5-9 ; Tricot, p. 77-78 : « Ce par quoi nous vivons et percevons se prend en un double sens, comme ce par quoi nous connaissons, autre expression qui tantôt désigne la science et tantôt l'âme (car c'est par l'un ou par l'autre de ces deux termes que nous disons, suivant le cas, connaître) ; c'est ainsi encore que ce par quoi nous sommes en bonne santé signifie soit la santé, soit une certaine partie du corps, soit même le corps tout entier. »

54. Le § 10, qui ouvre la démonstration du point [B], entame l'examen des activités ou opérations de l'âme dont le cadre général a été fourni en [A] par les § 6-9. La trame de l'analyse conduite dans les § 10-14 est fournie par les lignes 414a4-415a12. Une fois atteint 415a12, dernière mention de l'intellect dans le livre II du *De anima*, Thomas passe directement à l'analyse du livre III, où, à partir de 429a10, Aristote reprend le problème de l'intellect là où il l'avait laissé. Le contenu du § 10 est difficile. La difficulté vient moins du texte lui-même que de son apparente discordance avec certains éléments du § 11. L'essentiel réside dans la formulation d'un principe, qui est censé être appliqué au § 11. Ce principe peut être appelé « principe d'opérativité ». Il ne figure pas tel quel dans le texte d'Aristote, qui se contente de distinguer, sans les hiérarchiser, les principes actif ou formel (la science, la santé) d'une part, les principes passif ou matériel (l'âme, le corps), d'autre part. Tel que le formule Thomas le principe stipule que « ce qui opère à titre premier est la forme de l'opérateur ». C'est ce principe qu'il applique à deux exemples qu'il trouve en 414a5-12 : un homme connaît par son âme et par la science. Selon le principe d'opérativité, on dira qu'il connaît à titre premier par la science — la science étant la forme de l'âme, le principe actif, et l'âme elle-même, l'opérateur de connaissance. De même, un homme est sain par son corps et par la santé, mais, à titre premier, par la santé — la santé étant la forme du corps, le principe actif, et le corps l'opérateur de santé. Le principe étant expliqué sur deux exemples simples, Thomas n'a plus qu'à montrer, au § 11, comment Aristote l'applique à la théorie des activités et facultés de l'âme, puisque, en 414a4-5, Aristote a formellement énoncé que les phénomènes comme la vie

ou la sensation pouvaient être compris par analogie avec celui de la science (*Transl. vetus*, Gauthier, p. 176 — *Transl. nova* Gauthier, p. 82 : « Quoniam autem quo vivimus et sentimus dupliciter dicitur, sicut quo scimus » ; Bodéüs, p. 144 : « Mais ce qui fait que nous vivons ou sentons, cela s'entend de deux manières, comme ce qui fait que nous sommes savants »).

55. Le § 11 s'ouvrant sur 414a12-14 où Aristote définit l'âme (a) au sens primordial (b) comme « ce par quoi nous vivons, sentons et pensons », toutes les conditions mises en place au § 10, grâce à l'exemple de la science et de la santé tiré de 414a5-9, notamment la formulation du principe d'opérativité, sont donc réunies ici. L'objectif de Thomas est, appliquant le principe, de montrer que l'âme est forme d'un corps naturel. Le lien avec le § 10 n'apparaît pas immédiatement. Dans le § 11 Aristote pose que ce par quoi nous vivons est au sens primordial l'âme grâce à sa faculté végétative, puis il applique la même structure opératoire aux phénomènes de la sensation, du mouvement et de la pensée. Dans le § 10, au contraire, il soutient, apparemment, que ce par quoi nous connaissons est au sens primordial la science et non pas l'âme. On peut donc légitimement se demander en quoi le § 11 met bien en œuvre le principe d'opérativité défini au § 10. En fait les deux séries de phénomènes ne sont pas de même niveau : la science et la santé sont de rang secondaire par rapport à la vie, à la sensation, au mouvement et à la pensée. Ces quatre phénomènes sont des phénomènes primaires : leur opérateur est l'homme, la forme de l'opérateur est l'âme de l'homme ; science et santé affectent un homme qui est déjà vivant, sentant, automoteur et pensant grâce aux diverses fonctions de son âme : ce qui acquiert une connaissance c'est donc l'âme humaine, grâce à la forme de la science, mais ce qui pense c'est l'homme, grâce à son âme. Le principe d'opérativité est donc bien appliqué au § 11 sur le modèle du § 10, simplement d'un § à l'autre la nature de l'opérateur a changé compte tenu du niveau d'opération considéré. Comme on le voit, tout l'effort exégétique de Thomas vise non seulement à arriver au cœur de la thèse d'Aristote, mais à y arriver par les mêmes étapes que lui. L'apparente incohérence des § 10 et 11 vient de la tension existant entre 414a4-12 et 414a12-13 dans le texte original. On peut reprocher à Thomas de ne pas aider son lecteur à la surmonter avec lui.

56. Selon Bodéüs, p. 145, note 4, l'expression « à titre premier » paraît renvoyer à la notion de « réalisation première », c'est-à-dire d'entéléchie ou d'acte premier. Même si l'on interprète la formule du § 11 à partir de l'expression déjà utilisée au § 10 pour définir le principe d'opérativité, on peut conserver cette lecture, puisque, dans les faits, Thomas montre bien qu'Aristote élucide un phénomène de « réalisation première » (autrement dit : une entéléchie première) — par exemple la condition de la pensée — en s'appuyant analogiquement sur le cas de « réalisation seconde » (entéléchie seconde) — en l'occurrence, la condition de l'acquisition d'une science en acte par la pensée. De toute manière, il est certain que la formule « l'âme est, au sens primordial, ce par quoi nous

vivons, sentons, nous mouvons et pensons » est synonyme de la
définition générale de l'âme comme « *entéléchie première* d'un corps
naturel organisé ». C'est même sur cette équivalence que repose tout
le programme d'argumentation des § 10-11.

57. Une nouvelle différence de lexique dans les traductions ouvre
ici un abîme théorique entre Averroès et Thomas. Là, en effet, où la
Transl. vetus (Gauthier, p. 177) et la *Transl. nova* (Gauthier, p. 82)
emploient le mot « intelligimus », qui renvoie nécessairement à
l'intellect (« intellectus ») et à son activité (« intelligere »), la *Transl.
ar.-lat.* (Crawford, p. 163, 13) donne « distinguimus », un terme
qui, chez Averroès, caractérise l'activité de ce qu'il appelle la « puissance distinctive particulière » (« virtus distinctiva individualis ») ou
la « faculté cogitative » (« virtus cogitativa »), puissance subordon-
née, « existant dans le corps », c'est-à-dire : dotée d'un support
organique, dont le mode de connaissance, sensible et individuel,
n'approche en aucune façon le type de connaissance *intellectuelle* et
universelle assuré par le seul intellect. Sur cette différence, cf. Averroès, *In De an.* III, comm. 6 ; Crawford, p. 415, 56416, 90.

58. Cf. Aristote, *De an.* II, 2, 414a12-14 ; Tricot, p. 78 ; Bodéüs,
p. 145 : « L'âme c'est ce qui fait que nous vivons, sentons et réflé-
chissons, au sens premier. Si bien qu'elle doit être une sorte de
notion ou de forme, et non une nature ou un sujet. »

59. Le nerf de la démonstration fournie par le § 11 est l'applica-
tion du principe d'opérativité au phénomène de la pensée. Grâce à
414a12-14, Thomas montre que, sans équivoque, l'âme est, pour
Aristote, la condition primordiale des quatre activités fondamentales
du vivant animé — la vie, la sensation, la locomotion et la pensée —,
et ce par quatre facultés spécialisées — la faculté végétative, la
sensitive, la motrice *et l'intellective*. Il n'y a donc pas lieu d'exclure la
faculté intellective de la définition « générale » de l'âme. Autrement
dit, et contre Averroès : l'âme est la forme première d'un corps
naturel organisé et, puisque ce par quoi nous pensons est l'âme,
grâce à sa faculté intellective, ce par quoi nous pensons est la forme
d'un corps naturel organisé. Reste à prévenir une dernière objection : on pourrait en effet arguer qu'en soutenant simplement que
l'âme est ce par quoi nous pensons, Aristote ne dit ni que nous
pensons « par l'âme, grâce à la faculté intellective » de l'âme, ni, *a
fortiori*, que nous pensons par l'intellect possible entendu comme
forme d'un corps naturel organisé. Thomas concède le point : c'est
lui qui, par le jeu de son exégèse, a *révélé* le contenu latent du texte
d'Aristote. Mais, l'objection est sans conséquence, puisque, précisément, la définition de l'intellect possible dans le livre III du *De an.*
fait de l'intellect « ce par quoi l'âme pense ». La série d'équations
soumises au principe d'opérativité s'achève ainsi par l'attribution
d'un rôle central à l'intellect de l'homme. Du § 10 au § 11 on est
ainsi passé de « l'homme est savant par la science » (entéléchie
seconde), à « l'âme est ce par quoi l'homme pense » (entéléchie
première), puis à « l'intellect est ce par quoi l'âme pense » (entéléchie première). La série n'est pas, pour autant, close : en
429a10-11, quand il reprend au livre III l'examen de l'intellect,

Aristote évoque « la partie de l'âme par laquelle l'âme connaît et comprend », et, s'appuyant sur *De an.* I, 4, 408b13, Tricot de rectifier (p. 173, note 3) : « ou plutôt (la partie de l'âme par laquelle) l'homme tout entier (connaît et comprend) » !

60. Cf. Aristote, *De an.* III, 4, 429a23 ; Tricot, p. 174-175 : « Ainsi cette partie de l'âme qu'on appelle intellect (*et j'entends par intellect ce par quoi l'âme pense et conçoit*), n'est en acte aucune réalité avant de penser » ; Bodéüs, p. 223 : « Par conséquent, ce qu'on appelle l'intelligence de l'âme — et, par là, j'entends ce qui permet à l'âme de réfléchir et de se former des idées — n'est effectivement aucune des réalités avant de penser. » Evidemment on pourrait objecter à Thomas qu'en 429a23 Aristote ne parle pas spécialement de l'intellect possible, mais de l'intellect en général. Toutefois, cela ne changerait rien à la substance de l'argument. Siger mentionne l'argument dans le *De anima intellectiva*, chap. 3 ; Bazán, p. 81, 91-82, 97. Il lui oppose 413a5-9, qu'il interprète dans le sens d'Averroès : « C'est pourquoi Aristote dit dans le livre II *De l'âme* que rien n'empêche que, selon certaines de ses parties, l'âme ne soit séparée du corps, puisqu'elles ne sont l'acte d'aucun corps ou qu'elles sont acte comme le pilote pour le navire. » Cette lecture est, à nouveau, placée sous le patronage de Thémistius. Cf. Siger, *De anima intellectiva*, chap. 3 ; Bazán, p. 85, 85-89 ; Thémistius, *In III De an.*, ad 412b25 ; Verbeke, p. 102, 39.

61. Avant de passer à l'analyse des textes sur l'intellect contenus dans le livre III, le § 12 propose une collation générale des indications contenues dans le livre II. Thomas insiste sur trois points : (a) la définition générale de l'âme passe par une distinction des puissances de l'âme (414a12-14), or (b), parmi ces puissances, il y a la faculté « intellective » (414a14 et 32), c'est-à-dire, en fait (c) l'intellect (414b18-19). La conclusion coule d'elle-même, qui est entièrement contraire à la thèse d'Averroès : l'intellect est une puissance de l'âme qui est acte d'un corps.

62. Cf. Aristote, *De an.* II, 3, 414a31-32 ; Tricot, p. 80 : « Les facultés que nous avons énumérées sont les facultés nutritive, désirante, sensitive, locomotrice et dianoétique » ; Bodéüs, p. 146 : « Et, par facultés, nous voulions dire ce qui permet la nutrition, l'appétit, la sensation, le mouvement local, la réflexion. »

63. Cf. Aristote, *De an.* II, 3, 414b18-19 ; Tricot, p. 82 : « d'autres ont encore la faculté dianoétique et l'intellect, par exemple l'homme et tout être vivant, s'il en existe, qui soit d'une nature semblable ou supérieure » ; Bodéüs, p. 148 : « [...] d'autres, celle de réfléchir et l'intelligence : aussi les hommes et, le cas échéant, tout autre être semblable ou de dignité supérieure. » On soulignera que Thomas neutralise explicitement la différence entre *intellectivum* et *intellectus*, autrement dit, ici, entre *dianoetikon* et *noûs*, et qu'il interprète le « et » de « Mais d'autres ont la faculté intellective et l'intellect » comme signifiant « c'est-à-dire ». Cette neutralisation et cette assimilation sont capitales : il s'agit d'interdire d'emblée toute distinction entre une faculté intellective, de rang subalterne, propre à l'homme, et un intellect, auquel l'homme aurait seulement part.

L'intellect n'est pas distinct de la faculté intellective évoquée dans le
§ 11, pour désigner « ce avec quoi l'âme pense ». Toute la stratégie
de Thomas consiste donc à rapprocher l'intellect de la faculté
intellective, à les identifier, tandis que celle des averroïstes consiste,
à l'inverse, à les distinguer de manière radicale et insurmontable —
l'*intellectivum* étant identifié à ce que la tradition du péripatétisme
gréco-arabe appelle, avec Galien, la « cogitative ». Le problème est
que les textes orignaux d'Aristote font effectivement intervenir trois
expressions : *noûs*, *to noetikon*, *to dianoetikon*, qui, normalement
devraient renvoyer à « intellect », « faculté intellective » ou « noétique » et « faculté dianoétique ». C'est le cas dans quelques traductions modernes, notamment chez Tricot. D'autres interprètes, tel
Bodéüs, considèrent, en revanche, comme sans portée la distinction
entre « faculté noétique » et « faculté dianoétique ». Dans les versions
gréco-latines, l'expression correspondant à « faculté intellective »,
autrement dit « *intellectivum* », rend en général indifféremment *to
noetikon* et *to dianoetikon*, de sorte que le problème de la distinction
entre *intellectus* et *intellectivum* ne vient que rarement au premier
plan. Dans la version arabo-latine, en revanche, l'expression correspondant spécialement à *to dianoetikon*, autrement dit : « *virtus distinctiva* » (ou « *distinguens* »), est employée de manière suffisamment
constante pour que la question du rapport entre l'intellect et cette
faculté vienne, au contraire, mobiliser l'attention. Cette différence
d'approche est considérable : l'*intellectivum*, synonyme de *noûs* pour
les lecteurs des versions gréco-latines, ne peut être assimilé à la
virtus distinctiva du lecteur de l'arabo-latine. Les textes latins d'Aristote sont donc plus systématiques que l'original — plus exactement,
ils en durcissent ou en atténuent alternativement les oppositions
lexicales. C'est sur ce double jeu de la tradition textuelle que se
fondent les contradictions de la tradition interprétative. Dans le
passage allégué par Thomas, 414b18, la distinction entre *intellectivum* et *intellectus* (*Transl. vetus*, Gauthier, p. 192 — *Transl. nova*,
Gauthier, p. 87) est évidement moins tranchée que celle de
l'arabo-latine entre *distinguens* et *intellectus* (cf. *Transl. ar.-lat.*,
Crawford, p. 172, 6-7) : la lecture qu'en donne Thomas est donc
d'autant plus facile à faire qu'elle vient harmonieusement compléter
les formules du § 10. Cette démarche appelle néanmoins quelques
commentaires. En 414b18 *intellectivum* et *distinguens* rendent évidemment tous deux le même mot grec : *dianoetikon*. Bodéüs,
p. 146, note 6 et 148, note 4, remarque que, en 413b13, 413a32,
414b18 ou 431a14, la faculté qu'Aristote appelle (dans sa traduction) « faculté de réflexion » (*dianoetikon*) est appelée ailleurs « intellective » (*noetikon*) « sans nuance appréciable ». Selon lui, dans le *De
an.*, la différence entre « intelligence discursive » et « intuitive » est
« négligeable » : il s'agit de deux expressions de la même faculté. La
situation est exactement opposée dans la tradition antique et médiévale. Dans le cas précis (comme en plusieurs autres passages), il
faut supposer, au contraire, que, sans doute en fonction de présup-
posés non aristotéliciens, *dianoetikon* est compris par les interprètes
comme renvoyant à *dianoia*, par opposition à *noetikon* mis en rela-

tion, de son côté, avec *noûs*. La tradition arabe et arabo-latine, où s'enracinent respectivement Averroès et l'averroïsme latin, travaille sur cette base. Dans son exégèse de 414b18, Averroès distingue donc deux entités, la « faculté cogitative » et l'« intellect » (cf. *In De an.* II, comm. 29 ; Crawford, p. 172, 25-173, 32, spécialement : « Deinde dixit : *Et in aliis distinguens et intellectus*. Idest, et ponamus etiam pro manifesto quod virtus cogitativa et intellectus existunt in aliis modis animalium que non sunt homines »), là où Thomas ne fait aucune distinction notable et axe tout son commentaire sur le sens à donner à l'affirmation aristotélicienne de l'existence d'un *intellect* (« intellectus ») non seulement en l'homme mais chez des êtres « supérieurs à l'homme ». C'est que le problème de l'Aquinate n'est pas ici de distinguer entre *intellectivum* et *intellectus*, « cogitative » et « intellect » — ou, comme le dit la tradition latine, plus proche des sources platoniciennes, raison discursive, *ratio*, et intellect, *intellectus* —, mais d'identifier ces êtres d'une « dignité supérieure à celle de l'homme ». En *In II De an.*, chap. 5, Gauthier, p. 90, 213-220, il renvoie « aux substances séparées et aux corps célestes » (« in substantiis separatis et in corporibus caelestibus »), mais nuance immédiatement son propos, d'un « si tamen sunt animata » (« si tant est qu'ils soient animés »). De toute évidence, la question de l'animation du Ciel est plus importante à ses yeux que les nuances du vocabulaire noétique gréco-latin. En d'autres termes, et pour résumer : si l'on revient aux traductions modernes d'Aristote, on voit que la distinction de Tricot entre « faculté dianoétique » et « intellect » va davantage dans le sens d'Averroès que dans celui de Thomas. En revanche, la formule retenue par Bodéüs, « faculté de réfléchir », ne va comme telle ni dans un sens ni dans l'autre, tandis que celle qu'il utilise ailleurs, « faculté intellective », va, naturellement, dans le sens de Thomas plutôt que dans celui d'Averroès. Le flou du texte aristotélicien mène donc les interprètes à des positions d'autant plus complexes que les traductions qu'ils utilisent tentent d'en redessiner les traits. On peut évoquer ici, à titre exemplaire, l'exégèse de 431b2, où revient l'expression *to noetikon*. Les interprètes partant du texte gréco-latin (*Transl. vetus*, Gauthier, p. 478 : « Species quidem igitur in fantasmatibus intellectiuum intelligit » ; *Transl. vetus**, Stroick, p. 212 : « Species igitur in phantasmatibus intellectiuum intelligit » ; *Transl. nova*, Gauthier, p. 223 : « Species quidem igitur intellectiuum in phantasmatibus intelligit ») éprouvent un embarras certain : la *Lectura anonyme* (Gauthier, p. 482) comprend qu'il s'agit de l'intellect, *intellectus*, dernière et suprême faculté d'appréhension interne (« ultima virtus apprehensiuarum intrinsecus »), et explique que l'intention d'Aristote est de mettre en parallèle le fonctionnement de l'intellect pratique avec celui de l'intellect théorétique, qui « juge des concordances et des différences entre les images existant dans l'imagination » ; Albert le Grand (*De an.*, III, 3, 4 ; Stroick, p. 213, 49-67), au contraire, conserve soigneusement le terme *intellectivum* (qui n'apparaît pourtant que deux fois dans toute sa paraphrase), tandis que Thomas (*In III De an.*, chap. 6 ; Gauthier, p. 232, 195-233, 222) reprend l'expression de *pars intellectiva animae* après avoir commencé d'utiliser celle d'*intellectus*. De son côté, la *Transl. ar.-lat.*, Crawford, p. 472, 12-14, renvoyant clairement à l'intellect — 431b2 : « [...] intellectus [...] intelligit enim formas per primas imaginationes », Averroès enchaîne sans difficulté la fin du texte 32, 431b2, sur l'intellect théorétique, avec le début du texte 33, 431b3, sur l'intellect pratique : « Et ita est de quesito et fugito secundum hunc cursum determinatum in his rebus », « Et il en va de ce que l'on poursuit et de ce que l'on évite, selon le processus qui a été déterminé pour ces choses » — *i.e.* les choses de la « compréhension ». Contresens de la *Transl. ar.-lat.* ? Peut-être — si Bodéüs a raison de considérer que les expressions *dianoetikon* et *noetikon* ont le même sens. Précision et systématicité, dans le cas contraire, si l'on considère que, justement, le texte grec de 431b2 parle bien de la *faculté noétique* (*noetikon*), et non de la faculté dianoétique (*dianoetikon*) — ce pourquoi Tricot, p. 194, traduit : « La faculté noétique pense donc les formes dans les images », là où Bodéüs, p. 237, fidèle à son hypothèse, se contente de : « [...] la faculté intellective saisit les formes immanentes aux représentations. » On voit qu'il n'est pas plus facile d'arbitrer entre Thomas et Averroès qu'entre deux traductions modernes d'Aristote ... et pour les mêmes raisons.

64. Le § 13 justifie la conclusion énoncée au § 12 en invoquant le témoignage de 414b19-22 qui lui permet de donner un statut précis à la généralité de la définition de l'âme si difficilement obtenue : la notion commune de l'âme est comparable à la notion commune de figure. Il n'y a pas plus d'âme générique qu'il n'y a de figure générique — toutes les figures planes de la géométrie forment une série, sans qu'il y ait une Idée des figures, dotée d'une différence spécifique. Autrement dit : les âmes pas plus que les figures ne se rangent dans l'unité d'un genre. Les relations entre les divers types d'âmes sont comme les relations entre les divers types de figures, ce sont des relations d'inclusion ou d'implication de l'inférieur (ou antérieur) dans le supérieur (ou postérieur), relations que l'on peut également entendre comme des relations de subordination. La définition « générale » de l'âme a donc un ensemble de caractéristiques qui l'apparentent étroitement à la formule définitoire des figures : elle s'applique à toutes et n'est propre à aucune, mais, réciproquement, aucune ne lui échappe. Il n'y a pas d'autres âmes que les diverses âmes énumérées jusqu'ici : la liste est exhaustive, comme peut l'être celle des figures planes. Thomas observe donc que c'est fort légitimement qu'Aristote arrête quasiment là toute mention de l'intellect pour le livre II. De fait, il n'y revient plus qu'en 415a7 pour dire que peu de vivants animés en sont doués et en 415a11 pour signaler que son mode de fonctionnement est, précisément, une tout « autre question » que celle du fonctionnement de l'imagination. L'analyse de 415a11 est conduite dans le § 14, où Thomas conclut son analyse du livre II.

65. Cf. Aristote, *De an.* II, 3, 414b19-22 ; Tricot, p. 82-83 ; Bodéüs, p. 148 : « Il est donc évident qu'un même genre d'unité va caractériser la formule de l'âme et de la figure. Pas plus, en effet,

qu'il n'est là de figure en dehors du triangle et celles qui lui font
suite, il n'y a de place pour l'âme en dehors de celles qu'on a dites. »
    66. Cf. Aristote, *De an.* II, 3, 415a7 ; Tricot, p. 84 ; Bodéüs,
p. 150 : « Et enfin, un très petit nombre possède encore le raisonnement et la réflexion. » L'état des traductions est, à nouveau, potentiellement responsable d'une divergence d'interprétation. En parlant
de « raisonnement et d'intellect » Thomas se fonde, évidemment,
sur un texte précis, la *Transl. nova* (Gauthier, p. 223), qui donne :
« Ultimum autem et minimum ratiocinationem et intellectum » :
« En dernier lieu, et c'est le plus petit nombre, certains ont le
raisonnement et l'intellect. » Si certains manuscrits du *De unitate
intellectus* donnent « ratiocinativum » (« la faculté de raisonner ») et
d'autres « rationem » (« la raison ») — comme certains manuscrits de
la *Transl. nova* — le texte que lit et commente Thomas ne comporte
pas d'ambiguïté sur le second membre : l'*intellectum* est l'intellect
ou, à la rigueur, la pensée en exercice, l'intellection. L'argument est
donc implacable. Une fois de plus Aristote affirme contre Averroès
que l'homme a en propre l'intellect. Le coup porté par Thomas est,
cependant, moins justifié, si l'on regarde la *Transl. vetus*, dont le
texte (Gauthier, p. 193), incorporant au passage une glose, ne parle
ni de raisonnement ni d'intellect : « Ultimum autem et minimum
animum et mentem, ut homo » : « En dernier lieu, et c'est le plus
petit nombre, certains, comme l'homme, ont l'esprit et la pensée »
— deux termes *animus* et *mens*, plutôt redondants, que, dans son
commentaire, l'auteur de la *Lectura anonyme* ramène cependant
sans hésitation à la seule expression d'« âme intellective » (Gauthier,
p. 198, 148 : « *animus sive anima intellectiva* »). C'est aussi le texte
de la *Transl. vetus**, Stroick, p. 80, 79-80 : « Ultimum autem et
minimum habet animum et mentem ut homo », et l'on est amusé de
voir que, dans sa paraphrase, Albert reprend une fois de plus un
tout autre texte que celui de Stroick, puisque, comprenant le passage comme le fera après lui Thomas, il écrit (*De an.*, II, 1, 11 ;
Stroick, p. 82, 72-73 : « *Ultimum autem*, quod est finis et paucorum
animalium, *habent* quaedam *intellectum*, et multa non habent » — où
« intellect » remplace à lui tout seul « esprit et pensée ». Les décisions
des interprètes latins révèlent cependant un parti pris de lecture
facilité ici par l'imprécision du vocabulaire (*Transl. vetus* et *vetus**),
là, par les choix mêmes du traducteur (*Transl. nova*). La traduction
arabo-latine, en revanche, n'offre pas les mêmes ressources : elle
parle clairement de « connaissance » et de « distinction » — renvoyant du même coup à la *virtus distinctiva*, par opposition à
l'« intellect spéculatif ou théorétique » mentionné en 415a11 (*Transl.
ar.-lat.*, Crawford, p. 177, 10 : « Intellectus speculativus et cogitati-
vus, sermo in eo est alius » ; Tricot, p. 84 : « Quant à ce qui
concerne l'esprit théorétique [!], c'est une autre question »), dont
Averroès a ensuite beau jeu de préciser (*In De an.* II, comm. 32 ;
Crawford, p. 178, 32-37) : « Il dit ensuite : *Quant à ce qui concerne
l'intellect spéculatif*, etc. C'est-à-dire : quant à ce qui le concerne, cela
dépasse les limites de la nature (de l'âme) ; en effet, son opinion est
que ce n'est ni une âme ni une partie d'âme. Et il suggère l'étendue

de sa noblesse, et sa différence d'avec les autres parties ; il faut en effet soutenir qu'il est d'une nature supérieure à la nature de l'âme. » L'interprétation averroïste de 415a11 fournit à Thomas sa transition. Il la rejette dès le § 14.

67. L'expression thomasienne « quia scilicet in paucioribus est » figure déjà chez Albert (*De an.*, II, 1, 11 ; Stroick, p. 82, 72-73). Elle figure également dans l'Anonyme, *In De anima vet.*, ms. Rome Naz. V.E. 828, f. 32rb1. En revanche, l'Anonyme, *In De anima* II-III, f. 4va, comprend tout autrement le passage et interprète de manière entièrement différente les expressions *ultimum* et *minimum* : « Et il faut remarquer que l'âme intellective est appelée *le dernier* (*ultimum*) et *le plus petit* (*minimum*). Elle est dite la plus petite parce qu'elle est indivisible en diverses espèces comme l'est la sensitive [...] et elle est dite la dernière parce que c'est la dernière de toutes les formes naturelles : en effet la vie est ordonnée à la sensation, le sens à l'intellect, et la série s'arrête là. » C'est cette interprétation que défend Thomas lui-même dans *In II De an.*, chap. 6 ; Gauthier, p. 92, 58-63.

68. Cf. Aristote, *De an.* II, 3, 415a11-12 ; Tricot, p. 84 ; Bodéüs, p. 150 : « Quant à l'intelligence spéculative, c'est un autre propos. »

69. Le § 14, axé sur 415a11-12, fait une habile transition avec l'analyse du livre III, qui commence au § 15. Thomas remarque d'abord qu'après 415a11-12 Aristote ne reparle plus de l'intellect avant 429a10-11. Puis, il souligne que, dès la reprise de son travail sur l'intellect, le Stagirite exclut formellement toute interprétation de 415a11 dans le sens d'Averroès. Ibn Rushd ne peut soutenir qu'en 415a11 Aristote veut réserver la question de l'intellect théorétique au livre III pour la raison qu'il ne fait pas partie de l'âme, car les premiers mots du Stagirite en 429a10-11 sont précisément pour introduire l'intellect comme *partie de l'âme*. Une fois de plus l'averroïsme est dénoncé comme péchant par précipitation et réfuté par la *suite* du texte aristotélicien.

70. Cf. Averroès, *In De an.* II, comm. 32 ; Crawford, p. 178, 32-37. L'interprétation averroïste du passage est esquissée dès le commentaire de Thémistius, dans un passage (*In III De an.*, ad 414b32 ; Verbeke, p. 114, 80-83) que Thomas, si soucieux d'isoler Averroès par rapport aux autres « péripatéticiens », n'évoque évidemment pas : « De speculativo autem intellectu altera ratio : forte enim iste neque potentia neque pars predicatae animae, substantia autem altera dignior deveniens in deteriori », « *Quant à l'intellect spéculatif, c'est un autre propos* : en effet, ce n'est peut-être ni une puissance ni une partie de l'âme susdite, mais bien plutôt une autre substance, plus noble, qui s'abaisse dans une inférieure ». La thèse d'Averroès est jugée « très digne d'être remarquée » (*valde notabile*) par Adam de Bocfeld (ms. Urb. lat. 206, f. 274r). Elle l'a certainement été par Albert le Grand, qui, sans sourciller, soutient dans son propre commentaire que « *pour l'intellect spéculatif, c'est un autre propos*, car il est séparé, et appartient plus proprement aux êtres séparés qu'aux mortels » (« quia separatus est et magis proprie separatorum quam mortalium »). L'influence d'Averroès sur Albert

dans l'exégèse de 415a11 est d'autant plus vraisemblable que sa reprise de 415a7 — « *Ultimum autem*, quod est finis et paucorum animalium, etc. » — reprend une expression (« finis ») directement issue de l'arabo-latine (Crawford, p. 177, 2-3 : « Complementum autem *et finis* est illud quod habet cognitionem et distinctionem »).

71. Cf. Aristote, *De an.* III, 4, 429a10-11 ; Tricot, p. 173 : « Voyons maintenant la partie de l'âme par laquelle l'âme connaît et comprend, que cette partie soit séparée, ou même qu'elle ne soit pas séparée selon l'étendue *(kata mégethos)* mais seulement logiquement » ; Bodéüs, p. 221 : « Quant à la partie de l'âme qui lui permet de connaître et de penser, qu'elle soit séparable ou encore qu'à défaut de l'être en grandeur, elle le soit en raison, il faut examiner quel est son trait distinctif. » On notera que la *Transl. nova* citée par Thomas au § 15 rend, comme Bodéüs, *kata mégethos* par *secundum magnitudinem*, « selon la grandeur », et non, comme Tricot, par « selon l'étendue ».

72. Ces interprètes restent non identifiés. Averroès, en tout cas, ne compte pas parmi eux. Son exégèse de *In De an.* III, comm. 1 ; Crawford, p. 379-380 porte elle aussi sur la puissance intellective en général. Néanmoins, c'est quelques lignes plus bas, dès 429a13, que, du fait de la mise en place d'une analogie entre pensée et sensation, commence l'analyse de la passion de cette partie de l'âme à la fois « impassible » et « susceptible de recevoir la forme », qui aboutit à la description de la « table rase » (429b29-430a2) traditionnellement attachée à la notion (non aristotélicienne) d'intellect *possible*.

73. Le § 15 qui commence l'analyse des éléments de noétique anti-averroïste contenus dans le livre III du *De anima* insiste d'emblée sur le lien de composition organique existant entre les deux livres. Le § 14 avait signalé que, reprenant en 429a10-11 la question de l'intellect, Aristote recommençait bien là où il en était resté — à l'intellect comme tel, et non à l'intellect possible. Le § 15 explique à présent que le livre III renoue directement avec deux grandes questions laissées en suspens dans le livre II. La première est évoquée au § 15, la seconde, au § 16. La première question (= a) — l'intellect est-il séparé *des autres parties de l'âme* selon le lieu ou logiquement (« en raison ») — avait été réservée en 413b24-25 (*i.e.* au § 7 de Thomas). 429a10-11 en reconduit exactement le sens, puisqu'on y retrouve la distinction entre séparation réelle et séparation logique — la seule différence, mais elle est justement négligeable, étant que 429a10-11 parle de « séparation selon la grandeur », là où 413b 24-25 parlait de « séparation selon le lieu ».

74. Dans la *Lectura anonyme* (Gauthier, p. 179, 67-68) la « perspectiva potentia » est glosée comme « intellectiva potentia » — « *De intellectu autem et perspectiva*, id est intellectiva, *potencia, nichil adhuc manifestum est*, utrum sit separabilis ». Dans son commentaire du *De an. (In II De an.*, chap. 4 ; Gauthier, p. 84, 104-105) Thomas éprouve lui aussi le besoin d'expliquer le terme : « Deinde cum dicit : *De intellectu autem*, etc., ostendit in qua parte anime possit esse dubium. Et dicit quod *de intellectu* et quocunque nomine

vocetur *perspectiva potencia*, id est speculativa, *nichil est adhuc manifestum.* »

75. Cf. Aristote, *De an.* II, 4, 413b24-25 ; Tricot, p. 76-77.

76. On notera que dans son analyse de la question (a) Thomas varie quelque peu. Le *De unitate* le voit clairement énoncer que la puissance théorétique « est séparée, non certes du corps, comme le soutient malignement le Commentateur, mais des autres parties de l'âme ». La thèse n'est pas aussi tranchée dans la *SCG*, II, 82, où il se contente de soutenir que « la partie intellective de l'âme est séparée des autres comme l'incorruptible du corruptible » sans mentionner ni condamner explicitement la séparation d'avec le corps professée par Averroès (*In De an. II*, comm. 21, Crawford, p. 160, 30 : « ut abstrahatur a corpore »), et attestée chez le pseudo-Pierre d'Espagne, *Expositio lib. II-III De anima* (p. 134, 1 : « separabilis a corpore ») ou dans l'Anonyme, *In De anima II-III* (f. 3ra : « anima intellectiva separabilis est a corpore sicut perpetuum a corruptibili. [...] animam intellectivam solum contingit separari, supple : *a corpore* »). La thèse de Thomas selon laquelle, en 413b24-25 comme en 429a10-11, Aristote pense à une séparation de l'intellect « par rapport aux autres parties de l'âme » (« ab aliis partibus animae »), semble acquise dès Adam de Bocfeld (ms. Urb. lat. 206, f. 272v) : « et separari ab aliis ut incorruptibile a corruptibili ».

77. Le § 16 aborde la seconde question (= b) laissée en suspens par Aristote : celle de la différence existant entre l'intellect et les autres parties de l'âme, réservée en 415a11-12 (le § 13 de Thomas) par la formule « quant à ce qui concerne l'intellect théorétique, c'est une autre question (*altera ratio est*) ». Selon Thomas c'est exactement ce problème de « différence », que reprend 429a12-13 : de fait, c'est par le mot de *diaphora* qu'Aristote introduit son propos — « nous avons à examiner quelle *différence* présente cette partie ». Aux yeux de Thomas le génie d'Aristote — et la meilleure preuve de l'inanité de l'interprétation averroïste — est le soin mis par le Stagirite pour donner à (b) une réponse capable de s'inscrire dans les deux branches de l'alternative formulée en (a), autrement dit : de donner à (b) une réponse valable aussi bien si l'intellect est séparable « selon la grandeur » ou « le lieu » que s'il est seulement séparable « logiquement ». Cette réponse est donc nécessairement située à un niveau fonctionnel, celui du *modus operandi* de l'intellect, partie de l'âme, par rapport aux autres facultés, et non, comme veut le croire Averroès, au niveau d'une séparation de l'intellect avec le corps — car une telle séparation ne serait plus compatible avec les deux branches de l'alternative ouverte en (a). Pour témoignage de l'approche fonctionnelle d'Aristote, Thomas invoque 429a13 : le problème crucial est de déterminer « comment se produit l'intellection », autrement dit : comment fonctionne l'intellect. Et de conclure : dans tout ce qui a été dit ou laissé en suspens, dans le livre II, et de tout ce qui est repris dans le livre III jusqu'en 429a13, rien ne permet de dire qu'Aristote a jamais pensé que l'intellect pouvait être autre chose qu'une *partie de l'âme* qui est l'acte premier d'un corps naturel organisé.

78. Cf. Aristote, *De an.* III, 4, 429a12-13 ; Tricot, p. 173.
79. Cf. Aristote, *De an.* III, 4, 429a13 ; Tricot, p. 173.
80. Le § 17 s'ouvre sur un rebondissement. Malgré tout ce qu'on a pu lire dans le *De anima* depuis le livre II jusqu'au livre III, 429a13 compris, les averroïstes considèrent que, précisément dans ce qui suit 429a13, Aristote prouve que l'intellect n'est « ni une âme ni une partie d'âme », acte d'un corps naturel organisé. Pour les réfuter Thomas doit donc prolonger son effort : il lui faut analyser en détail tout le reste du livre III. La première étape de la contre-offensive est la clarification de l'analogie entre pensée et sensation. En quoi l'intellect est-il semblable au sens ? En quoi s'en distingue-t-il ? Dans les pages précédentes Aristote a fait deux observations : (a) le sens est en puissance par rapport aux sensibles (417b18) et (b) l'excès de sensibles détruit le sens (424a28-31). Toutes deux servent de point d'accrochage à la discussion : le point (b) aussitôt, le point (a) au § 18. En 429a13-15, donc, Aristote pose le problème directeur : penser consiste-t-il [1] à pâtir sous l'action de l'intelligible, en sorte qu'un excès d'intelligible pourrait détruire la pensée comme un excès de sensibles peut détruire le sens (424a28-31), ou bien [2] dans « un autre processus du même genre » (*i.e.* « du même genre », c'est-à-dire semblable jusqu'à un certain point à la sensation, mais « autre », c'est-à-dire exempt de passion) ? Cette alternative est traitée au § 18.
81. Cf. Aristote, *De an.* II, 5, 417b18 ; Tricot, p. 99.
82. Cf. Aristote, *De an.* II, 12, 424a28-31 ; Tricot, p. 140 : « Les excès dans les sensibles détruisent les organes sensoriels. »
83. Selon Bodéüs, p. 222, note 3 : « Cette hypothèse est suggérée implicitement par l'idée qui conduit volontiers à l'identification du sens et de la pensée : ils ont en commun de juger des choses (cf. 427a19-21) ».
84. Cf. Aristote, *De an.* III, 4, 429a13-15 ; Tricot, p. 173-174 ; Bodéüs, p. 222 : « Si, donc, l'opération de l'intelligence se compare à celle du sens, ou bien elle consistera à subir quelque chose sous l'effet de l'intelligible, ou bien elle sera une opération du même genre. »
85. Thomas formalise ici explicitement le principe d'interprétation qu'il met en pratique tout au long du chap. 1. Sur ce point cf. *supra* note 9.
86. Le § 18, fondé sur 429a15-18, répond à l'alternative de 429a13-15 fixée par le § 17. Point [1] : l'intellect est impassible (sinon il serait détruit par un excès d'intelligible). C'est une première différence d'avec le sens. Point [2] son « pâtir » est différent de la passion éprouvée dans la sensation. C'est une deuxième différence d'avec le sens. La suite du § 18 est consacrée à l'analyse de la ressemblance entre sens et intellect. L'analyse est menée en fonction de l'observation (a) du § 17. L'intellect est semblable au sens dans la mesure où il est capable de recevoir les formes intelligibles comme le sens, les formes sensibles, *i.e.* en étant chacune de ces formes en puissance, sans être aucune d'elles en acte. C'est l'identité *potentielle* et *non actuelle* de l'intellect et de l'intelligible qui

répond pour l'intellect à l'analogie avec le sens : le rapport de l'intellect à l'intelligible est *comme* celui de la faculté sensitive au sensible.

87. L'intellect doit être à la fois impassible, pour ne pas se consumer dans son exercice même, et passible, au sens où, en tant que réception d'un intelligible, la pensée a, elle aussi, une dimension essentiellement passive. Conjoindre l'impassibilité et la réceptivité, tel est le problème de la noétique d'Aristote. C'est dans cet équilibre spécifique de l'impassibilité et de la passion que réside la différence ultime de l'intellect et du sens. La passion de la pensée n'est pas celle de la sensation : il y a là une différence cardinale, que l'on retrouve, sous une autre forme, dans l'analyse de la connaissance comme altération, en *De an.* II, 5, 417b8-16, spécialement 417b14-16 (*Transl. vetus*, Gauthier, p. 280 : « [...] pati autem neque dicendum est [...] aut duos esse modos alterationis, et unam in privativas dispositiones mutationem, et alteram in habitus et naturam » ; Tricot, p. 100 : « (Quant à l'être qui, partant de la pure puissance, apprend et reçoit la science) [...], il faut dire ou bien qu'il n'en pâtit pas [...], ou bien qu'il existe deux sortes d'altération : l'une est *un changement vers les dispositions privatives*, et l'autre vers les états positifs et la nature même du sujet » ; la traduction Bodéüs, p. 163, dit au contraire : « (Quant à l'être qui, au départ potentiel, apprend et acquiert une science) [...] il faut soutenir, ou bien qu'il ne subit pas [...] d'affection, ou qu'il existe deux modes d'*altération : le changement qui conduit aux dispositions dont on est privé* et celui qui mène à nos états et à notre nature ».

88. Cf. Aristote, *De an.* III, 4, 429a15-18 ; Tricot, p. 174 ; Bodéüs, p. 222 : « Et la relation du sensitif aux sensibles doit être celle de l'intelligence aux intelligibles ».

89. Pour la doctrine d'Empédocle, cf. Aristote, *De an.* I, 2, 404b11-15 ; Tricot, p. 18 : « C'est ainsi qu'Empédocle déclare qu'elle est composée de tous les éléments, chacun de ces éléments étant aussi une âme. Voici, du reste, ses propres paroles : "C'est par la terre que nous voyons la terre, par l'eau, l'eau. Par l'éther, le divin éther, le feu par le feu. Par l'amour, l'amour, et la haine par la triste haine." Cf. *Sur la Nature*, Fr. B 109D-K. Cf., en outre, Aristote, *Métaph.* III, 4, 1000b6-8.

90. Le § 19 déplie l'analogie pensée/sensation formulée à la fin du § 18 (l'intellect est à l'intelligible ce que le sens est au sensible). En fait, l'appel à l'analogie de la sensation sert à réfuter une doctrine philosophique précise, que Thomas évoque au passage, celle d'Empédocle. Contre la thèse selon laquelle le connaissant serait de la même nature que le connu, Thomas rappelle, justement, la thèse formulée par Aristote en 417a2-9 : avant de sentir le sens n'est pas en acte, mais seulement en puissance ce qu'il sent. La même remarque s'applique ici à l'intellect.

91. Cf. Aristote, *De an.* II, 5, 417a2-9 ; Tricot, p. 95.

92. Cf. Aristote, *De an.* II, 6, 418a12-13 ; Tricot, p. 103 ; Bodéüs, p. 165 : « Ainsi la vue perçoit la couleur, l'ouïe le son et le goût la saveur. »

93. Le § 20 commence à formaliser la différence entre le sens et

l'intellect. Une différence évidente réside dans le fait que l'intellect est capable de tout connaître, contrairement aux sens qui, tous, sont spécialisés. Cela nous ramène à la problématique du § 19. En effet, contre les Anciens affirmant que l'âme doit avoir en elle les principes de tout pour pouvoir tout connaître (principe de la connaissance du semblable par le semblable), Aristote, qui vient de montrer que l'intellect n'est rien en acte de ce qu'il connaît (§ 19), peut, au contraire, poser, contre Empédocle, que l'intellect ne doit avoir en lui aucun des principes des choses pour pouvoir toutes les connaître, bref qu'il doit être « sans mélange ».

94. Cf. Aristote, *De an.* I, 2, 404b11-15 et, plus largement, 405b10-17 ; Tricot, p. 25 ; Bodéüs, p. 100 : « Ils prétendent, en effet, que le semblable se connaît par le semblable. Car dès lors que l'âme connaît tout, ils la constituent à partir de tous les principes. »

95. L'expression *e contrario* n'a pas ici la valeur technique de la *consequentia e contrario*. Pour les logiciens médiévaux (Cf., *e.g.* Pierre d'Espagne, *Tractatus*, VII, § 153 ; De Rijk, p. 169, 25-30) il y a *consequentia e contrario* quand dans une inférence, l'opposé de l'antécédent découle de l'opposé du conséquent. Un exemple canonique de *consequentia e contrario* est : « S'il y a un homme (antécédent), il y a un animal (conséquent) ; donc s'il y a un non-animal, il y a un non-homme », où l'opposé de l'antécédent (= il y a un non-homme) découle de l'opposé du conséquent (= il y a un non-animal). À l'évidence le cas analysé par Thomas ne rentre pas dans ce cadre formel.

96. Le § 21 s'ouvre sur une justification de la thèse du § 20 sur la pureté sans mélange de l'intellect. Suivant 429a19, Thomas montre qu'Aristote s'appuie ici sur Anaxagore (même si l'intellect possible dont parle Aristote n'est pas l'Intellect Premier moteur dont, selon lui, parle Anaxagore) : l'intellect doit être sans mélange pour « commander » à tout et « connaître » tout. En examinant la preuve aristotélicienne de la thèse d'Anaxagore Thomas explique un passage délicat : 429a20 (« car ce qui se manifeste à l'intérieur empêche ce qui est à l'extérieur et lui fait obstacle »), qu'il clarifie en prenant l'exemple de la vue. Pour voir la couleur extérieure, la pupille ne doit pas contenir d'avance la même couleur, sinon le couleur intérieure ferait obstacle à la vision de la couleur extérieure. Il conclut en soulignant qu'il en va de même de l'intellect : il ne doit rien contenir pour pouvoir tout connaître.

97. Thomas attribue à Anaxagore une doctrine de l'intellect Premier principe, au sens du Premier moteur de toutes choses (« intellectus qui omnia movet »), où le verbe « *imperet* » a le sens de « mouvoir ». Cf. *In III De an.*, chap. 1, Gauthier, p. 203, 118-120 : « Et hoc est quod dicit quod Anaxagoras posuit intellectum esse immixtum *ut imperet* id est suo imperio omnia moveat. » A cet intellect il oppose l'« intellectus qui omnia intelligit », et il introduit un balancement étranger à la thèse d'Aristote telle qu'elle était couramment interprétée au XIIIᵉ siècle (*ibid.*, p. 203, 120-130) : « Mais puisque nous ne parlons pas en ce moment de l'intellect qui meut tout, mais de l'intellect qui pense tout, ce moyen ne nous

convient pas pour montrer que l'intellect est sans mélange. Il nous faut, au contraire, choisir un autre moyen pour le montrer, et ce en partant du fait que l'intellect pense tout. Or, c'est ce qu'il ajoute : "et il en est ainsi pour qu'il connaisse" ("hoc autem ut cognoscat") — comme pour dire : de même qu'Anaxagore a posé que l'intellect était sans mélange afin qu'il commande, de même il nous faut poser que l'intellect est sans mélange afin qu'il connaisse. » L'interprétation de Thomas est isolée. Thémistius (éd. cit., p. 215, 7-9), le pseudo-Pierre d'Espagne, *Expositio lib. II-III De anima* (p. 308, 10-12 : « ut imperet, hoc est ut cognoscat »), l'Anonyme, *In De anima II-III* (f. 19ra), l'Anonyme, *In De anima vet.*, ms. Rome Naz. V.E. 828 (f. 44va : « ut imperet, et exponit hoc dicens : hoc autem est ut cognoscat »), Adam de Bocfeld (ms. Urb. lat. 206, f. 291v : « ut imperet, id est ut cognoscat »), Albert le Grand (*De an.*, III, 2, 2 ; Stroick, p. 178, 78-82) ne distinguent nullement entre l'intellect Premier moteur qui commande (meut) tout et l'intellect possible qui connaît tout. La source de l'interprétation thomasienne est peut-être, paradoxalement, Averroès, *In Phys.* VIII, comm. 37, Venetiis, 1562, f. 377aC.

98. Cf. Aristote, *De an.* III, 4, 429a18-19 ; Tricot, p. 174 ; *Transl. vetus*, Gauthier, p. 445 : « Necesse est itaque, quoniam omnia intelligit, inmixtum esse, sicut dicit Anaxagoras, ut imperet. Hoc autem est ut cognoscat despectum » ; *Transl. nova*, Gauthier, p. 201 : « Necesse est itaque, quoniam omnia intelligit, inmixtum esse, sicut dicit Anaxagoras, ut imperet, hoc autem est ut cognoscat. »

99. Cf. Aristote, *De an.* III, 4, 429a20 ; Bodéüs, p. 222 : « L'interférence de l'étranger crée, en effet, un obstacle et doit faire écran » ; *Transl. vetus*, Gauthier, p. 445 : « Apparere enim prohiberet extraneum et ei obiectum » ; *Transl. nova*, Gauthier, p. 201 : « Intus apparens enim prohibebit extraneum et obstruet. » Bodéüs, p. 222, note 9, remarque que le terme *paremphainon* vient de *Timée* 50e. Il y qualifie le Réceptacle qui « s'il n'était dénué de toute figure, n'épouserait pas certaines d'entre elles », car il ferait « interférer son propre aspect ».

100. Pour ce texte, cf. *Préface de l'édition léonine*, § 38a, p. 280-281. Le latin de la version citée par Thomas dit « *intus apparens* enim prohibebit extraneum et obstruet ». L'expression *intus apparens* rend le grec *paremphainomenon*. Selon les éditeurs de la Léonine, cette leçon remonte probablement à des indications marginales de Guillaume de Moerbeke, mal comprises ensuite. Le ms. Florence, Laurentiana Plut. LXXXXIV, 10, qui donne *secusin apparens* (correspondant au *secusinapparen*s de Guillaume), porte en effet deux indications : l'une précise qu'il faut lire les mots d'une traite, car, en grec, il n'y en a qu'un (*est <una> diccio in greco*), l'autre que le préfixe *in* n'a pas ici un sens négatif, mais signifie la même chose qu'*intus*. *Intus* ayant pris la place du peu compréhensible *secusin* dans une partie de la tradition manuscrite, c'est probablement à un avatar de cette mise au point que Thomas fait allusion. Le texte de 429a20, *paremphainomenon gàr tò allotrion kaì*

antiphrattei, est ainsi traduit par Tricot : « Car en manifestant sa propre forme à côté de la forme étrangère, il met obstacle à cette dernière et s'oppose à sa réalisation. »

101. Le § 22 conclut avec 429a21-22 : la seule nature que possède l'intellect, qui le rende capable de tout connaître, est d'être *possible*, autrement dit : de n'en posséder aucune en particulier. Contre les Anciens affirmant que l'intellect est tout en acte avant de le penser, Aristote maintient que l'intellect n'est aucune réalité (429a24).

102. Cf. Aristote, *De an.* III, 4, 429a21-22 ; Tricot, p. 174 : « Il en résulte qu'il n'a pas non plus d'autre nature propre que celle d'être en puissance. »

103. Cf. Aristote, *De an.* III, 4, 429a24.

104. Cf. Aristote, *De an.* III, 4, 429a23-24 ; Tricot, p. 175 : « Ainsi cette partie de l'âme qu'on appelle intellect (et j'entends par intellect ce par quoi l'âme pense et conçoit), n'est, en acte, aucune réalité avant de penser » ; Bodéüs, p. 227 : « Par conséquent, ce qu'on appelle l'intelligence de l'âme — et, par là, j'entends ce qui permet à l'âme de réfléchir et de se former des idées — n'est effectivement aucune des réalités avant de penser. »

105. Le § 23 repart de la thèse d'Anaxagore, dans la lecture particulière qu'en donne Thomas. Pour éviter toute confusion avec l'Intellect Premier moteur dont parle Anaxagore, Aristote précise que c'est l'intellect « partie de l'âme par laquelle elle opine et pense » qui n'est rien en acte (429a23-24). Deux points sont censés se dégager de cette thèse : (a) contrairement à ce que croient les averroïstes, l'intellect ne peut être pour Aristote une substance séparée, puisque l'intellect visé en 429a23-24 est la « puissance » ou « partie de l'âme » dont il a été constamment question dans les pages précédentes ; (b) ce qui a été prouvé jusqu'ici, c'est donc que l'intellect n'a pas une nature actuelle. Reste à prouver que, pour reprendre une formule d'Averroès, ce n'est pas une « faculté située dans le corps » — autrement dit une puissance liée à un organe corporel. Selon Thomas c'est ce qu'Aristote pose dès 429a25 en affirmant que l'intellect n'est pas « mélangé au corps ».

106. L'expression « faculté <logée> dans le corps » est bien une formule typique d'Averroès. Elle lui sert notamment à qualifier le statut de l'intellect qui n'est « ni un corps ni faculté dans un corps » (« neque corpus neque virtus in corpore »), par opposition à celui de la *virtus distinctiva* ou « cogitative ». Cf., *e.g. In De an.* III, comm. 4 ; Crawford, p. 384, 25-29 et III, comm. 6 ; Crawford, p. 415, 47-416, 97, notamment, p. 415, 67-68 : « Virtus igitur cogitativa est de genere virtutum existentium in corporibus. »

107. Cf. Aristote, *De an.* III, 4, 429a25 ; Tricot, p. 175 ; Bodéüs, p. 223 : « C'est pourquoi, en bonne logique, elle ne se trouve pas non plus mêlée au corps. »

108. Le § 24 justifie la seconde conclusion générale sur l'intellect introduite au § 23 (429a25 : l'intellect n'est pas mêlé au corps). La démonstration, fournie en 429a25-27, est fondée sur la première conclusion générale, proposée aux § 21 et 22 d'après 429a21-22

(l'intellect ne présente en acte aucune nature présente dans les choses sensibles). L'argument est que l'intellect n'est pas mêlé au corps, car s'il l'était, il deviendrait à son tour d'une qualité déterminée. L'intellect n'est donc lié en particulier à aucun organe. Cette thèse est à son tour confirmée en 429a27-29 par une définition de l'âme comme « lieu des formes » : définition acceptable à condition de préciser que le lieu en question n'est pas toute l'âme, mais l'intellect, et que les formes n'y sont pas en acte, mais seulement en puissance.

109. Cf. Aristote, *De an.* III, 4, 429a25-27 ; Tricot, p. 175 ; Bodéüs, p. 223 : « car elle aurait alors une qualité, devenant chaude ou froide, et elle disposerait de quelque organe, comme la faculté sensitive ».

110. Cf. Aristote, *De an.* III, 4, 429a27-29 ; Tricot, p. 175 : « Aussi doit-on approuver ceux qui ont soutenu que l'âme est le lieu des Idées, sous la réserve toutefois qu'il ne s'agit pas de l'âme entière, mais de l'âme intellectuelle, ni des Idées en entéléchie, mais des Idées en puissance » ; Bodéüs, p. 223 : « L'on a donc bien raison de dire aussi que l'âme est le lieu des formes, sauf qu'il ne s'agit pas de l'âme entière, mais de l'âme intellective, et que les formes n'y sont pas réellement, mais des formes potentiellement. »

111. Ayant terminé l'examen des propriétés de l'intellect qui le font dissemblable du sens, Aristote revient à la question de l'impassibilité respective du sens et de l'intellect posée au § 18. Selon Thomas, on touche là à un aspect caractéristique du génie aristotélicien. Revenant, apparemment à contretemps, sur la ressemblance du sens et de l'intellect, qui tous deux sont, à leur manière, impassibles (429a15 : « Il faut donc que cette partie de l'âme soit impassible »), Aristote, tout au long de 429a29-b5, va tirer de cette ressemblance le principe même de leur irréductible distinction. Complétant les indications provisoires du § 18 sur le rapport intellect/sens et la passion, Thomas suit donc pas à pas l'analyse de l'impassibilité de l'intellect ouverte en 429a29, et il montre que l'intellect et le sens ne sont effectivement pas impassibles de la même manière : on le voit au fait que l'excès de stimulation détruit l'un (le sens), mais pas l'autre (l'intellect). La cause de cette disparité est évidente : la faculté sensitive n'est pas sans le corps, alors que l'intellect, lui, est séparé. La ressemblance de l'intellect et du sens est donc bien ici la racine de leur dissemblance. L'analyse est brillante, mais problématique. Elle suppose, en effet, que « la première chose qui a été dite » au sujet de l'intellect et du sens (à savoir, précisément, 429a15) l'ait été pour indiquer une ressemblance et qu'elle ait été ensuite présentée comme telle par Thomas à l'endroit concerné (§ 18). Or ce n'est pas le cas. En fait, dès le § 18, l'impassibilité que, d'après le § 25 et le texte même de 429a29-30 (*Transl. nova*, Gauthier, p. 201 : « Quoniam autem non similis sit inpassibilitas sensitivi et intellectivi »), l'intellect a *en commun* avec le sens, a été tirée du côté de la différence, puisque Thomas a présenté 429a15, « inpassibile oportet esse », comme indiquant une dissemblance entre intellect et sens, tandis que la suite immédiate, « susceptiva autem speciei et

potentia huiusmodi est » (« tout en étant susceptible de recevoir la
forme »), était présentée comme notant, au contraire, leur ressemblance. Dire qu'en 429a29 Aristote tire de la commune impassibilité
de l'intellect et du sens le principe même de leur différenciation tient
donc de l'acrobatie, quand on a dit plus haut (§ 18) que l'intellect
devait être impassible « pour ne pas risquer d'être détruit comme le
sens ». En toute logique, Thomas aurait dû interpréter le passage de
429a15 en un sens exactement opposé, et dire que l'intellect devait,
comme le sens, présenter une certaine forme d'impassibilité pour ne
pas être altéré par les formes qu'il reçoit. Or, ce n'est pas ce qu'il
fait. La situation est donc claire : pour pouvoir dire ce qu'il dit au
§ 25, Thomas aurait dû dire le contraire de ce qu'il dit au § 18 et,
réciproquement, disant ce qu'il dit au § 18, il devrait dire autre
chose que ce qu'il dit au § 25. Au lieu de cela, Thomas noie —
apparemment — sa propre incohérence dans l'exaltation du génie
d'Aristote qui pose une ressemblance pour indiquer une dissemblance — entendons : qui, dès 419a15, parle de l'impassibilité de
l'intellect pour le distinguer du sens, là même où il est censé parler
de ce qui les rassemble, ce qui, du même coup, doit avoir incité
Thomas à présenter tout de suite cette ressemblance en dissemblance, sans prendre garde au fait que, quelques § plus loin, il allait
devoir, commentant 429a29-30, reprendre 429a15 en un sens
« naïf » pour mieux pouvoir louer le génie d'Aristote. Conclusion : il
y a une petite faute dans la rhétorique argumentative de l'Aquinate,
mais la démarche du Stagirite est parfaite.

   L'affaire est-elle réglée ? Non. Pour séduisant que soit ce scénario
il est, en effet, incomplet. Il faut bien distinguer l'exégèse thomasienne de 429a15 et celle de 429a29. On a vu qu'arrivé à 429a29,
Thomas faisait refluer son présupposé (l'intellect et le sens sont tous
deux impassibles) sur 429a15, et changeait ainsi après coup le sens
d'un passage qu'il avait auparavant expliqué autrement (l'intellect
est impassible, le sens est passible. Si l'intellect est dit passible, dans
la mesure où la pensée est une passion, c'est dans un autre sens du
mot « passion »). En fait, plutôt que de louer la méthode d'Aristote,
l'Aquinate aurait pu aussi bien dénoncer son caractère exagérément
elliptique. En réalité il est clair que 429a15 et 429a29 ne peuvent
s'accorder tels quels — il manquera toujours une phrase en 429a15
affirmant que l'intellect est impassible *comme le sens*, pour justifier la
reprise de leur commune impassibilité en 429a29 et enclencher, sur
cette base, le principe de leur différenciation, et, inversement, il y
aura toujours une phrase de trop en 429a15, celle qui précède : « aut
aliquod huiusmodi alterum », (« un autre processus du même
genre »), qui affirme qu'ils ne sont pas passibles de la même manière
— ce dont on ne sait que faire en 429a29, où l'on s'apprête à
distinguer deux formes d'impassibilité plutôt que deux formes de
passibilité. Si la pensée d'Aristote est claire, et conforme à ce qu'en
dit Thomas, elle est, en revanche, insuffisamment développée : quel
que soit l'axe d'interprétation suivi, on a toujours à la fois une
phrase en moins (en 429a15) et une phrase en trop (en 429a29) ou
une phrase en trop (429a15) et une phrase en moins (en 429a29).

Ce déséquilibre structurel est révélé et confirmé par la tradition
textuelle elle-même. De fait, il y a deux traditions exactement
antagonistes de 429a29. La version suivie par Thomas est la *Transl.
nova*, qui, on l'a vu, donne (Gauthier, p. 201) : « Quoniam autem
non similis sit *inpassibilitas* sensitivi et intellectivi » : « Qu'il y ait une
différence entre *l'impassibilité* de la faculté sensitive et celle de la
faculté intellective ») ; mais la *Transl. vetus* (Gauthier, p. 445), dit
exactement le contraire : « Quod autem non sit similis *passibilitas*
sensitivi et intellectivi » : « Qu'il y ait une différence entre la *passibilité* de la faculté sensitive et celle de la faculté intellective »). En
conséquence, la *Lectura anonyme*, quand elle explique 429a29
(Gauthier, p. 450-451), attribue à une différence dans la manière
d'être affecté tout ce que Thomas attribue à une différence dans la
manière de n'être pas affecté !

112. Cf. Aristote, *De an.* III, 4, 429a15 ; Tricot, p. 174.

113. Cf. Aristote, *De an.* III, 4, 429a29-b5 ; Tricot, p. 175-176 :
« Que l'impassibilité de la faculté sensitive et celle de la faculté
intellectuelle ne se ressemblent pas, cela est clair [...]. Le sens, en
effet, n'est plus capable de percevoir à la suite d'une excitation
sensible trop forte [...] Au lieu que l'intellect, quand il a pensé un
objet fortement intelligible, ne se montre pas moins capable, bien au
contraire, de penser les objets qui le sont plus faiblement : la faculté
sensible, en effet, n'existe pas indépendamment du corps, tandis
que l'intellect en est séparé. »

114. 429b5 (« mais l'intellect, lui, est séparé ») étant le principal
fondement textuel de la thèse averroïste et le principal argument
autoritaire pour soutenir que, chez Aristote, l'intellect est une
« substance séparée », le § 26 entame son analyse. L'exégèse averroïste de 429b5 procède d'une nouvelle simplification. Les partisans
d'Averroès oublient qu'Aristote a déjà évoqué en d'autres mots la
séparation de l'intellect et qu'il lui a donné un cadre précis qui n'a
rien à voir avec l'idée de substance unique séparée. Ce passage, qui
commande tout, est 429a25-27, à savoir, le texte qui explique que
l'intellect ne peut avoir d'organe. La doctrine d'Aristote est donc
que l'intellect possible est une partie de l'âme, « quelque chose de
l'âme », *aliquid animae* ; que l'âme à laquelle il appartient est l'acte
d'un corps naturel organisé ; mais que, pour autant, l'intellect lui-
même n'est pas attaché à un organe, contrairement aux autres
facultés de l'âme. Dire que l'intellect est séparé c'est dire que la
pensée n'a pas d'organe.

115. 429b5 est effectivement le premier argument de Siger de
Brabant dans le *De anima intellectiva*, chap. 3 ; Bazán, p. 78, 27-28.

116. Cf. Aristote, *De an.* III, 4, 429b5 ; *Transl. nova*, Gauthier,
p. 201 : « sensitivum quidem enim non sine corpore est, hic autem
separatus est ».

117. Cf. Aristote, *De an.* III, 4, 429a25-27.

118. Le § 27 affronte ce qui semble un paradoxe : l'âme est
forme d'un corps et, pourtant, l'intellect est faculté de l'âme sans
être faculté du corps. Thomas explique cette dissymétrie par
l'exemple de la causalité du ciel : c'est d'elle que l'aimant et le jaspe

tiennent leurs pouvoirs respectifs, non du mélange des éléments qui les constituent. Tout en étant forme du corps, l'âme peut donc bien avoir un pouvoir qui ne soit pas issu de la matière qu'elle informe. Ce pouvoir — cette faculté — venu d'une cause supérieure est l'intellect. Thomas n'explique pas quelle est cette cause, mais il est clair que tout le passage suppose la thèse sur l'origine *extrinsèque* de l'intellect exposée par Aristote dans la *Génération des animaux* (II, 3, 736b28-29) et reprise ici même au § 45.

119. L'*Anonyme de Giele*, *Quaestiones De anima* II, q. 4, a. 5 ; Giele, p. 70, 89-71, 17 répond formellement à l'argument de Thomas. Cf., notamment : « Ce qu'il s'efforce de montrer — qu'il y a des opérations séparées pour certaines formes informant des matières, [...] pour l'aimant qui attire le fer ou le jaspe qui coagule le sang, et donc que l'âme peut, semblablement, être forme du corps, mais avoir néanmoins une opération séparée — cela est sans valeur et ce n'est pas une démonstration. Il est vrai que le jaspe ne coagule pas le sang par la nature de sa matière, si l'on veut parler de la forme et de l'acte qui est la cause de cette réaction ; et il en va de même avec l'aimant par rapport au fer. Il est donc clair que l'on ne peut rendre raison de ces phénomènes par la nature des éléments, s'ils sont le fait d'une vertu séparée. Mais cela n'a strictement rien à voir avec notre problème. »

120. Dans le *De anima intellectiva*, Siger conteste farouchement ce dernier point. Pour lui, en effet, il n'est pas possible qu'une substance soit unie à une matière et que, simultanément, une puissance ou faculté de cette substance soit séparée de cette matière. Cf., Siger de Brabant, *De anima intellectiva*, chap. 3 ; Bazán, p. 82, 101-102 : « Non contingit substantiam aliquam esse unitam materiae et potentiam illius substantiae esse separatam a materia. » Mais ce n'est pas ce que soutient Thomas.

121. Le § 28 précise le sens de la dissymétrie notée au § 27. Si l'âme est l'acte du corps, ce n'est pas par l'intermédiaire de ses puissances. L'intellect n'a donc pas à être acte d'un corps pour que l'âme dont il fait partie soit acte d'un corps. Le rôle d'une puissance est d'assurer une fonction corporelle si elle est l'entéléchie d'une partie du corps. Si sa fonction ne s'exerce pas par le biais d'un organe, c'est qu'elle n'est pas l'acte d'une partie du corps. Selon Aristote c'est le cas de l'intellect.

122. Cf. Aristote, *Phys.* II, 4, 194b9-12 ; Carteron, p. 64 : « Maintenant, jusqu'à quel point le physicien doit-il connaître la forme et la quiddité ? N'est-ce pas comme le médecin connaît le nerf, et le forgeron, l'airain, c'est-à-dire jusqu'à un certain point ? »

123. Sur ce passage difficile, cf. l'explication d'Albert le Grand, *Physica* II, 2, 1 ; Hoßfeld, p. 96, 14-35 : « La considération physique porte sur la forme qui est l'acte de la matière et qui est éduite de la matière par le mouvement, car la forme est proportionnée à la matière physique. Mais elle porte aussi *sur les formes séparées* comme les moteurs des étoiles et les étoiles, qui sont séparés de la matière des réalités soumises à la génération, dans la mesure où sous l'effet de leur mouvement leurs impressions se trouvent *dans la matière.*

Qu'*en effet* les impressions des êtres séparés de la matière des réalités
soumises à la génération se trouvent dans la matière, cela est évident
par le fait qu'*à partir de la matière* de l'homme, *l'homme engendre
l'homme, et le soleil* et le moteur du soleil. Et c'est pourquoi il
importe de considérer les êtres séparés en tant que leurs impressions
se trouvent dans les êtres engendrables et corruptibles, à travers le
mouvement du ciel. » Pour Albert, donc, les formes des êtres séparés sont présentes dans la matière d'ici-bas au titre d'impressions
transmises, de formes imprimées par le mouvement du ciel. Ce sont
ces impressions qui collaborent avec l'homme à la génération de
l'homme. Pour Thomas, il y a des formes intermédiaires entre les
formes séparées et les formes matérielles, et ce sont ces formes qui
sont à la fois dans et hors de la matière qui constituent le terme de la
considération dite « physique » et naturelle. Plus important, Thomas
déplace sur la forme de l'homme ce statut mixte. Il a le droit de le
faire, mais l'exégèse de *Phys.* II, 4, 194b9-13 va plutôt dans le sens
d'Albert. Sur la classification des sciences de la nature chez Albert,
voir la suite du texte cité : « Et l'examen de leur nature <celle des
êtres séparés comme source d'impressions> se fait dans *Le ciel et le
monde.* L'effet qu'ils exercent universellement dans la génération,
nous l'examinons dans le livre de *La génération.* L'effet qu'ils
exercent dans la génération particulière, nous y touchons en examinant la génération singulière dans les livres *Des plantes* et *Des
animaux.* Quant à savoir comment les formes *séparées* non reliées à
la matière des êtres engendrables *se comportent* considérées en elles-
mêmes, *et ce qu'elles sont,* et quel est leur nombre et leur ordre, c'est
la *tâche* de la *philosophie première de le déterminer.* »

124. Cf. Aristote, *Phys.* II, 4, 194b12-13 ; Carteron, p. 64 : « Car
ce qui engendre un homme, c'est un homme, plus le soleil. » Sur
tout ceci, cf., *infra*, § 63.

125. En affirmant en ces termes la nature intermédiaire de l'âme
humaine, Thomas pourrait se réclamer d'Averroès lui-même. Cf.,
en effet, Averroès, *In Phys.* II, comm. 26, fᵒ 59C-D : « Anima
humana est media inter formas naturales et abstractas. »

126. Contrairement aux apparences le § 29 ne distingue pas de
manière rigide le *physicus* du *naturalis.* Thomas commence par
poser que le *physicus* ne considère pas n'importe quelle forme, et il
précise qu'il s'agit toujours de la forme d'un corps mobile (l'objet de
la « physique » est le mouvement, son domaine, le monde sublunaire
soumis à la génération et à la corruption). La question est de savoir
quelle est la limite exacte à laquelle il doit s'arrêter — cette limite est
une limite supérieure au-delà de laquelle on quitte la physique pour
la métaphysique ; elle est fournie par les formes qui sont à la fois
dans une matière et séparées d'une matière. A nouveau ce n'est pas
n'importe quelle forme *physique* : c'est une forme dotée d'un double
statut. En fait, c'est la forme même de l'homme. La limite de la
physique est la biologie, mais au sens où la vie humaine participe à
la fois du monde matériel et du monde d'en haut, et, plus radicalement, au sens où l'homme lui-même est le « lien du monde », *nexus
mundi,* « horizon » ou « confins » du monde supralunaire et du

monde sublunaire. Sur l'âme humaine comme *méthorios* (*confinium*, *horizon*) du monde intelligible et du monde sensible — un thème issu de Grégoire de Nysse et de Némésius d'Émèse, cf. *SCG* II, 68 et IV, 55.

127. En fait, dès *De an.* I, 1, 403a10-13, il est clair que si l'âme a une opération propre — l'« opération de l'intelligence » (Bodéüs, p. 83) — elle se sépare *de ce point de vue* du corps. Cette thèse rejetée par Siger (*De anima intellectiva*, chap. 3 ; Bazán, p. 82, 101-102) est aussi vigoureusement combattue par l'*Anonyme de Giele*, *Quaestiones De anima* II, q. 4 ; Giele, p. 70 : « Certains disent que l'intellect est acte d'un corps dans son être, comme la forme d'une matière, mais qu'il est une puissance séparée dans son opération. Aristote dit littéralement que nous devons atteindre la connaissance de l'âme en partant des opérations qui sont les dernières, mais qui sont pour nous les mieux connues. Comment donc quelqu'un peut-il bien dire que la quiddité de l'intellect est l'acte d'un corps et d'une matière, alors que son opération, qui est le penser, ne confirme (*declarat*) pas cela et qu'il n'y a aucune autre opération qui le confirme ? Qu'y a-t-il donc dans l'intellect qui soit mieux connu pour nous ? A coup sûr il n'y a rien en lui qui nous soit mieux connu que le penser lui-même. Si donc le penser n'est pas uni au corps, mais constitue une passion séparée, alors, à coup sûr, il n'y aura jamais rien pour confirmer que l'intellect est joint au corps selon sa substance. »

128. Le § 29 ayant prouvé qu'une forme peut être à la fois dans une matière et dotée d'une faculté séparée, les § 30-31 répliquent par un second argument classique de l'averroïsme. Le § 30 propose trois autorités aristotéliciennes affirmant l'incorruptibilité de l'intellect. Le § 31 exploite ces définitions dans le sens d'Averroès. La première partie du § prouve que, puisqu'il est essentiel à une forme d'informer une matière, la forme d'un corps ne peut être sans ce corps. La corruptibilité du corps étant incompatible avec l'incorruptibilité de l'intellect, il faut alors soit renoncer à l'incorruptibilité soit renoncer à faire de l'intellect la forme du corps. La seconde partie explique que si les formes engagées dans une matière et les formes séparées sont spécifiquement distinctes, une forme numériquement identique ne pourra rester la même en étant tantôt avec un corps tantôt sans un corps. Si l'intellect est forme d'un corps, il faudra donc qu'il se corrompe avec lui ou qu'il ne reste jamais sans un corps et en change périodiquement. Deux conséquences inacceptables (sur lesquels revient le § 32). Le § 31 se termine sur la conclusion inéluctable aux yeux des averroïstes : si l'on veut éviter à la fois le matérialisme (corruptibilité de l'intellect) et la métemsomatose (transit de l'intellect de corps en corps), il faut renoncer à faire de l'intellect la forme d'un corps naturel organisé.

129. Cf. Aristote, *De an.* II, 2, 413b26-27 ; Tricot, p. 77 ; Bodéüs, p. 143-144 : « Et il se peut que lui seul soit séparé, comme l'éternel du périssable. »

130. Cf. Aristote, *De an.* I, 4, 408b17-18 ; Tricot, p. 45 : « Quant à l'intellect, il semble bien survenir en nous comme possédant une

existence substantielle, et n'être pas sujet à la corruption » ; Bodéüs,
p. 118 : « L'intelligence, de son côté, apparaît comme une substance
qui arrive en nous et ne dépérit pas. »

131. Cf. Aristote, *De an.* III, 5, 430a22-23. Autre traduction :
« Séparé est seulement ce qui est vraiment, et cela seul est immortel
et éternel. » Tricot, p. 182-183, traduit : « C'est une fois séparé qu'il
n'est plus que ce qu'il est essentiellement, et cela seul est immortel et
éternel » ; Bodéüs, p. 229 : « Une fois séparée d'ailleurs, elle se
réduit à son essence, et il n'y a que cela d'immortel et d'éternel. »

132. Il s'agit d'Alexandre d'Aphrodise et de Thémistius, si l'on
en croit le témoignage d'Averroès, *In De an. III,* comm. 20 ; Crawford, p. 444-445.

133. Contrairement à ce que suggère l'expression « quod inest ei
per se » (littéralement : « ce qui est en lui par soi », « ce qui lui est
essentiellement inhérent ») la pointe de l'argument n'est pas que le
corps ne peut être sans la forme du corps ; le sens est que la forme
elle-même ne peut être sans ce corps.

134. Cf. plutôt Aristote, *Métaph.* X, 12, 1058b26-29 ; Tricot,
p. 574-575 : « Les contraires étant différents spécifiquement, et le
corruptible et l'incorruptible étant des contraires (car la privation est
une impuissance déterminée), le corruptible et l'incorruptible sont
nécessairement différents par le genre. » Cf. *Anonyme de Giele,
Quaestiones De anima* II, q. 4, a. rg. 5 ; Giele, p. 69, 53-55. On
notera que, posant ici que « les formes séparées de la matière et les
formes qui sont dans une matière ne sont pas de la même *espèce* »,
Thomas s'écarte du texte original d'Aristote, qui donne *génei* (« par
le genre ») au lieu de *eidei* (« par l'espèce »), pourtant appelé par le
début du texte. Dans son commentaire de la *Métaphysique,* en
revanche, Thomas justifie le propos d'Aristote. Cf. n° 2137, p. 607 :
« <Au lieu de conclure> que le corruptible et l'incorruptible diffèrent par l'espèce il conclut qu'ils sont différents par le genre. Et
cela parce que, de même que la forme et l'acte relèvent de l'espèce,
de même la matière et la puissance appartiennent au genre. Ainsi
donc, de même que la contrariété selon les formes et l'acte fait la
diversité spécifique, de même la contrariété selon la puissance fait la
diversité générique », « <or>, le corruptible et l'incorruptible
s'opposent de plusieurs manières selon la puissance et l'impuissance. »

135. L'alternative est simple : à moins d'accepter la métempsy-
cose ou la métemsomatose platoniciennes, on ne peut échapper à la
conclusion généralement attribuée à Alexandre d'Aphrodise : l'intellect est corruptible. Thomas va s'employer à la dépasser grâce à
Aristote, sans, pour autant, céder à Averroès.

136. Le § 32 présente trois théories liées à l'argument selon lequel
l'âme ne peut être forme du corps sans être elle-même corruptible :
la première, attribuée par Némésius à Aristote, accepte la corruptibilité de l'âme intellective, la deuxième, attribuée par Némésius aux
« Gentils », refuse la corruptibilité, mais accepte la métemsomatose ;
la troisième refuse la corruptibilité, mais propose une théorie aussi
inacceptable que la *transcorporatio* (voyage de corps en corps), celle

du « corps véhiculaire de l'âme intellective » » : l'âme aurait un corps incorruptible dont elle ne se séparerait jamais. Face à ces trois impasses, Thomas veut montrer qu'Aristote prend un parti original : montrer que l'âme intellective est *à la fois* forme du corps et incorruptible. Le scénario historico-doctrinal du § 32 a certainement inspiré Bonaventure, puisqu'on en retrouve l'essentiel dans *Les six jours de la Création*, conf. VI, trad. Ozilou, p. 213 : « Il s'ensuit une autre cécité, celle de l'unité de l'intellect, car si on pose que le monde est éternel, on aboutit nécessairement à l'une de ces conséquences : soit il y a une infinité d'âmes, puisqu'il y a eu une infinité d'hommes, soit l'âme est corruptible, soit il y a transmigration de corps en corps, soit il y a un seul intellect en tous, ce qui est l'erreur attribuée à Aristote selon l'interprétation du Commentateur. »

137. « Grégoire de Nysse », en réalité Némésius d'Émèse, *De natura hominis*, chap. 2 ; PG 40, 571B.

138. On reconnaît ici la théorie du « véhicule de l'âme ». Dans la *Summa theol.*, I, q. 76, a. 7 et dans *In lib. De causis*, prop. 5a, Saffrey, p. 41, 19-20, Thomas l'attribue aux « platoniciens » (*Platonici*). Dans le *De subst. spir.*, chap. 18, § 111, p. 198, il renvoie correctement à Proclus, *Elem. theol.*, prop. 196. Cf. Trouillard, p. 178-179 : « Toute âme participable jouit d'un corps premier et perpétuel qui n'est pas soumis dans sa substance à la naissance ni à la corruption. » La théorie du corps véhiculaire de l'âme a une longue histoire. Le *Timée*, « dans l'ordre de la psychologie astrale, impose l'idée d'un *okhema* de nature astrale, lié par nature à l'âme avant sa venue dans le corps terrestre » (cf. Ph. Hoffmann, *Résumé des conférences et travaux, Annuaire de la section des sciences religieuses de l'ÉPHÉ*, t. 100, 1993, p. 302). C'est avec Plotin que la problématique du véhicule de l'âme ou corps pneumatique se fixe (*Ennéades*, IV, 3, 9 sqq. et 24 sqq.). Porphyre la développe notamment « en vue d'expliquer le processus de la descente et de la remontée de l'âme à travers les sphères » (cf. *Sentence* 29), mais aussi (*De regressu animae*) « pour concevoir la forme de purification religieuse propre à la théurgie ». Voir, sur ce point, Augustin, *Cité de Dieu*, X, 9, 2 et 27-28, lequel, comme on le sait, rejette la notion de *vehiculum animae* (cf. *Lettres* 13 et 159, spécialement CSEL 44, p. 498, 18-20). Chez les philosophes postérieurs, l'idée que l'homme « c'est l'âme usant d'un corps immortel » (Synésius, Hiéroclès) s'impose. Elle est portée à sa perfection dans la distinction proclienne des deux véhicules (prop. 196, 205 et 207-210) : le véhicule immortel de l'âme rationnelle et le véhicule mortel de l'âme irrationnelle. Elle deviendra vulgate néoplatonicienne. Sur tout ceci, cf. Ph. Hoffmann, *op. cit.*, p. 303, H.J. Blumenthal, « Soul Vehicles in Simplicius », in *Platonism in Late Antiquity* [Mélanges E. des Places], ed. S. Gersh et Ch. Kannengiesser, Notre Dame Indiana, 1992, p. 173 *sqq.*

139. Cf. Aristote, *Métaph.* XII, 3, 1070a21-27 ; Tricot, p. 652 : « Cela dit, les causes motrices existent comme étant antérieures à leurs effets, tandis que les causes au sens de causes formelles sont coexistantes à leurs effets : c'est quand l'homme est sain que la santé

existe aussi, et la figure de la sphère d'airain est coexistante à la sphère d'airain. Quant à savoir s'il subsiste quelque chose après la dissolution du composé, c'est une question à examiner. Pour certains êtres, rien ne s'y oppose : l'âme, par exemple, est dans ce cas ; non pas l'âme tout entière, mais l'intellect, car, pour l'âme entière, cela est probablement impossible. »

140. Aucune traduction de la *Métaphysique* par Boèce ne nous étant parvenue, la « traduction de Boèce » est probablement une version de la *Vetustissima* de Jacques de Venise, plus complète que celle que nous connaissons aujourd'hui. Thomas utilisant généralement la *Media* (c'est le cas, par exemple, dans le passage parallèle de *SCG*, II, 79), on peut supposer que pour pallier l'obscurité du texte qu'elle transmet en 1070a21-27, il a utilisé, pour le *De unitate intellectus*, un manuscrit comprenant un certain nombre de leçons alternatives tirées de la *Vetustissima* et faussement attribuées à une *translatio Boetii*. Sur cette question, cf. *Préface de l'édition léonine*, § 38b, p. 281, qui s'appuie sur L. Minio-Paluello, « Note sull'Aristotele Latino Medievale II : La "*Metaphysica vetustissima*" comprehendeva tutta la *Metaphysica* ? », *Rivista di Filosofia Neoscolastica*, 43 (1950), p. 222-226. Sur les différentes versions latines de la *Métaphysique*, cf. A. de Libera, *La Philosophie médiévale*, « Que sais-je ? » n° 1044, Paris, PUF, 1992, p. 10.

141. La thèse antiplatonicienne d'Aristote est que la rémanence de l'âme n'implique pas sa préexistence. Il va de soi que, dans son explication de 430a22-23, Thomas n'analyse pas l'affirmation aristotélicienne de l'éternité de l'intellect au sens de ce que les médiévaux appellent éternité « antérieure » (*a parte ante*), mais seulement au sens de l'éternité « postérieure » (*a parte post*), seul compatible avec la thèse chrétienne de la création de l'âme dans le temps. Le texte de *Métaph.* XII, 3, 1070a21-27 cité ici pour appuyer la thèse de l'indépendance de l'opération de l'intellect par rapport au corps sert donc ailleurs (et, plus bas, au § 34) à limiter la « perpétuité » de l'âme intellective à l'éternité *a parte post* de ce qui est créé dans le temps. Cf., par exemple, Thomas d'Aquin, *In III De Anima*, chap. 4, Gauthier, p. 222, 216-223, 220 : « Et elle est dite perpétuelle (430a23) non au sens où elle aurait toujours existé, mais parce qu'elle existera toujours ; c'est bien pourquoi Aristote dit dans la *Métaphysique*, que la forme n'est jamais antérieure à la matière, mais que l'âme demeure après elle, *pas toute âme, mais l'intellect.* »

142. Grâce au même texte d'Aristote, *Métaph.* XII, 3, 1070a21-27, le § 33 porte un coup fatal à la théorie de la préexistence de l'âme intellective comme à celle de sa corruptibilité. En affirmant que « rien ne s'oppose » à ce que l'intellect « subsiste après la dissolution du composé » Aristote ruine lui-même la thèse selon laquelle l'intellect ne pourrait être forme du corps sans partager sa corruptibilité.

143. Le § 34 s'efforce d'expliquer pourquoi l'intellect subsiste quand les autres facultés de l'âme ne subsistent pas. Le point de départ de la réflexion est fourni à Thomas par 430a22-23 : « Cela seul est séparé, et est vraiment, et cela seul est immortel et éternel. »

La question est de savoir à quoi s'applique la phrase d'Aristote : à l'intellect possible (comme le soutient Averroès), à l'intellect agent (comme le soutient Thémistius) ou à l'âme intellective comme telle ? Pour Thomas, la thèse d'Aristote est que 430a22-23 s'applique à « la totalité de la partie intellective de l'âme ».

144. Cf. Aristote, *De an.* III, 5, 430a22-23 ; Tricot, p. 183 ; *Transl. Vetus*, Gauthier, p. 459 : « Separatum autem solum est hoc quod vere est, et hoc solum immortale et perpetuum est » ; *Transl. nova*, Gauthier, p. 218 : « Separatus autem est solus hoc quod vere est. Et hoc solum inmortale et perpetuum est. »

145. C'est, par excellence, la thèse d'Averroès. En fait, il est clair que 430a22 offre l'un des lieux stratégiques où s'affirme le plus l'idiosyncrasie de la lecture averroïste. Sur ce point, cf. Averroès, *In De an. III*, comm. 20 ; Crawford, p. 449, 155-159.

146. C'est, d'ailleurs, l'interprétation commune. Cf. Thémistius, *In III De an.*, *ad* 430a15-23 et 23-24 ; Verbeke, p. 227, 47-228, 67 ; pseudo-Pierre d'Espagne, *Expositio lib. II-III De anima* (p. 323, 24-324, 1) ; Anonyme, *In De anima II-III* (f. 20va) ; Adam de Bocfeld (ms. Urb. lat. 206, f. 293r).

147. Thomas interprète 430a22 comme s'appliquant à « l'un et l'autre intellect », exploitant à fond les possibilités du latin *uterque*, qui, pouvant se lire *pour deux* au singulier, constitue, par là même, un habile développement du singulier *hoc*, employé par Aristote. Glosant « cela seul » par « l'un et l'autre », Thomas attribue donc aux deux intellects de l'âme intellective, et donc à la partie intellective de l'âme humaine prise comme un tout, ce que, on l'a vu, la quasi-totalité de ses prédécesseurs, à l'exception d'Albert le Grand, attribuaient à l'intellect agent. Pour Albert, cf. *De an.* III, 2, 19 ; Stroick, p. 206, 10-12 : « Ainsi *séparé*, en effet, l'intellect, qu'il s'agisse du possible, de l'agent ou aussi bien du composé des deux *est ce qui seul est véritablement* et est éternel. »

148. Thomas donne la même explication en *SCG*, II, 78 ; *De spir. creat.*, a. 11, ad 3 ; *In III De Anima*, chap. 4, Gauthier, p. 222, 198-223, 220 ; *Quaestio De anima*, q. 5, ad 4.

149. Cf. Aristote, *De an.* I, 1, 403a10-12 ; Tricot, p. 9 ; Bodéüs, p. 83 : « Donc, s'il est une des opérations ou des affections de l'âme qui lui soit propre, on peut admettre que l'âme se sépare, mais dans le cas où aucune ne lui est propre, elle ne peut être séparée. » L'alternative est simple : ou l'âme a une opération propre — l'opération intellectuelle — distincte de la « représentation », et dans ce cas elle est séparée au sens où elle l'exerce « en se passant du corps », ou son opération supposée propre « est une sorte de représentation ou ne va pas sans représentation », ce qui veut dire qu'en l'exerçant elle ne peut se passer du corps, puisque, comme le souligne Bodéüs, p. 83, note 4, « la représentation est, physiologiquement, un mouvement sensible ».

150. Le schéma argumentatif du § 35 est difficile. Le point de départ est 403a10-12 : l'âme se sépare si elle a une opération propre. Or, pour les formes, il faut distinguer deux cas : (a) celui

des formes qui agissent parce qu'elles communiquent avec une matière, auquel cas leur être leur vient dans et par l'intermédiaire du composé ; (b) celui des formes qui agissent sans rien avoir de commun avec une matière, auquel cas c'est le composé hylémorphique qui leur doit son être. Dans le cas (a) la destruction du composé (c'est-à-dire, d'abord, celle de la matière) entraîne celle de la forme ; dans le cas (b), au contraire, la destruction du composé n'affecte en rien la forme. Pour illustrer cette distinction Thomas considère le fonctionnement des formes accidentelles. Les formes accidentelles, comme la chaleur, communiquant toujours avec une matière, n'agissent pas elles-mêmes, c'est le (corps) chaud qui chauffe, pas la chaleur ; de même ces formes n'existent pas à l'état séparé (ce qui serait du platonisme) : la chaleur est toujours chaleur *de* (quelque chose) ; ce qui existe c'est le (corps) chaud, qui est (chaud) grâce à elle. Selon Thomas, le même raisonnement s'applique chez Aristote à celles des formes substantielles qui communiquent avec une matière — à cela près qu'une forme substantielle confère un mode d'être essentiel, et non accidentel. En revanche, pour les formes substantielles qui ne communiquent pas avec une matière, ce qui est le cas de l'âme intellective qui a une opération propre (c'est-à-dire : dont l'activité n'est pas liée à une communication avec la matière), aucune des limitations susdites ne vaut. D'où la conclusion : l'âme intellective n'est pas détruite par la destruction du composé âme/corps.

151. « Communiquer » signifie ici : « avoir quelque chose de commun avec ».

152. Cf., plus exactement, Aristote, *Métaph*. VII, 1, 1028a18 (« dicuntur entia eo quod taliter entis », dans la Moerbekiana). Mais cf., aussi, *Métaph* XII, 1, 1069a21-22 : « nec entia ut simpliciter. »

153. Tout en étant principe d'existence substantielle pour ce dont elles sont la forme, les formes substantielles qui ne peuvent agir sans être associées à une matière partagent d'une certaine manière la condition de l'accident : elles ne sont pas des êtres en soi ou par elles-mêmes, elles appartiennent ontologiquement aux êtres dont elles sont la forme, ou, pour mieux dire, leur être est *oblique* (ce qu'on appelle l'« *esse in obliquo* »), c'est un être *fléchi*, gagé dans le sujet dont elles informent la matière. Seules les formes agissant sans association à une matière ont directement l'être, c'est-à-dire un être non « fléchi » ou « droit » (« *esse in recto* »).

154. Le § 36 affronte une objection tirée de 408b25-29 où Aristote semble affirmer que, comme l'amour et la haine, la pensée est une passion non de l'âme mais du composé âme/corps, ce qui, du coup, semble rendre imparable la thèse selon laquelle la corruption du composé doit entraîner celle de la pensée et de l'intellect lui-même. Deux répliques sont envisagées. La première est de Thémistius, pour qui 408b25-29 n'est pas une thèse d'Aristote, mais une simple hypothèse, une manière de dire, fondée sur une comparaison avec la sensation, finalement non assumée. La deuxième est, selon Thomas, celle d'Aristote lui-même : dire que la pensée est l'acte du composé non *en soi*, mais *par accident*, c'est-à-dire, au sens où il n'y

a pas de pensée sans objet et où l'objet de la pensée est toujours une représentation fournie par un organe corporel, et non, évidemment, au sens où la pensée serait un acte exercé par cet organe même.

155. « Cette chose-là » : le texte latin est au neutre. C'est cette « autre chose en nous », qui, dépérissant (408b25 : « alio quodam interius corrupto ») provoque le « déclin » de la pensée et de la spéculation. Pour Bodéüs, p. 119, note 1, cette « chose », ou plutôt ce « quelque chose », « n'est pas identifiable autrement que comme ces mêmes organes des sens dont dépend l'intelligence (*via* la représentation, 403a8-10) ou comme le siège commun de la sensibilité (le cœur) ». La traduction Tricot (cf. *infra*), qui réfère tout à l'intellect, est plus discutable que l'interprétation thomiste qui se cantonne à l'âme. Dans *In I De an.*, chap. 10, Gauthier, p. 51, 260-281, Thomas explique clairement le texte. Si l'*intelligere* (la première opération de l'intellect ou « simple appréhension ») et le *considerare* (la seconde opération de l'intellect : la composition et la division) déclinent, ce n'est pas que l'intellect dépérisse, mais parce que « quelque chose d'autre dépérit en nous ». Ce quelque chose est « l'organe de l'intellect » — non qu'Aristote croie que l'intellect a « un organe corporel déterminé », en fait, il parle ici sur le mode hypothétique, « en supposant l'opinion des philosophes qui soutenaient cette affirmation ». Quand il dit que « *la pensée, l'amour et la colère ne sont pas des passions de cette chose*, c'est-à-dire de l'âme, *mais de ce qui la possède*, c'est-à-dire le composé ou l'organe corporel, *qui possède cela*, à savoir la pensée, il parle hypothétiquement » (*supponendo loquitur*, Gauthier, p. 51, 273). C'est donc pour ne pas prêter à équivoque *avec sa propre thèse* qu'Aristote conclut sa présentation par « fortassis intellectus est aliquid divinius et impassibile », pour bien marquer que, contrairement à ce qui est ici suggéré, l'opération de l'intellect est « plus haute et plus grande que celle dont il est question » (*i.e.* la sensation). S'il semble hésiter, en employant *fortassis* (« sans doute ») c'est simplement « qu'il n'a pas encore donné sa détermination finale, chose qu'il fait seulement dans le troisième livre » en III, 1, 429a18-27 et en III, 4, 430a17-25.

156. Cf. Aristote, *De an.* I, 4, 408b25-29. La traduction Tricot, p. 46, donne l'impression que Thomas attribue à l'âme ce qu'Aristote attribue à l'intellect : « Et la pensée, ainsi que l'amour ou la haine, sont des affections, *non pas de l'intellect, mais du sujet qui le possède, en tant qu'il le possède*. C'est pourquoi aussi, ce sujet une fois détruit, il n'y a plus ni souvenirs, ni amitiés, ce ne sont pas, en effet, disions-nous, les affections de l'intellect, mais du composé qui a péri, et l'intellect est sans doute quelque chose de plus divin et d'impassible. » Bodéüs, p. 119, est plus proche de Thomas : « Et la réflexion, ainsi que l'amour ou la haine, ne sont pas des affections de cette chose-là, mais du sujet précis qui la possède, en tant qu'il la possède. C'est aussi pourquoi, lorsque ce sujet dépérit, il n'y a plus de place ni pour le souvenir ni pour l'amour, car ces phénomènes n'appartenaient pas à cette chose-là, mais à la communauté où elle entre et qui a disparu, tandis que l'intelligence est sans doute quelque chose de plus divin et qui ne s'affecte pas. »

157. Thémistius, *In II De an.*, *ad* 408b18-29 ; Verbeke, p. 75, 90-91 : « Nunc autem dubitanti magis quam docenti assimilatur ipse. »

158. Cf. Aristote, *De an.* I, 4, 408b18-24.

159. Cf. Aristote, *De an.* I, 4, 408b5-6 ; Tricot, p. 44 : « Qu'on suppose, en effet, tant que l'on voudra, que la tristesse, la joie ou la pensée soient des mouvements, que chacun de ces états consiste dans un mouvement subi et que ce mouvement soit causé par l'âme » ; Bodéüs, p. 117 : « En effet, si même il est on ne peut plus vrai qu'avoir de la peine ou de la joie, ou bien réfléchir, etc. »

160. Nous traduisons le latin *fantasma* par « image » plutôt que par « représentation », comme le fait Bodéüs pour le grec *phantasma*. Les termes « fantasme » ou « phantasme » nous paraissent trop marqués par l'usage psychanalytique pour ne pas prêter ici à équivoque.

161. Le § 37 analyse une nouvelle objection. Si, comme le dit Aristote, l'intellect ne pense pas sans représentations, l'âme ne peut conserver d'activité intellectuelle une fois séparée du corps. Thomas répond que le « naturaliste » — c'est-à-dire le philosophe de la nature — n'a pas à se mêler de ce genre de problème. L'argument est présenté de manière habile. De fait, Thomas ne dit pas que le philosophe n'a pas à intervenir sur le problème du statut de l'âme intellective après la mort, la question de l'au-delà regardant le seul théologien ; il dit, seulement, avec Aristote, *Phys.* II, 4, 194b14-15, que la question dépasse le physicien et concerne la seule « philosophie première », autrement dit : la métaphysique, ou, pourquoi pas, la théologie philosophique. Le débat est donc ici interne à la philosophie. L'erreur de l'objectant consiste à vouloir assigner à l'état « naturel », qui est celui de l'union de l'âme et du corps, la solution d'un problème qui concerne l'âme séparée du corps. En tout cas, même si le *naturalis* outrepasse son rôle, Aristote lui a, selon Thomas, déjà répondu. Arguant d'une interprétation maximaliste de 431b17-19, l'Aquinate soutient en effet qu'en bon aristotélisme dire qu'« il ne va pas de soi que l'intellect non séparé de la grandeur puisse penser quelque chose de séparé de la grandeur » *suggère* qu'une certaine séparation de l'âme et du corps peut permettre de penser ce que leur union empêche justement de penser. L'argument thomasien semble, ici, quelque peu forcé. Il gagnerait en force si, comme il l'annonce lui-même, Aristote revenait véritablement sur la question dans sa « philosophie première ». Ce n'est pas le cas. Thomas, pourtant, va délibérément affronter la difficulté au § suivant.

162. Cf. Aristote, *Phys.* II, 4, 194b14-15 ; Carteron, p. 64 : « Quant à la manière d'être et à l'essence de ce qui est séparé, le déterminer est l'œuvre de la philosophie première. »

163. Cf. Aristote, *De an.* III, 7, 431b17-19 ; Tricot, p. 196 : « La question de savoir s'il est possible que l'intellect pense une chose séparée sans qu'il soit lui-même séparé de l'étendue, ou si c'est impossible, nous aurons à l'examiner ultérieurement. » Tricot remarque : « Cette discussion promise ne semble pas avoir jamais été engagée par Aristote. » Bodéüs, p. 238, rapporte à nouveau à

l'âme ce que Tricot réfère à l'intellect : « Est-ce qu'on peut admettre, par ailleurs, qu'elle appréhende un quelconque objet séparé, sans être elle-même séparée de la grandeur ? »

164. « Plus haut », c'est-à-dire en 430a22. Cf., ici même, § 34.

165. Le § 38 attire l'attention sur une particularité de 431b17-19. Dans ce texte, en effet, Aristote semble se contredire : après avoir montré que l'intellect était séparé, il explique maintenant que l'intellect n'est pas séparé. En fait, cette remarque ne fait que reprendre ce qui a été démontré précédemment : en tant que faculté d'une âme qui est acte d'un corps naturel organisé, l'intellect n'est pas séparé. Mais, l'autre aspect demeure aussi : l'intellect reste bel et bien séparé dans la mesure où il n'est pas l'acte d'un organe. Pour Thomas, cette solution d'équilibre n'est pas une conjecture tirée par l'interprète de textes épars dans l'œuvre de « philosophie naturelle » (d'où ressort le *De anima*) : Aristote lui-même l'a « très certainement » exposée dans une partie spéciale de sa « philosophie première ». Certes, ces textes ne sont pas accessibles. Toutefois, invoquant le témoignage de *Métaph.* XIII, 1, 1076a10-13, l'Aquinate affirme sa conviction que le Stagirite a bel et bien laissé une théorie complète de l'intellect dans sa théologie philosophique des substances séparées. Le § 38 s'achève sur une notation personnelle qui reste aujourd'hui encore énigmatique : Thomas y révèle avoir vu l'œuvre manquante, en « dix livres non encore traduits en latin ».

166. Cf. Aristote, *Métaph.* XIII, 1, 1076a10-13 : « Perscrutatio est utrum est aliqua preter substantias sensibiles immobilis et sempiterna aut non est, et si est que est principium » ; Tricot, p. 715 : « Voici quel est maintenant l'objet de notre examen : existe-t-il, ou non, à part des substances sensibles, une substance immobile et éternelle ? et si cette substance existe, quelle est sa nature ? »

167. Siger de Brabant ne partage pas l'avis de Thomas sur le contenu de l'œuvre d'Aristote : il ne croit pas que le Stagirite ait laissé le moindre texte expressément consacré à la théorie des substances séparées. Pour Thomas, cf. ici même, note suivante. Pour Siger, cf. *De anima intellectiva*, chap. 6 ; Bazán, p. 100, 110-111 : « On ne trouve nulle part une détermination d'Aristote sur la question des âmes séparées et de leur statut. »

168. Sur cette remarque, cf. *Préface de l'édition léonine*, § 38c, p. 281-282. La référence au livre XII de la *Métaphysique* est très sûre : 11 manuscrits du XIIIᵉ siècle sur 12 ; le thème des « X livres non encore traduits » est également bien établi : 9 témoins du XIIIᵉ siècle, auxquels on peut ajouter deux manuscrits (du XIIIᵉ siècle également) qui le donnent en deuxième, et certains manuscrits qui le donnent en marge, pour corriger une version en « XXII livres ». On notera que les « XXII livres » sont mentionnés dans la *Divisio scientiae* éditée sous le nom de Jean de Dacie. Cf. *Ioannes Daci opera*, ed. A. Otto, Hauniae, 1955, p. 26 : « Plures libros non habemus translatos, quamvis in greco, ut dicitur, bene sunt usque ad viginti duo. » Si Jean de Dacie pense à un texte grec, le manuscrit O² du *De unitate* renvoie, lui, à « X livres en arabe » : au lieu de « quos etiam libros vidi numero X », il donne en effet : « quos etiam libros in

arabico X habemus » (Préface, § 20, p. 267). Selon l'éditeur de la Léonine, « cette précision n'engage que le réviseur du modèle d'O² », qui « semble avoir pensé à la "Théologie d'Aristote" — 10 livres en arabe » (*loc. cit.*, p. 282) ». Quelle que soit la valeur de cette hypothèse, on soulignera, avec D. Salman [« Saint Thomas et les traductions latines des *Métaphysiques* d'Aristote », *AHDLMA*, 7 (1933), p. 85-120] et A. Dondaine [« Saint Thomas et les traductions latines des *Métaphysiques* d'Aristote », *Bulletin thomiste*, 3 (1933), p. 208-210], que le *De unitate* est le dernier texte où Thomas exprime l'espoir de trouver un traité aristotélicien des substances séparées. A partir du *De substantiis separatis* il n'y fera plus allusion — pour des raisons qui restent à élucider, le thème, fixé dans ses grandes lignes dès le *De veritate*, q. 18, a. 5, ad 8m, semble définitivement abandonné. Reste un dernier problème : si, contre toute évidence, Thomas ne pensait pas à un texte d'Aristote inédit en latin (comme par exemple la « Théologie d'Aristote »), mais renvoyait à une autre version de la *Métaphysique* que celle, la *Media*, où le livre *M* porte le numéro *douze* (au lieu du *treize*, comme dans la *Novissima* de Moerbeke et nos éditions modernes), pourquoi ajoute-t-il une remarque dont le sens ne peut être que : « livres de la *Métaphysique*, dont j'ai également vu un jour une version ne contenant que dix livres, mais non encore traduits en latin » ? Cette hypothèse, retenue par certains historiens, n'a aucun sens. De fait, on peut à la rigueur expliquer que Thomas ait vu une version de la *Métaphysique* d'Aristote en *dix livres*, mais, par les mêmes raisons, on devra poser qu'elle ne pouvait être inédite en latin. L'existence d'une *Métaphysique* en dix livres nous est garantie par le témoignage de Roger Bacon qui, à diverses reprises (dans l'*Opus minus*, p. 326 ou dans le *Compendium studii philosophiae*, p. 473), parle des « dix livres de la *Métaphysique* » : il s'agit d'une certaine tradition manuscrite de la *Metaphysica* arabo-latine (ou *Metaphysica nova*), celle qui (ne disposant pas de *grand alpha*, chap. 1-4) fusionne en un seul premier livre *petit alpha* et *grand alpha*, chap. 5-10, là où les autres traditions de la même arabo-latine (qui n'ont pas non plus *grand alpha*, chap. 1-4) distinguent un livre I (= *petit alpha* + *grand alpha*, chap. 5-8) et un livre II (= *grand alpha*, chap. 8-10) ou, plus simplement, un livre I (= *petit alpha*) et un livre II (= *grand alpha*, chap. 5-10), et aboutissent ainsi à un total de *onze* livres au lieu de *dix* — aucune des versions de la *Nova* ne contenant les livres *K*, *M* et *N*. Mais, précisément, si Thomas a eu sous les yeux une version de l'arabo-latine en *dix* livres, on ne peut expliquer qu'il l'ait crue inédite en latin, alors qu'elle accompagnait le *Grand Commentaire* d'Averroès et était, au moins, arrivée jusqu'à Roger Bacon. En outre, seul le manuscrit O² parle d'un texte *en arabe* ; le reste de la tradition du *De unitate* est moins précis. Si l'inédit de Thomas était en grec, la référence à la *Métaphysique* perd toute vraisemblance. Une solution moyenne consisterait à dire que Thomas a vu un manuscrit arabe de la *Nova* en dix livres, sans s'apercevoir qu'il s'agissait du texte — ailleurs traduit en onze livres — qu'il connaissait déjà, ni, *a fortiori*, savoir qu'il en existait une version latine en dix livres : une méprise et une ignorance toutes deux possibles, mais l'une comme l'autre assez peu vraisemblables.

169. Le § 39 entame la réfutation des deux premiers arguments averroïstes présentés au § 31. Le § 39 répond au premier. Il est essentiel à l'âme d'être unie à un corps, même si cette union peut être empêchée accidentellement — par la destruction du corps. Pour justifier physiquement cette thèse (dont l'importance théologique éclatera spécialement au XIV^c siècle avec les polémiques avignonnaises sur la vision différée), Thomas en appelle à *Phys.* VIII, 4, 255b15-16, où Aristote explique que, par accident, un corps peut être empêché de rejoindre son lieu naturel. Sans geste spectaculaire, le § 39 du *De unitate* expose une des thèses fondamentales de l'anthropologie thomiste. L'état naturel de l'homme tel que peut le penser le philosophe est d'être composé d'un corps et d'une âme, mais, pour Thomas, la plénitude de la félicité eschatologique assumée par le théologien ne se conçoit pas pour un autre homme que cet homme-là. Autrement dit, théologiquement : [1] l'union de l'âme au corps est bénéfique, elle est exigée pour la félicité ; [2] la mort est contre nature eu égard au don préternaturel même — l'immortalité personnelle — fait à l'homme lors de sa création. Le naturalisme aristotélicien, et au-delà l'idée proprement chrétienne d'une naturalité du rapport hylémorphique, est ainsi chez Thomas théologiquement attestée : [a] par un désir naturel de félicité impliquant l'assomption d'un corps immortel et [b] par un don préternaturel d'immortalité restitué à l'homme lors de la résurrection. En affirmant, contre les philosophes averroïstes, qu'« il est essentiel à l'âme d'être unie à un corps » l'Aquinate affronte consciemment le danger *théologique* consistant à affirmer la naturalité du rapport de l'âme et du corps « jusque dans le moment suprême de la félicité ultime » au risque de flirter avec la thèse « refusant à l'âme des justes l'accès, antérieurement à la résurrection eschatologique, au bonheur achevé de la vision béatifique de Dieu en son essence » — un problème de pure théologie, où, contre toute attente, Thomas rejoint Augustin argumentant contre Porphyre : « L'âme séparée du corps ne peut obtenir la perfection ultime de la félicité. C'est bien pourquoi Augustin, à la fin du *De Genesi ad litteram*, pose que, avant la résurrection, les âmes des Saints ne jouissent pas de la vision divine de manière aussi parfaite qu'après la résurrection de leur corps. » Sur la théorie de la vision « différée », qui, au XIV^c siècle, provoque, autour de Jean XXII, un véritable embrasement de la chrétienté, cf. Chr. Trottmann, « La vision béatifique. Enjeu théologique et politique », à paraître dans *Trois regards sur le Moyen Age. Actes du Colloque de Cerisy, juillet 1991.* Sur la théorie d'Augustin, cf. G. Surdu, *L'Église corps du Christ d'après saint Augustin, Étude historique et théologique*, t. 2, Diplôme de l'École Pratique des Hautes Études, Section des sciences religieuses, 1992. Pour une présentation d'ensemble de l'anthropologie thomiste, cf. É.-H. Wéber, *La personne humaine au XIIIe siècle*, Paris, Vrin (coll. « La Bibliothèque thomiste », XLVI), 1991. Cf., sur ce point, A. de Libera, « Une

anthropologie de la grâce. Sur *La personne humaine au XIIIe siècle*
d'É.-H. Wéber », *Revue des Sciences Philosophiques et Théologiques*,
77 (1993), p. 241-254.

170. Cf. Aristote, *Phys.* VIII, 4, 255b15-16 ; Carteron, p. 113-
114 : « Or la cause en est que leur nature le veut ainsi et que c'est là
l'essence du léger et du lourd, déterminée pour l'un par le haut,
pour l'autre par le bas », et *ibid.*, 255b19-20 ; Carteron, p. 114 :
« [...] il <l'air> peut être empêché d'être en haut, mais quand
l'empêchement est enlevé, il passe à l'acte et monte plus haut ».

171. Le § 40 réfute le second argument averroïste présenté au
§ 31. De même que deux corps dont les lieux naturels respectifs
dont le haut et le bas sont spécifiquement distincts, mais qu'un
corps dont le lieu naturel est le haut reste le même spécifiquement et
numériquement s'il est empêché par accident de le rejoindre, de
même deux formes dont les natures respectives sont soit d'être
unies à un corps soit d'être séparées d'un corps sont spécifiquement
distinctes, mais la forme dont la nature est d'être unie à un corps
reste identique quand cette union est accidentellement suspendue.

172. Le § 41 entame l'exposé de nouveaux arguments en faveur
de la thèse d'Averroès. Le premier (= a) est un argument d'autorité,
tiré de *La génération des animaux* : l'origine de l'intellect est « extrinsèque ». Or, la forme d'une matière en est toujours tirée par éduction. Donc, si l'intellect n'est pas tiré d'une matière, il ne peut être
forme d'un corps.

173. Cf. Aristote, *De generatione animalium* II, 3, 736b27-28. Cf.
la traduction anglaise d'A.L. Peck, in *Aristotle, Generation of Ani-
mals*, Cambridge (Mass.)-Londres, Harvard University Press-W.
Heinemann, 1979, p. 170 : « It remains, then, that Reason alone
enters in, as an additonal factor, from outside, and that it alone is
divine. »

174. Cf. Siger de Brabant, *In III De anima*, q. 1 ; Bázan, p. 3, 48 ;
De anima intellectiva, chap. 8 ; Bázan, p. 109, 11-14 : « La faculté
intellective n'opère pas corporellement ; donc elle n'est pas tirée par
éduction de la puissance de la matière. C'est pourquoi Aristote dit
ici que rien de l'opération de l'intellect ne communique avec l'opération corporelle, et que, pour cette raison, l'intellect est quelque
chose de divin et d'origine extrinsèque. Or ce qui est tiré par
éduction de la puissance de la matière et ce qui est d'origine
extrinsèque ne sont pas de même substance. »

175. Le § 42 expose le deuxième argument averroïste (= b).
C'est une réfutation par l'absurde de la thèse défendue par Thomas.
Professer que l'intellect est forme du corps c'est verser obligatoire-
ment dans le matérialisme. L'argument vient d'Averroès lui-même
exposant et critiquant la thèse d'Alexandre d'Aphrodise. Cf. Averroès, *In De anima* III, comm. 5 ; Crawford, p. 397, 312-398, 330 :
« Et ce qui est particulièrement invraisemblable dans l'opinion
d'Alexandre est de soutenir que les premières préparations aux
intelligibles et autres perfections ultimes de l'âme sont des choses
produites par le mélange des éléments (*complexio*), et non des
facultés produites par un moteur extrinsèque, alors que c'est notoire

(*famosum*) si l'on part de l'opinion d'Aristote et de tous les péripatéticiens. Si elle est bien telle que nous la comprenons, l'opinion
d'Alexandre sur les puissances conceptuelles de l'âme ne peut être
que fausse. En effet, ni la substance des éléments ni leur nature ne
peuvent produire une faculté assurant distinction et conception ;
car, s'il était possible d'obtenir de telles facultés à partir de la nature
des éléments, sans moteur extrinsèque, la perfection ultime que
constituent les intelligibles (*intellecta*) pourrait être quelque chose de
produit par la substance des éléments, comme le sont la couleur et
la saveur. Cette opinion ressemble à celle de ceux qui nient les
causes agentes et n'acceptent de causes que matérielles : celle des
partisans du hasard. Alexandre est sans doute trop noble pour croire
cela, mais les difficultés auxquelles il a dû faire face à propos de
l'intellect matériel l'ont obligé <à de telles formules>. »

176. Le § 43 expose le troisième argument averroïste (= c) : si
l'âme est une substance unique pourvue de trois puissances distinctes : les facultés végétative, sensitive et intellective, les deux
premières facultés devront être d'origine extrinsèque, comme l'est,
selon Aristote, la troisième. Tel que le présente Thomas l'argument
paraît incomplet. On peut le reconstruire ainsi : si l'intellect est une
partie de l'âme qui est forme du corps, alors, si l'essence de l'âme
est une, toutes ses parties sont logées à la même enseigne ; donc,
puisque, selon Aristote, l'intellect est d'origine extrinsèque, les deux
autres parties de l'âme le seront aussi — ce qui est à la fois absurde
et contraire à Aristote. Pour sauver la doctrine aristotélicienne il faut
donc poser que l'intellect n'est pas une partie de l'âme qui est forme
d'un corps.

177. Le § 44 commence la réponse à l'argument (a). Il s'agit,
avant tout, de comprendre ce que signifie la notion d'« éduction des
formes ». Si éduction signifie seulement la préexistence potentielle
de la matière par rapport à la forme, on peut aussi dire que la
matière corporelle préexiste en puissance à la forme intellective.
C'est, d'ailleurs, la pure doctrine d'Aristote dans *La génération des
animaux* à quelques lignes à peine du passage allégué au § 41.

178. Cf., *supra*, § 41.

179. Cf. Aristote, *De generatione animalium* II, 3, 736b12-15. Cf.
trad. Peck, p. 169 : « It seems that all things of this sort live the life
of a plant. And it is clear we should follow a similar line also in our
statement about sentient soul and rational soul, since a thing must
of necessity possess every one of the sorts of soul potentially before
it possesses them in actuality. »

180. Le § 45 achève la réfutation de l'argument (a) en reprenant
la distinction des deux types de formes au § 35. Ayant une opération
indépendante du corps (sans avoir besoin de communiquer avec
une matière pour pouvoir l'exercer), l'âme intellective ne tient pas
son être de sa combinaison avec la matière. On ne peut donc dire
qu'elle vient de la matière par éduction, mais bien seulement qu'elle
« vient du dehors ». L'averroïste lit le *De generatione animalium*,
736b27-28, comme il lit le *De anima* : sans regarder ce qui suit. Or,
et Thomas semble prendre ici un avantage irrésistible, la suite de

736b27-28 (« l'intellect seul vient du dehors et seul il est quelque chose de divin »), s'achève, précisément, en 736b28-29, par un renvoi au simple mode de fonctionnement an-organique de l'intellect (« rien, en effet, dans son opération ne communique avec l'opération corporelle »), non par l'affirmation de sa séparation réelle d'avec l'âme humaine entendue comme forme d'un corps naturel organisé.

181. Cf., *supra*, § 35.

182. Cf. Aristote, *De generatione animalium* II, 3, 736b28-29 ; Peck, p. 171 : « because physical activity has nothing whatever to do with the activity of Reason ».

183. Le § 46 stigmatise l'argument (b) comme déplacé et absurde. Puisque, pour Aristote, aucune âme ne résulte du mélange des quatre éléments, comme l'indique clairement et à nouveau la suite du *De generatione animalium*, 736b29-737a1, citée en détail, on n'a pas à poser que l'intellect est causé par le mélange élémentaire sous prétexte qu'il fait partie d'une âme qui est forme d'un corps — pourquoi, en effet, le devrait-il, quand, selon le témoignage même d'Aristote, l'âme végétative elle-même n'est pas le produit d'un mélange !

184. Sur ce thème, cf., *infra*, *SCG* II, 73. Thomas reprend ici la théorie aristotélicienne de la « chaleur artiste ». En *Métaph* VII, 9, 1034a33-34, Aristote pose que « *sperma facit sicut ea quae sunt ab arte* » (Tricot, p. 398 : « la semence joue, en somme, le rôle de l'artiste, car elle a, en puissance, la forme », *Transl. Media*, p. 138, 8-9 : « Nam sperma facit tamquam que sunt ab arte : habet enim potestate speciem [...] »). Le sperme contient non pas l'âme de la future réalité engendrée, mais une certaine puissance de l'âme, issue du père biologique, qui agit en lui par l'intermédiaire de la chaleur, s'en servant comme d'un instrument. Cette chaleur utilisée est dite « artiste » au sens où elle joue un rôle technique, instrumental dans l'ordre naturel. Plus une forme est noble, plus son instrument est noble. Les corps supérieurs ou célestes agissent par la lumière, qui est le plus noble de tous les corporels actifs. De tous les inférieurs (de toutes les réalités du monde sublunaire), l'âme est la forme la plus noble, son instrument est donc le plus noble. Or, si le chaud et le froid sont tous deux des principes actifs, le chaud est plus noble que le froid comme l'habitus plus noble que la privation. Il ne faut donc pas s'étonner si la *virtus animae* contenue dans le sperme se sert instrumentalement de la chaleur dite spermatique. La chaleur est le principe de la vie. Son mouvement va du centre à la périphérie. Celui du froid qui va de la périphérie au centre, est, en revanche, mortifiant. La *virtus animae* agit par les deux, mais davantage par le chaud. Selon Avicenne (*Canon de médecine*, I, fen. 1, doctr. 3, chap. 1) la fonction du chaud est commune à tout le corps : le chaud est « l'ami de la nature » — le froid étant comme « l'aliment du chaud », car il tempère le chaud pour que son excès ne consume pas ce en quoi il agit. C'est pour cette raison que Thomas peut, à diverses reprises, indiquer que le médecin soigne comme le ferait la nature, par la chaleur ou par le froid. Cf. *De unitate*, § 109 et *SCG* II, 73.

185. Cf. Aristote, *De generatione animalium* II, 3, 736b29-737a1.

186. Cf. trad. Peck, p. 171 : « Now so far as we can see, the faculty of soul of every kind has to do with some physical substance which is different from the so-called "elements" and more divine than they are ; and as the varieties of soul differ from one another in the scale of value, so do the various substances concerned with them differ in their nature. In all cases the semen contains within itself that which causes it to be fertile — what is known as "hot" substance, which is not fire nor any similar substance, but the *pneuma* which is enclosed within the semen or foam-like stuff ; and the natural substance which is in the *pneuma* ; and this substance is analogous to the element which belongs to the stars. » L'élément « appartenant aux étoiles » est le « cinquième élément », l'éther, au-dessus des quatre éléments trouvés dans le monde sublunaire (terre, air, feu, eau), celui que, ici ou là, Aristote appelle aussi « le premier » — « premier élément » (*De caelo*, 298b6) ou « premier corps » (270b21). Quant au *pneuma* c'est la contrepartie, dans le monde sublunaire, de l'éther.

187. Le § 47 s'attaque au dernier argument averroïste : (c). Pour Thomas, l'argument n'apporte rien à la discussion. D'abord, on a vu clairement qu'Aristote laissait en suspens la question de savoir si l'intellect différait des autres parties de l'âme par le sujet et le lieu ou seulement par le concept. Maintenant, si, pour avancer, l'on fait l'hypothèse qu'ils sont identiques par le sujet, la thèse averroïste n'en reçoit aucune confirmation. De fait, 431b28-32 explique bien, grâce à une analogie entre l'âme et les figures géométriques, que l'antérieur (le triangle ou la faculté végétative) est toujours contenu en puissance dans le consécutif (le quadrilatère ou la faculté sensitive). Donc, si la faculté intellective est identique aux autres facultés par le sujet, il faudra simplement poser que la faculté végétative et la faculté sensitive sont contenues en puissance dans la faculté intellective comme le triangle et le quadrilatère sont eux-mêmes contenus dans le pentagone. Il ne faut donc pas confondre le statut causal qui serait celui du triangle s'il pouvait être produit en soi, séparé du quadrilatère, et celui du triangle contenu dans le quadrilatère : produit séparément le triangle aurait une cause distincte de celle du quadrilatère, contenu en lui il a la même cause. L'argument (c) créerait une difficulté si les âmes étaient produites séparément. Mais ce n'est pas le cas : en tant que contenues en puissance dans l'intellect les facultés végétative et sensitive sont produites par la même cause extrinsèque que celle qui produit la faculté intellective qui les contient ; elles n'ont donc pas à venir de l'extérieur comme l'intellect, pour exercer leur fonction ; en fait, et c'est là la spécificité de la théorie thomiste, la partie supérieure de l'âme est bien la seule à être d'origine extrinsèque, mais les parties inférieures de l'âme, qui n'ont pas la même origine, n'exerçant leur fonction qu'en vertu de l'intellect lui-même, on peut dire qu'une fois présente dans l'âme humaine la fonction intellectuelle assure elle-même toutes les fonctions assurées par les âmes inférieures. Prenant le relais de l'âme végétative et de l'âme sensitive pour assurer leurs fonctions, l'âme

intellective peut donc venir du dehors pour effectuer, en plus de son opération propre, ce que les deux autres effectuaient en venant du dedans. Comme le dit Thomas dans une formule lapidaire : « il n'y a pas d'inconvénient à ce que l'effet d'un agent supérieur ait autant de vertus que l'effet d'un agent inférieur et même à ce qu'il en ait davantage ».

188. Cf., *supra*, § 7.

189. Cf. Aristote, *De an.* II, 5, 414b28-32 ; Bodéüs, p. 149 : « Or si les données psychiques se présentent à peu près comme le cas des figures, c'est que le conséquent implique toujours en puissance l'antécédent dans le cas des figures et celui des êtres animés : ainsi, le quadrilatère implique le triangle et le sensitif, le nutritif. »

190. Thomas étend à la faculté intellective le modèle géométrique mis en place pour expliquer l'inclusion de la faculté végétative (inférieure) dans la faculté sensitive (supérieure), autrement dit : leur identité selon le sujet. Cela n'est pas fait par Aristote lui-même, ni en 414b28-32, ni en 415a11-12, où, au contraire (comme Thomas lui-même l'analyse au § 14), le problème est laissé pendant (cf. Tricot, p. 84 ; Bodéüs, p. 150 : « Quant à l'intelligence spéculative, c'est un autre propos »). L'inclusion des facultés végétative et sensitive dans la faculté intellective est, cependant, conforme à l'intention d'Aristote et au principe de l'unité des formes substantielles — l'une de ses thèses les plus fondamentales (et les plus controversées) du thomisme.

191. Le § 48 tire la conclusion de tout le chapitre 1 : l'analyse même des textes d'Aristote a bien montré l'inanité de l'interprétation averroïste. Tout ce que dit Aristote prouve que sa doctrine est à l'opposé du monopsychisme : l'âme humaine est l'acte d'un corps et l'intellect possible est une faculté de cette âme qui est forme d'un corps.

192. Cf. Thémistius, *In De anima* III, *ad* 430a14-17, Verbeke, p. 225, 2-8 ; cf., pour une traduction anglaise, *Two Greek Aristotelian Commentators on the Intellect. The 'De intellectu' Attributed to Alexander of Aphrodisias and Themistius' Paraphrae of Aristotle 'De anima' 3.4-8*. Introduction, Translation, Commentary and Notes by F.M. Schroeder — R.B. Todd (Medieval Sources in Translation, 33), Toronto, Ontario, 1990.

193. Le terme latin *factivus* correspond au grec *poietikos* (« poiétique »), terme lancé par Alexandre d'Aphrodise pour désigner ce que la tradition médiévale a définitivement imposé sous le titre d'« intellect agent » (*intellectus agens*).

194. Thémistius, *In De anima* III, *ad* 430a14-17, Verbeke, p. 225, 16-24. Le texte cité par Thomas est quasi inintelligible. La version originale dit, un peu plus clairement : « Non enim est ars materiae exterioris, sicut aeraria est aeris et aedificativa lignorum, sed investitur toti potentia intellectui qui factivus, ac si utique aedificator lignis et aerarius aeri non ab extrinseco assisteret, per totum autem ipsum penetrare potens erat », c'est-à-dire : « Car l'art n'est pas par rapport à la matière extérieure comme celui du forgeron par rapport à l'airain ou celui du constructeur par rapport au

bois, au contraire, l'intellect poiétique investit l'intégralité de sa puissance, comme si le constructeur et le forgeron n'étaient pas présents de l'extérieur au bois ou à l'airain, et qu'ils avaient le pouvoir de les pénétrer tout entiers. » Schroeder-Todd, p. 90, comprennent, au contraire : « For <the productive intellect> is not outside <the potential intellect as> the craft <is external> to the matter (as bronze-working is to bronze and carpenter to wood), but the productive intellect sinks into the whole of the potential intellect, as though the carpenter and the bronze-worker did not control their wood and bronze externally but could pervade it totally. »

195. Comme le rappelle Verbeke (p. LIX), dans la première *Ennéade* (I, 1, 10) Plotin « distingue une double signification au terme personnel "nous" : il peut désigner le composé d'âme et de corps, mais il se rapporte formellement à l'âme, comme à ce qui constitue l'homme dans sa dignité propre ». La question du constitutif formel du moi — qu'est-ce qui est moi en moi ? — obéit à un principe simple, attesté dans la notion aristotélicienne de *partie principale* et de *meilleure partie* de l'homme (*Éth. Nic.* IX, 8, 1169a2, Tricot, p. 458 ; cf., *infra*, § 74) : un être est constitué comme tel « par ce qu'il y a de plus noble en lui ». Chez Thémistius, ce principe se double d'un principe plus technique : chez tous les êtres composés de puissance et d'acte, il faut distinguer le moi et l'essence du moi, « comme chez les autres êtres, ce qu'ils sont et l'élément formel qui les constitue comme tels » (Verbeke, p. LX). C'est pourquoi il définit le moi comme composé de puissance et d'acte et l'essence du moi comme constituée par le principe actif.

196. Pour tout ce développement, cf. Thémistius, *In De anima* III, *ad* 430a23-24, Verbeke, p. 228, 68-75 ; p. 228, 79-229, 85 et 229, 89-91. Averroès comprend tout autrement le texte de Thémistius. Pour lui, la thèse selon laquelle « nous sommes l'intellect actif » signifie que l'intellect dit « spéculatif » (théorétique) « n'est rien d'autre que la *continuatio* de l'intellect agent avec l'intellect matériel ». Cf., sur ce point, Averroès, *In De anima* III, comm. 5 ; Crawford, p. 406, 566-574 : « Et c'est pourquoi Thémistius pense que nous sommes l'intellect agent et que l'intellect spéculatif n'est rien d'autre que la continuation de l'intellect agent avec l'intellect purement matériel. Mais il n'en est pas comme il le croit. Il faut soutenir, au contraire, que dans l'âme il y a trois parties de l'intellect, dont l'une est l'intellect récepteur, la deuxième est efficiente, la troisième, un produit <des deux autres>. Et deux d'entre ces trois sont éternelles, à savoir celle qui agit et celle qui reçoit ; quant à la troisième, d'une certaine façon elle est engendrable et corruptible et, d'une autre, elle est éternelle. »

197. Le latin « perficit » correspond au grec *teleioi* : « achève », « parachève », « actualise pleinement ».

198. Pour tout ceci, cf. Thémistius, *In De anima* III, *ad* 430a25, Verbeke, p. 233, 73-234, 79 et 234, 88-90.

199. Cf. Thémistius, *In De anima* III, *ad* 430a25, Verbeke, p. 242, 54-62. Verbeke (p. LIV) commente : « Puisque l'intelligence est la caractéristique propre de l'homme, on ne peut engendrer un

être humain sans qu'il possède dès le premier instant ce qui le
distingue des autres animaux». Selon Alexandre d'Aphrodise
l'homme ne possède initialement que l'intellect matériel ; pour Thémistius les deux intellects, le réceptif et l'actif, sont connaturels à
l'homme, « cependant l'intellect réceptif est plus connaturel que
l'intellect actif, parce que le premier est purement immanent, alors
que le second est en même temps immanent et transcendant :
l'intellect actif en nous est une participation d'un principe premier
et unique de toute lumière intellectuelle » (Verbeke, p. LV).

200. En fait, tel que le présente Averroès, Alexandre affirme que
l'intellect matériel est une *faculté corporelle* produite par le mélange
des éléments constituant le corps — une thèse qui prend tout son
sens si cette *virtus facta* est aussi la forme ultime du corps d'où elle
procède. De là, en tout cas, l'imputation de matérialisme que
nombre de scolastiques (au premier rang desquels Albert le Grand)
feront à Alexandre. Pour l'« aveu » allégué, non sans extrapolation,
par Thomas, cf. Averroès, *In De anima* III, comm. 5 ; Crawford,
p. 393, 196-394, 227, qui résume ainsi la doctrine alexandrinienne :
« Mais [...] il conclut que l'intellect matériel est une faculté engendrée, de sorte que, selon cette opinion, les autres facultés de l'âme
sont considérées comme des préparations produites par soi dans le
corps grâce au mélange et à la complexion. Et il ne voit rien
d'invraisemblable à ce que le mélange des éléments produise un être
à ce point noble et admirable, même si, grâce à l'aspect optimal du
mélange, cet être est <complètement> éloigné de la substance des
éléments ! Comme témoignage que cela est possible il invoque le fait
que la première composition qui intervient dans les éléments, celle
des quatre qualités simples, si infime soit-elle, est cause de la
diversité maximum, puisqu'elle donne à la fois, d'un côté, le feu et,
de l'autre, l'air. Dans ces conditions, il n'est <selon lui> pas exclu
que la richesse de la composition qui est dans l'homme et dans les
animaux, produise des facultés à ce point diverses de la substance
des éléments. Et il a soutenu cela ouvertement et en général au
début de son livre *De l'âme*, et il a prescrit que celui qui commence
l'étude de l'âme apprenne à connaître au préalable tout ce qu'il y a
d'admirable dans la composition du corps humain. Et il a dit aussi
dans le traité qu'il a fait *De l'Intellect selon l'opinion d'Aristote* que
l'intellect matériel est une faculté produite par la complexion. Voici
d'ailleurs ses paroles : *Par conséquent puisqu'à partir de ce corps,
quand il présente un certain degré de mélange, est engendré quelque
chose, naissant de la totalité du mixte et apte à servir d'instrument à
l'intellect qui est dans ce mixte, et puisqu'il existe en tout corps et que cet
instrument est aussi un corps, on l'appelle intellect en puissance ; et c'est
une faculté produite par le mélange qui intervient dans les corps, et qui
est préparée à recevoir l'intellect qui est en acte.* » Pour le texte cité par
Averroès, cf. éd. G. Théry, in : *Autour du décret de 1210 : II. —
Alexandre d'Aphrodise. Aperçu sur l'influence de sa noétique* (Bibliothèque thomiste, 7), Le Saulchoir, Kain (Belgique), 1926, p. 81
(notre trad.) : « Quand le corps présente celui d'entre tous les
mélanges qui le rend apte à servir d'instrument à l'intellect qui est

dans ce mélange au sens où il est en chaque corps, à savoir en chaque corps humain, cet instrument lui aussi est un corps, et l'on dit de lui qu'il est intellect en puissance, lui qui est une faculté émanant de ce mélange qui se produit dans les corps, une faculté apte à recevoir l'intellect qui est en acte. »

201. Cf. Avicenne, *De an.* V, 1 ; Van Riet, p. 80, 54-63. Le texte d'Avicenne est cité quasiment à la lettre.

202. Cf. Avicenne, *De an.* I, 5 ; Van Riet, p. 80, 12-16. Van Riet note que, comme déjà dans la définition de l'âme, *De an.* I, 1 ; Van Riet, p. 29, 63 (« operari opera vitae »), le texte arabe de la *Najât* dit plus brièvement : « en tant qu'elle accomplit des actes ».

203. Cf. Avicenne, *De an.* II, 1 ; Van Riet, p. 113, 44-45.

204. Cf. Algazel, *Metaphysica* II, tr. 4, dict. 5 ; Muckle, p. 172, 2-11.

205. La formule, célèbre, est vraisemblablement empruntée à Cicéron déclarant : « J'aime mieux me tromper avec Platon [...] que d'être dans le vrai en compagnie de ces gens-là. » Sur ce point, cf. L. Pernot, « Platon contre Platon », in *Contre Platon. Tome I. Le platonisme dévoilé*, éd. par M. Dixsaut (Tradition de la pensée classique), Paris, Vrin, 1993, p. 323, note 41.

206. Cf. Aristote, *De generatione animalium* II, 3, 736b28-29.

207. Après le rappel des autorités (*auctoritates*), Thomas passe aux arguments de raison (*rationes*), selon l'enchaînement habituel aux questions disputées.

208. Le § 60 entame l'examen philosophique du statut de l'âme intellective à partir de la considération de son acte propre : la pensée. Thomas concentre donc son analyse sur ce qu'il appelle la « démonstration » d'Aristote, en rappelant, à partir de 413a16-20, qu'une définition doit indiquer le pourquoi du fait qu'elle énonce. Dans le cas présent, le conséquent est que l'âme est forme du corps, et son fondement, la caractérisation de l'âme comme principe premier de la pensée, c'est cet énoncé, tiré de 414a12-14, qui, correctement interprété, appelle la thèse de l'âme « forme » du corps, que Thomas va, dans la suite, et pour la partie intellective de cette âme, faire valoir contre Averroès.

209. Thomas interprète le texte dans un sens très différent de Bodéüs, p. 145, note 4, pour qui « au sens premier » renvoie à la notion d'entéléchie première présentée en 412a23. Sur ce point, cf. *supra*, note 56.

210. Cf. Aristote, *De an.* II, 2, 414a12-14 ; Tricot, p. 78. Cf. *supra*, § 11.

211. Cf. Aristote, *De an.* II, 2, 413a13-15 ; Tricot, p. 72-73 : « Car non seulement le discours exprimant la définition doit énoncer ce qui est en fait, ainsi que procèdent la plupart des définitions, mais elle doit encore contenir la cause et la mettre en lumière » ; Bodéüs, p. 140-141 : « En effet, la formule d'une définition doit non seulement montrer le fait dont il s'agit, ce qu'expriment la grande majorité des définitions, mais encore contenir et rendre manifeste le motif pour lequel il en va ainsi. »

212. Le mot latin *tetragonismus*, calqué sur le grec, est assimilé

par les commentateurs à « quadratum » ou « quadratura » (cf., *e.g.*, *Lectura anonyme*, Gauthier, p. 168, 88-89 : « [...] *tetragonismus*, a tetra, quod est quatuor, et gonos, quod est angulus »).

213. Cf. Aristote, *De an.* II, 2, 413a16-20 ; Tricot, p. 73 : « En fait, c'est sous forme de simples conclusions que les définitions sont d'ordinaire énoncées. Par exemple, qu'est-ce que la quadrature ? C'est <dans l'opinion commune> la construction d'un rectangle équilatéral égal à un rectangle oblong donné. Mais une telle définition est seulement l'expression de la conclusion. Dire, au contraire, que la quadrature est la découverte d'une moyenne, c'est indiquer la cause de l'objet défini » ; Bodéüs, p. 141 : « Or, en réalité, les formules des définitions sont comme des conclusions. Ainsi, qu'est-ce que la quadrature ? C'est avoir un rectangle équilatéral équivalent à une figure à côtés inégaux. Une telle définition, cependant, exprime la conclusion. Celle qui affirme, en revanche, que la quadrature est la découverte d'un moyen terme, exprime la raison de l'affaire. » Sur le sens du texte d'Aristote, cf. Bodéüs, *ibid.*, note 2 : « "Carrer" est l'opération qui consiste à donner une aire carrée équivalente à une figure quelconque, par exemple, un rectangle de longueur AB et de largeur BC. Et le *fait* de cette équivalence est ce à quoi *conclut* l'opération qui construit le carré de côté BD. Mais le *pourquoi* de cette équivalence, c'est que BD constitue la moyenne proportionnelle entre AB et BC. Découvrir un côté BD tel que AB : BD = BD : BC est donc ce qui permet de conclure à l'équivalence. »

214. Le § 61 explique et justifie le caractère contraignant de la « démonstration » d'Aristote : le passage de « Il y a un principe premier de la pensée en l'homme » à « ce principe est nécessairement forme du corps ». Il confirme et affine la prémisse — « le principe par lequel l'âme pense est l'intellect » (429a23) — et précise le *pourquoi* de l'inférence posée au § 60 : *parce que*, comme on l'a dit en 414a5-9, un principe opératif premier est toujours d'ordre formel. C'est donc le théorème de l'opérativité formulé autoritairement au § 10 qui est ici repris et justifié par le raisonnement. Pour agir une chose doit être en acte ; toute actualité est d'ordre formel ; donc le premier principe opératif d'une chose est sa forme. Cette démonstration positive est doublée d'une démarche négative, qui va être amplifiée ensuite : le bien-fondé de la thèse aristotélicienne, sa force probatoire, s'établissent par « destruction » de la thèse adverse. L'averroïste qui refuse la « démonstration » d'Aristote se jette lui-même dans des difficultés inextricables.

215. Cf. Aristote, *De an.* III, 4, 429a23 ; Tricot, p. 174-175. Cf., *supra*, § 11 et 23.

216. Cf. *supra*, § 10, d'après Aristote, *De an.* II, 2, 414a5-9 ; Tricot, p. 77-78. Siger mentionne l'argument dans le *De anima intellectiva*, chap. 2 ; Bazán, p. 72, 9-73, 13 : « Ce par quoi quelque chose agit et opère en premier lieu et principalement, c'est sa forme : en effet, la forme est le principe par lequel il y a opération ; or [...] l'âme est ce par quoi le corps animé vit ou exerce les opérations de la vie. Donc l'âme est l'acte et la forme d'un corps. »

217. Le § 62 commence la *destructio* de la thèse jugée par Tho-

mas anti-aristotélicienne, soutenant que le principe de l'acte de pensée, ce qu'on appelle l'intellect, n'est pas forme du corps. Quelle que soit sa thèse, l'adversaire doit être capable d'expliquer en quoi l'acte ou l'activité de ce principe peut être référée à un homme individuel. Thomas laisse entendre qu'il y a ici bien des options possibles. L'averroïsme n'est que l'une d'entre elles. La suite et la fin du § sont consacrées à la description des principaux aspects de la solution averroïste : la séparation réelle de l'intellect possible et de l'âme humaine. L'intellect possible est à la fois le principe de la pensée et une substance séparée. La pensée, autrement dit : l'acte de l'intellect possible, est en quelque sorte appropriée par l'homme, grâce à un processus appelé *copulatio* ou *coniunctio*. Le problème est d'expliquer ce qui assure la « continuité » ou « continuation » de la pensée de l'intellect possible à l'âme humaine, malgré leur discontinuité. La réponse d'Averroès est que l'acte de l'intellect possible — autrement dit : la pensée, autrement dit encore : l'espèce intelligible en acte — a deux sujets : l'intellect possible lui-même et les images ou *fantasmata* contenues dans l'âme humaine. C'est cette coprésence de l'espèce ou forme intelligible en deux sujets distincts qui assure la continuité ou le « couplage » des deux instances où s'effectue l'acte duel qu'est la pensée. Il y a pensée humaine certaines fois qu'il y a pensée tout court.

218. C'est là la difficulté centrale de la noétique averroïste. Le § 62 explique comment, pour la résoudre, Averroès s'engage dans une analyse qui aboutit à destituer l'homme individuel de la pensée — autrement dit à soutenir que, dans la rigueur des termes, ce n'est pas l'homme qui pense, mais la pensée qui arrive jusqu'à lui, chaque fois qu'une forme intelligible se trouve *à la fois* dans l'intellect possible et dans une âme humaine, quand il y a *continuité formelle* de l'intellect possible à l'âme, par le canal de ses représentations. C'est sur la description de ce processus que se clôt le § : il y a pensée humaine individuelle, quand la pensée de l'intellect possible se continue en nous.

219. Cf. Averroès, *In De anima* II, comm. 21 ; Crawford, p. 160, 24-161, 33 : « [...] il dit : *Néanmoins, il semble que ce soit un autre genre d'âme*, etc. C'est-à-dire : néanmoins, il vaut mieux dire, et cela semble davantage être vrai à plus ample considération, que c'est un autre genre d'âme, et que si on lui donne le nom d'âme, ce ne peut être que par homonymie. Et si tel est le statut de l'intellect, il est nécessaire que, d'entre toutes les facultés de l'âme, lui seul soit susceptible d'être séparé du corps et qu'il ne se corrompe pas lors de sa corruption, à la façon dont l'éternel est séparé. Et c'est ce qui se produit puisque tantôt il n'est pas uni au corps et tantôt il l'est » ; cf. également, *In De anima* II, comm. 32 ; Crawford, p. 178, 34-37 : « [...] en effet, l'opinion est qu'il <l'intellect> n'est ni l'âme ni une partie de l'âme. Et il <Aristote> indique toute l'étendue de sa noblesse et la différence qui le sépare des autres parties ; car il faut soutenir qu'il est d'une essence supérieure à celle de l'âme. »

220. Nous traduisons *copulari* par « être couplé », *coniungi* par « se joindre à », *continuari* par « entrer en contact ».

221. Cf. Averroès, *In De anima* III, comm. 5 ; Crawford, p. 400, 376-394 : « Maintenant, puisque ces intelligibles sont constitués par deux choses, dont l'une est engendrée et l'autre inengendrée, ce que l'on dit à ce sujet suit le cours de la nature. Car, puisque former par l'intellect, comme le dit Aristote, c'est comme comprendre par les sens, et que comprendre par les sens s'accomplit par l'intermédiaire de deux sujets, dont l'un est le sujet qui rend la sensation vraie (et c'est l'objet de sensation extérieur à l'âme), et l'autre, le sujet qui fait du sens une forme existante (et c'est la perfection première du sentant), il est aussi nécessaire que les objets d'intellection en acte aient deux sujets, dont l'un est le sujet qui les rend vrais, à savoir les formes, qui sont des images vraies, et le second, celui qui fait de chaque objet d'intellection un être mondain réel, et c'est l'intellect matériel. Il n'y a en cela aucune différence entre le sens et l'intellect, si ce n'est que le sujet du sens, qui le rend vrai, est extérieur à l'âme, alors que le sujet de l'intellect, qui le rend vrai, est à l'intérieur de l'âme. Et c'est ce qu'Aristote lui-même a dit de cet intellect <matériel>, comme on le verra ensuite. »

222. L'argument d'Averroès est simple : la forme ou espèce intelligible qui informe l'intellect possible est à la fois fondée en lui et dans ma représentation — elle a deux sujets d'inhérence. Cette double appartenance assure l'union de l'intellect possible avec l'âme humaine : l'intellect vient jusqu'à nous par sa forme, l'espèce intelligible, qui est en même temps fondée dans ma représentation. Le contact de l'intellect et de l'âme humaine ne pouvant se faire sans la représentation, Averroès n'a aucune peine à accepter la thèse d'Aristote selon laquelle il n'y a pas de pensée sans images — c'est la base même de son système.

223. Le § 63 présente la première des trois réfutations de la thèse d'Averroès. Le couplage de l'intellect avec l'homme est, si l'on ose dire, ontogénétique et phylogénétique : il concerne l'homme en général et chaque homme en particulier dès le premier instant de sa génération. La forme humaine à laquelle s'arrête le biologiste (le « naturaliste » du § 29), ce qui assure la permanence et la fixité de l'espèce humaine en présidant à la génération, étant l'intellect, il faut que l'intellect soit couplé à l'homme dans le principe même de son engendrement biologique. Dans la théorie d'Averroès l'intellect n'est pas couplé à l'homme « génétiquement », mais cognitivement. Il ne s'unit donc à lui qu'occasionnellement, dans le cours limité d'un processus cognitif réduit à un empirisme radical : le couplage de l'intellect séparé et de l'âme n'a lieu que s'il y a sensation. L'argument thomiste, censé faire apparaître l'absurdité de la thèse d'Averroès confirme, malgré lui, un de ses aspects authentiquement aristotéliciens : l'ancrage des processus cognitifs intellectuels dans la connaissance sensible. Le nerf de la preuve est que si le couplage de l'intellect possible à l'âme humaine suppose l'entremise des images contenues dans l'âme, il réclame par là même une sensation, puisque selon 429a1-2, l'imagination est un mouvement de l'âme déclenché par l'activité sensitive. Imputer à la sensation le couplage de l'intellect possible et de l'âme est donc, aux yeux de Thomas, la première grande absurdité de la thèse d'Averroès.

224. Cf., *supra*, § 29, d'après Aristote, *Phys.* II, 4, 194b9-13 ;
Carteron, p. 64 : « Maintenant, jusqu'à quel point le physicien
doit-il connaître le forme et la quiddité ? N'est-ce pas comme le
médecin connaît le nerf, et le forgeron, l'airain, c'est-à-dire jusqu'à
un certain point ? En effet chacune de ces choses est en vue de
quelque chose, et appartient à des choses séparables quant à la
forme, mais dans une matière ; car ce qui engendre un homme, c'est
un homme, plus le soleil. » L'adage « homo generat hominem, et
sol » est repris dans les *Auct. Arist.* 2, n. 65 ; Hamesse, p. 145, 19.

225. L'argument est mentionné par l'*Anonyme de Giele*, *Quaestiones De anima* II, q. 4, (n° 1) ; Giele, p. 72, 63-73, 67 : « La
première immutation sensitive est le fait du géniteur, la seconde
non, comme le dit lui-même Aristote [= *De an.* II, 5, 417b16-18].
Si, par conséquent, l'intellect nous est couplé parce que les intelligibles, c'est-à-dire les images, nous sont couplés, eux qui, en même
temps, sont couplés à l'intellect, alors il en découle que l'intellect ne
nous est pas couplé dès le premier moment de la génération, pas
plus que la pensée. » Outre Thémistius, *In De anima* III, *ad* 430a25,
Verbeke, p. 242, 54-62, cité au § 53 du *De unitate*, l'origine du
thème de la « première génération » est bien une extrapolation de la
phrase d'Aristote alléguée par l'*Anonyme de Giele*, *i.e.* 417b16-18,
Tricot, p. 101 : « Pour l'être sensitif, le premier changement se
produit sous l'action du générateur : une fois engendré, il possède
dès lors la sensation, à la façon d'une science. »

226. Cf. Aristote, *De an.* III, 3, 429a1-2 ; Tricot, p. 172 : « [...]
un mouvement engendré par la sensation en acte » ; Bodéüs,
p. 221 : « La représentation est le mouvement qui se produit sous
l'effet du sens en activité. »

227. Le § 64 aborde la deuxième absurdité dans le système
d'Averroès : l'espèce intelligible ne peut être forme ou acte de
l'intellect possible qu'à condition d'être séparée — abstraite — des
images ; tant qu'elle est enveloppée dans une image, la *species* reste
en effet en puissance. Selon Thomas, il est clair que l'averroïste ne
peut, sans contradiction, faire de l'espèce le vecteur de la jonction
de l'âme avec l'intellect séparé : pour actuer l'intellect possible la
forme intelligible doit être coupée de l'âme humaine et des images
qu'elle contient ; inversement, pour être dans l'âme humaine, elle
doit être en puissance dans les images psychiques, c'est-à-dire
coupée de l'intellect possible. A la fin du § Thomas rejette une
reformulation de la théorie de la coprésence de l'espèce : le contact
de l'intellect possible et de l'image par l'intermédiaire de l'espèce —
l'acte de l'intellect possible — serait comme le couplage d'un miroir
avec l'homme dont il renverrait le reflet. Pour Thomas cette comparaison prouve le contraire de ce qu'elle est censée prouver. L'action
propre au miroir — représenter la forme de la chose qui se reflète en
lui — ne peut être attribuée à cette chose sous prétexte que c'est sa
forme qui est renvoyée ou reflétée par le miroir. De même l'action
propre à l'intellect possible — penser — ne peut être attribuée à
l'homme sous prétexte que l'intellect tire la forme qui l'actualise des
images que lui fournit l'âme humaine. Comme Thomas ne cesse de

le répéter dans la suite, le système d'Averroès ne peut expliquer que l'homme pense, mais seulement qu'il y a en lui des pensées. L'averroïsme ne peut faire de l'homme l'auteur de la pensée. Dans la noétique averroïste l'homme est moins ce qui pense que ce qui est pensé. La critique adressée par Thomas à l'averroïsme peut être étendue à l'occamisme, quand il présente les pensées comme des qualités qui sont en l'âme comme les couleurs sont sur un mur !

228. Cet argument reprend les objections accumulées par Thomas contre la théorie du « double sujet » des intelligibles selon Averroès, *In De anima* III, comm. 5 ; Crawford, p. 400, 376-394. Cf., ici même, *SCG* II, 73 et *In III De anima*, chap. 1, § 4 où Thomas explique que la thèse d'Averroès repose sur l'erreur logique de la *fallacia accidentis*.

229. L'argument est repris par l'*Anonyme de Giele, Quaestiones De anima* II, q. 4 (n° 2) ; Giele, p. 73, 68-72 : « De plus, selon qu'elles sont en nous les images sont matérielles, et non abstraites ; mais selon qu'elle sont pensées en acte, elles sont absolument abstraites de la matière ; par conséquent ce n'est pas la même chose qui est unie à l'intellect et à nous ; donc ce n'est pas par ces intelligibles-là que l'intellect nous sera uni ; donc nous ne pensons pas. »

230. La pointe de l'argument de Thomas est que ce qui est censé assurer l'union aux yeux d'Averroès est, en réalité, facteur de désunion. Si l'espèce intelligible est forme de l'intellect possible dans la mesure où elle est abstraite, c'est-à-dire extraite et donc séparée des images, elle ne peut constituer un trait d'union entre l'intellect et les images ; étant séparée de celles-ci elle ne peut les rattacher à celui-là.

231. Le § 65 développe la critique esquissée au § 64 avec l'argument du miroir. L'idée d'une pensée en exclusion interne à son sujet est donc reprise à l'aide d'un exemple moins complexe fondé sur un parallèle entre deux séries de termes : (a) l'intellect possible, l'espèce intelligible, l'image, l'homme, (b) la vue, l'espèce sensible, la couleur, le mur. Pour Thomas la relation de l'intellect possible à l'homme est la même que celle de la vue à un mur. Le mur contient des couleurs comme l'âme humaine contient des images. C'est la vue qui contient les espèces sensibles des couleurs ; c'est l'intellect possible qui contient les espèces intelligibles des images ; donc, de même que c'est la vue qui perçoit les espèces sensibles, c'est l'intellect possible qui perçoit les espèces intelligibles, ce qui revient à nouveau à dire que dans le système averroïste le seul sujet pensant est bien l'intellect possible. L'homme individuel ne pense pas. Ses images sont comme les couleurs du mur, elles sont l'objet d'une action qui s'accomplit à l'extérieur. L'homme ne pense pas plus ses images que le mur ne voit ses couleurs. Celui qui pense les espèces et celui qui a les images sont aussi radicalement distincts que ce qui contient les couleurs et ce qui en perçoit les espèces.

232. L'argument est repris dans l'*Anonyme de Giele, Quaestiones De anima* II, q. 4 (n° 3) ; Giele, p. 73, 73-77 : « En outre, si l'on choisit le mode du Commentateur, à savoir que ce sont les intelligibles qui nous sont couplés et pas l'intellect selon sa substance, il

faudra dire, semble-t-il, que nous sommes pensés plutôt que nous ne pensons, au sens où les images de l'homme seront pensées, mais lui-même ne pensera pas [...] » ; il est également mentionné — et accepté — par l'*Anonyme de Van Steenberghen*, *Quaestiones De anima*, III, q. 7 ; Van Steenberghen, p. 315, 81-88 à propos de la thèse d'Averroès rapprochant l'intellect possible et l'espèce humaine de la Première intelligence et du ciel : « La méthode (*via*) du Commentateur a ici une certaine probabilité, mais elle n'est pas vraie. On peut alléguer contre lui divers arguments, car de sa position il résulte que l'homme ne pense pas, mais qu'il est plutôt pensé. On le prouve ainsi : le rapport de l'intellect aux images est le même que celui de la vue aux couleurs ; donc l'intellect nous est uni comme les couleurs sont unies au sens de la vue ; or les couleurs sont unies au sens de la vue de telle manière qu'elles sont vues, et ne voient pas ; donc l'intellect est ainsi uni aux images que l'homme est pensé et qu'il ne pense pas. »

233. Comme le pluriel le suggère d'emblée, la thèse de l'intellect « moteur » est, naturellement, professée par maints averroïstes. Il est clair, néanmoins, que Thomas vise ici Siger de Brabant, dont on retrouve la trace quelques lignes plus bas. Sur l'intellect « moteur », cf. Siger, *In III De anima*, q. 2 ; Bazán, p. 6, 50 (« intellectus est motor humanae speciei ») et q. 8 ; Bazán, p. 25, 25-27.

234. La thèse discutée à partir du § 66 est celle qui était restée en suspens au § 5. Dans tout ce qui suit, donc, Thomas critique les diverses versions d'une même erreur, qui commence à Platon et s'achève aux averroïstes : accepter comme définition de l'âme la « métaphore » du pilote et du navire introduite par Aristote lui-même en 413a7-8, pour être abandonnée ensuite, quand, selon les termes du § 5, il a « établi la vérité avec certitude ».

235. Il est vraisemblable que Thomas s'en prend ici à nouveau directement à une thèse essentielle de Siger de Brabant. Cf., en ce sens, Siger, *In III De anima*, q. 1 ; Bazán, p. 3, 62-64 : « Intellectus... in suo adventu unitur vegetativo et sensitivo, et sic ipsa unita non faciunt unam simplicem <substantiam> sed compositam. »

236. L'*Anonyme de Giele*, *Quaestiones De anima* II, q. 4 ; Giele, p. 73, 81-75, 36 reprend l'ensemble de la discussion programmée par Thomas au § 66. La troisième hypothèse est, comme chez l'Aquinate, envisagée en premier : le § 68 est résumé en Giele, p. 73, 87-93 (« homme » est le nom de l'agrégat constitué par l'intellect moteur et le corps mû) ; la deuxième hypothèse, § 69-73, est reprise en Giele, p. 73, 94-74, 20 (« homme » est seulement le nom du corps animé) ; la première, § 74-75, analysée en dernier, figure en Giele, p. 74, 21-75, 36 (« homme » est seulement le nom de l'intellect).

237. Le § 67 entame la discussion et la réfutation de la troisième hypothèse, qui semble appelée par le contenu même de la position de Siger : l'homme singulier est composé d'un corps (mû) et d'un intellect (moteur) potentiellement unique pour tous les hommes. L'argument du § 67 est autoritaire (et vaut pour toute la suite) : Thomas rappelle la thèse d'Aristote en *Métaph.* VIII, 6, 1045a8-12, qui culmine dans un éloge de l'hylémorphisme — ce double rapport

forme/matière et acte/puissance que Thomas va précisément opposer au schème moteur/mû des averroïstes. Le § 68 contient les
arguments propres à Thomas. Suivant une démarche régressive,
l'Aquinate examine ensuite la deuxième hypothèse (l'homme singulier est seulement corps) à partit du § 69, puis la première (l'homme
est exclusivement intellect) au § 74. La raison de cet ordre régressif
tient sans doute en partie au fait que Thomas attribue la première
hypothèse aux platoniciens. Son exposé va donc du plus récent,
Siger, au plus ancien, Platon.

238. Cf. Aristote, *Métaph.* VIII, 6, 1045a14 ; Tricot, p. 475.

239. Cf. Aristote, *Métaph.* VIII, 6, 1045a8-12 : « En effet, pour
tout ce qui a pluralité de parties, et dont la totalité n'est pas comme
une pure juxtaposition, mais dont le tout est autre chose que
l'assemblage des parties, il y a une cause d'unité, puisque, même
dans les corps, ce principe d'unité est tantôt le contact, tantôt
l'agglutination <ou quelque autre détermination de cette nature. Or
la définition est un discours un, non par simple consécution, comme
l'*Iliade*, mais par l'unité essentielle de son objet. Qu'est-ce donc qui
fait l'homme un, et pourquoi est-il un et non plusieurs, animal et
bipède par exemple, surtout si l'animal et le bipède sont, comme
l'assurent certains philosophes, Animal et soi et Bipède en soi
[1045a12-15] ?> » et 20-25 : « Il est manifeste qu'en suivant les
définitions et la doctrine habituelles de ces philosophes, il n'est pas
possible d'expliquer et de résoudre cette difficulté. Mais s'il y a,
comme nous le soutenons, d'une part, la matière, de l'autre, la
forme, d'une part, l'être en puissance, de l'autre, l'être en acte, il
semble bien que la question posée ne soulève plus de difficulté. » Cf.
Préface de l'édition léonine, Append. D.

240. L'argument est repris dans l'*Anonyme de Van Steenberghen*,
Quaestiones De anima, III, q. 7 ; Van Steenberghen, p. 313, 15-17 :
« C'est de la même chose que dépend l'être de quelque chose et son
unité, car ce qui fait que quelque chose est être, fait aussi qu'il est
un ; or, l'être de l'intellect ne dépend pas du corps humain, car son
être lui vient de l'extérieur ; donc son unité n'en dépend pas non
plus. »

241. C'est une hypothèse stigmatisée en 1277 par É. Tempier en
l'espèce de l'erreur n° 143 (Cartulaire n° 14) ; Hissette, p. 223-224 :
« Que l'homme doit penser dans la même et stricte mesure où l'on
dit du ciel qu'il pense ou vit ou se meut, à savoir : dans la mesure où
l'agent qui accomplit ces actions lui est uni comme un moteur à un
mobile, et non substantiellement. » La thèse, extrapolée d'Averroès,
In De anima, II, comm. 15 ; Crawford, p. 154, 15-16, figure en
termes plus voilés dans l'*Anonyme de Giele*, *Quaestiones De anima* II,
q. 4 ; Giele, p. 76, 77-82.

242. Dans son *Commentaire des Sentences*, rédigé après 1295,
alors qu'il était archevêque de Bourges, Gilles de Rome donne, sous
forme de souvenir personnel, un condensé de l'argument rapporté
par Thomas au § 68 et de la critique qu'il adresse aux averroïstes au
§ 76 — si les averroïstes reconnaissent eux-mêmes qu'ils ne pensent
pas, il n'y a aucune raison de disputer contre eux : « Quand nous

étions encore bachelier, nous vîmes un certain grand maître, des plus importants en philosophie, qui était alors lui aussi à Paris, vouloir soutenir l'opinion du Commentateur, concédant que l'homme ne pense pas, si ce n'est au sens où le ciel pense parce que le moteur du ciel pense ; ainsi donc <selon lui> l'homme pensait parce que cet intellect séparé pensait. Mais par là même ce maître concédait qu'il ne pensait pas lui-même, et il concédait que personne n'aurait dû discuter avec lui, car il n'y a pas à discuter avec les bêtes brutes, les arbres et, plus largement, avec ceux qui ne pensent pas (cf. Gilles de Rome, *In II Sententiarum*, d. 17, q. 9, a. 1). »

243. Cf. Aristote, *Métaph.* IX, 8, 1050a30-36 ; Tricot, p. 513-514 : « Dans tous les cas où, en dehors de l'exercice, il y a une production de quelque chose, l'acte est dans l'objet produit, l'action de bâtir, par exemple, dans ce qui est bâti, l'action de tisser, dans ce qui est tissé ; il en est de même pour le reste, et, en général, le mouvement est dans le mû. Par contre, dans tous les cas où aucune œuvre n'est produite en dehors de l'acte, l'acte réside dans l'agent même : c'est ainsi que la vision est dans le sujet voyant, la science dans le savant, et la vie dans l'âme. » Sur la distinction entre action immanente (de l'agent sur lui-même) et action transitive (aboutissant à la production d'une chose séparée de l'agent) chez Aristote, cf. J.-M. Le Blond, *Logique et méthode chez Aristote*, Paris, Vrin, 1970, p. 369-370. L'activité immanente parfaite est la contemplation réalisée maximalement dans le Dieu, Acte pur : « Le sens plein et originaire d'*énérgeia* est bien celui de l'activité immobile, immanente, qui se réalise pleinement, dans l'acte pur, qu'Aristote place au sommet de l'univers. Or une pareille notion de l'acte appartient au domaine de la vie : Aristote le reconnaît à propos de l'acte pur, qu'il appelle "le vivant éternel parfait", car l'acte d'intelligence est vie. » Dans la suite immédiate du texte cité par Thomas, Aristote explique (1050b1) : « et c'est pourquoi aussi le bonheur est dans l'âme, car il est un certain genre de vie. » Le même argument (tiré de *Métaph.* IX, 8, 1050a30-36) figure dans la *SCG*, II, 73.

244. La pointe de l'argument du § 70 est que la vision ne saurait être l'acte d'un (sujet) voyant sans être l'acte de sa vue ou faculté de voir ; de même, donc, la pensée ne saurait être l'acte d'un (sujet) pensant sans être l'acte de sa faculté de penser. Tout repose donc ici sur le fait que, pour Thomas, la vue du sujet capable de voir ne peut être logée en dehors de lui — elle est sa capacité, sa *faculté*, sa *puissance*. Pourquoi, dans ces conditions, admettre pour la pensée ce qu'on ne saurait tolérer pour le couple vue-vision ? Pourquoi placer en dehors de l'homme ce par quoi il pense, quand on place en lui ce par quoi il voit ?

245. Sur ce thème, cf., *supra*, § 65. L'*Anonyme de Giele, Quaestiones De anima* II, q. 4 ; Giele, p. 74, 1-6 mentionne l'argument : « Quand une opération est transférée dans la matière extérieure, cela ne peut se faire que sous des dispositions opposées et par une inversion des dénominations, en sorte que l'homme soit alors dit être pensé, et non plus penser. Et je dis cela si penser est une opération transitive passant dans la matière extérieure, à la manière

dont le bâtir est transféré dans la maison : en effet, la maison n'est pas dite bâtir, mais être bâtie. »

246. Cf. Aristote, *De an.* II, 2, 414a5-9 ; Tricot, p. 77-78, et, *supra*, § 10-11.

247. Cf. Aristote, *De an.* II, 2, 414a11-12 ; Tricot, p. 78-79 : « car il semble bien que ce soit dans le patient, dans ce qui subit la disposition, que se réalise l'acte de l'agent » ; Bodéüs, p. 145 : « Il semble, en effet, que chez le sujet passif qui reçoit la disposition se trouve l'acte de ceux qui sont capables de la produire. »

248. Cf. Thémistius, *In III De an.*, ad 414a12 ; Verbeke, p. 109, 68-71.

249. Cf. Aristote, *De an.* III, 4, 429a21-22 et, *supra*, § 22-23.

250. Cf. Némésius d'Émèse, *De natura hominis*, chap. 3 ; PG 40, 593B ; Burkhardt, p. 47 et chap. 1 ; PG 40, 505A ; Burkhardt, p. 14.

251. Macrobe, *In Somnum Scipionis* II, chap. 12.

252. Cf. Simplicius, *Prohemium*.

253. Cf. Aristote, *Éth. Nic.* IX, 4, 1166a15-17 ; Tricot, p. 443 : « Il <sc. l'homme de bien> se souhaite aussi à lui-même ce qui est bon en réalité et lui semble tel, et il le fait (car c'est le propre de l'homme bon de travailler activement pour le bien), et tout cela en vue de lui-même (car il agit en vue de la partie intellective qui est en lui et qui paraît constituer l'intime réalité de chacun de nous). »

254. Cf. Aristote, *Éth. Nic.* IX, 8, 1168b31-33 ; Tricot, p. 458 : « Et de même que dans une cité la partie qui a le plus d'autorité est considérée comme étant, au sens le plus plein, la cité elle-même (et on doit en dire autant de n'importe quelle autre organisation), ainsi en est-il pour un homme. »

255. Cf. Aristote, *Éth. Nic.* IX, 8, 1169a2, Tricot, p. 458 : « Qu'ainsi donc chaque homme soit cette partie dominante même, ou qu'il soit tout au moins principalement cette partie, c'est là une chose qui ne souffre aucune obscurité, comme il est évident aussi que l'homme de bien aime plus que tout cette partie qui est en lui. » Dans les lignes qui suivent Aristote fait l'éloge de l'égoïsme vertueux. La force de la stratégie thomiste est de suggérer ici l'incompatibilité du monopsychisme averroïste avec l'éthique « égoïste » des aristotéliciens radicaux.

256. Même si Thomas ne connaît pas les *Ennéades*, le lien établi indirectement entre Thémistius et Plotin n'est pas sans fondement. L'identification de l'homme à l'âme et la réduction des organes corporels à des instruments qui ne sont pas l'homme, mais seulement *de l'homme* est un thème issu du *Premier Alcibiade* de Platon, que l'on retrouve jusque dans la distinction thémistienne entre *moi* et *être qui m'appartient*, « ego » et « michi esse », alléguée par Thomas au § 50. Sur ce thème platonicien, cf. Platon, *Alcibiade* (131B-C) ; Robin, p. 244 : « Socr. : Ainsi, une fois de plus, nous redisons [...] que l'entretien du corps concerne les choses qui nous appartiennent à nous-même, mais ne constitue pas un entretien de soi-même. » Sur Plotin, cf. Verbeke, p. LIX.

257. Le § 74 s'efforce de démarquer Aristote à la fois de Platon et

d'Averroès. Réinterprétant les textes célèbres d'*Éth. Nic.* IX, 4, 1166a15-17, IX, 8, 1168b31-33, et surtout *Éth. Nic.* X, 7, 1178a6-7, d'où est tiré l'adage « homo inquantum homo solus est intellectus », slogan d'Albert le Grand et de la théologie dominicaine allemande autant que de l'aristotélisme radical, Thomas soutient qu'Aristote n'identifie pas purement et simplement l'homme à l'intellect. La véritable thèse d'Aristote est que l'intellect est la partie principale de l'homme (puisque, précisément, c'est par elle qu'il s'acquitte de son opération propre : la pensée). Le sens des célèbres phrases de l'*Éthique à Nicomaque*, spécialement de X, 7, 1178a6-7, allégué par tous les averroïstes, doit donc s'interpréter par rapport au *De anima*, notamment 414a12-14 : l'intellect et l'âme (intellective) désignent ce par quoi l'homme est homme *à titre premier*.

258. Le § 75 est consacré à la redéfinition du sens de l'adage (tiré d'*Éth. Nic.* IX, 8, 1168b30-1169a3 et X, 7, 1178a6-7), revendiqué par Albert le Grand dans le *De intellectu et intelligibili*, I, 1, 1 (éd. Jammy, p. 239b), selon lequel : « L'homme en tant qu'homme est seulement intellect. »

259. Cf. Némésius d'Émèse, *De natura hominis*, chap. 3 ; PG 40, 593B ; Burkhardt, p. 47.

260. Cf. Aristote, *Métaph.* VII, 10, 1035b27-31 ; Tricot, p. 406-407 : « Mais l'homme en général, le cheval en général, et les autres termes de ce genre, qui sont affirmés d'une multiplicité d'individus, à titre de prédicat universel, ne sont pas une substance, mais un composé déterminé, d'une certaine forme et d'une certaine matière prise universellement ; mais, en ce qui concerne l'individu, sitôt après la matière dernière particulière, Socrate existe ; et de même pour tous les autres cas. »

261. Cf. Aristote, *Métaph.* VII, 10, 1035b23-25 ; Tricot, p. 405-406 : « Cela étant, d'une certaine façon, les parties du corps sont antérieures au composé, mais, d'une autre façon, elles ne le sont pas, puisqu'elles ne peuvent exister séparées : le doigt de l'animal n'est pas réellement en tous ses états un doigt : le doigt mort, par exemple, n'est un doigt que par homonymie. » On sait que dans *Part. an.*, I, 1, 640b33-34 Aristote précise que « le mort [...] n'est plus un homme ».

262. Cf. Aristote, *De an.* III, 10, 433a22 ; Tricot, p.204 : « Mais, en réalité, l'intellect ne meut manifestement pas sans le désir. »

263. La formule de Thomas est reprise dans l'*Anonyme de Giele*, *Quaestiones De anima* II, q. 4 ; Giele, p. 75, 37-39 : « Il est donc clair que ceux qui soutiennent cette position soutiennent qu'ils ne pensent rien, semblables en cela à des plantes, et qu'ils savent que ils sont indignes qu'on leur communique la moindre chose. » La réponse cingle : « Voilà un long discours, qui aura une réplique brève. » Cf., sur ce point, notre *Introduction*.

264. Cf. Aristote, *De an.* II, 2, 414a12-14 et, *supra*, § 11.

265. Cet argument, entamé au § 69 (voir l'expression « spécifiquement constitué »), est récurrent chez Thomas. On le retrouve dans la *SCG*, II, 59, 60 et 73, et dans la *Quaestio de anima*, a. 3.

266. Cf. Aristote, *Éth. Nic.* X, 10, 1177a10-17 ; Tricot, p. 508-509 : « Mais si le bonheur est une activité conforme à la vertu, il est rationnel qu'il soit activité conforme à la plus haute vertu, et celle-ci sera la vertu de la partie la plus noble de nous-mêmes. Que ce soit donc l'intellect ou quelque autre faculté qui soit regardé comme possédant par nature le commandement et la direction et comme ayant la connaissance des réalités belles et divines, qu'au surplus cet élément soit lui-même divin ou seulement la partie la plus divine de nous-mêmes, c'est l'acte de cette partie selon la vertu qui lui est propre qui sera le bonheur parfait. Or que cette activité soit théorétique, c'est ce que nous avons dit. »

267. Cf. Aristote, *De an.* III, 4, 429a23 ; Tricot, p. 175 et, *supra*, § 11 et 23.

268. L'ensemble du § 77 est décomposé en deux arguments dans le *De anima intellectiva*, chap. 3 de Siger de Brabant (Bazán, p. 78, 13-17) : « En outre, l'homme est homme par l'intellect, ce qui ne serait pas le cas si l'intellect n'était pas la forme de l'homme. De plus, l'opération propre de l'homme est de penser. Or l'opération propre d'une chose procède de sa forme. Donc le principe de la pensée (ou le "principe intellectif", *principium intellectivum*) est la forme de l'homme. » Dans sa réponse (plus détaillée) Siger ne cède rien sur le fond : « Il faut dire que l'homme est homme par l'intellect, mais il ne faut pas pour autant que chacune des deux parties de ce composé soit unie à l'autre comme une figure l'est à un morceau de cire ; l'union qu'on a dite suffit pour que le composé tout entier en tire sa dénomination. Et il faut bien noter que tout en tirant sa dénomination de l'opération de l'intellect, l'homme tire aussi sa dénomination de sa substance. Car ce qui est dénommé à partir de l'accident d'une chose est du même coup dénommé à partir de sa substance. Or à chaque dénomination ou mode de prédication répond un mode d'être, comme dit Aristote (*Métaph.* V, 7, 1017a25-26). Donc c'est par l'intellect que l'homme est homme et c'est de lui qu'il reçoit sa dénomination. À l'autre argument il faut dire que sans aucun doute l'opération propre de l'homme est de penser et que c'est en cela qu'il trouve la félicité, comme le dit le livre X des *Morales* (= *Éth. Nic.* X, 7, 1177a13-18). Car l'intellect, par quoi est la pensée (*a quo est intelligere*) est une faculté qui est dans l'homme et qui est propre à l'homme. Mais pour que penser soit l'opération propre de l'homme, il n'est pas nécessaire que la substance du composé humain grâce à laquelle est la pensée (*a qua est intelligere*) soit unie à l'autre partie du composé comme une figure l'est à un morceau de cire, l'union qu'on a dite suffit. »

269. Cf. Aristote, *De an.* III, 9, 432b5 ; Tricot, p. 200 : « C'est dans la partie rationnelle que le désir réfléchi prend naissance. »

270. Cf. Aristote, *Rhétorique* II, 4, 1382a5-6 ; Dufour, p. 71. L'argument figure également dans la *SCG*, II, 60.

271. Cf. Aristote, *De an.* III, 4, 429a25-27 ; Tricot, p. 175. Cf., *supra*, § 24.

272. Cf. Aristote, *De an.* III, 4, 429a28-29 ; Tricot, p. 175.

273. C'est ce que fait Siger de Brabant, *In III De anima*, q. 7 ;

Bazán, p. 22, 15-23, 24 : « Preuve que l'intellect n'est pas entéléchie (*perfectio*) du corps du point de vue de son essence (*quantum ad suam substantiam*). Si l'intellect était entéléchie du corps du point de vue de son essence, son opération serait proportionnée au corps, ce qui est contraire à Aristote (*De an.* III, 4, 429a25-27). Démonstration : la puissance d'où vient l'opération n'est pas plus simple que son essence ; si donc l'intellect actualise le corps par son essence, son opération ne peut pas ne pas être logée dans le corps ; donc en opérant, il se sert nécessairement du corps. Et la puissance, d'où vient son opération, ne peut être plus simple que son essence, car l'acte qui, par l'intermédiaire de son essence, est acte du corps, est l'acte d'un organe (*actus organicus*) ; c'est pourquoi, etc. » Thomas fait face à la même objection dans la *Quaestio De anima*, a. 2 (*ad 4m*).

274. Thomas concède que l'objection de Siger serait pertinente si l'essence de l'âme humaine n'était pas une forme subsistant par soi (*forma per se subsistens*). Mais ce n'est pas le cas.

275. Cf. Thémistius, *In III De anima, ad* 430a25 ; Verbeke, p. 235, 7-11. Thomas reprend le même passage dans *De spir. creat.*, a. 10 ; *Quaestio De malo*, q. 16, a. 12, ad 1m ; *Summa theol.* I, q. 79, a. 4.

276. C'est une hypothèse que Thomas vient de rejeter à nouveau explicitement au § 80. L'intellect possible n'est pas lui-même la forme du corps, ce qui empêcherait toute séparation et imposerait le matérialisme de style alexandrinien ; il est une puissance ou faculté de l'âme, ce qui le rend à la fois séparable fonctionnellement (il exerce son activité sans lien avec un organe spécifique), et nombrable (puisque faisant partie d'une âme individuelle).

277. On reconnaît ici une citation muette de l'*Isagoge* de Porphyre.

278. L'hypothèse évoquée ici par Thomas, et notée dans la phrase « Tous les hommes sont un seul homme », correspond à un *sophisma* couramment discuté par les logiciens du XIIIᵉ siècle : *Omnis homo est unus solus homo.*

279. Par là Thomas répond directement à l'embarras d'Averroès, *In De an.* III, comm. 5 ; Crawford, p. 403, 472-404, 500.

280. Cf. Aristote, *Éth. Nic.* IX, 8, 1169a2 ; Tricot, p. 458. L'intellect, le *noûs*, est *to kuriôtaton*, « la partie de l'homme qui a l'autorité suprême et à laquelle tout le reste obéit », c'est « la partie supérieure » de l'âme. Selon Aristote, il est évident que « chaque homme est cette partie dominante même, ou qu'il est tout au moins principalement cette partie ». Pour Thomas, qui durcit la nuance introduite par Aristote, il ne revient pas au même de dire que *l'homme est intellect* et que *l'homme est principalement intellect*. La première thèse est platonicienne ; la seconde, seule, est aristotélicienne. Sur cette distinction capitale, cf., *supra*, § 74. On notera que c'est parce que « l'homme de bien aime plus que tout cette partie qui est en lui », qu'Aristote peut formuler sinon l'équivalence du moins la solidarité, fondamentale pour son éthique, de la vie contemplative et de l'égoïsme vertueux : « l'homme de bien est suprêmement

égoïste », « l'homme vertueux a le devoir de s'aimer lui-même ».
Chez les averroïstes latins, le lien entre l'apologie de la vie théorétique et la célébration de l'amour de soi est clairement marqué. Il
sera vigoureusement mis en cause par les censeurs lors des condamnations parisiennes de 1277.

281. Cf. Aristote, *Politique* I, 2, 1253a2-3 ; cf. Anon., *Auctor. Arist.* 15, n. 3 ; Hamesse, p. 252, 98 : « Homo naturaliter est animal politicum et civile. »

282. Cf. Aristote, *Phys.* V, 4, 227b21-228a3 ; Carteron, p. 21 :
« Mais le mouvement qui est absolument un c'est celui qui l'est
substantiellement et numériquement [...]. Les choses à propos desquelles nous parlons de mouvement sont au nombre de trois : le
sujet, le lieu, le temps : le sujet, parce qu'il est nécessaire que le mû
soit quelque chose, comme homme ou or ; puis il faut un domaine
au mouvement, ainsi un lieu, une affection ; enfin le temps, car tout
est mû dans un temps. Or, parmi ces éléments, l'unité générique et
spécifique est due à la chose qui est le domaine du mouvement ; la
contiguïté <des mouvements>, au temps ; l'unité absolue, à tous.
En effet le domaine doit être un et indivisible, ainsi l'espèce ; de
même le quand, ainsi un temps un et sans lacune ; enfin le mû doit
être un, et cela non par accident : c'est le blanc qui noircit ou
Coriscus qui marche, tandis que si Coriscus et le blanc sont un,
c'est par accident. Il ne faut pas non plus que le mouvement soit
simplement commun (*koinon*) : car alors deux hommes pourraient
en même temps se guérir de la même guérison, d'une ophtalmie par
exemple ; mais une telle guérison ne serait pas une, si ce n'est
spécifiquement. » L'argument est introduit par Thomas dans la
Quaestio De anima, a. 3 (§ 5). Siger le reprendra dans le *De anima
intellectiva*, chap. 7 ; Bazán, p. 108, 70-78.

283. « Ne communique avec l'opération intellectuelle », c'est-
à-dire : « n'a le moindre rapport avec l'opération intellectuelle » ou :
« ne se retrouve dans l'opération intellectuelle ».

284. Thomas fonde toute son argumentation sur la distinction
entre être et avoir. C'est la science qui, comme forme, est acte (cf.,
sur ce point, *supra*, § 10, d'après Aristote, *De an.* II, 2, 414a5-9) ; le
savant dispose seulement de la science sur un mode *habituel*, sur le
mode de l'« ayance » ou de l'avoir — il *a* la science. Devenir savant
en acte, c'est faire passer en soi la science de l'ayance — ou *acte
premier* — à la plénitude de l'actualité — ou *acte second* ; mais c'est
aussi en même temps *actualiser une disposition*. On peut décrire ce
processus en disant que le savant s'actualise dans l'actualisation de
son objet, mais on peut aussi bien dire que l'objet s'actualise dans
l'actualisation de l'*habitus cognitif*.

285. Cf. Aristote, *De an.* III, 4, 429b5-9 ; Tricot, p. 176 : « Mais
une fois que l'intellect est devenu chacun des intelligibles, au sens
où l'on appelle "savant" celui qui l'est en acte (ce qui arrive lorsque
le savant est, de lui-même, capable de passer à l'acte), même alors il
est encore en puissance d'une certaine façon, non pas cependant de
la même manière qu'avant d'avoir appris ou d'avoir trouvé ; et il est
aussi alors capable de se penser lui-même » ; Bodéüs, p. 224 :

« Quand, du reste, elle <l'intelligence> se compare, étant devenue chaque chose, à celui qu'on appelle le savant effectif, c'est-à-dire, quand elle est capable de déployer son activité par elle-même, bien qu'elle demeure, même alors, potentielle d'une certaine façon, ce n'est plus, en vérité, de la même façon qu'avant d'avoir appris et trouvé. Et elle-même, d'ailleurs, est alors capable de se penser elle-même. »

286. Cf. Aristote, *De an.* III, 4, 429b23-25 ; Tricot, p. 178 ; Bodéüs, p. 226 : « Dans l'hypothèse où l'intelligence est simple et impassible et où elle n'a rien de commun avec rien, comme le prétend Anaxagore, comment va-t-elle opérer, si son opération équivaut à subir une impression ? »

287. Cf. Aristote, *De an.* III, 4, 429b30-430a2 ; Tricot, p. 179-180 ; Bodéüs, p. 227 : « L'intelligence s'identifie d'une certaine façon aux intelligibles ; mais elle n'est effectivement rien avant d'opérer. Et il doit en être comme sur un tableau où aucun dessin ne se trouve réalisé, ce qui est très précisément le cas de l'intelligence. »

288. Le sujet connaissant a deux niveaux de connaissance qui correspondent à deux niveaux d'actualité de l'objet connu. Le premier niveau, celui de l'ayance, de la possession de la science sans exercice effectif, est une simple disposition, une capacité, une *aptitude acquise*. C'est le plus bas niveau de l'actualité — l'acte « premier » —, mais ce n'est plus la simple puissance, celle, nue ou indéterminée, de la tablette de cire vide, la « puissance première » d'un intellect « capable de tout devenir ». En tant qu'aptitude déterminée, l'ayance — ce que les philosophes appellent l'intellect « habituel » (*intellectus in habitu*) — est à la fois une puissance et un acte, mais pas de la même manière : elle est *puissance seconde*, par rapport à la puissance première indéterminée de l'intellect possible vide de toute connaissance, et *acte premier*, par rapport à l'acte second, la pleine actualité de l'exercice, de la mise en pratique de l'aptitude. À partir du § 90, Thomas va systématiquement développer la distinction aristotélicienne entre (a) la puissance première, (b) la puissance seconde ou acte premier et (c) l'acte second.

289. Cf. Avicenne, *De an.* V, 6 ; Van Riet, p. 148, 40-43 : « Reste donc [...] qu'apprendre n'est rien d'autre que rechercher une aptitude parfaite à s'unir (*coniugendi*) à l'Intelligence agente, jusqu'à ce que se forme à partir d'elle un intellect simple (*quousque fiat ex ea intellectus qui est simplex*), d'où les formes émanent dans l'âme, ordonnées, par l'intermédiaire de la pensée (*mediante cogitatione*) » ; Thomas, *SCG* II, 74 ; *STh* I^a *Pars*, q. 79, a. 6.

290. Cf. Aristote, *De an.* III, 4, 429a27-28 ; Tricot, p. 175.

291. Le même principe est allégué dans la *SCG* II, 73. Il provient d'Averroès, *In De anima*, III, comm. 5 ; Crawford, p. 410, 684-685. Il s'agit d'un topos tiré d'Aristote, *De anima* II, 7, 418b26 (trad. Tricot, p. 109 : « Le réceptacle de la couleur doit être incolore. »)

292. L'argument de Thomas est simple : pour Aristote l'intellect possible est en puissance tant que l'on n'a pas appris ou découvert tel ou tel intelligible. Dans l'hypothèse averroïste d'un unique intel-

lect possible, on peut maintenir la thèse de la potentialité de l'intellect pour l'invention — tant que je n'ai pas découvert ce qu'aucun
homme avant moi n'avait découvert l'intellect reste bien en puissance par rapport à cet intelligible ; il n'en va pas de même pour
l'apprentissage : je ne puis apprendre que ce qu'un autre sait.
Comment le même intellect va-t-il être à la fois le sujet qui transmet
et celui qui acquiert ? Comment va-t-il à la fois savoir (pour pouvoir
transmettre) et ignorer (pour pouvoir apprendre) ? Dans l'hypothèse monopsychiste, la notion d'apprentissage est incompatible
avec la potentialité même de l'intellect possible : pour que je puisse
acquérir d'un maître tel intelligible, cet intelligible doit être chez lui
en acte ou en ayance. Si nous avons, lui et moi, le même intellect, le
même intelligible est à la fois en puissance (pour moi) et en acte
(pour mon maître) dans le même sujet (« notre » intellect). En tout
état de cause, l'intellect unique ne peut être puissance si je dois
apprendre quoi que ce soit. Dans la perspective averroïste, Aristote
a donc parlé pour ne rien dire en soutenant que « l'intellect est en
puissance avant d'avoir appris ou d'avoir trouvé » (*De an.* III, 4,
429b5-9)— il lui fallait s'en tenir au processus de l'invention.

293. Cf. Aristote, *De gen. et corr.*, II, 11, 337a34-338b19. La
thèse est condamnée par le *Syllabus* de 1277 : c'est l'erreur n° 138
(Cartulaire n° 9) ; Hissette, p. 216-217 : « Il n'y a jamais eu de
premier homme et il n'y en aura jamais de dernier ; au contraire, il y
a toujours eu des hommes et la génération de l'homme par l'homme
est éternelle ». Elle est assumée par Siger de Brabant dans *In III De
anima*, q. 14 ; Bazán, p. 52, 78-82 : « Le Commentateur donne la
solution : l'intellect est couplé à l'espèce humaine et l'intellect est
également couplé à cet individu-ci appartenant à l'espèce humaine.
Mais le couplage de l'intellect à l'espèce humaine est plus essentiel
que son couplage à cet individu-ci, car l'espèce humaine est éternelle et l'intellect qui lui est couplé est lui-même éternel. »

294. Dans le *De anima intellectiva*, chap. 7 ; Bazán, p. 108,
79-82, Siger de Brabant fait une synthèse des arguments de Thomas aux § 91 et 92, et il en dégage ainsi la pointe : « De plus,
Aristote veut que l'intellect soit en puissance par rapport aux
espèces intelligibles et à la réception des espèces, et qu'il soit dénué
des espèces ; si donc il est unique, il sera toujours rempli d'espèces
et l'intellect agent sera détruit. » Il n'y réplique pas.

295. Cf. Aristote, *De an.* III, 4, 429b9 ; Tricot, p. 176.

296. Dans les § 93 et 94 Thomas examine les trois possibilités
d'union entre les espèces intelligibles, supposées contenues de toute
éternité dans l'intellect possible, et les images, contenues, ici et
maintenant, dans l'âme humaine. La première, qui serait la plus
aristotélicienne, est précisément exclue dans le système averroïste.
Les deux autres, en revanche, sont compatibles avec le système,
mais la deuxième ne permet pas de sauver la connaissance scientifique et la troisième le rôle des images dans la pensée — deux
conséquences inacceptables, car à la fois contraires aux évidences,
et contraires aux fondements même de l'aristotélisme.

297. Sur l'origine de ce principe, fréquemment allégué par Thomas, cf. *Liber de causis* XI (XII), § 103.

298. De « penser universellement », c'est-à-dire de connaître l'universel, donc de connaître scientifiquement — l'objet de la science étant, pour Thomas comme pour Aristote, universel.

299. Cf. Siger de Brabant, *In III De anima*, q. 9 ; Bazán, p. 25, 7-26, 9 : « Aucune forme immatérielle une en espèce n'est multipliée en nombre. Or l'intellect est une forme immatérielle une en espèce. Elle n'est donc pas plusieurs en nombre. » Dans le *De anima intellectiva*, chap. 7 (p. 101, 13-17), Siger, qui fait une spectaculaire auto-critique, n'assume plus ni la thèse ni l'argument qui la soutient : « Il est absolument certain — de par la vérité même, qui ne saurait mentir — que les âmes intellectives sont multipliées en fonction de la multiplication des corps humains. Pourtant, certains philosophes ont soutenu le contraire et c'est cette thèse contraire qui paraît être vraie selon la voie de la philosophie. Premier argument : la nature qui, dans son être, est séparée de la matière, n'est pas multipliée par la multiplication de la matière. Mais, d'après le Philosophe, l'âme intellective a un être séparé de la matière, comme on l'a vu plus haut. Elle ne peut donc se multiplier ni par la multiplication de la matière ni par la multiplication des corps humains. »

300. Le sens de cet argument est clair : seules les formes matérielles peuvent être multipliées ; l'intellect est immatériel ; donc il est unique. La thèse est présupposée par l'erreur n° 148 dénoncée par É. Tempier dans le *Syllabus* de 1277 ; Hissette, p. 228-229 : « La science du maître et celle du disciple est numériquement la même ; la raison pour laquelle l'intellect est unique est que la forme n'est multipliée qu'en tant qu'elle est tirée par éduction de la matière. »

301. La revendication de la toute-puissance divine contre la limitation que semble introduire la thèse averroïste est clairement présentée comme un propos de *théologien* par l'*Anonyme de Van Steenberghen*. Cf., sur ce point, *Quaestiones De anima*, III, q. 6 ; Van Steenberghen, p. 312, 13-15 : « Argument des théologiens : un agent dont la puissance (*virtus*) ne souffre ni diminution ni imperfection peut faire qu'il y ait plusieurs formes séparées dans une même espèce ; or tel est le cas du Premier agent. » À quoi il répond : « À cela il faut dire que c'est vrai selon la foi. Néanmoins, c'est le Commentateur qui donne la solution dans le livre *Du ciel et du monde* (*De caelo*, I, comm. 90 ; Venise, f° 58L-59C). En effet il y soutient que ne pas pouvoir faire ce qui est impossible ne diminue en rien la puissance (*potentia*) du Premier ; c'est pourquoi le Commentateur dit que faire plusieurs formes séparées dans une même espèce est impossible, puisque ce serait faire des contradictoires. »

302. Parmi les averroïstes ici attaqués, on doit ranger, au premier rang, Siger de Brabant. La question est biaisée par le fait que c'est dans le *De anima intellectiva*, chap. 7, soit au plus tôt en 1273 (donc après le *De unitate*), que le philosophe belge s'exprime sur la question. Néanmoins, les parallèles sont suffisamment nets pour que l'on suppose que dans ses premières œuvres Siger avait proposé un argument identique à celui critiqué par Thomas. D'ailleurs, au § 101, l'Aquinate cite un argument de confirmation qui pourrait être extrait d'*In III De anima*, q. 9 ; Bazán, p. 26, 23-25. Pour tout ceci,

cf., en tout cas, Siger de Brabant, *De anima intellectiva*, chap. 7 ;
Bazán, p. 103, 48-59 : « Mais si l'on dit : puisqu'il y a en moi une
certaine âme intellective, Dieu peut en faire une autre semblable à
elle et ainsi il y en aura plusieurs, il faut répondre que Dieu ne peut
réaliser simultanément des contradictoires ou des opposés (« Deus
non potest contradictoria et opposita simul »), et que Dieu ne peut
faire qu'il y ait plusieurs hommes dont n'importe lequel puisse être
ce Socrate-ci : en effet, si tel était le cas cela reviendrait à faire qu'ils
soient à la fois plusieurs et un seul, plusieurs et pas plusieurs, un
seul et pas un seul. Si de par sa définition même l'âme intellective
est quelque chose d'individuel, subsistant par soi, tel Socrate, faire
une autre âme intellective de même espèce que celle qui est en ce
moment, reviendrait à ce qu'elle soit faite à la fois même et autre de
l'autre. En effet, dans les êtres séparés de la matière, l'individu est à
lui-même sa propre espèce, et c'est pourquoi être contenu sous une
espèce c'est pour un individu de ce genre être contenu sous un autre
individu, ce qui est impossible. » Il va de soi que, dans le *De anima
intellectiva*, Siger précise que cet argument et la position qu'il instrumente sont ceux des philosophes (Bazán, p. 101, 1-9) et que la
réponse de la foi, qui est la seule expression de la vérité, est tout
autre : « Mais il est certain selon la vérité qui ne peut mentir que les
âmes intellectives sont multipliées par la multiplication des corps
humains. » La thèse de Siger sera, malgré tout, condamnée en 1277.
Cf. *Syllabus* de 1277, erreur n° 115 (Cartulaire n° 27) ; Hissette,
p. 187-188.

303. De l'aveu même de l'*Anonyme de Van Steenberghen* cette
thèse constitue la thèse fondamentale d'Averroès, le *fundamentum
Commentatoris*. Cf., sur ce point, *Quaestiones De anima*, III, q. 6 ;
Van Steenberghen, p. 311, 4-6 : « La question suivante porte sur le
fondement <de la position> du Commentateur. Il se fonde sur ce
qu'aucune forme séparée ne peut être nombrée et multipliée. » Cette
thèse fondamentale, l'Anonyme concède qu'elle est contraire à la
foi, mais la thèse contraire, celle de la foi, est elle-même déclarée
impossible aux yeux de la philosophie (cf., p. 312, 18-20) : « Il est
vrai que selon la foi il peut y avoir pluralité numérique de formes
séparées au sein d'une même espèce ; mais, selon Aristote et tous les
philosophes, cela est impossible. » Les arguments » d'Averroès sont
ensuite présentés comme « quasi irréfutables » (p. 312, 38), mais
l'Anonyme reconnaît en même temps que « l'opposé est vrai par la
foi » (*oppositum verum est per fidem*). On est ici très proche de la
doctrine dite de la « double vérité ».

304. Le jeu de mots sur *unum numero* et *unum de numero* est
intraduisible. L'auteur de l'argument veut dire que ce qui est numériquement un est un du fait du nombre ou en vertu du nombre,
c'est-à-dire : par le nombre.

305. On pourrait dire, plus littéralement : « la cause du nombre
n'est pas en elle : la cause du nombre vient de la matière », ou « rien
n'est en elle cause de nombre, c'est la matière qui est cause de
nombre », mais ce serait manquer le sens de l'argument. « *Causa
numeri* » ne signifie pas la « cause du nombre », mais « l'affaire du

nombre ». On pourrait aussi comprendre (le résultat étant le même) que le nombre n'est pas en lui-même principe de multiplication. Ce qui rend les choses *nombreuses*, autrement dit multiples, ce n'est pas le nombre, mais la matière. L'unité d'une forme libre de toute matière n'a pas affaire avec le nombre — elle n'est pas de son fait. Donc la forme sans matière n'est pas une *en nombre* car une *par le nombre* ; elle est une parce que la matière ne la divise pas. Le même sens du mot *causa* est un moment repris au § 101. L'équivoque entre les deux acceptions de *causa* — cause et affaire — est indispensable à tout ce développement.

306. Cf. Aristote, *Métaph.* IV, 2, 1003b31-32 ; Tricot, p. 180-181 : « On voit ainsi clairement que l'addition [...] ne modifie nullement l'expression, et que l'Un n'est rien d'autre en dehors de l'Être. De plus, la substance de chaque être est une, et cela non par accident, et de même elle est aussi, essentiellement, quelque chose qui existe. Conclusion : autant il y a précisément d'espèces de l'Un, autant il y a d'espèces de l'Être. » Thomas inverse l'ordre des deux citations.

307. Cf. Aristote, *Métaph.* VIII, 6, 1045a35-b6 ; Tricot, p. 476 : « Quant aux choses qui n'ont pas de matière, soit intelligible, soit sensible, c'est immédiatement et essentiellement que chacune d'elles est une unité, comme c'est essentiellement qu'elle est un être, soit substance, soit qualité, soit quantité. C'est pourquoi n'entrent dans les définitions de ces catégories, ni l'Être, ni l'Un ; leur quiddité est une unité aussi immédiatement et essentiellement qu'elle est un être. Il n'y a donc, pour aucune de ces catégories, de cause étrangère qui constitue leur unité et leur être, car c'est immédiatement que chacune d'elles est un être et une unité, et non pas en tant que participant à l'Être et à l'Un comme à leur genre, ni en tant que l'Être et l'Un peuvent exister séparés de chacune des catégories. »

308. Cf. Aristote, *Métaph.* V, 8, 1016b31-35 ; Tricot, p. 267-268 : « Ce qui est un, l'est, ou selon le nombre, ou selon l'espèce, ou selon le genre, ou par analogie : selon le nombre, ce sont les êtres dont la matière est une ; selon l'espèce, les êtres dont la définition est une ; selon le genre, les êtres dont on affirme le même type de catégorie ; enfin, par analogie, toutes les choses qui sont l'une à l'autre comme une troisième chose est à une quatrième. »

309. Cf. Aristote, *Métaph.* V, 8, 1017a2-6 ; Tricot, p. 268.

310. Cf. Aristote, *Métaph.* I, 1, 981a16-17 ; Tricot, p. 6 : « Toute pratique et toute production portent sur l'individuel. » La thèse d'Aristote est que « ce n'est pas l'homme que guérit le médecin traitant, sinon par accident, mais Callias ou Socrate, ou quelque autre individu ainsi désigné, qui se trouve être accidentellement un homme. » Comme le souligne Tricot, dire que *homme* est un *accident* de Callias ou de Socrate, signifie que l'universalité n'est qu'un accident de l'essence constituée par les caractères formant sa compréhension, « car elle n'en existerait pas moins, comme le dit Alexandre, quand bien même, par hypothèse, il n'y aurait qu'un individu unique ». Cf. Alex., *Quaest.* cité par G. Rodier, *Traité de l'âme*, II, 19. Cette remarque est, peut-être, la source de la doctrine

avicennienne de l'indifférence de l'essence. Thomas lit le texte d'Aristote en sens contraire : au lieu de dire que toute opération porte sur un singulier, il pose que seuls les singuliers agissent.

311. Cf. Aristote, *Métaph.* VII, 15, 1040a25-30 ; Tricot, p. 438.

312. Cf. Aristote, *Métaph.* VII, 15, 1040a25-30. Selon Tricot, p. 437, note 3b, le sens de l'argument antiplatonicien d'Aristote est : « L'Idée, comprenant genre et différence, est un composé d'Idées, lesquelles, à leur tour, doivent être composées d'Idées plus élémentaires et ainsi de suite. Mais ces Idées composantes devront être aussi affirmées d'une multiplicité, sinon, en tant qu'individus, elles seraient indéfinissables, inconnaissables et non participables (c'est-à-dire sans composantes), ce qui est contraire à la notion platonicienne de l'Idée, car l'Idée est pour Platon ce qui répond à un nom commun. » L'argument est censé prouver qu'il est impossible d'admettre avec les platoniciens que « les divers caractères employés pour définir l'individuel (*Animal, Bipède*) puissent s'appliquer séparément à plusieurs êtres, et leur ensemble (*Animal-Bipède*) à un seul (*Homme*). »

313. Cf. Aristote, *Métaph.* IV, 2, 1003b30-34 ; Tricot, p. 180-181, cité *supra*, § 97 : « (On voit ainsi clairement que l'addition [...] ne modifie nullement l'expression, et que l'Un n'est rien d'autre en dehors de l'Être. De plus, la substance de chaque être est une, et cela non par accident, et de même elle est aussi, essentiellement, quelque chose qui existe.) Conclusion : autant il y a précisément d'espèces de l'Un, autant il y a d'espèces de l'Être. » Prolongeant la retouche du § 97, Thomas applique la relation entre un et être dans l'ordre inverse où elle est mentionnée chez Aristote. C'est d'ailleurs ce qu'exigent le reste du texte et la fonction pivotale de l'être par rapport à l'un.

314. Sur la fausse relation entre rémanence et préexistence de l'âme, cf., *supra*, § 33, la critique aristotélicienne de Platon.

315. Comme l'affirme Siger de Brabant, *In III De anima*, q. 9 ; Bazán, p. 26, 23-25 : « Je dis qu'il n'est pas dans la nature de l'intellect d'être multiplié selon le nombre (*Dico quod in natura intellectus non est quod multiplicetur secundum numerum*). En effet, la *Métaphysique*, livre VII, dit que c'est seulement par la matière que ce qui engendre donne naissance à quelque chose de multiple en nombre et d'un en espèce. »

316. L'argument de Thomas est réfuté dans l'*Anonyme de Van Steenberghen, Quaestiones De anima*, III, q. 4 ; Van Steenberghen, p. 308, 23-32 : « Thomas d'Aquin répond à l'argument du Commentateur : il est vrai que ce qui inhère à une chose de par son essence ne peut cesser de le faire à cause de ce qui fait partie de cette essence ; en revanche, il le peut à cause d'un accident ; c'est évident dans l'exemple d'un grave : de par sa nature il est destiné à être en bas, mais par accident il peut se retrouver en hauteur. Mais cette réponse ne résout rien. En effet, un grave se retrouve en hauteur à la suite d'un mouvement violent ; or il n'y a pas de mouvement violent qui soit éternel, comme le prouve le livre *Du ciel et du monde* (= Aristote, *De caelo*, I, 2, 269b6 *sqq.*) ; de même je dis

au sujet de l'intellect que s'il est séparé de la matière, ce sera par un mouvement violent, donc <il ne pourra l'être éternellement>. »

317. Cf. Averroès, *In De anima* III, comm. 5 ; Crawford, p. 392, 158-393, 195, et, surtout, p. 411, 710-412, 728 : « Et quand l'intellect matériel est en état d'union, dans la mesure où il est parfait par l'intellect agent, alors nous sommes unis avec l'intellect agent ; et cette disposition est appelée acquisition (*adeptio*) et intellect acquis (*intellectus adeptus*), comme on le verra ensuite. Et ce mode selon lequel nous posons l'essence de l'intellect matériel résout toutes les questions qui se posent au sujet de notre thèse que l'intellect est à la fois un et multiple (*unus et multa*). Car, si l'intelligible pensé en moi et en toi était un sous tous les modes, il arriverait que, quand je connaîtrais un certain intelligible, toi aussi tu le connaîtrais, et bien d'autres impossibilités. Et si nous posions qu'il est multiple, il arriverait que l'intelligible pensé en moi et en toi serait un en espèce et deux au niveau individuel, et ainsi l'intelligible aurait lui-même un intelligible, et on régresserait à l'infini. Il serait également impossible que l'élève apprenne du maître, à moins que la science qui est dans le maître ne soit une faculté engendrant et créant la science qui est dans l'élève sur le mode selon lequel tel feu en engendre un autre semblable en espèce — ce qui est impossible. Et le fait que l'objet du savoir (*scitum*) soit le même dans le maître et l'élève est ce qui a fait croire à Platon que la science (*disciplina*) était une réminiscence. Si, en revanche, nous posons que la chose intelligible qui est en moi et en toi est multiple dans le sujet qui la rend vraie, c'est-à-dire les formes de l'imagination, et une dans le sujet par lequel elle est un intellect existant (et c'est l'intellect matériel), ces questions sont parfaitement résolues. » Cet argument, justement célèbre au Moyen Âge, constitue l'une des preuves de la vingt-septième « voie » du monopsychisme — la *via Averrois* —, telle que la reconstruit Albert le Grand. L'argument de l'élève et du maître figure lui aussi en bonne place dans l'analyse albertinienne. Cf. *De un. int.*, 1 ; éd. Hufnagel, p. 12, 4-39 : « [...] si l'on accordait que la forme universelle reçue en moi et en toi n'était pas une, il s'ensuivrait une infinité d'inconvénients. Il en résulterait en effet que ce qui est reçu en moi serait singulier et de même ce qui est reçu en toi, et ces deux singuliers auraient un même universel qui serait abstrait d'eux, et ainsi il y aurait un intelligible d'intelligible. Et, de nécessité, on irait à l'infini, comme c'est évident à tous ceux qui connaissent la philosophie [...]. Il en résulterait encore que, quand l'élève reçoit l'enseignement du maître, ce serait une autre science qui serait engendrée en lui, comme un certain feu est engendré par un autre feu. Toutes thèses qui sont absurdes. » L'argument de l'unité de l'intelligible est le plus fort argument d'Averroès selon Thomas, *De spir. creat.* a. 9 ad 6m.

318. L'unité de l'*intellectum*, la pensée au sens du pensé ou de l'objet de pensée, d'un mot le « noème », implique celle de l'*intellectus*, la faculté de penser. On peut, évidemment, se demander si elle n'implique pas aussi l'unité de l'acte de pensée ou noèse. Le problème spécifique de l'averroïsme est d'échapper à cette conséquence fâcheuse.

319. Selon Thomas, les averroïstes se distinguent des platoniciens en faisant descendre les formes séparées dans l'intellect lui-même.

320. La doctrine thomasienne de la connaissance est réaliste : le § 106 en fait même un réalisme gnoséologique direct. Un geste essentiel à sa critique de l'averroïsme, puisque, telle que le comprend et la stigmatise ici Thomas, l'épistémologie des averroïstes pèche par idéalisme. Pour Cl. Panaccio, au contraire, la doctrine thomiste fait du « verbe mental l'objet premier d'intellection », la « chose extérieure étant pensée seulement par l'intermédiaire du verbe, et non directement » — une thèse « délicate » voire malheureuse. Cf. Cl. Panaccio, « From Mental Word to Mental Language », *Philosophical Topics*, 20/2 (1992), p. 129 (« The mental word is the primary object of intellection ; and the external thing is intellected only through the *verbum*, and not directly. This delicate and eventually [...] contentious thesis is often repeated by Aquinas »), qui renvoie, notamment, à *Quaest. disp. De potentia*, q. 9, a. 5 : « Id quod est per se intellectum non est res illa cuius notitia per intellectum habetur [...] cum [...] oporteat quod intellectum sit in intelligente, et unum cum ipso [...]. Hoc ergo est primo et per se intellectum quod intellectus in se ipso concipit de re intellecta. »

321. Il faut bien distinguer « avoir quelque chose dans l'esprit » (non la chose, évidemment, mais sa *species*) et « penser » (ce que l'on pense c'est la chose même, non son concept ou son « intention »). Penser à une pierre, penser une pierre, ce n'est pas avoir l'image d'une pierre dans l'esprit ou le concept d'une pierre à l'esprit ; c'est, à travers sa *species*, penser une chose. Si ce qui est pensé c'était le *medium*, tout acte de pensée serait pensée d'un signifiant, jamais d'un signifié.

322. L'*Anonyme de Van Steenberghen* envisage l'hypothèse pour illustrer l'argument central, repris du *De unitate*, selon lequel, dans la noétique d'Averroès, l'homme est moins pensant que pensé. Cf. *Quaestiones De anima*, III, q. 7 ; Van Steenberghen, p. 315, 88-316, 96 : « Si tu dis que l'intellect est une substance séparée de nous selon la substance, et que la pensée qui est l'opération de l'intellect est soit une action transitive passant dans une matière extérieure, soit quelque chose qui demeure dans la substance pensante ; et si l'on répond que c'est une action transitant dans la matière extérieure, il s'ensuite à nouveau que l'homme ne pense pas, et qu'il est plutôt pensé, car on ne dit pas qu'une maison bâtit, mais qu'elle est bâtie : il en va de même pour la substance pensante. Or, si l'on pose que c'est une substance séparée selon l'être, il en va de même pour son opération. »

323. Cf. Aristote, *Métaph.* IX, 8, 1050a30-36 ; Tricot, p. 513-514. Sur ce texte (spécialement : « Dans tous les cas où aucune œuvre n'est produite en dehors de l'acte, l'acte réside dans l'agent lui-même : c'est ainsi que la vision est dans le sujet voyant, la science dans le savant, et la vie dans l'âme »), cf., *supra*, § 70.

324. Cf. Aristote, *Cat.* 2, 1a25-27 ; Tricot, p. 3.

325. Sur cette distinction, cf. *SCG* II, 76.

326. A propos de cet argument Bazán (p. 71*-72*) observe :
« Dans l'article 3 de sa *Quaestio De anima*, Thomas recueille une
objection contre la multiplicité des intellects formulée en ces
termes : "si intellectus possibilis multiplicatur in diversis, oportet
quod species intelligibiles multiplicentur in diversis, et ita sequitur
quod sint formae individuales ; sed formae individuales non sunt
intellectae nisi in potentia". Sa réponse prouve qu'il ne connaît pas
la position de Siger et qu'il n'a pu saisir, par conséquent, le cœur de
l'argumentation du maître brabançon. En effet, il explique que
l'individualité n'est pas l'obstacle de l'intelligibilité, mais bien la
matérialité ; s'il en était autrement, même les formes reçues dans
l'intellect unique seraient intelligibles en puissance, car il est individuel. Or Siger n'a jamais affirmé que l'individualité puisse empêcher l'intelligibilité ; au contraire, il affirme explicitement que l'individuel est intelligible en acte pour autant qu'il soit immatériel. Si
saint Thomas avait connu cet écrit de Siger, il n'aurait pas conduit
son argumentation comme il l'a fait. » Dans le *De unitate*, Thomas
connaît les *Quaestiones* de Siger. Conduit-il mieux son argumentation ? Le texte des *Quaestiones De anima intellectiva*, q. 16, p. 62,
42-44 allégué par Bazán, p. 72*, note 29 semble aussi éloigné de la
seconde réplique de Thomas que de sa première.

327. Dans la transmission du savoir entendue comme transfert
d'intelligibilité règne une causalité analogique, non une causalité
univoque.

328. L'argument est repris de *SCG* II, 75.

329. C'est ce que soutient Siger de Brabant, *In III De anima*,
q. 7 ; Bazán, p. 23, 25-30, sans invoquer, toutefois, l'autorité d'Aristote, *Métaph.* XI, 8, 1074a18-22, analysée par Thomas dans le
§ 110.

330. Cf. Aristote, *Métaph.* XI, 8, 1074a18-22 ; Tricot, p. 696, où
Aristote affirme que le nombre des mouvements planétaires est
exactement égal à celui des substances éternelles immobiles : « S'il
n'est pas possible qu'il n'y ait aucun mouvement de translation qui
ne soit ordonné au mouvement de translation d'un astre, et si, en
outre, toute réalité, toute substance impassible et ayant par soi
atteint le Bien par excellence, doit être considérée comme une fin, il
ne saurait y avoir d'autre nature en dehors de celles que nous avons
indiquées, et le nombre des mouvements célestes est nécessairement
celui des substances immobiles. S'il y avait, en effet, d'autres substances, elles seraient causes de mouvement comme étant la fin du
mouvement de translation ; mais il est impossible qu'il y ait d'autres
mouvements de translation que ceux que nous avons énumérés. »
Le terme « inactives » (*ociose*) vient en réalité d'Averroès, *Métaph.*
XI, comm. 44 ; Venetiis 1552, f⁰ 153vb56 et comm. 48 ; Venetiis
1552, f⁰ 156rb33.

331. Cf. Aristote, *Métaph.* XI, 8, 1074a15-17 ; Tricot, p. 695 :
« Admettons donc que tel soit le nombre des sphères [*i.e.* 55] : il y
aura donc un nombre égal de substances et de principes immobiles.
C'est là, du moins, ce qu'il est rationnel de penser ; car qu'il faille
l'admettre nécessairement, laissons à de plus habiles le soin d'en
décider. »

332. Cf. Aristote, *Métaph.* XI, 8, 1074a19-20 ; Tricot, p. 696 :
« Toute substance impassible et ayant par soi atteint le Bien par
excellence doit être considérée comme une fin. »

333. Sur cette thèse, capitale pour l'anthropologie thomiste et la
théologie de la vision béatifique, cf., *supra*, § 39.

334. Thomas semble répondre ici plus spécialement à l'argument
avancé par Siger de Brabant, *In III De anima*, q. 7 ; Bazán, p. 23,
25-30 (cité *supra*, pour *De unitate*, § 111) : « De plus, supposons
que l'intellect soit séparé du corps à un moment donné. Une fois
séparé, il restera vide (*cassus*). C'est donc que son opération se sera
séparée avec lui. Donc, s'il achevait le corps par sa substance,
l'intellect n'aurait pas d'opération propre. Il ne pourrait donc s'en
approprier aucune de lui-même, et ainsi, après sa séparation, il
serait inutile (*otiosus*)— ce qui est faux. »

335. Cf. Aristote, *Éth. Nic.* X, 10, 1177a13-17.

336. L'argument est mentionné par Siger de Brabant, *De anima
intellectiva*, chap. 6 ; Bazán, p. 98, 72-77 : « Selon la doctrine d'Aristote une infinité d'hommes nous a précédés ; donc si chacun d'eux
possédait une âme intellective propre et si, une fois le corps détruit,
chacune en était totalement séparée, il y aurait dès maintenant une
infinité d'âmes intellectives séparées de corps. Mais cela va contre la
raison et n'est pas conforme à l'intention d'Aristote, qui condamne
l'infini <actuel> » ; chap. 7 ; Bazán, p. 104, 90-93 : « Cinquième
preuve. Selon la doctrine d'Aristote il a déjà existé dans le passé une
infinité d'hommes. Mais si les âmes intellectives étaient multipliées
par la multiplicité des corps humains, Aristote aurait dû penser qu'il
y a un nombre infini d'âmes, ce qui ne semble pas être le cas. »
L'argument figure aussi chez l'*Anonyme de Bazán*, *Quaestiones De
anima*, III, q. 21 ; Bazán, p. 510, 12-17 : « De plus, je suppose que
le monde est perpétuel, qu'une infinité d'hommes nous a précédés
dans le passé, et que les intellects sont incorruptibles ; puis j'argumente : si les intellects diffèrent numériquement, alors l'intellect est
infini, car les hommes qui nous ont précédés sont infinis ; or, selon
Aristote, *Physique*, III (5, 206a8), il ne peut y avoir d'infini en acte ;
donc, s'il en est ainsi, il faut bien qu'il y ait un intellect numériquement identique en tous les hommes » ; l'Anonyme répond qu'Aristote n'exclut pas l'infini des substances séparées, mais seulement
« des nombres et du sensible » (Bazán, p. 512, 72-78).

337. Sur l'éternité du monde, cf. Siger de Brabant, *In III De
anima*, q. 14 ; Bazán, p. 52, 78-82 ; *Syllabus* nᵒ 138 (Cartulaire
nᵒ 9) ; Hissette, p. 216-217. Cf., *supra*, § 92.

338. Cf. Algazel, *Métaph.* I, tr. 1, div. 6 ; Muckle, p. 40, 23-25.

339. Cf. Algazel, *Métaph.* I, tr. 1, div. 6 ; Muckle, p. 41, 1-10.

340. Cf. Aristote, *Phys.* II, 4, 194b13-15. Le § 114 semble
contredire directement la doctrine exposée au § 29.

341. Cf. Avicenne, *De an.* V, 3 ; Van Riet, p. 111, 16-20.
Contrairement à Averroès, Avicenne soutient donc que l'âme
humaine est spécifiquement une (il n'y a pas plusieurs espèces
d'âmes humaines), et numériquement multiple (répartie en de multiples singuliers). Dans le *De anima intellectiva*, chap. 7, Bazán,

p. 107, 42-45, Siger reconnaît qu'« il y a des arguments difficiles qui montrent la nécessité pour l'âme intellective de se multiplier en fonction de la multiplicité des corps, mais qu'il y a aussi des autorités ». Les deux premiers auteurs qu'il mentionne sont « Algazel et Avicenne ». Il mentionne ensuite Thémistius. Cf. *De anima intellectiva*, chap. 7 ; Bazán, p. 107, 45-47 : « Et Thémistius soutient la même chose pour l'intellect agent éclairant et éclairé : il est multiplié, même si l'intellect seulement éclairant est unique ; c'est donc qu'il pense *a fortiori* bien davantage que l'intellect possible est multiplié. »

342. Selon Verbeke, p. XL, Thomas interprète le terme *illustrantes*, « ceux qui illuminent » comme désignant la multiplicité des intellects actifs et le terme *illustrati*, celle des intellects possibles. Pour lui, l'Aquinate se sert donc de ce passage pour prouver que « Thémistius admet la multiplicité des intellects actifs aussi bien que des intellects possibles », ce pourquoi « il reproche à Averroès d'avoir mal interprété la véritable pensée de Thémistius et de Théophraste ». La thèse originale de Thémistius est, cependant, différente : l'expression « *illustrati et illustrantes* » doit être prise comme un tout — le grec *éllampoménoi kai éllampontés* désigne une multiplicité d'intellects « éclairés et éclairants », distincts de l'intellect actif « premier et unique », qui sont illuminés par lui et qui, à leur tour, illuminent l'intellect réceptif auxquels ils sont unis (Verbeke, p. XLIII). O. Hamelin, *La Théorie de l'intellect d'après Aristote et ses commentateurs*, éd. E. Barbotin, Paris, 1953, précise, en ce sens : « On pourrait dire, il est vrai, que les intellects agents, dont nous recevons l'action sont à la fois éclairants et éclairés, et le fait est qu'Aristote les a comparés à la lumière et non à la source primitive de la lumière, au Soleil, qui est selon Platon l'analogue du Bien, principe de toute intelligence. » Rejetant l'interprétation thomiste du passage, Verbeke (p. XLIV) conclut : « Si Thémistius admet que l'intellect actif est le constitutif formel du moi, tout en dépendant d'un principe supérieur, c'est qu'il le considère comme éclairant et éclairé en même temps, c'est-à-dire éclairé par l'intellect actif premier et éclairant pour l'intellect possible ; ce qui veut dire qu'il est purement actif, tout en étant dépendant dans son être et dans son activité d'un principe supérieur. Les deux participes "*illustrati et illustrantes*" expriment le caractère subordonné des intellects actifs immanents, par rapport à l'intellect actif premier, lequel est purement "*illustrans*". Ainsi donc on peut dire que Thémistius admet en même temps l'immanence de l'intellect actif, constitutif formel de la personnalité, et sa transcendance, puisque tous les intellects actifs subordonnés empruntent leur lumière à une source commune ; il admet en même temps la multiplicité des intellects actifs et l'unité de tous ces intellects qui dépendent d'un principe unique. »

343. Cf. Thémistius, *In III De an.*, *ad* 430a25 ; Verbeke, p. 235, 7-11. Sur cette comparaison, cf., *supra*, § 83.

344. Dans le *De anima intellectiva*, Siger donne une interprétation très voisine de la pensée de Thémistius. Cf. Siger de Brabant, *De anima intellectiva*, chap. 7 ; Bazán, p. 107, 42-47 : « Il y a des

arguments très difficiles qui plaident en faveur de la multiplication de l'âme intellective en fonction de la multiplicité des corps humains. Il y a aussi des autorités. C'est en effet ce que soutiennent Avicenne et Algazel. Et Thémistius, lui aussi, veut que l'intellect agent, éclairé et éclairant, soit multiplié, bien que celui qui est seulement éclairant soit unique ; et il entend bien plus encore que l'intellect possible soit multiplié. »

345. Cf. Thémistius, *In III De an.*, *ad* 430a25 ; Verbeke, p. 236, 22. L'argument du maître et de l'élève est fréquemment repris par Averroès. Selon Verbeke : « La manière dont saint Thomas reproduit l'argument de Thémistius est assez sommaire. Il ne donne pas le véritable nerf de l'argumentation, qui est l'identité dans l'intellect actif entre son essence et son activité : dire que deux personnes pensent le même objet, c'est admettre une identité non seulement dans l'activité intellectuelle, mais aussi dans l'essence même de leur intellect actif. Par ailleurs l'argument de Thémistius se réfère à la compréhension humaine en général : si les hommes sont capables de communiquer entre eux et de se comprendre, c'est qu'il y a quelque chose de commun et d'identique qui les unit malgré les différences individuelles ; il serait bien difficile, en effet, de traduire devant les autres une impression qui serait tout à fait originale et personnelle. » Cf., sur ce point, Thémistius, *In III De an.*, *ad* 430a25 ; Verbeke, p. 235, 16-22.

346. Cf. Thémistius, *In III De an.*, *ad* 430a25 ; Verbeke, p. 236, 30-32.

347. Cf. Thémistius, *In III De an.*, *ad* 430a25 ; Verbeke, p. 242, 2-6.

348. Cf., *supra*, § 59, où Thomas qualifie Averroès de « dépravateur » du péripatétisme.

349. Sur cette thèse proche de Siger, cf., *supra*, § 96 et 101.

350. On a là une des premières formulations de la doctrine de la « double vérité » formellement condamnée à Paris en 1277. Ce n'est pas, il faut le souligner, un thème de Siger lui-même, qui, dans les textes parvenus jusqu'à nous, se contente d'affirmer, *De anima intellectiva*, chap. 3 ; Bazán, p. 88, 50-54 : « Nous disons que telle fut l'opinion d'Aristote, mais en voulant, quant à nous, placer devant elle la doctrine de la sainte foi catholique. » Cf. *ibid.*, chap. 7 ; Bazán, p. 108, 86. Sur la « double vérité », ses sources et sa condamnation, cf. A. de Libera, *Penser au Moyen Âge* (Chemins de pensée), Paris, Seuil, 1991, p. 122-129.

351. Thomas enferme ici brillamment le partisan de la « double vérité » dans une contradiction logique. Voir, sur ce point, notre Introduction. Cf., aussi, nos remarques dans « Thomas d'Aquin », in *Gradus philosophique*, éd. L. Jaffro et M. Labrune (GF 773), Paris, GF-Flammarion, 1994, p. 780-781.

352. La discussion philosophique de matières de foi est une caractéristique commune des textes des années 1270 gravitant autour de la querelle du monopsychisme. C'est sur un problème de ce genre — plus exactement sur le problème même du feu de l'enfer évoqué par Thomas au § 119 — que s'interrompt brutalement le

texte de l'*Anonyme de Van Steenberghen*, *Quaestiones De anima*, III, q. 22 ; Van Steenberghen, p. 342, 20-343, 32. L'intellect séparé peut-il *souffrir* ? : « La foi veut que oui. Il est raisonnable en effet qu'une certaine peine corresponde à chaque faute commise. De plus, l'âme unie au corps compatit avec lui (= souffre en même temps que lui) ; or il est possible que l'âme séparée du corps soit unie au feu comme ce qui est localisé est uni à un lieu. Mais voici maintenant l'intention d'Aristote, à la fin *Du ciel et du monde*, livre II, quand il récite l'opinion de Pythagore. Il raconte que Pythagore plaçait au centre du monde un feu pénal qu'il appelait "prison de Jupiter". Mais Aristote critique cela, car soit ce feu est d'une autre nature que le feu situé dans sa sphère soit non. S'il n'a pas la même nature que le feu situé dans la sphère du feu, ou bien il est naturellement là <où le place Pythagore> ou bien il y est en fonction d'un mouvement violent. Ce ne peut être naturellement, car la terre a la même nature dans sa totalité comme dans chacune de ses parties, comme le dit le *Ciel et le monde* (*De caelo*, II, 14, 297a 21 *sqq.*) ; s'il est là par suite d'un mouvement violent, Aristote soutient qu'aucun mouvement violent n'est éternel... » C'est donc sur l'autorité du *De caelo*, I, 2, 269b6 *sqq.*, déjà alléguée contre Thomas par l'*Anonyme* en III, q. 4 ; Van Steenberghen, p. 308, 23-32, que s'arrête le texte.

353. La thèse selon laquelle « après la mort, l'âme, étant séparée du corps, ne peut brûler d'un feu corporel » est la huitième des treize propositions censurées par É. Tempier le 10 décembre 1270. Siger aborde la question dans *In III De anima*, q. 11 ; Bazán, p. 31-35, mais sa position n'est pas vraiment celle — antichrétienne ou, au moins, antipatristique — que critique ici Thomas. La thèse selon laquelle « l'âme séparée ne peut en aucune façon souffrir du feu de l'enfer » constitue également l'erreur nᵒ 219 (Cartulaire nᵒ 19) du *Syllabus* de 1277 ; Hissette, p. 311-312. Pour Hissette, Siger est loin d'être exempt de tout reproche : « Question peu philosophique, constate Siger. Après avoir critiqué diverses solutions émanant de théologiens, il reconnaît la possibilité d'une détention de l'âme dans le feu, où elle serait condamnée à agir. Mais il ajoute que, si l'on interrogeait Aristote sur la question, il répondrait peut-être (*forte*) que l'âme séparée est impassible : *ipsa (anima) intellectiva separata impassibilis est*. Peut-être ajouterait-il avec son Commentateur que l'âme, unique pour tous les hommes, n'est jamais séparée de tous les individus. Siger est certainement disposé à accepter ces vues, puisque, tout au long des *Quaestiones*, il défend le monopsychisme. » Sur toute cette question, cf. K. Flasch, « Die Seele im Feuer. Aristotelische Seelenlehre und augustinisch-gregorianische Eschatologie bei Albert von Köln, Thomas von Aquino, Siger von Brabant und Dietrich von Freiberg », in A. de Libera, éd., *La philosophie rhénane. Albert le Grand et la culture allemande du Moyen Âge*, Actes du colloque de Strasbourg 4-6 novembre 1989, sous presse.

354. La même formule revient dans le *De perfectione spiritualis vitae* (rédigé en 1269-1270) en réponse au *Contra adversarium*

perfectionis christianae et au *Quodlibet* XIV (Noël 1269) de Gérard d'Abbeville, et dans le *Contra retrahentes* ou *Contra doctrinam retrahentium a religione* rédigé entre le Carême et Noël 1271 en réponse au *De perfectione et excellentia status clericorum* de Nicolas de Lisieux. Cf. *De perfectione*, chap. 30, p. B 111 : « Si quelqu'un souhaite écrire contre cet ouvrage, cela me sera très agréable (*acceptissimum*) ; en effet la vérité ne se manifeste jamais mieux qu'en résistant à ceux qui la contredisent et en réfutant leur erreur ; comme le dit le livre des Proverbes : "Le fer s'aiguise par le fer, l'homme s'affine au contact de son prochain" [Prov. 27, 17] » ; *Contra retrahentes*, chap. 17, p. C 74 : « Si quelqu'un voulait contredire cet ouvrage, qu'il n'aille pas caqueter devant des gamins (*non coram pueris garriat*), mais qu'il écrive un livre et le publie afin que les gens compétents puissent juger ce qui est vrai et réfuter ce qui est faux par l'autorité de la vérité. »

LES TEXTES ANTÉRIEURS
À 1270

PRÉSENTATION

Le *De unitate intellectus contra averroistas* n'est pas la première confrontation de Thomas d'Aquin avec le monopsychisme. Avant de réfuter les « averroïstes » latins, l'Aquinate avait déjà plusieurs fois pris à parti leur chef de file : Averroès lui-même. La chronologie relative de ces interventions a longtemps fait l'objet de discussions chez les historiens. L'opinion courante — que défend encore B. Bazán dans son « Introduction » à l'édition des œuvres de psychologie de Siger de Brabant, est que, au moment où il rédige la *Question disputée sur l'âme*, Thomas a discuté les thèses d'Averroès dans au moins quatre œuvres ainsi ordonnées : (1) *In II Sent.*, d. 17, q. 2, a. 1 ; (2) *Summa contra Gentiles*, II, 59 sqq. ; (3) *Summa theologiae*, I, q. 76, a. 1 et 2 ; *Question sur les créatures spirituelles*, a. 2 et 9. Les propres travaux de Bazán joints à ceux de R.-A. Gauthier ont, récemment, remis en question cette chronologie relative.

Contrairement à ce que pensaient Glorieux et Robb la *Quaestio disputata de anima* ne date pas de 1269 — donc de la deuxième régence parisienne de Thomas (1268-1272) — mais de l'époque de sa régence romaine (1265-1268)[1], très probablement de 1265-

---

1. Le 8 septembre 1265 le chapitre provincial d'Anagni enjoint à Thomas de s'établir à Rome et d'y fonder un *studium* (probablement Sainte-Sabine) pour assurer la formation intellectuelle des jeunes étudiants dominicains de la province romaine. Cet éphémère centre d'études (qui ne survivra pas, semble-t-il, à Thomas) n'est

1266. Les deux premières œuvres mentionnées par Bazán dans son « Introduction » de 1972 sont donc bien antérieures à la *Quaestio* : le *Commentaire sur les Sentences*, fruit du premier enseignement de Thomas à Paris comme bachelier sententiaire (1252-1254), dont la rédaction, toutefois, n'est pas entièrement achevée au printemps 1256 (quand il « commence » comme maître) ; la *Summa contra Gentiles*, dont le livre I, chap. 1-53 est achevé à Paris avant l'été 1259 (durant la première régence parisienne, 1256-1259), la suite étant rédigée en Italie, à Naples (?), en 1260-1261, puis à Orvieto, durant la période du lectorat conventuel (1261-1265), le livre IV étant achevé en 1264-1265, juste avant le départ pour Rome.

En revanche, les deux autres œuvres sont postérieures. La *Quaestio disputata de anima* est la matrice — Gauthier dit « un travail préparatoire » — de la Somme de théologie, *Prima pars*, q. 75-89 (vers 1267-1268), c'est donc une œuvre de la période 1265-1268 (régence romaine), « très probablement de l'année 1265-1266[1] » ; quant à la *Question disputée sur les créatures spirituelles*, qui date, elle aussi, du séjour romain, « on peut la situer autour des années 1267-1268, vraisemblablement entre novembre 1267 et septembre 1268[2] ».

Reste la *Sentencia libri De anima*. Premier des commentaires d'Aristote, contemporaine des q. 75-89 de la *Prima pars*, elle a été rédigée à Rome entre la fin de 1267 et l'été 1268[3].

La chronologie des interventions de Thomas contre Averroès peut donc être ainsi reconstruite :

1252-1254 (Paris) : *In II Sent.*, d. 17, q. 2, a. 1.

---

pas un *studium* général, ni même provincial, mais, selon le mot de Boyle, un « *studium* personnel » « fondé à titre expérimental pour que Thomas puisse y appliquer librement un programme de son choix ». Sur ce point, cf. J.-P. Torrell, *Initiation à saint Thomas d'Aquin...*, p. 210.

1. Cf. J.-P. Torrell, *Initiation à saint Thomas d'Aquin...*, p. 490.
2. Cf. J.-P. Torrell, *Initiation à saint Thomas d'Aquin...*, p. 490.
3. Cf. J.-P. Torrell, *Initiation à saint Thomas d'Aquin...*, p. 498.

1260-1265 (Naples ?, puis Orvieto) : *Summa contra Gentiles*, II, 59 *sqq.*

1265-1266 : *Quaestio disputata de anima*, a. 2 et 3.

1267-1268 : *Sententia libri De anima, Summa theologiae*, I, q. 75-89, *Quaestio disputata de spiritualibus creaturis*.

On trouvera ici la traduction française annotée des principaux textes : *Summa contra Gentiles, Quaestio disputata de anima*, et *Sententia libri De anima*.

Contra Gentiles, II, 59

L'intellect possible de l'homme n'est pas une substance séparée

Mais il y en a encore d'autres[1] qui recourent à une autre invention pour soutenir qu'une substance intellectuelle ne peut être unie au corps comme forme. Ils disent en effet que l'intellect, y compris celui qu'Aristote appelle « possible », est une certaine substance séparée qui ne nous est pas jointe comme forme.

1. Ils s'efforcent de confirmer cette thèse par les paroles d'Aristote qui, au sujet de cet intellect, dit qu'il est « séparé », « non mélangé » au corps, « simple » et « impassible[2] » : toutes choses que l'on ne pourrait dire de lui s'il était forme du corps.

---

1. Thomas désigne ici Averroès, puis les « averroïstes ». Les premiers philosophes critiqués sont Platon et les platoniciens. Leur doctrine, présentée et réfutée au chap. 57, est que « l'âme intellectuelle ne s'unit pas au corps comme la forme à la matière, mais seulement comme le moteur au mobile » : « L'âme, disent-ils, est dans le corps comme le marin <*i.e.* le pilote> est dans le navire » — une expression que Thomas lit (sur un mode hypothétique) chez Aristote, *De an.* II, 1, 413a7-8 ; Tricot, p. 72 (« De plus on ne voit pas bien si l'âme est l'entéléchie du corps, comme le pilote, du navire »), et qu'il commente abondamment dans le *De unitate intellectus*, § 5, 10 et suivants.
2. Ce sont, en réalité, les prédicats attribués par Aristote à l'intellect agent. Cf. Aristote, *De an.* III, 5, 430a17-19 ; Tricot, p. 182 : « Et c'est cet intellect » (*i.e.* « l'intellect <qui est analogue à la

2. En outre, ils invoquent la démonstration par laquelle Aristote prouve que, comme l'intellect possible reçoit toutes les espèces des choses sensibles, étant en puissance par rapport à elles, il faut qu'il n'en ait lui-même aucune, de même que la pupille, qui reçoit toutes les espèces des couleurs, est dépourvue de toute couleur. Si, en effet, elle avait d'elle-même une certaine couleur, elle l'empêcherait de voir les autres couleurs ; tout ce qu'elle verrait, elle le verrait de cette couleur. Et c'est ce qui se passerait, de la même manière, pour l'intellect possible, s'il avait de lui-même une certaine forme ou la nature des choses sensibles [1]. Or, cela serait inévitable s'il était mêlé à un corps, et il en irait de même s'il était la forme d'un corps, car, puisque la forme et la matière donnent naissance à quelque chose d'un, il faut bien que la forme participe quelque chose de la nature de ce dont elle est forme. Il est par conséquent impossible que l'intellect possible soit mêlé au corps ou qu'il soit l'acte ou la forme d'un corps.

3. De plus : s'il était forme d'un corps matériel, la

cause efficiente>, parce qu'il les produit tous ») « qui est séparé, impassible et sans mélange, étant par essence un acte ; car toujours l'agent est d'une dignité supérieure au patient, et le principe, à la matière ». Dans *In De an.* III, comm. 19 ; Crawford, p. 440, 6-12, Averroès attribue lui aussi les expressions d'Aristote à l'intellect agent — mais comme son texte de base est différent du texte original, il y voit un ensemble de prédicats communs à l'intellect agent et à l'intellect matériel — texte : « Et iste intellectus *etiam* est abstractus, non mixtus neque passibilis, et est in sua substantia actio » (« Et cet intellect *aussi* est séparé, non mélangé ni passible, et il est dans sa substance action. En effet l'agent est toujours plus noble que le patient, et le principe plus noble que la matière ») ; commentaire : « Et il dit : "Et cet intellect *aussi*", etc. C'est-à-dire : et cet intellect *aussi* est séparé, comme le matériel, et il est *aussi* non passible et non mélangé, comme lui. Et une fois qu'il a énuméré les aspects sous lesquels il communique avec l'intellect matériel, il indique la disposition propre à l'intellect agent. Et il dit : *et il est dans sa substance action,* c'est-à-dire qu'il n'y a pas en lui puissance à quelque chose, comme, dans l'intellect récepteur, il y a puissance à recevoir les formes. »

1. Cet argument, tiré de 429a19-20, est invoqué dans un sens tout opposé par Thomas, *De unitate*, § 21.

réceptivité de cet intellect serait du même genre que celle de la matière première. Ce qui, en effet, est forme d'un corps déterminé ne reçoit rien en dehors de sa matière ; or la matière première reçoit des formes individuelles : c'est même par cela qu'est individué ce qu'il y a dans la matière. Donc l'intellect possible ne recevrait de formes qu'en tant qu'individuelles. Donc il ne connaîtrait pas d'universaux — ce qui est manifestement faux.

4. Par ailleurs : la matière première n'est pas capable de connaître les formes qu'elle reçoit. Si donc la réceptivité de l'intellect possible et celle de la matière première étaient identiques, l'intellect possible ne serait pas non plus capable de connaître les formes reçues. Ce qui est faux.

5. Enfin : il est impossible à un corps de contenir une force infinie, comme le prouve Aristote dans le livre VIII des *Physiques*[1]. Or, d'une certaine manière, l'intellect possible est doté d'une force infinie : en effet, nous jugeons par lui de choses infinies en nombre, dans la mesure où c'est par lui que nous connaissons les universaux sous lesquels sont compris des particuliers infinis en puissance. L'intellect possible n'est donc pas une faculté logée dans le corps.

Telles sont les raisons qui ont poussé Averroès — et certains autres Anciens, comme il le dit lui-même — à soutenir que l'intellect possible, avec lequel l'âme pense, était séparé du corps selon l'être et n'était pas la forme d'un corps.

Mais comme cet intellect ne nous appartiendrait en rien et comme nous ne pourrions penser par son entremise s'il ne nous était pas joint d'une certaine

---

1. Cf. Aristote, *Physique*, VIII, 10, 266a23-25 ; Carteron, p. 139 : « Maintenant, d'une manière générale, dans une grandeur finie ne peut résider une force (*dunamin*) infinie. » En 266b6 sqq. Aristote démontre, réciproquement, qu'« il n'est pas davantage possible qu'une force finie réside dans une chose infinie ». La thèse complète est formulée en 266b25-26 (Carteron, p. 140) : « Il ne peut exister de force, pas plus infinie en une grandeur finie, que finie en une grandeur infinie. »

manière, Averroès détermine aussi la manière dont il
entre en contact avec nous. Il dit que l'espèce qui est
pensée en acte est forme de l'intellect possible comme
le visible en acte est forme de la puissance de vision.
C'est pourquoi l'intellect possible et la forme pensée
en acte donnent naissance à quelque chose d'un. Ainsi
donc à quoi que se joigne la forme susdite quand elle
est pensée, l'intellect possible s'y joint aussi. Or l'intellect possible se joint à nous par l'intermédiaire de
l'image, qui sert de sujet à cette forme pour être
pensée. C'est donc de cette manière aussi que l'intellect possible entre en contact avec nous[1].

Il est facile de voir que toutes ces thèses sont frivoles
et impossibles. De fait, ce qui est pensant est ce qui a
un intellect, et ce qui est pensé est ce dont l'espèce
intelligible est unie à l'intellect. Donc, du seul fait
qu'une espèce intelligible est en quelque façon unie à
l'intellect dans l'homme, l'homme n'aura jamais <la
propriété> d'être pensant, mais seulement celle d'être
pensé par l'intellect séparé[2].

En outre, l'espèce qui est pensée en acte est forme
de l'intellect possible comme l'espèce visible en acte
est forme de la puissance visuelle ou de l'œil lui-
même. Or quand elle est pensée l'espèce se rapporte à
l'image comme l'espèce visible en acte au coloré qui
est en dehors de l'âme. Cette comparaison Averroès y
recourt, et Aristote lui-même. C'est donc que la prolongation de l'intellect possible par l'intermédiaire de
la forme intelligible jusqu'à l'image qui est en nous est
semblable à celle de la puissance de vision jusqu'à la
couleur qui est dans la pierre. Mais cette prolongation
ne fait pas que la pierre voit, elle fait seulement que la
pierre est vue[3]. Donc la prolongation de l'intellect
possible en l'homme ne fait pas qu'il pense, elle fait
seulement qu'il est pensé. Il est dès lors parfaitement

---

1. Thomas résume ici la position d'Averroès, *In De an.* III,
comm. 5 ; Crawford, p. 404, 513-405, 527.
2. Cet argument est repris et développé dans le *De unitate,* § 65
et 72.
3. Cf. *De unitate,* § 65.

évident que c'est au sens propre et en toute vérité que l'on dit que l'homme pense[1] : car si nous pouvons chercher ce qu'est la nature de l'intellect, c'est bien grâce au fait même que nous pensons[2]. Le mode de prolongation susdit n'est donc pas suffisant.

Par ailleurs, c'est le connaissant qui, par la puissance cognitive, se joint à l'objet et non l'inverse, de même que c'est l'opérateur qui, par la puissance opérative, se joint à ce qui est opéré. Or, l'intellect par lequel l'homme pense a pour lui le statut de puissance cognitive[3]. L'homme n'est donc pas joint à l'intellect par la forme intelligible, mais bien plutôt joint à l'intelligible par l'intellect.

De plus, ce avec quoi quelque chose opère doit être sa forme[4] : en effet, rien n'agit sinon en tant qu'il est en acte ; or rien n'est en acte sinon par ce qui est sa forme ; c'est pourquoi Aristote prouve que l'âme est une forme par le fait que l'animal vit et sent grâce à l'âme[5]. Or l'homme pense, et il ne le fait que par l'intellect : c'est pourquoi, cherchant le principe grâce auquel nous pensons, Aristote replace en nous la nature de l'intellect possible. Il faut donc que l'intellect possible nous soit uni formellement et non pas seulement par l'intermédiaire de son objet.

De plus, l'intellect en acte et l'intelligible en acte ne font qu'un[6], tout comme le sens en acte et le sensible

---

1. Thomas oppose ici un démenti formel à la thèse centrale de l'averroïsme, stigmatisée dans la deuxième proposition condamnée par É. Tempier en 1270 : « Cette proposition est fausse et impropre : l'homme pense. »
2. Même argument dans le *De unitate*, § 61.
3. « Homo est intelligens par intellectum sicut per virtutem cognoscitivam », littéralement : « c'est comme par une puissance cognitive que l'homme est intelligent par l'intellect ».
4. Sur ce thème, cf. *De unitate*, § 10.
5. Cf. Aristote, *De an.* II, 2, 414a12-14 ; Tricot, p. 78. Le texte est semblablement utilisé dans le *De unitate*, § 11.
6. Cf. Aristote, *De an.* III, 4, 430a2-5 ; Tricot, p. 180 : « En outre, l'intellect est lui-même intelligible comme le sont les intelligibles. *En effet, en ce qui concerne les réalités immatérielles, il y a identité du pensant et du pensé*, car la science théorétique et ce qu'elle connaît sont identiques. »

en acte ne font qu'un [1], mais pas l'intellect en puissance et l'intelligible en puissance, non plus que le sens en puissance et le sensible en puissance. Par conséquent, en tant qu'elle est contenue dans des images l'espèce d'une chose n'est pas intelligible en acte ; car ce n'est pas ainsi qu'elle fait quelque chose d'un avec l'intellect en acte, mais en tant qu'elle est abstraite des images, de même que l'espèce de la couleur n'est pas non plus sentie en acte en tant qu'elle est dans la pierre, mais seulement en tant qu'elle est dans la pupille. Or, d'après la position susdite, c'est seulement ainsi que l'espèce intelligible se prolonge en nous : en tant qu'elle est contenue dans les images. Donc, elle ne peut se prolonger en nous en tant qu'elle ne fait qu'un avec l'intellect possible, c'est-à-dire : en tant qu'elle est sa forme. Par conséquent, elle ne peut constituer le *medium* par l'intermédiaire duquel l'intellect possible se prolonge en nous : en effet, si elle est en contact avec l'intellect possible, elle n'est pas en contact avec nous, et, réciproquement, <si elle est en contact avec nous, elle n'est pas en contact avec l'intellect possible>.

Ainsi, il est clair que celui qui a introduit cette position s'est laissé tromper par une simple homonymie. En effet, en présence d'une lumière, les couleurs existant en dehors de l'âme deviennent visibles en acte dans la mesure où elles sont capables de mettre en mouvement la vue, non parce qu'elle sont senties en acte et ne font qu'un avec le sens en acte ; semblablement, grâce à la lumière de l'intellect agent, les images deviennent intelligibles en acte, au sens où elles peuvent mouvoir l'intellect possible, non parce qu'elles sont pensées en acte et ne font qu'un avec l'intellect possible actualisé.

En outre, là où l'opération du vivant est plus noble, la forme de vie correspondant à cette action est plus

---

1. Cf. Aristote, *De an.* III, 2, 425b25-26 ; Tricot, p. 154 : « L'acte du sensible et celui du sens sont un seul et même acte » (ils sont numériquement identiques, *tô arithmô*), « mais leur quiddité n'est pas la même » (ils sont distincts selon l'être, *tô einai*).

noble. Dans les plantes on ne relève d'activité que contribuant à la nutrition. Chez les animaux, en revanche, on relève des actions plus nobles : la sensation et le mouvement local. C'est pourquoi on peut dire que l'animal vit d'une espèce de vie plus noble. Mais chez l'homme on trouve une opération vitale qui, à son tour, est plus noble que chez l'animal : la pensée. Donc l'homme a une espèce de vie plus haute. Or la vie dépend de l'âme. Donc, pour pouvoir vivre, l'homme a une âme plus noble que ne l'est l'âme sensitive. Mais il n'y a rien de plus noble que l'intellect. L'intellect est donc l'âme de l'homme et, par conséquent, c'est aussi sa forme.

En outre, ce qui est consécutif à l'opération d'une chose n'est pas ce qui lui fournit son espèce[1], puisque l'opération est un acte second, et que la forme grâce à laquelle une chose appartient à une espèce est l'acte premier[2]. Or, selon la position d'Averroès, l'union de l'intellect possible à l'homme est consécutive à une opération de l'homme : elle se fait par l'intermédiaire de l'imagination, qui, selon Aristote, est « un mouvement provoqué par la sensation en acte », comme le dit le livre De l'âme[3]. Ce n'est donc pas en fonction de cette union que l'homme se voit attribuer une espèce. Donc l'homme ne diffère pas spécifiquement des bêtes brutes par le fait qu'il a un intellect.

Enfin, si l'homme se voit assortir une espèce par le fait qu'il est raisonnable et qu'il a un intellect, tout ce qui appartient à l'espèce humaine est raisonnable et a un intellect. Or, avant même qu'il ne sorte de l'utérus, l'enfant appartient à l'espèce humaine et pourtant il

---

1. L'argument de l'« espèce » revient constamment sous la plume de Thomas. Cf. *SCG*, II, 60 et 73 ; *Quaestio de anima*, a. 3 et *De unitate*, § 77. « Espèce » signifie ici l'espèce humaine, sous-classe du genre animal, non l'espèce intelligible ou sensible.

2. Sur la différence entre acte premier et acte second, cf. *De unitate*, § 89.

3. Cf. Aristote, *De an.* III, 3, 429a1-2 ; Tricot, p. 172 : « [...] un mouvement engendré par la sensation en acte » ; Bodéüs, p. 221 : « La représentation est le mouvement qui se produit sous l'effet du sens en activité. » Cf. *De unitate*, § 63.

n'a pas encore en lui d'images qui soient intelligibles
en acte. Il est donc faux que l'homme a un intellect
parce que l'intellect se prolonge en lui par l'intermédiaire d'une espèce intelligible ayant pour sujet une
image.

*
**

Contra Gentiles, II, 60

*Que l'homme ne se voit pas conférer une espèce en
fonction de l'intellect passif, mais en fonction de l'intellect
possible*

Mais on peut parer à ces arguments selon la position susdite. Averroès, en effet, dit que l'homme diffère spécifiquement des bêtes brutes par l'intellect
qu'Aristote appelle « passif », lequel n'est autre que la
force cogitative qui est propre à l'homme, au lieu que
les autres animaux, eux, ont ce qu'on appelle une
\<faculté\> estimative naturelle[1]. Or il incombe à cette

---

1. Thomas vise ici directement Averroès, *In De an.* III, comm.
20 ; Crawford, p. 449, 173-181 : « Et il entendait ici par intellect
possible les formes de l'imagination selon qu'agit en elles la faculté
cogitative propre à l'homme. En effet cette faculté est une certaine
raison, et son action n'est rien d'autre que de déposer l'intention de
la forme imaginée, avec son individu, dans la remémoration, ou de
la distinguer de lui dans la formation et l'imagination. Et il est
manifeste que l'intellect qu'on appelle matériel reçoit les intentions
imaginées après cette distinction. Par conséquent cet intellect possible est nécessaire à la formation. » Si les remarques sur la distinction entre la *vis cogitativa* propre à l'homme et l'« estimative naturelle » des autres animaux évoquent davantage Avicenne, on
notera qu'elles ne correspondent pas, en réalité, aux distinctions de
la psychologie du *Kitâb al-Shifâ'* : chez Avicenne, en effet, la *vis
imaginativa* (*mutakkayila*) des vivants animés en général devient,
chez l'homme, *vis cogitans* (*mufakkira*), dont le rôle est de composer
et de dissocier les images conservées dans l'imagination — *khayâl* —
proprement dite, elle n'a rien à voir avec la *vis aestimationis* (*wah-
miyya*) appréhendant « les intentions non senties résidant dans les
sensibles singuliers ». Sur la psychologie d'Avicenne, cf. A. de Libera, *La Philosophie médiévale* (Que sais-je ?, n° 1044), Paris, P.U.F.,
1989, p. 103-106.

faculté cogitative de distinguer les intentions individuelles et de les comparer les unes aux autres, de
même que l'intellect qui est «séparé» et «non
mélangé» compare et distingue les intentions universelles. Et puisque, concurremment à l'imaginative et à
la remémorative, cette faculté prépare les images à
recevoir l'action de l'intellect agent qui leur permet de
devenir intelligibles en acte, comme le font certains
arts qui préparent la matière pour l'artisan principal,
ladite faculté est, pour ce motif, appelée du nom
d'«intellect» et de «raison»; et c'est elle dont les
médecins disent qu'elle a son siège dans la cellule
médiane de la tête. Et c'est de par la disposition de
cette faculté que chaque homme diffère des autres en
talent et dans tout ce qui relève de la pensée. Et c'est
par son usage et par son exercice que l'homme
acquiert l'habitus du savoir. D'où il ressort que les
habitus des sciences résident dans cet intellect passif
comme dans un sujet. En outre, cet intellect passif est
présent chez l'enfant dès le premier moment de sa
génération, et c'est grâce à lui qu'il prend place dans
l'espèce humaine avant de penser en acte.

Que tout cela soit faux et énoncé de manière abu-
sive saute aux yeux. De fait, les opérations de la vie se
rapportent à l'âme comme l'acte second à l'acte premier : cela ressort clairement d'Aristote, *De l'âme*,
livre II[1]. Chez un être donné, l'acte premier précède
l'acte second dans le temps : c'est ainsi par exemple
que la <possession de la> science est antérieure à la
considération <effective de ses objets>. Donc, en tout
être où l'on relève une quelconque opération vitale, il
faut supposer qu'il y a une certaine partie d'âme qui se
rapporte à cette opération comme un acte premier à
un acte second. Mais l'homme a une opération propre
qui le place au-dessus des autres animaux : penser et
raisonner, opération qui est celle de l'homme en tant
qu'homme, comme le dit Aristote dans le livre I de

1. Cf. Aristote, *De an.* II, 5, 417a21-b16 ; *Transl. vetus*, Gauthier, p. 28 ; Tricot, p. 97-100.

l'*Éthique*[1]. Il faut donc poser en l'homme un certain
principe qui, proprement, lui confère sa place dans
l'espèce humaine, un principe qui se rapporte à la
pensée comme un acte premier à un acte second. Or
ce ne peut être l'intellect dit « passif », car, comme le
prouve Aristote, le principe de l'opération dont on
vient de parler doit être « impassible[2] » et « non mêlé
au corps[3] », et l'intellect passif est tout le contraire de
cela. Il n'est donc pas possible que ce soit par la
faculté cogitative appelée « intellect passif » que
l'homme se voit conférer une espèce qui le rende
différent des autres animaux.

De plus : la passion de la partie sensitive ne peut
être placée dans un genre de vie plus élevé que ne l'est
la vie sensitive, de même que la passion de l'âme
nutritive ne se place pas dans un genre de vie plus
haut que ne l'est la vie nutritive. Or il est établi que
l'imagination et les autres puissances du même genre,
qui lui sont consécutives, comme la mémorative et
autres puissances semblables, sont des passions de la
partie sensitive, comme le prouve Aristote dans le livre
De la mémoire[4]. Ce n'est donc pas par ces facultés, ni
par l'une d'entre elles, qu'un animal peut être placé
dans un genre de vie plus élevé que ne l'est la vie
sensitive. Or l'homme a un genre de vie plus élevé
<que ne l'est la vie sensitive> : cela ressort clairement
du livre II *De l'âme*, là où Aristote, distinguant les
genres de vie, ajoute l'intellectif, qu'il attribue à
l'homme[5], au sensitif, qu'il attribue en commun à tous
les animaux[6]. Ainsi donc, l'homme ne vit pas d'une

---

1. Cf. Aristote, *Éth. Nic.* I, 6, 1098a1-20 ; Tricot, p. 58-60.

2. Cf. Aristote, *De an.* III, 4, 429a15 ; Tricot, p. 174.

3. Cf. Aristote, *De an.* III, 4, 429a21-22 et Thomas, *De unitate*,
§ 22-23.

4. Cf. Aristote, *De memoria*, 1, 450a.

5. Cf. Aristote, *De an.* II, 2, 413b10-13 ; Tricot, p. 75-76. Sur ce
point, cf. Thomas, *De unitate*, § 6.

6. Pour la sensation, cf. Aristote, *De an.* II, 2, 413b1-5. Cf., en
outre, *Part. an.* II, 8, 653b22-24 : « Nous définissons l'animal par le
fait qu'il possède la sensation et d'abord la sensation fondamentale,
c'est-à-dire le toucher. »

vie qui lui soit propre grâce à la faculté cogitative susdite.

En outre : comme le prouve Aristote dans le livre VIII des *Physiques*, tout ce qui se meut soi-même est composé d'un moteur et d'un mû [1]. Or, comme les autres animaux, l'homme se meut lui-même. Donc le moteur et le mû font partie de lui [2]. Le premier moteur en l'homme est l'intellect : en effet, c'est l'intellect qui, par son intelligible, meut la volonté. Et l'on ne peut dire que seul l'intellect passif est moteur : car l'intellect passif porte seulement sur les particuliers ; or, comme le prouve Aristote au livre III *De l'âme* et au livre VII de l'*Éthique*, dans l'activité motrice intervient aussi l'opinion universelle, qui relève de l'intellect possible, au côté de la particulière, qui peut relever de l'intellect passif. Donc l'intellect possible est une certaine partie de l'homme. C'est même ce qu'il y a de plus digne et de plus formel en lui. C'est donc en fonction de lui que l'homme se classe dans une espèce, et non par l'intellect passif.

De plus : on peut prouver que l'intellect possible n'est pas l'acte d'un corps quelconque par le fait qu'il est capable de connaître toutes les formes des êtres sensibles à un niveau universel. Aucune puissance dont l'opération peut s'étendre aux universaux subsumant toutes les formes sensibles ne peut être l'acte d'un corps quelconque. Or la volonté présente cette caractéristique : nous pouvons tourner notre volonté vers toutes les choses que nous pensons, ne serait-ce que pour les connaître. L'acte de la volonté se mani-

---

1. Cf. Aristote, *Physique*, VIII, 4, 254b7-32 ; Carteron, p. 111, notamment : « L'être qui est mû soi-même sous sa propre action est mû par nature, ainsi chaque animal ; l'animal, en effet, est mû par soi-même par sa propre action, et tout ce qui a en soi le principe du mouvement, nous le disons mû par nature. C'est pourquoi l'animal se meut soi-même par nature dans sa totalité [...] De la même façon, semble-t-il, que pour les bateaux et pour les choses qui n'ont pas une constitution naturelle, il y a, pour les animaux aussi, distinction du moteur et du mû ; et c'est en ce sens que le tout de l'animal se meut soi-même. »

2. Autrement dit : il a une partie motrice et une partie mue.

feste aussi dans l'universel : « en effet, comme le dit
Aristote, nous haïssons globalement le genre des
voleurs, alors que nous nous mettons en colère seulement contre des particuliers[1] ». Donc, la volonté ne
peut être l'acte d'une partie déterminée du corps ni
dépendre d'une puissance qui serait l'acte du corps.
Or chaque partie de l'âme est l'acte d'une partie du
corps, à la seule exception de l'intellect proprement
dit. Donc la volonté réside dans la partie intellective :
c'est pourquoi Aristote dit dans le livre III De l'âme
que la volonté se situe dans la raison, mais l'irascible et
la concupiscible dans la partie sensitive[2]. C'est pourquoi les actes de la concupiscible et de l'irascible
s'accompagnent d'une passion, et non pas l'acte de la
volonté, qui correspond à un choix. Or la volonté de
l'homme n'est pas extrinsèque à l'homme comme si
elle était fondée dans une substance séparée : elle est
dans l'homme lui-même. Autrement, en effet, il ne
serait pas maître de ses actes : il agirait de par la
volonté d'une substance séparée ; il n'y aurait en lui
que des puissances appétitives opérant tout en subis-
sant une passion, à savoir la puissance irascible et la
concupiscible, lesquelles résident dans la partie sensitive, comme chez les autres animaux, et sont agies
plutôt qu'elles n'agissent. Or cela est impossible, car
ce serait la destruction de toute philosophie morale et
de toute sociabilité politique[3]. Il importe donc que

1. Cf. Aristote, *Rhétorique* II, 4, 1382a5-6 ; Dufour, p. 71 : « De
plus, la colère s'adresse toujours à un individu, par exemple à
Callias ou à Socrate ; mais la haine peut être ressentie contre les
classes ; car tout homme hait le voleur et le sycophante. » Cité dans
le *De unitate intellectus*, § 78.
2. Cf. Aristote, *De an.* III, 9, 432b5-7 ; Tricot, p. 200 : « Car
c'est dans la partie rationnelle que le désir réfléchi prend naissance,
et dans la partie irrationnnelle, l'appétit et l'impulsion. » La version
arabo-latine (*De an.* III, text. 42 ; Crawford, p. 510, 8-9) dit :
« Principale enim existit in parte cogitativa ; desiderium autem et ira
inveniuntur in non rationabili. »
3. La même réfutation éthique de l'averroïsme est proposée en
termes voisins dans le *De unitate*, § 78. Le lien du monopsychisme et
du déterminisme astral est souligné dès la condamnation parisienne
de 1270, puisque, après la proposition 1 (« Il n'y a qu'un seul
intellect numériquement identique pour tous les hommes ») et la

l'intellect possible se trouve bel et bien en nous, et que nous différions par lui des bêtes brutes, et non pas seulement selon l'intellect passif.

De plus : de même que rien n'a le pouvoir d'agir sinon par la puissance active qui existe en lui, rien n'a le pouvoir de pâtir sinon par la puissance passive qui est en lui ; en effet, ce qui brûle a le pouvoir d'être brûlé non pas seulement parce qu'il y a quelque chose qui a le pouvoir de le brûler, mais parce qu'il a aussi en lui la puissance pour être brûlé. Or penser, c'est subir une certaine passion, comme le dit le livre III *De l'âme*[1]. Donc puisque l'enfant est pensant en puissance, bien qu'il ne pense pas encore en acte, il faut qu'il y ait en lui une certaine puissance par laquelle il ait le pouvoir de penser. Or cette puissance est l'intellect possible. Il faut donc qu'avant même qu'il n'ait pensé en acte, l'intellect possible se soit déjà joint à l'enfant. La prolongation de l'intellect possible en l'homme ne s'effectue donc pas par le biais de la forme qui est pensée en acte, c'est, au contraire, l'intellect possible lui-même qui est inhérent à l'homme, dès le premier moment de sa génération, comme quelque chose qui fait partie de lui.

Mais Averroès répond à ce raisonnement. Il dit en effet qu'il y a un double aspect sous lequel un enfant peut être dit pensant en puissance. Premièrement, parce que les images qui se trouvent en lui sont intelligibles en puissance. Deuxièmement, parce que l'intellect possible a le pouvoir de se prolonger en lui, sans qu'il soit déjà uni à lui[2].

---

proposition 2 (« La proposition *l'homme pense* est fausse ou impropre »), les propositions 3 et 4 stipulent que « la volonté humaine veut et choisit par nécessité » et que « tout ce qui advient ici-bas est soumis à la nécessité des corps célestes ».

1. Cf. Aristote, *De an.* III, 4, 429b25 ; Tricot, p. 178 : « [...] penser est une certaine passion. »

2. Cf. Averroès, *In De an.* III, comm. 5 ; Crawford, p. 405, 520-527 : « Et c'est pourquoi dire qu'un enfant est pensant en puissance peut être compris de deux manières : la première est que les formes imaginées qui sont en lui sont pensées en puissance, la seconde est que l'intellect matériel, qui est né pour recevoir le pensé de ces formes imaginées, est récepteur en puissance et continué avec nous en puissance. »

Nous allons montrer que chacun de ces modes est insuffisant. De fait, une chose est la puissance par laquelle un agent peut agir, une autre la puissance par laquelle un patient peut pâtir ; et elles sont distinctes l'une de l'autre comme des opposés. Donc du seul fait qu'il revient à une chose de pouvoir agir, il ne lui revient pas pour autant de pouvoir pâtir. Or pouvoir penser c'est pouvoir pâtir, puisque, selon Aristote, « penser, c'est subir une certaine passion ». Un enfant n'est donc pas dit avoir le pouvoir de penser du seul fait que les images qui sont en lui peuvent être pensées en acte, car <la pensée relève du pouvoir pâtir, alors que> cela relève du pouvoir agir : en effet, les images sont ce qui meut l'intellect possible[1].

En outre, la puissance qui va de pair avec l'espèce d'une chose n'appartient à cette chose que sous le rapport de cet être spécifique. Pouvoir penser va de pair avec l'être spécifique de l'homme : penser est l'opération de l'homme en tant que tel. Or les images ne sont pas ce qui donne espèce humaine, elles ne font qu'accompagner l'opération de l'homme. Ce n'est donc pas par rapport aux images que l'enfant peut être dit pensant en puissance.

Mais, de même, on ne peut pas dire que l'enfant peut penser parce que l'intellect possible peut se prolonger en lui. En effet, on dit que quelqu'un peut agir ou pâtir par une puissance active ou passive à la manière dont on le dit blanc par la blancheur. Or, personne n'est dit blanc avant que la blancheur ne lui soit jointe. Donc personne non plus n'est dit pouvoir agir ou pâtir avant qu'une puissance active ou passive

---

1. La pointe de cet argument difficile semble être la suivante : le processus d'actualisation des images (leur devenir intelligibles en acte) sous l'action de l'intellect agent est, malgré les apparences, un pouvoir d'agir, car il faut cette actualisation pour mouvoir l'intellect possible. Or c'est cette motion de l'intellect possible qui constitue la pensée : c'est l'intellect possible qui pâtit, c'est donc lui qui supporte le phénomène de la pensée. La possibilité d'actualisation des images chez le jeune enfant ne définit pas en lui une capacité de penser : il n'y a capacité de penser que là où il y a pouvoir de pâtir — dans l'intellect possible donc, non dans l'imagination.

ne soit présente en lui. On ne peut donc dire de l'enfant qu'il a le pouvoir de penser avant que l'intellect possible, qui est la puissance de penser, ne soit entrée en contact avec lui.

De plus, une chose est de dire que quelqu'un peut opérer avant qu'il n'ait la nature par laquelle il opère, et une autre de le dire une fois qu'il a déjà cette nature, mais qu'il est empêché d'agir par un accident, de même que c'est une chose de dire qu'un corps peut se porter vers le haut avant d'exister léger, et une autre, une fois qu'il a été produit léger, mais qu'il est empêché dans son mouvement. Or l'enfant est pensant en puissance non au sens où il n'aurait pas encore la nature nécessaire pour penser, mais au sens où il a quelque chose qui l'empêche de penser : et de fait, il est empêché de penser « à cause des multiples sortes de mouvement qui existent en lui », comme il est dit dans le livre VII des *Physiques*[1]. Il n'est donc pas dit pouvoir penser parce que l'intellect possible, qui est le principe de la pensée, peut se prolonger en lui, mais parce qu'il s'est déjà prolongé et qu'il est empêché d'exercer son action propre ; de là vient que, sitôt l'empêchement supprimé, il se mette à penser.

En outre, un habitus est « ce par quoi chacun opère dès qu'il le veut[2] ». Il faut donc que l'habitus et l'opération qui s'effectue selon cet habitus relèvent du même <pouvoir>. Mais la considération <de l'intelligible qui a lieu> en pensant, considération qui est l'acte de cet habitus qu'est l'habitus du savoir, ne peut relever de l'intellect passif, mais <seulement> de l'intellect possible lui-même : en effet, pour qu'une puissance pense, il faut qu'elle ne soit pas l'acte d'un

---

1. Cf. Aristote, *Phys.* VII, 3, 248a1-2 ; Carteron, p. 83 : « (C'est pourquoi les enfants ne peuvent apprendre ni juger d'après les sensations, comme le peuvent les personnes plus âgées) ; grands sont, en effet, chez eux l'agitation et le mouvement. »

2. Thomas vise ici un passage précis d'Averroès, *In De an.* III, comm. 18 ; Crawford, p. 438, 26-29 : « Telle est en effet la définition de l'habitus, à savoir que celui qui a l'habitus intellige par lui ce qui lui est propre, de lui-même et quand il le veut, sans qu'il ait besoin pour ce faire de quelque chose d'extrinsèque. »

corps quelconque. C'est pourquoi aussi l'habitus du savoir ne réside pas dans l'intellect passif, mais dans l'intellect possible. Or, la science qui nous fait dire « savants » est en nous. Donc l'intellect possible est lui aussi en nous, et non séparé de nous selon l'être.

De plus : le processus d'assimilation qui caractérise la science est une assimilation du savant à la chose sue. Or le savant ne s'assimile pas à la chose sue en tant qu'elle est sue sinon grâce à des espèces universelles : la science en effet porte sur des êtres de ce genre. Or, il ne peut y avoir d'espèces universelles dans l'intellect passif, puisque c'est une puissance utilisant un organe ; il ne peut y en avoir que dans l'intellect possible. La science ne réside donc pas dans l'intellect passif, mais seulement dans l'intellect possible.

En outre, comme l'adversaire le confesse lui-même, l'intellect habituel est le produit de l'intellect agent. Or les produits de l'intellect agent sont des intelligibles en acte dont le récepteur propre est l'intellect possible auquel l'agent se rapporte comme l'art à la matière, ainsi que le dit Aristote dans le livre III *De l'âme*[1]. Il importe donc que l'intellect habituel, qui n'est autre que l'habitus du savoir, se trouve dans l'intellect possible et non dans le passif.

Par ailleurs, il est impossible que la perfection d'une substance supérieure dépende d'une inférieure. Or la perfection de l'intellect possible dépend de l'opération de l'homme : en effet, elle dépend des images qui meuvent l'intellect possible. L'intellect possible n'est donc pas une substance supérieure à l'homme. Il faut donc bien qu'il soit quelque chose de l'homme, comme acte et forme de l'homme.

De plus, tout ce qui est séparé selon l'être a aussi des opérations séparées : en effet, les choses existent en vue de leurs opérations, comme l'acte premier existe en vue du second. C'est pourquoi, dans le livre I *De l'âme*, Aristote dit que si l'une quelconque des opérations de l'âme se fait sans le corps, « l'âme peut

1. Cf. Aristote, *De an.* III, 5, 430a12-13 ; Tricot, p. 181.

être séparée[1] ». Or l'opération de l'intellect possible a
besoin du corps : Aristote dit en effet, dans le livre III
De l'âme, que l'intellect peut « agir par lui-même »,
c'est-à-dire penser, quand il est actualisé par l'espèce
abstraite des images, lesquelles ne peuvent être sans le
corps[2]. Ainsi donc l'intellect possible n'est absolument
pas séparé du corps.

De plus, si une certaine opération revient à une
chose selon sa nature, on attribue naturellement à
cette chose tout ce sans quoi son opération ne peut
s'accomplir, tout comme, dans le livre II *Du ciel*[3],
Aristote prouve que si les étoiles se déplaçaient selon
un mouvement processif à la manière des animaux, la
nature leur aurait donné les organes du mouvement
processif. Mais l'opération de l'intellect possible
s'accomplit par le biais des organes corporels où
doivent nécessairement résider les images. Par
conséquent, la nature a uni l'intellect possible aux
organes corporels. Il n'est donc pas séparé du corps
selon l'être.

De plus, s'il est séparé du corps selon l'être, il doit

1. Cf. Aristote, *De an.* I, 1, 403a10-12 ; Tricot, p. 9 : « Si donc il
y a quelqu'une des fonctions ou des affections de l'âme qui lui soit
véritablement propre, l'âme pourra posséder une existence séparée
du corps » ; Bodéüs, p. 83 : « Donc, s'il est une des opérations ou
des affections de l'âme qui lui soit propre, on peut admettre que
l'âme se sépare, mais dans le cas où aucune ne lui est propre, elle ne
peut être séparée. » Pour cet argument, cf. *De unitate*, § 35.
2. Cf. Aristote, *De an.* III, 4, 429b5-9 ; Tricot, p. 176 : « Mais
une fois que l'intellect est devenu chacun des intelligibles, au sens
où l'on appelle "savant" celui qui l'est en acte (ce qui arrive lorsque
le savant est, de lui-même, capable de passer à l'acte), même alors il
est encore en puissance d'une certaine façon, non pas cependant de
la même manière qu'avant d'avoir appris ou d'avoir trouvé ; et il est
aussi alors capable de se penser lui-même » ; *Transl. vetus*, Gauthier,
p. 446 : « Cum autem hic unaqueque sciat, sciens dicitur secundum
actum. Hoc autem accidit cum possit operari per se ipsum. Est
quidem et tunc similiter potencia quodam modo, non tamen similiter est et ante addiscere aut invenire ; et ipse autem se ipsum
aliquando potest intelligere. »
3. Cf. Aristote, *De caelo*, II, 290a29 *sqq.* Le texte d'Aristote est
exploité dans un sens tout différent par Averroès, *De caelo*, II,
comm. 50 ; Venetiis, f⁰ 137 F.

plutôt penser les substances qui sont séparées de la
matière que les formes sensibles, car elles sont plus
intelligibles et lui sont plus conformes. Mais il ne peut
penser de substances entièrement séparées de la
matière, car il n'y a pas d'images de ces substances[1] :
or cet intellect « ne pense jamais sans images », comme
le dit Aristote dans le livre III *De l'âme*[2] ; en effet, les
images lui sont « ce que les sensibles sont au sens » —
sensibles sans qui le sens ne pourrait sentir. <L'intellect possible> n'est donc pas une substance séparée du
corps selon l'être.

En outre, en tout genre, l'extension de la puissance
passive ne va pas plus loin que celle de la puissance
active du genre : d'où, il n'y a pas de puissance passive
dans la nature à laquelle ne corresponde une puissance active naturelle. Mais l'intellect agent ne rend
intelligibles que des images. C'est pourquoi l'intellect
possible n'est pas mû par d'autres intelligibles que les
espèces abstraites des images : ainsi il ne peut penser
les substances séparées.

En outre, les substances séparées ont en elles sur un
mode intelligible les espèces des choses sensibles, et
c'est par elles qu'elles connaissent les sensibles. Si, par
conséquent, l'intellect possible pensait les substances
séparées, il recevrait du même coup la connaissance
des sensibles. Il ne le recevrait donc pas des images,
puisque « la nature ne fait rien de superflu ».

Et si l'on dit qu'il n'y a pas connaissance des sensibles dans les substances séparées, il faudra au moins
dire qu'il y a en elles une connaissance plus élevée. Or
cette connaissance ne pourra faire défaut à l'intellect
possible, s'il pense lesdites substances. L'intellect possible aura donc une double science : l'une par le canal

---

1. Nous lisons *earum*, plutôt qu'*eorum*, éd. Marietti, p. 160b.
2. Cf. Aristote, *De an.* III, 7, 431a16-17 ; Tricot, p. 191 : « C'est
pourquoi jamais l'âme ne pense sans images. » L'arabo-latine (*De
an.* III, text. 30 ; Crawford, p. 468, 5-6) dit : « Et ideo nichil intelligit
anima sine ymaginatione. » Ce texte restera un lieu commun des
polémiques anti-averroïstes : c'est une pièce centrale de l'argumentation de Pomponazzi contre le monopsychisme.

des substances séparées, l'autre reçue des sens. L'une des deux sera superflue.

Par ailleurs, l'intellect possible est « ce par quoi l'âme pense », comme le dit le livre III *De l'âme*[1]. Si par conséquent l'intellect possible pense les substances séparées, nous les penserons nous aussi, ce qui à l'évidence est faux, car nous nous rapportons à elles comme l'œil de la chouette se rapporte au soleil, ainsi que le dit Aristote[2].

On peut répondre à tous ces arguments selon la position susdite : l'intellect possible, en tant qu'il est subsistant en lui-même, pense les substances séparées et il est en puissance par rapport à elles comme le diaphane par rapport à la lumière, mais en tant qu'il est prolongé en nous, il est, au premier moment de la génération, en puissance par rapport aux formes abstraites des images. C'est pourquoi nous ne pensons pas par lui les substances séparées dès le premier moment de la génération[3].

1. Cf. Aristote, *De an.* III, 4, 429a23 ; Tricot, p. 174-175.

2. Cf. Aristote, *Métaph.* II, 1, 993b9-11 ; Tricot, p. 107-108. Le terme *noctua* est celui des versions gréco-latines (*Vetus, Aristoteles latinus* XXV/1-1a, p. 119, 10-11 : « noctuarum visus » ; *Media, Aristoteles latinus* XXV/2, p. 36, 12 : « nicticoracum oculi »). Le texte original de la *Métaphysique* parle, comme l'arabo-latine, de chauve-souris.

3. Thomas résume ici un passage assez obscur d'Averroès, *In De an.* III, comm. 20, Crawford, p. 450, 189-205 : « [...] quand il dit : *Et il n'est pas vrai que tantôt il est pensant et tantôt non pensant*, il entend : quand il n'est pas considéré en tant qu'il pense et qu'il est informé par les formes matérielles engendrables et corruptibles, mais qu'il est considéré simplement en tant qu'il pense les formes abstraites libérées de la matière, alors il n'est pas trouvé tantôt pensant et tantôt non pensant, mais il est <toujours> trouvé dans la même forme ; par exemple dans le mode par lequel il pense l'intellect agent, qui a avec lui le rapport que la lumière a avec le diaphane. Il faut en effet penser que cet intellect qui est en puissance, étant donné qu'on a montré qu'il est éternel et qu'il est né pour être achevé par les formes matérielles, il est plus digne qu'il soit né pour être achevé par les formes non matérielles qui sont intelligibles en soi. Mais ce n'est pas d'emblée (*in primo*) qu'il nous est uni sur ce mode, mais par après (*in postremo*), quand s'accomplit la génération de l'intellect qui est en habitus, comme nous l'expliquerons ensuite. »

Mais cette réponse ne peut tenir. En effet, selon <nos adversaire>, l'intellect possible est dit se prolonger en nous du fait qu'il est achevé par les espèces intelligibles abstraites des images. Il faut donc considérer l'intellect comme en puissance par rapport à ces espèces avant de le considérer en tant qu'il se prolonge en nous. Par conséquent ce n'est pas du fait qu'il se prolonge en nous que l'intellect est en puissance par rapport à ces espèces.

De plus, selon cette position, être en puissance par rapport à ces espèces ne conviendrait pas à l'intellect essentiellement, mais par autre chose. Or on ne doit pas définir quelque chose par ce qui ne lui convient pas essentiellement. Par conséquent, <si l'on adopte cette position> on ne pourra tirer la définition de l'intellect possible du fait qu'il est possible par rapport auxdites espèces, alors que c'est ainsi que le définit Aristote lui-même dans le livre III *De l'âme*.

De plus, il est impossible que l'intellect possible pense plusieurs choses à la fois à moins de penser l'une par l'intermédiaire de l'autre : une même puissance ne peut en effet être achevée par plusieurs actes à la fois sinon selon un certain ordre. Si par conséquent l'intellect possible pense les substances séparées et les espèces séparées des images, il faut ou bien qu'il pense ces substances par l'intermédiaire des espèces ou bien l'inverse. Quelle que soit l'hypothèse donnée, il s'ensuit que nous pensons les substances séparées, puisque si nous pensons les natures des sensibles dans la mesure où l'intellect possible les pense, <comme> l'intellect possible les pense du fait même qu'il pense les substances séparées, il faut bien que nous les pensions de la même manière. Et il en va de même si c'est l'<hypothèse> inverse. Or cela est manifestement faux. L'intellect possible ne pense donc pas les substances séparées. Ce n'est donc pas lui-même une substance séparée.

*
**

Contra Gentiles, II, 61

Que la position susdite est contraire à la doctrine d'Aristote

Mais comme Averroès s'efforce de prêter à cette position tout le poids de l'autorité en soutenant que c'est bien ce qu'a enseigné Aristote, nous allons montrer que de toute évidence cette opinion est contraire à la doctrine d'Aristote[1].

Premièrement parce que, dans le livre II *De l'âme*, Aristote définit l'âme en disant que c'est « l'acte premier d'un corps naturel organisé ayant la vie en puissance[2] », et il ajoute que « c'est une définition générale, applicable à toute espèce d'âme[3] », et non, comme l'a inventé Averroès, en avançant cela sur le mode du doute[4] — c'est évident si l'on consulte les exemplaires en grec et la traduction de Boèce[5].

Mais ensuite, dans le même chapitre, il ajoute qu'« il y a certaines parties de l'âme qui sont séparables[6] ».

1. C'est la démarche philologique que Thomas reprend dans le chap. 1 du *De unitate*.
2. Cf. Aristote, *De an.* II, 1, 412a27-28 ; Tricot, p. 68 : « C'est pourquoi l'âme est, en définitive, une entéléchie première d'un corps naturel ayant la vie en puissance, c'est-à-dire d'un corps organisé » ; Bodéüs, p. 137 : « L'âme est la réalisation première d'un corps naturel qui a potentiellement la vie. »
3. Cf. Aristote, *De an.* II, 1, 412b4-5 ; Tricot, p. 68 ; Bodéüs, p. 137 : « [...] une formule qui s'applique en commun à toute âme. » Par rapport au *De unitate*, Thomas fait ici preuve de moins de rigueur. S'il a raison de critiquer *philosophiquement* l'interprétation hypothétique de 412b4-5, il a tort de présenter sous forme *grammaticalement* affirmative ce qui est *effectivement* exprimé *au conditionnel* (« Et si l'on a besoin d'une formule qui s'applique en commun à toute âme, etc. »)
4. Cf. Averroès, *In De an.* II, comm. 7 ; Crawford, p. 138, 15-25. L'exégèse « hypothétique » de 412b4-5 est vivement dénoncée dans le *De unitate*, § 3.
5. Sur la pseudo-« traduction de Boèce », cf. *De unitate*, § 33 (avec la note 140).
6. Cf. Aristote, *De an.* II, 1, 413a6-7 ; Tricot, p. 71. Le texte latin dit seulement : « At vero quasdam nichil prohibet ». Il faut donc sous-entendre : « At vero quasdam <esse partes animae separabiles> nichil prohibet » (*Transl. Vetus* ; Gauthier, p. 149). Le texte poursuit : « propter id quod nullius sunt corporis actus » ; Bodéüs,

Or ce ne peut être que les intellectives. Il reste donc que ces parties sont l'acte d'un corps[1].

Ce qu'il ajoute ensuite ne contredit pas cette thèse : « Mais pour ce qui touche l'intellect et la puissance théorétique rien n'est encore évident, mais il semble bien que ce soit là un autre genre d'âme[2]. » Car il ne veut pas que l'on considère l'intellect comme autre par rapport à la définition commune de l'âme, mais comme autre par rapport aux natures propres des autres parties, de même que celui qui dit que les volatiles sont un autre genre d'animal que ceux qui marchent ne retire pas aux volatiles la définition commune de l'animal. C'est pourquoi, pour bien montrer à propos de quoi il a dit « un autre », il ajoute : « et que cela seul peut être séparé, comme l'éternel du corruptible[3] ».

Et, contrairement à ce qu'invente le Commentateur, Aristote ne veut pas dire qu'il n'est pas encore évident que l'intellect relève de la définition commune de l'âme comme les autres principes[4]. En effet, le vrai texte[5] ne dit pas « on ne s'en est pas occupé jusqu'ici »

---

p. 140 : « Mais, bien évidemment, en certaines autres parties, rien n'empêche la réalisation, parce qu'elles ne sont réalisations d'aucun corps. » Tricot, p. 71-72 : « Cependant rien n'empêche que certaines autres parties, du moins, ne soient séparables, en raison de ce qu'elles ne sont les entéléchies d'aucun corps. » Tricot, p. 72, note 1 commente : « C'est le cas du *noûs*, lequel est *chôristos*. »

1. Cet argument, tiré de 413a4-7, est repris dans le *De unitate*, § 4. Il faut comprendre que, parties d'une âme qui est l'acte premier d'un corps, ces parties, quoique séparables, sont elles-mêmes (et comme elle) acte d'un corps.

2. Cf. Aristote, *De an.* II, 2, 413b24-26, Tricot, p. 76-77. Le texte de 413b24-25 (Tricot, p. 76-77, *Transl. vetus*, Gauthier, p. 176 — *Transl. nova* Gauthier, p. 82) dit : « De intellectu autem et perspectiva potencia, nichil adhuc manifestum est » ; la *Transl. ar.-lat.* (Crawford, p. 159, 1-2) : « Intellectus autem et virtus speculativa, nichil adhuc declaratum est de eis. » L'argument est repris dans le *De unitate*, § 7-8.

3. Cf. Aristote, *De an.* II, 2, 413b26-27, Tricot, p. 77. Texte cité dans le *De unitate*, § 8.

4. Cf. Averroès, *In De an.* II, comm. 21 ; Crawford, p. 160, 6-15. La même critique est reprise dans le *De unitate*, § 7.

5. Il s'agit bien du « vrai texte », *textus verus*, et non, comme le croyait Grabmann, du « texte ancien » ou « de la version ancienne »,

ou « on n'en a rien dit jusqu'ici », mais — considérant que la phrase renvoie à ce qui est propre à l'intellect et non à la définition commune de l'âme —, que, sur ce point précis, « rien n'est encore évident[1] ». Or si, comme le soutient Averroès[2], l'âme était dite en un sens homonyme de l'intellect et des autres <facultés>, <Aristote> aurait d'abord distingué <les différents sens de> l'homonymie et il l'aurait cernée et définie, comme c'est son habitude. Autrement il aurait explicitement décidé de travailler sous homonymie, ce qui n'est pas admissible dans les sciences démonstratives.

De plus, dans le livre II *De l'âme* il énumère l'intellect parmi les puissances de l'âme[3]. Et dans l'autorité précédente il l'appelle « puissance théorétique[4] ».

---

textus vetus, du *De anima* — autrement dit : la version de Jacques de Venise —, par opposition à la « nouvelle version » (*Nova*) de Guillaume de Moerbeke, une opposition impensable pour Thomas au moment où il rédige le chapitre 61 du livre II de la *Somme contre les Gentils*, *i.e.* vers 1261-1263. Ce « vrai texte » n'en reste pas moins réellement celui de Jacques, simplement Thomas l'attribue à l'époque à Boèce (comme on le constate un peu plus bas), et, naturellement, il ignore tout de la *Nova* de Moerbeke, qu'il ne commence d'utiliser massivement qu'en 1268 (*Iᵃ Pars, Quaestiones de anima, Quaestiones de spiritualibus creaturis* — sans oublier la *Sentencia libri De anima* commencée à Rome dès décembre 1267).

1 A la leçon de l'arabo-latine (*De anima*, II, text. 21, 1-2 et 12 ; Crawford, p. 159-160 : « nihil adhuc declaratum est »), développée dans le commentaire d'Averroès, Thomas oppose la leçon « véritable » : « nihil est manifestum », donnée par « Boèce », *alias* Jacques de Venise.

2. Cf. Averroès, *In De anima* II, comm. 21 ; Crawford, p. 160, 24-161, 33 : « [...] il dit : *Néanmoins, il semble que ce soit un autre genre d'âme*, etc. C'est-à-dire : néanmoins, il vaut mieux dire, et cela semble davantage être vrai à plus ample considération, que c'est un autre genre d'âme, et que si on lui donne le nom d'âme, ce ne peut être que par homonymie. » Cette interprétation est à nouveau réfutée dans le *De unitate*, § 8 et § 62. Elle est maintenue, après Thomas, dans l'*Anonyme de Giele, Quaestiones De anima* II, q. 4, arg. 3 ; Giele, p. 69, 40-44.

3. Cf. Aristote, *De an.* II, 3, 414a31-32 ; Tricot, p. 80 : « Les facultés que nous avons énumérées sont les facultés nutritive, désirante, sensitive, locomotrice et dianoétique. » Repris dans le *De unitate*, § 12.

4. Il s'agit de l'expression « *perspectiva potentia* », évoquée au début de ce chapitre. Cf. Aristote, *De an.* II, 4, 413b24-25 ; Tricot, p. 76-77, cité dans le *De unitate*, § 7.

L'intellect n'est donc pas en dehors de l'âme humaine, mais il est une de ses puissances.

De plus, dans le livre III *De l'âme*, commençant à parler de l'intellect possible, il l'appelle « partie de l'âme », puisqu'il dit : « Voyons maintenant la partie de l'âme par laquelle l'âme connaît et comprend[1]. » Par là il montre clairement que l'intellect possible est quelque chose de l'âme.

Mais c'est encore plus manifeste dans ce qu'il ajoute ensuite, quand il explique la nature de l'intellect possible : « J'entends par intellect ce par quoi l'âme opine et pense[2]. » Par là il montre clairement que l'intellect est quelque chose de l'âme humaine, grâce à quoi l'âme humaine pense.

La position d'Averroès va donc contre la doctrine d'Aristote et contre la vérité. Il faut donc la réputer fictive.

Contra Gentiles, II, 69

Réponse aux arguments prouvant qu'une substance intellectuelle ne peut être unie au corps comme une forme

Il n'est pas difficile de réfuter les arguments avancés contre l'union [...]. De même, il est évident qu'aucun des arguments par lesquels Averroès s'efforce de confirmer son opinion prouve qu'une substance intellectuelle ne peut pas être unie au corps comme une forme[3].

---

1. Cf. Aristote, *De an.* III, 4, 429a10-11 ; Tricot, p. 173 ; Bodéüs, p. 221 : « Quant à la partie de l'âme qui lui permet de connaître (*gignôskei*) et de penser (*phronei*). » Le même texte est invoqué dans le *De unitate*, § 14.
2. Cf. Aristote, *De an.* III, 4, 429a23 ; Tricot, p. 174-175. Cité dans le *De unitate*, § 11.
3. Thomas répond ici point par point aux arguments d'Averroès présentés en *SCG* II, 59. Chaque réponse est indexée du numéro de l'argument réfuté.

1. Les termes qu'Aristote emploie pour parler de l'intellect possible, « impassible[1] », « non mêlé[2] » et « séparé[3] », ne nous obligent pas à confesser que la substance intellective n'est pas unie au corps comme forme donatrice d'être. Ils se vérifient en effet aussi bien si l'on dit que la puissance intellective qu'Aristote appelle « puissance théorétique[4] » n'est pas l'acte d'un organe déterminé exerçant son opération grâce à lui. Et cela sa démonstration l'explique aussi : en effet c'est à partir de l'opération intellectuelle par laquelle il pense tout qu'Aristote montre que l'intellect est non mélangé ou séparé ; or l'opération appartient à la puissance comme à un principe[5].

2. D'où il ressort que la démonstration d'Aristote ne conclut pas non plus que la substance intellective n'est pas unie au corps comme forme. Si, en effet, nous posons que la substance de l'âme est ainsi unie au corps selon l'être, mais que l'intellect n'est l'acte d'aucun organe, il ne s'ensuit pas que l'intellect ait une certaine nature, je veux dire une d'entre les natures des sensibles[6] : puisqu'il n'est défini ni comme harmonie ni comme forme d'un organe déterminé — au sens où Aristote dit du sens dans le livre II *De l'âme*, que « c'est une certaine forme de l'organe[7] ». De fait,

1. Cf. Aristote, *De an.* III, 4, 429a15 ; Tricot, p. 174.
2. Cf. Aristote, *De an.* III, 4, 429a21-22 ; *SCG* II, 60 ; *De unitate*, § 22-23.
3. Cf. Aristote, *De an.* II, 2, 413b26-27, Tricot, p. 77 ; Bodéüs, p. 143-144 ; *De unitate*, § 8.
4. Cf. Aristote, *De an.* II, 4, 413b24-25 ; Tricot, p. 76-77 ; *SCG* II, 61 ; *De unitate*, § 7.
5. Cf. Aristote, *De an.* II, 2, 414a12-14 ; Tricot, p. 78. Cf. *De unitate*, § 11. Sur la « démonstration » d'Aristote, voir *De unitate*, § 60-61.
6. Cf. Aristote, *De an.* III, 4, 429a21-22 ; Tricot, p. 174 avec les analyses du *De unitate*, § 22 et 24.
7. Cf. Aristote, *De an.* II, 12, 424a26-28 ; Tricot, p. 140 ; « Car le sentant doit être une certaine étendue, tandis que ni la quiddité de la faculté sensible, ni le sens lui-même ne sont de l'étendue, mais bien une certaine forme et une puissance du sentant » ; Bodéüs, p. 195-196 : « Car si l'organe qui perçoit (littéralement : le sentant ou le percevant, *to aisthanomenon*) peut être une certaine grandeur, à coup sûr, l'être du sensitif, pas plus que le sens, ne constitue une grandeur, mais une sorte de raison et une capacité de cet organe. »

l'intellect n'a aucune opération commune avec le corps.

Que le fait de dire que l'intellect est « non mélangé » ou « séparé » ne signifie pas qu'Aristote entend ainsi exclure qu'il soit une partie ou une puissance de l'âme qui est forme du corps tout entier, cela est évident par ce qu'il dit à la fin du livre I *De l'âme* contre ceux qui soutenaient que l'âme avait des parties différentes dans les différentes parties du corps : « Si l'âme entière contient tout le corps, il convient aussi que chacune de ses parties contienne quelque chose du corps. Or cela semble impossible. Quelle partie, en effet, l'intellect contient-il et comment, voilà qui est difficile à imaginer[1]. »

3 et 4. Il est également évident que le seul fait que l'intellect ne soit l'acte d'aucune partie du corps prouve que sa réceptivité n'est pas la même que celle de la matière première. On voit aussi par là que sa réceptivité et son opération sont absolument indépendants de tout organe corporel.

5. <En faisant de l'intellect une partie de l'âme qui est forme d'un corps> on ne retire pas à l'intellect l'infinité de sa puissance : en effet, cette puissance n'a

1. Cf. Aristote, *De an.* I, 5, 411b16-19 ; Tricot, p. 63 : « Car si c'est l'âme entière qui maintient la continuité du corps entier, il est logique que chacune de ses parties assure la continuité de quelque partie du corps. Or cela semble impossible : de quelle partie, en effet, l'intellect maintiendra-t-il la continuité, ou comment la maintiendra-t-il ? Il est difficile même de l'imaginer. » La version arabo-latine dit (*De an.* I, text. 92 ; Crawford, p. 122, 3-8) : « Quoniam, si tota anima copulat totum corpus, oportet ut unaquaeque partium copulet unamquanque partem corporis. Et iste sermo est similis impossibili ; difficile est enim et etiam in fingendo dicere quam partem copulat intellectus, et quomodo. » Dire que l'âme *contient* le corps signifie qu'elle en assure la cohésion, le maintien. C'est aussi dans ce sens que l'a traduit Bodéüs, p. 132 : « En effet, si l'âme entière assure la cohésion de tout le corps, il sied que chacune de ses parties assure aussi la cohésion d'une partie du corps. Or c'est, apparemment, impossible ! De quelle sorte de partie, en effet, l'intelligence assure-t-elle la cohésion et de quelle façon ? Difficile de s'en forger une idée. » Le verbe grec *plasai* (façonner, feindre, fabriquer, forger), déjà utilisé en 406a27, est rendu en latin par *fingere*.

rien à voir avec la grandeur <corporelle>, elle reste fondée dans la substance intellectuelle elle-même.

Contra Gentiles, II, 70

Que les textes d'Aristote nous obligent à poser que l'intellect est uni au corps comme forme

Et puisque Averroès cherche principalement à confirmer son opinion par les paroles et la démonstration d'Aristote, il reste à montrer qu'il est nécessaire de dire que, selon l'opinion d'Aristote[1], l'intellect est, selon sa substance, formellement uni à un corps.

Dans le livre des *Physiques* Aristote prouve qu'il est impossible de continuer à l'infini dans la série des moteurs et des mus[2]. Il en conclut qu'il est nécessaire de remonter jusqu'à un premier mû qui ou bien est mû par un moteur immobile, ou bien se meut lui-même. De ces deux hypothèses il retient la seconde, à savoir que le premier mobile se meut lui-même, pour la raison que ce qui est par soi est toujours antérieur à ce qui est par un autre. Ensuite, il montre que ce qui se meut soi-même se divise nécessairement en deux parties, la première, motrice, la seconde, mue[3]. Il

1. Comme dans le *De unitate*, Thomas cherche ici à marginaliser Averroès en le mettant en contradiction avec Aristote. L'intérêt particulier du passage est que, pour ce faire, il aborde de front un problème — celui de l'animation du ciel — qu'il neutralisera dans le *De unitate*, ne voulant pas endosser une erreur pour en combattre une autre.

2. Cf. Aristote, *Physique*, VIII, 5, 256a4-b3 ; Carteron, p. 114-116. On notera que c'est dans ce même chapitre qu'Aristote invoque la définition de l'intellect selon Anaxagore, alléguée à plusieurs reprises dans le *De anima*. Cf. *ibid.*, 256b24-26 ; Carteron, p. 116 : « C'est pourquoi, également, Anaxagore a raison de proclamer que l'Intellect est impassible et sans mélange, puisque justement il en fait un principe de mouvement : s'il peut en effet mouvoir, c'est à condition seulement de n'être pas mû ; s'il peut dominer, c'est à condition d'être sans mélange. »

3. Cf. Aristote, *Physique*, VIII, 5, 257b12 ; Carteron, p. 118 : « Donc, dans ce qui se meut soi-même, il y a une partie qui se meut, et une partie qui est mue. »

importe donc que le premier moteur se mouvant lui-
même soit composé de deux parties dont l'une est
motrice, et l'autre, mue. Mais tout ce qui est tel est
animé. Par conséquent, le premier mobile, autrement
dit : le ciel, est, selon l'opinion d'Aristote, animé. C'est
pourquoi aussi, dans le livre II *Du ciel*, il dit expressément que le ciel est animé, et que, pour cette raison, il
importe de reconnaître en lui des différences de position non seulement par rapport à nous, mais en lui-
même.

Demandons-nous donc, par quelle âme, selon l'opinion d'Aristote, le ciel est animé[1].

Dans le livre XI de la *Métaphysique*[2], il prouve que
dans le mouvement du ciel il faut considérer quelque
chose qui meut tout en étant entièrement immobile, et
quelque chose qui meut tout en étant mû. Ce qui meut
en étant complètement immobile meut au titre de
désirable [...]. Or Aristote montre que ce désirable ne
s'adresse pas au désir de concupiscence, qui est le
désir sensuel, mais qu'il est désirable pour le désir
intellectuel ; c'est pourquoi il dit que le premier
moteur non mû est « désirable » et « intellectuel[3] ». Par

---

1. On notera une fois de plus la formule « selon l'opinion d'Aristote ». Ici, plus qu'ailleurs, en effet, Thomas procède en philologue
et en historien. Adversaire de l'animation du ciel, il n'en assume la
théorie que pour opposer à Averroès l'authentique perspective
d'Aristote. C'est ce qui va l'amener à adopter tactiquement le point
de vue d'Avicenne contre celui des averroïstes. Sur la position de
Thomas concernant la question de l'animation du ciel, cf. L. Sturlese, « Gottebenbildlichkeit und Beseelung des Himmels in den
Quodlibeta Heinrich von Lübeck OP », *Freiburger Zeitschrift für Philosophie und Theologie*, 24 (1977), p. 191-233 et, du même, « Il "De
animatione caeli" di Teodorico di Freiberg », in *Xenia Medii Aevi
Historiam illustrantia, oblata Thomae Kaeppeli O.P.*, I, Rome, 1978,
p. 175-247.
2. Il s'agit naturellement du livre XII dans la traduction
complète de Moerbeke, que Thomas n'a pas encore à sa disposition.
3. Cf. Aristote, *Métaph.* XII, 7, 1072a25-30 ; Tricot, p. 675-
678 : « [...] on doit supposer un extrême qui soit moteur sans être
mobile, être éternel, substance et acte pur. Or, c'est de cette façon
que meuvent le désirable et l'intelligible : ils meuvent sans être mus.
Ces deux notions, prises à leur suprême degré, sont identiques. En
effet, l'objet de l'appétit est le bien apparent, et l'objet premier de la

conséquent, comme il le prouve ensuite, ce qui est mû par ce moteur, à savoir le ciel, désire et pense d'une manière plus noble que la nôtre. Le ciel est donc composé, selon l'opinion d'Aristote, d'une âme intellectuelle et d'un corps. Et c'est ce qu'il indique dans le livre II *De l'âme* quand il dit que « d'autres ont en outre la faculté intellective et l'intellect[1], comme l'homme et tout autre être, s'il en existe, qui soit d'une nature semblable ou plus noble[2] », en l'occurrence : le ciel[3].

Il est donc bien clair que, selon l'opinion d'Aristote, le ciel n'a pas d'âme sensitive : si tel était le cas, en effet, il aurait une pluralité d'instruments qui ne conviendraient pas à sa simplicité. Et pour signifier cela, Aristote ajoute que « ceux des êtres corruptibles qui possèdent l'intellect, ont aussi toutes les autres puissances[4] », comme s'il voulait donner à entendre que certains êtres incorruptibles — en l'occurrence : les corps célestes — possèdent un intellect sans avoir les autres puissances de l'âme[5].

---

volonté raisonnable est le Bien réel. Nous désirons une chose parce qu'elle nous semble bonne, plutôt qu'elle ne nous semble bonne parce que nous la désirons : le principe, c'est la pensée. »

1. Chez Aristote, il s'agit, on l'a dit, de la raison discursive, *to dianoètikon*, et de la raison intuitive, *noûs* (Tricot, p. 82, note 4), mais Thomas identifie les deux contre Averroès. Cf., sur ce point, *supra*, p. 219-222 note 63 (à propos de *De unitate*, § 12).

2. Cf. Aristote, *De an.* II, 3, 414b18-19 ; Tricot, p. 82 ; Bodéüs, p. 148 : « Mais [...] d'autres possèdent de surcroît la faculté de réfléchir et l'intelligence : ainsi, les hommes, et, le cas échéant, tout être semblable ou de dignité supérieure. » Cité dans le *De unitate*, § 12. Rappelons que Bodéüs renvoie d'une part aux « animaux semblables à l'homme par leur sagacité (quadrupèdes, oiseaux, insectes, etc.) » et de l'autre aux dieux.

3. On notera que le pseudo-Aristote, *De plantis* attribue au ciel un « régime » (*regimen*) plus noble que le « régime de l'homme ». Cf. (Nicolas de Damas), *De plantis*, chap. 4 ; éd. E.H.F. Meyer, Leipzig, 1841, p. 8, 14-15 : « celum, cum habeat regimen nobilius et dignius nostro regimine ».

4. Cf. Aristote, *De an.* II, 3, 415a8-10 ; Tricot, p. 84 ; Bodéüs, p. 150 : « ceux des animaux périssables qui sont doués de raisonnement sont, en effet, doués aussi de tout le reste ».

5. Le texte de 415b10-12 poursuit, Bodéüs, p. 150 : « tandis que ceux qui possèdent chacune de ces autres facultés, ne sont pas tous doués de raisonnement : au contraire, certains n'ont même pas de

On ne saurait donc dire que l'intellect <des corps célestes> se continue aux corps célestes par le biais d'images : ce qu'il faut dire c'est que l'intellect est uni, selon sa substance, au corps céleste comme forme[1].

---

représentation, alors que d'autres n'ont que celle-ci pour vivre. Quant à l'intelligence spéculative, c'est un autre propos. »

1. Tel que le comprennent Averroès et les averroïstes le rapport de l'intellect au corps céleste est tout différent. C'est même sur cette différence de modèle que se fonde toute l'originalité de leur noétique. Dans sa réponse au *De unitate intellectus*, Siger de Brabant insiste particulièrement sur ce point. Cf. Siger de Brabant, *De anima intellectiva*, chap. 3 ; Bazán, p. 86, 7-11, spécialement : « Dicendum est quod cum dicitur : "aliquid agit per suam formam", extensive debet accipi forma, ut et intrinsecum operans ad materiam forma dicatur. Unde et ipsa corpora caelestia dicuntur movere se propter hoc quod altera pars eorum movetur ab intrinseco movente. » Suivant Averroès, Siger pose que le corps céleste a un principe moteur intrinsèque, toutefois, et c'est là que réside l'« averroïsme », ce « principe intrinsèque » reste « un principe *séparé selon l'être* », qui n'est « uni à l'astre qu'en tant qu'il opère en lui » — *intrinsecus operans*. Forts de l'idée d'union opérative ou opératoire « entre la partie mobile et la partie motrice du corps céleste », les averroïstes rejettent donc toute interprétation du principe moteur du ciel comme « forme » ou « perfection du corps céleste » au sens strict — avicennien — des termes, sous prétexte que cela reviendrait à faire de cette partie motrice une « partie corporelle » du corps céleste. Cf., dans le même sens, Dietrich de Freiberg, *De animatione caeli*, chap. 17, 4 ; *Opera omnia* III, p. 28, 27-29. Naturellement Thomas n'accepte ni cette conséquence ni ce reproche : en soutenant que l'intellect du corps céleste lui est uni *formellement* et non pas seulement *opérativement*, il choisit entre deux interprètes d'Aristote : Avicenne contre Averroès. Il ne choisit pas encore personnellement. Et pour cause ! Quand il choisit, sa perspective, qui n'est plus seulement d'opposer l'exégèse correcte d'Aristote à l'exégèse incorrecte qu'en font les averroïstes, est, évidemment, moins facile à opposer à Averroès, puisqu'il soutient alors que les « substances intellectuelles ne sont pas unies aux corps célestes comme formes, tout en étant les moteurs propres de certains de ces corps » (*SCG* II, 92 : « non uniuntur corporibus ut formae, sunt tamen proprii motores aliquorum corporum determinatorum »). Dans la suite (*SCG* III, 23 et III, 24) cette explication est reprise et instrumentée par la notion d'« inclination » (*inclinatio*) : « Les corps célestes tendent vers une fin en tant qu'ils sont dirigés par une substance pensante, exactement comme la flèche tend vers sa cible en tant qu'elle y est dirigée par l'archer. En effet, de même que la flèche suit l'inclination vers une fin déterminée que lui a imprimée l'archer, les corps naturels suivent l'inclination aux fins naturelles qui leur vient de

De même, par conséquent, pour le corps humain,

_____

leurs moteurs naturels et leur vaut de recevoir leurs formes, puissances et mouvements. » La position de Thomas est, en réalité,
assez fluctuante. Dans *In II Sent.* d. 8, q. 1, a. 1, il rejette la théorie
des « moteurs célestes » ; dans *In II Sent.* d. 14, q. 1, a. 3, il la déclare
« probable » ; dans les *QD De veritate*, q. 5, a. 9, ad 14, il écrit : « On
peut dire que l'âme est la perfection du corps humain et comme
forme et comme moteur. Un corps céleste, parce qu'il est plus
parfait, n'a pas besoin d'une substance spirituelle qui vienne l'achever au titre de forme, il a assez d'une qui l'achève au titre de simple
moteur, et, selon la nature, cette perfection sienne est plus noble
que ne l'est l'âme humaine. <On peut dire cela> bien que certains
aient soutenu que les moteurs joints des sphères étaient leurs formes
— une thèse sur laquelle Augustin lui-même laisse planer le doute,
mais que Jérôme semble avoir professée. » Dans la *Prima pars* de la
Summa theologiae, il va jusqu'à trivialiser le problème, n'y voyant
plus qu'une question de mots : « (Pour qu'une substance spirituelle
meuve un corps céleste), il n'est pas nécessaire qu'elle lui soit unie
comme une forme, le contact opératoire suffit (*per contactum virtu-
tis*). Ainsi il est clair que les corps célestes ne sont pas animés à la
manière des plantes et des animaux, mais de manière homonyme.
C'est pourquoi entre ceux qui en font des êtres animés et ceux qui
en font des êtres inanimés il n'y a en réalité que bien peu voire pas
de différence : la seule différence est dans les mots » (*Summa theol.* I,
q. 70, a. 3). Dans le *De spir. creat.*, a. 6, en revanche, il ne semble
plus guère éloigné des averroïstes, puisqu'il écrit : « Il ne faut pas
nier pour autant que les corps célestes soient animés, du moins si
l'on n'entend rien d'autre par animation que l'union d'un moteur à
un mobile », puis (*ibid.*, ad 9) : « La substance spirituelle qui meut
les corps célestes, leur est seulement unie selon le mouvement »
(« substantia spiritualis, quae movet calestia corpora, unitur eis
secundum moveri tantum »). Mais cette orientation est, à son tour,
entièrement contredite par la *Quaestio De anima*, a. 8, ad 3, où,
semblant tout à coup épouser la perspective *aristotélicienne* rappor-
tée en *SCG* II, 70, Thomas prend clairement partie pour une union
formelle : « Considérant comme fermement établi que les corps
célestes sont mus par un intellect, du moins un intellect séparé, à
cause des arguments soutenant l'une et l'autre thèse, nous dirons
que la substance intellectuelle est perfection du corps céleste au titre
de forme ». Évolution ? Contradiction ? Incohérence ? Les fluctua-
tions de la pensée de Thomas correspondent en fait à celles des
contextes argumentatifs où il engage la théorie de l'animation du
ciel. Là où l'*animatio caeli* est mise au service du monopsychisme,
l'Aquinate est poussé à radicaliser son aristotélisme ou, au minimum, à « réciter » Aristote *contre Averroès*. Ailleurs, il développe
librement la théorie des « moteurs célestes ». Sur les évolutions de
Thomas et la critique de Dietrich de Freiberg, cf. K. Flasch, *Ein-*

qui de tous les corps inférieurs est le plus noble, et, de
par l'équilibre caractérisant sa complexion, le plus
semblable au ciel qui, lui, est séparé de toute contrariété[1] : selon la doctrine d'Aristote la substance intellectuelle ne s'unit pas non plus à lui par le biais de
quelconques images, mais à titre de forme[2].

Ce qui a été dit ici au sujet de l'animation du ciel,
nous ne l'avons pas dit sur un mode affirmatif, selon
l'enseignement de la foi, car rien de tout cela n'appartient à la foi qu'on le formule ainsi ou autrement[3].

---

leitung zu Dietrich von Freiberg, Opera omnia III, hrsg. von J.-D.
Cavigioli, R. Imbach, B. Mojsisch, M.R. Pagnoni-Sturlese, R.
Rehn, L. Sturlese (CPTMA I, 3), Hambourg, Felix Meiner, 1983,
p. XV-XXXVIII.

1. La définition du corps humain par rapport à l'« égalité » des
corps célestes est clairement empruntée à Avicenne, ce qui confirme
ici l'aspect tactique de la réfutation d'Averroès, critiqué non seulement avec les armes de la philosophie, mais avec celles du péripatétisme. Cf. Avicenne, *De anima,* V, 7 ; Van Riet, p. 172, 98-99.
Dans ce texte Avicenne montre que ce qui empêche les corps
élémentaires de recevoir la vie est l'intensité de la contrariété qui les
travaille (l'*ultimitas contrarietatis*) : en revanche, « moindre est la
contrariété dans un corps » (*quo minor fuerit contrarietas,* mais la
version arabe dit plus clairement : « chaque fois qu'un corps tend à
éliminer un des deux contraires »), « plus il accède à la tempérance
qui n'a pas de contraire », et « plus il commence à s'assimiler aux
corps célestes, ce pourquoi il ne peut manquer de recevoir une vertu
vivifiante de la substance séparée rectrice ». L'âme humaine est au
sommet de cette série ascendante.

2. C'est là toute la pointe de l'argument et la justification de ce
long détour par l'animation du ciel : si, dans l'authentique doctrine
d'Aristote, les intellects des corps célestes leur sont directement unis
comme formes, il n'y a pas besoin d'images pour assurer leur
communication avec le corps ; or personne ne peut nier que le corps
humain ne soit très semblable au corps céleste ; donc, malgré ce que
dit Averroès, il n'a pas besoin d'intermédiaire pour être couplé à un
intellect.

3. Comme on le voit, Thomas ne prend pas ici partie en théologien. Les deux façons de comprendre l'animation du ciel, celle
fondée sur l'âme intellective interprétée comme forme, celle fondée
sur l'âme intellective interprétée comme moteur, ne sont pas plus
acceptables l'une que l'autre. *SCG* II, 70 n'a comme seul objectif
que de donner à Averroès une leçon d'histoire de la philosophie.

Contra Gentiles, II, 73

Que l'intellect possible n'est pas un dans tous les hommes

De ce qui précède on tire à l'évidence que l'intellect possible de tous les hommes qui sont, seront et furent n'est pas unique, contrairement à ce qu'invente Averroès dans le livre III *De l'âme*.

En effet, on a montré que la substance de l'intellect est unie au corps humain comme forme ; or il est impossible qu'une même forme informe plus d'une matière, car l'acte propre s'accomplit dans la puissance propre, puisqu'ils sont tous deux proportionnés l'un à l'autre ; par conséquent, il n'y a pas un seul intellect de tous les hommes.

De plus, chaque moteur a ses instruments propres : les instruments du joueur de flûte sont différents de ceux de l'architecte. Or l'intellect se rapporte au corps comme son moteur, comme le démontre Aristote dans le livre III *De l'âme*[1]. Donc, de même qu'il est impossible à l'architecte d'utiliser les instruments du joueur de flûte, de même il est impossible que l'intellect d'un homme soit l'intellect d'un autre[2].

En outre, dans le livre I *De l'âme*, Aristote reproche aux Anciens d'avoir soutenu que l'âme n'était pas attachée à un corps propre, « comme s'il pouvait se faire, conformément aux fables des pythagoriciens,

1. Cf. Aristote, *De an.* III, 10, 433a9-20 ; Tricot, p. 203-204. Le passage est assez confus. Après avoir donné l'impression de distinguer trois facultés motrices principales en l'homme : l'intellect pratique, le désir et l'imagination, Aristote finit par poser (433a20-30) que « le seul principe moteur est la faculté désirante », puisque « l'intellect ne meut manifestement pas sans le désir », alors que « le désir, au contraire, peut mouvoir en dehors de tout raisonnement », comme le prouve l'appétit « qui est une sorte de désir ».

2. L'argument est emprunté à Aristote, *De an.* I, 3, 407b20-26, spécialement à 407b24-25, où, pour rejeter la thèse pythagoricienne affirmant que « n'importe quelle âme s'insinue en n'importe quel corps au hasard », le Stagirite commente : « Avec ce langage, c'est à peu de chose près comme si l'on prétendait que la technique du charpentier s'insinue dans les hautbois. »

que n'importe quelle âme puisse revêtir n'importe
quel corps [1]. » Il n'est donc pas possible que l'âme d'un
chien entre dans le corps d'un loup ou que l'âme d'un
homme entre dans un autre corps qu'un corps
d'homme. Or le rapport d'une âme humaine individuelle à un corps humain individuel est le même que
celui de l'âme humaine au corps humain. Il n'est donc
pas possible que l'âme de cet homme-ci entre dans un
autre corps que le corps de cet homme-ci. Or l'âme de
tel homme individuel est ce par quoi cet homme
pense, en effet, « l'homme pense par l'âme », selon la
doctrine d'Aristote dans le livre I *De l'âme* [2]. L'intellect
de cet homme-ci et celui de cet homme-là ne font
donc pas qu'un.

En outre : c'est du même qu'une chose tient l'être et
l'unité, en effet, l'un et l'être sont des termes consé-
cutifs. Mais chaque chose a un être grâce à sa forme
propre. Donc l'unité de la chose est une conséquence
de l'unité de sa forme. Il est donc impossible qu'il y ait
une forme unique pour différents individus. Or la
forme de cet homme-ci est l'âme intellective. Il est
donc impossible qu'il y ait un intellect unique de tous
les hommes.

Si l'on dit que l'âme sensitive de cet homme-ci est
autre que l'âme sensitive de cet homme-là et que, dans
cette mesure, il n'y a pas un homme unique, bien qu'il
y ait un unique intellect, cela ne peut tenir. En effet
l'opération propre d'une chose, quelle qu'elle soit, va
de pair avec son espèce et la révèle. Or, de même que

---

1. Cf. Aristote, *De an.* I, 3, 407b21-23 ; Tricot, p. 38-39 : « [...]
comme s'il était possible que, conformément aux mythes pythagoriciens, une âme quelconque pût revêtir un corps quelconque » ;
Bodéüs, p. 112 : « [...] comme si l'on admettait, selon les histoires
des pythagoriciens, que n'importe quelle âme s'insinue en n'importe
quel corps au hasard. » Aristote attaque ici non seulement la mé-
tempsycose, mais plus spécialement la thèse d'une réincarnation
déréglée, dominée par le hasard. Cf. Fr. B 39D-K.
2. Cf. Aristote, *De an.* I, 4, 408b12-15 ; Tricot, p. 45 : « Il est
sans doute préférable, en effet, de ne pas dire que l'âme éprouve de
la pitié, apprend ou pense, et de dire que c'est l'homme, par son
âme. »

l'opération propre de l'animal est de sentir, l'opération propre de l'homme est de penser, comme le dit Aristote au livre I de l'*Éthique*[1]. Donc de même que, selon Aristote[2], *De l'âme*, II, un individu est animal parce qu'il est doué de sensation, de même il doit être homme à cause de ce par quoi il pense. Or « ce par quoi l'âme pense » ou l'homme, par l'âme, est l'intellect possible, comme le dit le livre III *De l'âme*[3]. L'individu dont nous parlons est donc homme par l'intellect possible. Si, par conséquent, cet homme-ci a une autre âme sensitive qu'un autre homme, mais pas un autre intellect possible, et s'ils ont, au contraire, un seul et même intellect, il s'ensuit qu'ils sont deux animaux, mais pas deux hommes. Ce qui est manifestement impossible. Il n'y a donc pas un unique intellect possible de tous les hommes.

A tous ces arguments le Commentateur répond dans le livre III *De l'âme* que l'intellect possible se prolonge en nous par sa forme[4], c'est-à-dire par

1. Cf. Aristote, *Éth. Nic.* I, 6, 1098a1-20 ; Tricot, p. 58-60.
2. Cf. Aristote, *De an.* II, 2, 413b1-2 ; Tricot, p. 75 : « [...] tous les êtres vivants possèdent la vie. Quant à l'animal, c'est la sensation qui est à la base de son organisation. »
3. Cf. Aristote, *De an.* III, 4, 429a23 ; Tricot, p. 174-175.
4. Cf. Averroès, *In De an.* III, comm. 5 ; Crawford, p. 404, 513-405, 527, spécialement : « Et puisqu'on a démontré à partir des précédentes dubitations qu'il est impossible que l'intellect soit uni avec chacun des hommes et nombré par leur dénombrement pour ce qui est de la partie qui, de lui, est comme une matière, à savoir l'intellect matériel, il reste que la prolongation des pensés en nous autres hommes se fait par la prolongation en nous de l'intention pensée (et ce sont les intentions imaginées), à savoir de cette partie d'elles qui en nous est d'une certaine manière comme une forme [...] ». C'est cette doctrine que reprend Siger de Brabant, *In III De anima*, q. 9 ; Bazán, p. 28, 64-86, notamment : « Remarquez que l'intellect et le sens nous sont tous deux couplés en acte, mais de manière différente. Le sens, en effet, nous est couplé par cette partie de lui qui est matière. Mais l'intellect nous est couplé par cette partie de lui qui est forme. Ainsi, c'est parce que le sens nous est couplé que les sentis nous sont couplés. Mais ce n'est pas pareil pour l'intellect, au contraire : ce n'est pas parce qu'il nous est couplé que les pensés nous sont couplés ; <il nous est couplé> parce que les pensés nous sont couplés. Remarquez donc que de même que l'intellect, pour ce qui est de sa nature, est en puissance par rapport aux intentions imaginées (c'est ainsi, en effet, qu'il est en puissance

l'espèce intelligible, dont le sujet, unique, est l'image existant en nous, qui est plusieurs dans la pluralité <des hommes>. Et ainsi l'intellect possible est nombré dans cette pluralité non à raison de sa substance, mais à raison de sa forme.

Que cette réponse soit nulle, cela découle clairement de ce qui a été dit plus haut. On a en effet déjà montré qu'il ne serait pas possible à l'homme de penser si l'intellect possible se prolongeait seulement ainsi avec nous.

Mais, supposé que cette prolongation fût suffisante pour que l'homme soit pensant, la réponse d'Averroès n'en resterait pas moins incapable de réfuter les arguments qu'on a avancés. En effet, selon cette position, rien de ce qui appartient à l'intellect ne serait nombré selon la multiplicité des hommes que la seule image. Et cette image même ne serait pas nombrée selon qu'elle est pensée en acte, car quand elle est pensée en acte elle est dans l'intellect possible, abstraite des conditions matérielles par l'intellect agent. Or, en tant qu'elle est pensée en puissance, l'image ne dépasse pas le niveau de l'âme sensitive. Donc, encore une fois, cet homme-ci ne différera de tel autre que par l'âme sensitive. Le même inconvénient reviendra donc : cet homme-ci et cet homme-là ne seront pas plusieurs hommes.

De plus, rien ne se voit attribuer une espèce par ce qui est en puissance, mais seulement par ce qui est en acte. Or, en tant qu'elle est nombrée, l'image est seulement en puissance par rapport à l'être intelligible.

_____

pour pouvoir nous être couplé), de même, il nous est couplé en acte du fait qu'il est couplé en acte aux intentions imaginées — alors qu'auparavant il se rapportait à elles en puissance. Et c'est pourquoi, puisque ce genre d'intentions imaginées est nombré selon le dénombrement des hommes, l'intellect est nombré en nous à travers les intentions imaginées [...]. Donc, du fait que les intentions imaginées, qui par après deviennent des pensées en acte, nous sont couplées, l'intellect, par là même, nous est couplé. Et dans la mesure où ce genre d'intentions imaginées est nombré en divers hommes, l'intellect, par là même, se diversifie, bien qu'il soit un selon sa substance et que sa puissance elle-même soit une. »

Donc, ce n'est pas par l'intermédiaire de l'image en tant qu'elle est nombrée que tel individu se voit attribuer l'espèce d'animal doué d'intellect — ce qui est la définition de l'homme. Ainsi donc il restera que ce qui donne l'espèce humaine n'est pas numériquement réparti dans la pluralité <des hommes>.

De plus, ce par quoi une espèce est conférée à un vivant, quel qu'il soit, est sa perfection première, et non sa perfection seconde, comme on le voit clairement dans Aristote, *De l'âme*, livre II. Or l'image n'est pas une perfection première, mais une perfection seconde : en effet, l'imagination est « un mouvement provoqué par la sensation en acte », comme le dit le livre *De l'âme*[1]. Ce n'est donc pas l'image, qui est nombrée, qui confère à l'homme son espèce.

De plus, les images qui sont pensées en puissance sont diverses. Or ce dont quelque chose tient son espèce doit être un, car d'une chose une l'espèce est une. Ce n'est donc pas par les images, en tant qu'elles sont pensées en puissance, que l'homme tient son espèce, puisque, sous ce rapport, elles sont posées comme nombrées dans une pluralité.

De plus, ce par quoi l'homme se voit attribuer une espèce doit toujours rester dans le même individu, aussi longtemps qu'il dure, autrement cet individu ne serait pas toujours d'une seule et même espèce, mais tantôt d'une espèce et tantôt de l'autre. Or les images ne restent pas toujours les mêmes dans un même homme, mais certaines surgissent, qui sont nouvelles, tandis que d'autres, qui existaient déjà, s'évanouissent. Ce n'est donc pas par l'image qu'un individu humain se voit conférer une espèce, et ce n'est pas non plus par elle qu'il est en contact avec le principe de son espèce, qui est l'intellect possible.

Mais si l'on dit que cet homme-ci n'a pas espèce humaine par le biais des images mêmes, mais par celui

---

1. Cf. Aristote, *De an.* III, 3, 429a1-2 ; Tricot, p. 172 : « [...] un mouvement engendré par la sensation en acte » ; Bodéüs, p. 221 : « La représentation est le mouvement qui se produit sous l'effet du sens en activité. » Cf. *De unitate*, § 63.

des facultés où résident ces images, à savoir l'imaginative, la mémorative et la cogitative, laquelle est propre
à l'homme et est appelée « intellect passif » par Aristote
dans le livre III *De l'âme*, on se heurte aux mêmes
inconvénients[1].

Car, puisque la faculté cogitative a une opération
qui porte seulement sur les particuliers, dont elle
divise et compose les intentions, et puisqu'elle a un
organe corporel par l'intermédiaire duquel elle agit,
elle ne dépasse pas le genre de l'âme sensitive. Or
l'homme ne tient pas le fait d'être homme de l'âme
sensitive, mais seulement celui d'être animal. Il reste,
par conséquent, une fois de plus qu'est seulement
nombré en nous ce qui revient[2] à l'homme en tant
qu'il est animal.

De plus, la faculté cogitative, puisqu'elle opère par
l'intermédiaire d'un organe, n'est pas ce par quoi nous
pensons, puisque penser n'est pas l'opération d'un
organe déterminé. Or, ce par quoi nous pensons est ce
par quoi l'homme est homme, puisque penser est
l'opération propre de l'homme qui va de pair avec son
espèce. Tel homme individuel n'est donc pas homme
par la faculté cogitative, et cette vertu n'est pas non
plus ce par quoi l'homme diffère substantiellement des
bêtes brutes, contrairement à ce que le Commentateur
a inventé.

En outre, la faculté cogitative n'a pas de relation à
l'intellect possible par lequel l'homme pense, si ce
n'est à travers l'acte qu'elle accomplit pour préparer
les images à devenir intelligibles en acte sous l'action
de l'intellect agent et à pouvoir ainsi achever l'intellect
possible. Or cette opération ne reste pas invariable en
nous. Il est par conséquent impossible que ce soit par
elle que l'homme soit en contact avec le principe de
l'espèce humaine ou qu'il tienne d'elle son espèce.
Ainsi il est clair que la réponse susdite doit être absolument rejetée.

1. Cf., *supra*, SCG II, 60, la critique d'Averroès, *In De an.* III,
comm. 20 ; Crawford, p. 449, 173-181.
2. Lisant *id quod* au lieu de *in quod*, Marietti, p. 173a.

De plus, ce par quoi quelque chose opère ou agit est un principe d'où découle l'opération non seulement quant à son être, mais aussi du point de vue de la multiplicité ou de l'unité : en effet, d'une seule et même chaleur ne procède qu'un seul acte de chauffer ou un seul échauffement actif, même s'il peut y avoir multiplicité du côté de l'être-chauffé ou une multiplicité de réchauffements passifs selon la diversité des choses simultanément chauffées par cette unique chaleur. Or l'intellect possible est « ce par quoi l'âme pense », comme le dit Aristote dans le livre III *De l'âme*[1]. Si par conséquent l'intellect possible de cet homme-ci et de cet homme-là est un et identique en nombre, il sera nécessaire que leur penser respectif soit lui aussi un et identique, ce qui à l'évidence est impossible, car il est impossible que des individus différents partagent une seule et même opération. Il est donc impossible que l'intellect possible de deux hommes individuels soit unique.

Mais si l'on dit que le penser lui-même est multiplié selon la diversité des images, cela ne peut non plus tenir. Comme on l'a dit, en effet, l'action une d'un agent un est seulement multipliée selon la diversité des sujets où elle transite. Or le penser et le vouloir, et autres <actes> semblables, ne sont pas des actions transitives[2] s'exerçant dans une matière extérieure, mais des actions immanentes demeurant dans l'agent lui-même au titre de perfections de cet agent, comme le montre Aristote dans le livre IX de la *Métaphysique*[3]. Le penser un de l'intellect possible ne peut donc se multiplier par la diversité des images.

En outre, les images se rapportent à l'intellect possible comme l'actif se rapporte, d'une certaine manière, au passif, selon ce que dit Aristote dans le livre III *De l'âme*, à savoir que « penser c'est subir une certaine passion[4] ». Or ce qui diversifie la passion

1. Cf. Aristote, *De an.* III, 4, 429a23 ; Tricot, p. 174-175.
2. Même argument dans le *De unitate*, § 107.
3. Cf. Aristote, *Métaph.* IX, 8, 1050a30-36 ; Tricot, p. 513-514. Repris dans le *De unitate*, § 70 et 107.
4. Cf. Aristote, *De an.* III, 4, 429b23-25 ; Tricot, p. 178.

subie par un patient, ce n'est pas la diversité numérique des actifs, mais leurs formes ou espèces. Car,
dans un seul et même passif on peut rencontrer simultanément l'effet de deux actifs, par exemple un être-
chauffé et un être-séché sous l'effet d'un réchauffant
et d'un desséchant ; en revanche, deux réchauffants ne
peuvent donner un double être-chauffé dans un seul
chauffable, mais un seul être-chauffé — sous réserve,
du moins, qu'on n'ait pas affaire à diverses espèces de
chaleur. En effet, puisque deux chaleurs d'une même
espèce ne peuvent se trouver dans un seul et même
sujet et que le mouvement est nombré selon son terme
final, s'il se déroule dans un même temps et concerne
un unique sujet, il ne pourra y avoir un double être-
chauffé dans le même sujet. Mais je précise : « sous
réserve qu'on n'ait pas affaire à une autre espèce de
chaleur », au sens où, par exemple, il y a trois sortes de
chaleurs dans la semence, la chaleur du feu, la chaleur
du ciel et la chaleur de l'âme[1]. Par conséquent, le
penser de l'intellect possible n'est pas multiplié du fait
de la diversité des images sinon en tant qu'il s'applique
à des espèces différentes — au sens où nous disons
qu'une chose est ce penser quand il pense à l'homme
et une autre quand il pense au cheval. Mais de ces
<êtres> spécifiquement distincts le penser est un dans
le même temps chez tous les hommes. D'où il suit que
cet homme-ci et cet homme-là ont numériquement le
même penser.

De plus, l'intellect possible pense l'homme non
selon qu'il est cet homme-ci, mais en tant qu'il est

1. Sur les différentes sortes de chaleur présentes dans la semence
humaine et leur rôle respectif dans la génération, cf. A. de Libera,
Penser au Moyen Âge, Paris, Seuil, 1991, p. 280-286 ; B. Nardi,
« L'origine dell'anima umana secondo Dante », *Giornale critico della
filosofia italiana*, 12 (1931), p. 433-456 et 13 (1932), p. 45-56 et
81-102 ; « Sull'origine dell'anima umana », *Giornale dantesco*, 39
(1938), p. 15-28 [repr. in *Dante e la cultura medievale*, Roma-Bari,
Laterza, 1985, p. 207-224] ; Ch. Touati, « Les problèmes de la
génération et le rôle de l'intellect agent chez Averroès », *Prophètes,
talmudistes, philosophes* (Patrimoines, Judaïsme), Paris, Cerf, 1990,
p. 233-241.

homme en général, selon la définition de l'espèce. Or cette définition est une, si nombreuses soient les images d'homme qui se multiplient en un même homme ou en plusieurs hommes, selon la diversité des hommes individuels, auxquels est référée proprement chaque image. La multiplication des images ne peut donc être la cause pour laquelle le penser de l'intellect possible est multiplié quand il porte sur une même espèce. <Tel que le présente Averroès, le penser de l'intellect possible> reste donc l'action numériquement identique d'hommes numériquement distincts.

De plus, le sujet propre de l'habitus du savoir est l'intellect possible, puisque son acte est de contempler les intelligibles selon le mode propre à la science. Or un accident, s'il est un, n'est multiplié que selon le sujet. Si donc l'intellect possible de tous les hommes est unique, il sera nécessaire que l'habitus d'une science identique spécifiquement identique, par exemple l'habitus de la grammaire, soit numériquement identique en tous les hommes. Or cela est impensable. Donc l'intellect possible n'est pas unique en tous les hommes.

À cela ils rétorquent que le sujet de l'habitus du savoir n'est pas l'intellect possible, mais l'intellect passif et la faculté cogitative. Mais cela assurément ne peut être.

En effet, comme le prouve Aristote dans le livre II des *Éthiques*, « les habitus proviennent d'actes qui leur sont semblables » et ils produisent des actes qui leur sont semblables[1]. Or c'est des actes de l'intellect possible que provient en nous l'habitus du savoir — habitus du savoir qui nous donne à son tour la puissance d'accomplir les mêmes actes. L'habitus du savoir réside donc dans l'intellect possible, non dans l'intellect passif.

---

1. Cf. Aristote, *Éth. Nic.* II, 1, 1103b21 ; Tricot, p. 90 : « En un mot, les dispositions morales proviennent d'actes qui leur sont semblables. » Comme le souligne Tricot (p. 89, note 4), selon Aristote, « on apprend la vertu comme on apprend la musique : en *accomplissant des actions conformes* » (à la vertu) « et on la désapprend par des actes contraires ».

De plus, la science porte sur les conclusions de démonstrations, car la démonstration est « un syllogisme qui fait savoir », comme le dit Aristote dans le livre I des *Seconds Analytiques*[1]. Or les conclusions des démonstrations sont universelles, tout comme les principes. <La science> doit donc résider dans la faculté qui assure la connaissance des universaux. Or l'intellect passif n'est pas capable de connaître les universaux, mais seulement les intentions des particuliers. Ce n'est donc pas le sujet de l'habitus du savoir[2].

Il y a aussi contre cette thèse de nombreux arguments qui ont été avancés plus haut, quand on a traité de l'union de l'intellect possible à l'homme.

De ce point de vue, la cause de l'erreur qui conduit à placer l'habitus du savoir dans l'intellect passif nous est apparue dans le fait que, selon la disposition variable de leur faculté cogitative et imaginative, les hommes s'avèrent plus ou moins rapides pour accéder à la contemplation des <intelligibles> dans les sciences. Or cette rapidité dépend de ces facultés comme de dispositions éloignées, dans la mesure où elle dépend aussi du bon fonctionnement du toucher ainsi que de la complexion du corps, puisque Aristote dit dans le livre II *De l'âme* que « les hommes qui ont » un bon sens du toucher et « une chair tendre sont bien doués sous le rapport de l'intelligence[3] ». En revanche,

1. Cf. Aristote, *Anal. Post.* I, 2, 71b16-18 : « Demonstratio est syllogismus faciens scire » ; Tricot, p. 8 : « Mais ce que nous appelons ici savoir c'est connaître par le moyen de la démonstration. *Par démonstration j'entends le syllogisme scientifique*, et j'appelle scientifique un syllogisme dont la possession même constitue pour nous la science. » « Scientifique » signifiant « producteur de science » (= *faciens scire*), « le syllogisme scientifique est la science elle-même » (cf. Tricot, p. 8, notes 3 et 4).

2. Thomas retourne ici à Averroès l'argument de la connaissance de l'universel que celui-ci dressait contre la définition de l'intellect comme partie de l'âme, forme d'un corps naturel organisé. Cf. *SCG* II, 59 (argument 3).

3. Cf. Aristote, *De an.* II, 9, 421a20-26 ; Tricot, p. 123 : « Pour les autres sens l'homme le cède à beaucoup d'animaux, mais, pour la finesse du toucher, il est de loin supérieur à tous les autres. Et c'est pourquoi il est le plus intelligent des animaux. Une preuve,

c'est de l'habitus du savoir que provient, comme d'un
principe prochain d'actuation, la capacité de contempler ; il faut, en effet, que l'habitus du savoir vienne
achever la puissance par laquelle nous pensons, « pour
qu'elle puisse agir facilement quand elle le veut[1] »,

------

c'est que, à s'en tenir même à l'espèce humaine, c'est grâce à
l'organe de ce sens, et à rien d'autre, qu'il y a des hommes bien
doués et des hommes mal doués : car les hommes à chair dure sont
mal doués sous le rapport de l'intelligence, et les hommes à chair
tendre, bien doués » ; Bodéüs, p. 182 : « Même à l'intérieur du genre
humain, la ligne de partage entre les bien doués et ceux qui ne le
sont pas est tracée par cet instrument sensoriel et par aucun autre.
Ceux dont la chair est dure, en effet, ne sont pas doués intellec-
tuellement, tandis que ceux qui ont la chair tendre le sont. » Pour
expliquer la supériorité du toucher — donc le lien entre le tact et
l'intelligence — Bodéüs remarque que « le toucher perçoit les différences non dans un seul genre, comme les autres sens (différences
de couleurs, pour la vue, ou de sons, pour l'ouïe), mais dans
plusieurs (422b23-27) et que les « différences fondamentales,
constitutives des éléments (chaud, sec, humide, froid), comptent
parmi les choses tactiles ». Comment la connaissance tactile
favorise-t-elle la sagacité, *i.e.*, selon Bodéüs, « l'intelligence mise en
œuvre dans l'action » ? Aristote, note-t-il, ne le précise pas. De fait,
il se contente de dire que « l'homme est le plus sagace des animaux », parce qu'« il dépasse de beaucoup en acuité » les autres
animaux « pour ce qui regarde le toucher ». Quant à l'équation
formulée entre la tendreté corporelle, l'acuité du sens et la sagacité,
elle reste elle-même très énigmatique. On remarquera, à ce propos,
comme le souligne Bodéüs, p. 182, note 4, que la chair tactile n'est
pas seulement l'épiderme ni le derme, qui ne sont qu'un milieu
entre le sens du toucher et son objet, mais la chair même de l'organe
interne du sens du toucher, autrement dit le cœur (*Part. an.* II, 10,
65b34-36). Pour les médecins, au contraire, il s'agit du cerveau. Sur
la nécessaire mollesse du cerveau, voir la *Lectura anonyme* II, 26,
q. 2 (Gauthier, p. 440, 396-397) : « Dicunt enim quod cerebrum est
molle et album, et quia molle, ideo passibile. » Cf., sur ce thème, 'Ali
ibn al-'Abbas, *Pantegni*, trad. de Constantin l'Africain, in *Opera
omnia Ysaac*, Lyon, 1515, t. II, f° 10va : « Cerebrum vero corpus est
album [...] ut cito mutetur in naturam sentiendi. » La blancheur et la
mollesse du cerveau sont celles d'une surface d'inscription vierge —
la tablette de cire — métaphore originaire fondant la présentation de
la sensation comme écriture.

1. Thomas fait ici allusion, pour le retourner contre lui, à une
thèse centrale d'Averroès, exposée en ces termes dans *In De an.* III,
comm. 36 ; Crawford, p. 495, 463-471 : « [...] puisque l'intellect
existant en nous a deux actions en tant qu'il nous est attribué, dont
l'une est du genre de la passion (et c'est penser) et l'autre du genre

comme le font les autres habitus pour les puissances
où ils résident.

Or, les dispositions des facultés <cogitative et ima-
ginative> sont du côté objectif, à savoir de l'image[1],
qui, en vue du bien de ces facultés, est préparée à
devenir facilement intelligible en acte <sous l'action
de> l'intellect agent[2]. Mais les dispositions qui sont du
côté objectif ne sont pas l'habitus, ce sont les dispositions situées du côté des puissances, de fait, la disposition <objective> grâce à laquelle des choses terribles
deviennent tolérables n'est pas l'habitus du courage,
mais la disposition par laquelle une partie de l'âme, en
l'occurrence l'irascible, dispose à supporter les choses
terribles ; il est donc manifeste que l'habitus du savoir
n'est pas dans l'intellect passif, comme l'affirme le
Commentateur, mais plutôt dans l'intellect possible.

De plus, si l'intellect possible de tous les hommes
est unique, il faut en conclure qu'il a toujours existé si
les hommes, ainsi qu'ils l'affirment, ont toujours
existé[3] ; et à plus forte raison l'intellect agent, puisque

---

de l'action (et c'est extraire les formes et les dénuder des matières,
ce qui n'est rien d'autre que de les faire être en acte après qu'elles
ont été en puissance), il est manifeste qu'*il dépend de notre volonté,
une fois que nous avons l'intellect qui est en habitus, de penser n'importe
quel intelligible que nous voulons et d'extraire n'importe quelle forme que
nous voulons.* »

1. Sur l'image comme « objet » du penser, cf. *De unitate*, § 36.
2. L'intellect agent fait passer l'image à l'actualité, il ne l'y
prépare pas : il faut donc bien rattacher « <sous l'action de> l'intellect agent » à « devenir facilement intelligible en acte » et non à « est
préparé ».
3. Thomas s'en prend ici spécialement aux conséquences de
l'association des deux thèmes du monopsychisme et de l'éternité des
espèces revendiquées par Averroès lui-même, *In De anima* III,
comm. 5 ; Crawford, p. 406, 575-407, 600 : « Puisque cette analyse
nous a conduit à penser que l'intellect matériel est unique pour tous
les hommes, et que, pour le même motif, nous avons aussi été
conduits à penser que l'espèce humaine est éternelle, comme cela a
été expliqué en d'autres lieux, il est nécessaire d'admettre que
l'intellect matériel n'est pas dénué des principes naturels communs
à toute l'espèce humaine, à savoir les premières propositions et les
premiers concepts communs à tous les singuliers. Mais ces pensés
sont uniques selon le récepteur et multiples selon l'intention reçue.

« l'agent est plus honorable que le patient », comme le dit Aristote[1]. Mais si l'agent est éternel, et le récepteur éternel, il faut que ce qui est reçu soit aussi éternel. Si tel est le cas, alors les espèces intelligibles ont été de toute éternité dans l'intellect possible. Donc celui-ci n'a jamais reçu de nouvelles espèces intelligibles. Or le sens et l'imagination ne sont nécessaires pour penser que dans la mesure où ils nous servent à recevoir les espèces intelligibles. Donc <dans la perspective d'Averroès> ni le sens ni l'imagination ne seront plus nécessaires pour penser. Dès lors, on retombera sur l'opinion de Platon[2] selon laquelle nous n'acquérons

Donc, selon le mode selon lequel ils sont uniques, ils sont nécessairement éternels, puisque l'être ne peut déserter le sujet reçu, à savoir le moteur, qui est l'intention des formes imaginées, et qu'il n'y a pas là d'empêchement du côté du récepteur. Donc, aussi, la génération et la corruption ne les atteignent qu'à cause de la multiplicité qui leur échoit à titre d'accident, et non à cause du mode selon lequel ils sont uniques. Et c'est pourquoi, quand, relativement à un certain individu, un certain pensé d'entre les premiers pensés se trouve corrompu par la corruption de son sujet, grâce auquel il est uni à nous et est vrai, il est nécessaire que ce pensé ne soit pas corruptible absolument parlant, mais corruptible relativement aux individus. Et c'est de cette façon que nous pouvons dire que l'intellect spéculatif est un en tous. Mais si l'on considère ces pensés selon qu'ils sont des êtres absolument parlant, et non relativement à un certain individu, c'est en vérité qu'ils sont dits éternels et non pas tantôt pensés et tantôt non, mais pensés toujours. » Sur l'éternité des espèces, cf. Siger de Brabant, *In III De anima*, q. 14 ; Bazán, p. 52, 78-82. Cf., également, *De unitate*, § 92 et § 113.

1. Cf. Aristote, *De an.* III, 5, 430a18-19 ; Tricot, p. 182 : « [...] car toujours l'agent est d'une dignité supérieure au patient, et le principe, à la matière » ; Bodéüs, p. 228 : « [...] toujours, en effet, ce qui produit surpasse en dignité ce qui subit, et le principe surpasse la matière. »

2. Aux yeux de Thomas, le monopsychisme est si peu aristotélicien que, combiné à la thèse de l'éternité des espèces, il aboutit nécessairement à la négation de l'empirisme et à la restauration de la théorie platonicienne de la réminiscence. En fait, c'est précisément pour échapper au platonisme qu'Averroès introduit la doctrine du « double sujet » de l'intelligible, que va critiquer toute la fin de ce chapitre. Sur le rejet averroïste de la « *rememoratio* », cf. Averroès, *In De anima* III, comm. 5 ; Crawford, p. 412, 721-728 : « Le fait que le connu soit le même chez le maître et l'élève a fait croire à Platon que la science apprise (*disciplina*) était une réminiscence. Mais, si nous posons que la chose intelligible qui est en moi et en toi est multiple

pas la science par les sens, mais sommes excités par eux à nous ressouvenir de ce que nous savions auparavant [1].

Mais à cela le Commentateur répond que les espèces intelligibles ont un sujet double : le premier, l'intellect possible, leur donne l'éternité ; le second, l'image, leur donne la nouveauté ; tout comme le sujet de l'espèce visible, lui aussi, est double : d'une part, la chose extérieure à l'âme, de l'autre, la puissance visuelle [2].

Mais cette réponse ne peut tenir. Il est en effet impossible que l'action ou la perfection de quelque chose d'éternel dépende de quelque chose de temporel [3]. Or les images sont temporelles et constamment renouvelées en nous par les sensations. Il est donc impossible que les espèces intelligibles, qui permettent à l'intellect possible de s'actualiser et d'opérer, dépendent des images comme l'espèce visible dépend des choses qui sont en dehors de l'âme.

En outre, rien ne reçoit ce qu'il a déjà, car « le

---

dans le sujet qui la rend vraie, c'est-à-dire les formes de l'imagination, et une dans le sujet qui en fait un intellect existant (et c'est l'intellect matériel), ces problèmes peuvent être parfaitement résolus. »

1. Le thème de l'« excitation », lointainement issu du *Ménon*, est transmis par Boèce, *Consol. Phil.* III, mètre 11 ; Bieler, p. 59, 11-12 : « haeret [...] introrsus semen veri,// quod excitatur ventilante doctrina. »

2. Cf. Averroès, *In De anima* III, comm. 5 ; Crawford, p. 400, 376-394, spécialement : « [...] <de même que> comprendre par les sens s'accomplit par l'intermédiaire de deux sujets, dont l'un est le sujet qui rend la sensation vraie (et c'est l'objet de sensation extérieur à l'âme), et l'autre, le sujet qui fait du sens une forme existante (et c'est la perfection première du sentant), il est aussi nécessaire que les objets d'intellection en acte aient deux sujets, dont l'un est le sujet qui les rend vrais, à savoir les formes, qui sont des images vraies, et le second, celui qui fait de chaque objet d'intellection un être mondain réel, et c'est l'intellect matériel [...]. » Thomas revient en détail sur cette doctrine dans le *De unitate*, § 62.

3. Toute la discussion qui suit va porter sur le thème de l'éternité du sujet intellectuel des espèces autant que sur son unicité. La fin du chap. conclut d'ailleurs clairement sur les deux notions : « l'intellect possible n'est ni un *ni éternel* ».

récepteur doit être dénué du reçu », selon Aristote[1]. Mais avant mon acte ou ton acte de sentir il y avait déjà des espèces intelligibles dans l'intellect possible, car nos prédécesseurs n'auraient jamais pensé si l'intellect possible n'avait été ramené à l'acte par des espèces intelligibles[2]. Et l'on ne peut pas dire non plus que ces espèces antérieurement reçues dans l'intellect possible ont cessé d'être, car l'intellect possible ne se contente pas de recevoir : il conserve ce qu'il reçoit — c'est bien pourquoi il est appelé « lieu des espèces » dans le livre III *De l'âme*[3]. Par conséquent, ce n'est pas à partir de nos images que les espèces sont reçues dans l'intellect possible. Par conséquent, c'est pour rien que nos images deviennent intelligibles en acte <sous l'action de> l'intellect agent.

De plus « le reçu est dans le récepteur selon le mode du récepteur[4] ». Mais l'intellect, en soi, est au-dessus

---

1. Même citation — cette fois, muette — dans le *De unitate*, § 91.

2. Sur l'argument des « prédécesseurs », cf., à nouveau, *De unitate*, § 91.

3. Cf. Aristote, *De an.* III, 4, 429a27-29 ; Tricot, p. 175. Repris dans le *De unitate*, § 91.

4. Ce principe néoplatonicien est tiré du *Liber de causis* XI (XII), § 103 : « Tous les êtres premiers sont les uns dans les autres selon qu'il est possible à chacun d'être en un autre. » Le § 106 précise cette capacité : « L'effet, donc, est dans la cause selon le mode de la cause, et la cause dans l'effet selon le mode de l'effet. » Le § 107 la déploie dans le cadre de la dialectique ascendante (rapport de l'effet à la cause) — le sens est dans l'âme sur le mode animé, l'âme dans l'intelligence sur le mode intelligible —, et, simultanément dans le cadre de la dialectique descendante (rapport de la cause à l'effet) — l'intelligence est dans l'âme sur le mode animé, l'âme dans le sens sur le mode sensible. C'est cette structure causale complexe dépliée dans la hiérarchie des hypostases selon deux rapports, l'un descendant : celui de la causalité, l'autre ascendant : celui de l'être causé, qui est synthétisée dans l'adage scolastique allégué par Thomas — généralement, dans la seule perspective de la descente (c'est ce qu'on appelle alors l'*analogia receptionis* ou « analogie dionysienne »). Sans être unique, l'emploi ascendant que fait ici la *SCG* est donc remarquable. Sur l'analogie selon Denys, cf. Vl. Lossky, « La notion des *analogies* chez Denys le Pseudo-Aréopagite », *AHDLMA*, 5 (1931), p. 279-309. En dehors de Denys, qui l'a transmise aux Latins, la doctrine de l'« analogie de réception » est attestée chez des auteurs aussi différents qu'Alexandre d'Aphrodise (commentateur de la *Métaphysique*), Asclépius et Jean Philopon.

du mouvement. Donc ce qui est reçu en lui est reçu de manière stable et immobile.

En outre, puisque l'intellect est une faculté supérieure au sens, il importe qu'il soit plus uni qu'elle. C'est pourquoi nous voyons qu'un seul et même intellect juge des divers genres de sensibles qui appartiennent[1] à diverses puissances sensitives. Nous pouvons donc accepter l'idée que des opérations appartenant à diverses puissances sensitives soient réunies en un seul et même intellect. Mais, parmi les puissances sensitives, certaines sont seulement capables de recevoir, comme le sens, tandis que d'autres retiennent, comme l'imagination et la mémoire — ce pourquoi on les appelle des « trésors[2] ». Il faut donc que l'intellect possible à la fois reçoive et retienne ce qu'il reçoit.

En outre, il est absurde de dire que, dans la Nature, ce qui termine un mouvement ne demeure pas, mais cesse immédiatement d'être. C'est pourquoi on rejette la position de ceux qui affirment que toutes choses sont toujours en mouvement. De fait, il est nécessaire que le mouvement se termine au repos. Donc, on a encore moins de raisons de dire que ce qui est reçu dans l'intellect possible ne s'y conserve pas.

De plus, si l'intellect possible ne reçoit pas d'espèces

Cf., sur ce point, J.-F. Courtine, « Différence ontologique et analogie de l'être : le tournant suarézien », *Bulletin de la Société française de Philosophie*, 83ᵉ année, nᵒ 2 (Séance du 28 janvier 1989), avril-juin 1989, p. 59-61 (pour Alexandre), 62 (pour Asclépius) et 63 (pour Philopon). Sur le thème médiéval, cf. A. de Libera, « Albert le Grand et le platonisme. De la doctrine des Idées à la théorie des trois états de l'universel », in *On Proclus & his Influence in Medieval Philosophy*, ed. by E.P. Bos & P.A. Meijer (Philosophia antiqua, LIII), Leiden-New York-Köln, E.J. Brill, 1992, p. 89-119, et, du même, « Albert le Grand et l'antiplatonisme sans Platon », in *Contre Platon. Tome I. Le platonisme dévoilé*, éd. M. Dixsaut (Tradition de la pensée classique), Paris, Vrin, 1993, p. 247-271.

1. Lisant *pertinent* au lieu de *pertinet*, Marietti, p. 175b.

2. Le terme de « trésor » étant une expression caractéristique de la psychologie avicennienne, il est probable que Thomas pense ici à Avicenne, *De anima* V, 1 ; Van Riet, p. 8, 2-10, 34. Le latin « *thesaurus* » rend l'arabe « *khizâna* ».

intelligibles des images qui sont en nous, car il a déjà reçu des images de nos prédécesseurs, on peut dire, par le même raisonnement, qu'il n'a rien reçu non plus des images des prédécesseurs de nos prédécesseurs. Or si, comme ils l'affirment, le monde est éternel, n'importe quel individu a toujours un prédécesseur. Jamais, donc, l'intellect possible ne reçoit d'espèces des images. C'est donc pour rien qu'Aristote a posé un intellect agent pour assurer le passage des images à l'état d'intelligibles en acte.

En outre, il semble résulter de cette thèse[1] que l'intellect possible n'a pas besoin d'images pour penser. Or nous pensons par l'intellect possible. Donc, nous n'aurons pas besoin non plus de sensations et d'images pour penser. Ce qui est manifestement faux et contre la doctrine d'Aristote[2].

Si on objecte que, par le même raisonnement, nous n'aurions pas non plus besoin d'images pour considérer les choses dont les espèces intelligibles sont conservées dans l'intellect, même si les intellects possibles étaient multipliés dans les divers <hommes> — hypothèse non moins contraire à Aristote, pour qui « *jamais* l'âme ne pense sans images[3] » — il est évident que cette objection n'est pas convenable[4]. En effet,

---

1. À savoir : de la thèse averroïste du « double sujet » des espèces intelligibles. S'il possède de lui-même, ou, plutôt, de son côté, les intelligibles en puissance, comme sujet des « espèces », l'intellect possible n'a pas besoin de l'autre sujet desdites espèces — les images — pour penser ces intelligibles. Si donc il peut penser sans images, nous pouvons aussi le faire dans la mesure où nous pensons par lui. Thèse anti-aristotélicienne par excellence.

2. Cf. Aristote, *De an.* III, 8, 432a1-10 ; Tricot, p. 197, notamment : « Et c'est pourquoi, d'une part, en l'absence de toute sensation, on ne pourrait apprendre ou comprendre quoi que ce fût, et, d'autre part, l'exercice même de l'intellect doit être accompagné d'une image, car les images sont semblables à des sensations sauf qu'elles sont immatérielles. »

3. Cf. Aristote, *De an.* III, 7, 431a16-17 ; Tricot, p. 191.

4. L'« averroïste » — ou Averroès lui-même — retourne l'argument de Thomas. Si l'intellect possible peut penser *de son côté*, il a encore plus facilement accès aux intelligibles qu'il a déjà pensés qu'à ceux qu'il n'a pas encore pensés. Or, si ces intelligibles conservés en lui sont directement accessibles sans l'intermédiaire d'images, la multiplication de l'intellect possible en autant d'intellects qu'il y a

comme toute substance l'intellect possible opère selon
le mode de sa nature. Or selon sa nature il est forme
d'un corps. D'où, il est bien vrai qu'il pense des
choses immatérielles, mais il les inspecte dans quelque
chose de matériel. Le signe en est que dans tout
enseignement universel on fait intervenir des exemples
particuliers destinés à faire voir ce qui est dit. Donc,
avant de recevoir l'espèce intelligible, c'est sur un
mode que l'intellect possible se rapporte à l'image
dont il a besoin, et sur un autre, une fois qu'il a reçu
cette espèce. De fait, avant, il a besoin de l'image pour
recevoir d'elle l'espèce intelligible, c'est pourquoi
l'image joue à son égard le rôle d'objet moteur. Mais
une fois qu'il a reçu en lui l'espèce, il a besoin de
l'image pour servir d'instrument ou de fondement à
son espèce, c'est pourquoi, à ce moment, il joue à
l'égard de l'image le rôle de cause efficiente — en
effet, c'est par le souverain pouvoir [1] de l'intellect que
l'image convenant à telle ou telle espèce intelligible se
forme dans l'imagination, <image> où l'espèce intelligible resplendit comme l'archétype dans la copie ou la
reproduction. Si donc l'intellect possible avait toujours
eu en lui des espèces, jamais il ne se rapporterait aux
images comme un récepteur à un objet moteur [2].

---

d'hommes ne changera rien à l'inutilité des images. Inutiles à un
seul intellect, elles le resteront à une pluralité d'intellects. Le monopsychisme n'est donc pas la cause de la difficulté soulevée par
Thomas dans l'argument précédent — ou, plutôt, son argument
contre la théorie du « sujet double » est spécieux, car, s'agissant des
intelligibles conservés, la thèse de la pluralité des intellects possibles
n'empêche pas de retenir l'absurdité qu'il a — à tort — imputée au
monopsychisme, s'agissant des intelligibles nouvellement reçus. La
réponse thomiste se concentre sur la différence entre les deux cas.

1. Nous rendons ainsi le latin *imperium*, dont la connotation
politique est évidente.

2. A la critique averroïste de son argument contre le « sujet
double », Thomas réplique donc que l'hypothèse de la causalité tout
ensemble objective et motrice de l'image sur l'intellect possible est
rendue non seulement inutile mais impossible si, en tant que constituant l'un des deux sujets des espèces intelligibles — en l'occurrence
leur sujet éternel — l'intellect a toujours déjà en lui des intelligibles.
Autrement dit : le problème que l'adversaire essaie de déplacer sur
le terrain de la multiplicité des intellects ne vient pas seulement de

De plus, selon Aristote[1], l'intellect possible est « ce par quoi l'âme et l'homme pensent ». Or si l'intellect possible de tous les hommes est unique et éternel, il faut qu'il ait d'ores et déjà reçu toutes les espèces intelligibles des choses qui sont ou ont été connues par les hommes quels qu'ils soient. N'importe lequel d'entre nous, donc, qui pense par l'intellect possible, ou plutôt dont le penser est le penser même de l'intellect possible, pensera toutes les choses qui sont ou ont été pensées par n'importe quel autre. Il est évident que cela est faux.

À cela le Commentateur répond que nous ne pensons par l'intellect possible qu'en tant qu'il se prolonge en nous par nos images : or, puisque les images ne sont pas les mêmes chez tous les hommes et qu'elles ne sont pas disposées de la même manière, il n'est pas vrai que tout ce que pense un homme, un autre doive le penser aussi[2]. Et cette réponse semble concorder avec les prémisses. En effet, même si l'intellect possible n'est pas unique, nous ne pensons les choses dont les espèces sont dans l'intellect possible qu'en présence d'images disposées pour cela.

Mais il est clair que cette réponse ne peut entièrement dissiper la difficulté. En effet, une fois actualisé par l'espèce intelligible qu'il a reçue l'intellect possible peut « agir par lui-même[3] ». D'où nous voyons que ce

---

l'affirmation averroïste que l'intellect possible est un des deux sujets de l'intelligible, mais de la position de son éternité.

1. Cf. Aristote, *De an.* III, 4, 429a23 ; Tricot, p. 174-175.

2. C'est aussi la réponse que fait Siger de Brabant, *In III De anima*, q. 9 ; Bazán, p. 28, 87-29, 96 : « Quand on dit que si l'intellect en tous les hommes était unique, quand l'un acquerrait une connaissance, tous l'acquerraient, je dis que cela serait vrai si l'intellect était selon sa substance présent en chaque homme antérieurement aux intentions imaginées. Or cela est faux. Au contraire : les intentions imaginées se trouvent dans les hommes avant l'intellect. Et c'est parce qu'elles se diversifient en fonction de la diversité des hommes, qu'il y a un intellect divers dans des hommes divers. C'est pourquoi, comme il n'est pas nécessaire que si un homme imagine, un autre imagine aussi, et que si un homme n'imagine pas, un autre, aussi, n'imagine pas, il n'est pas non plus nécessaire que si un homme acquiert une connaissance, un autre l'acquière aussi. »

3. Cf. Aristote, *De an.* III, 4, 429b5-9, spécialement 429b7

dont nous acquérons le savoir une fois, il est en notre
puissance de le contempler une nouvelle fois quand
nous le voulons. Et aucune image ne peut nous en
empêcher : car il ne dépend que de nous de former,
par une considération adaptée, les images que nous
voulons — sauf, peut-être, s'il y a un obstacle du côté
de l'organe dont elles relèvent, comme cela arrive aux
frénétiques et aux léthargiques, qui ne peuvent laisser
agir librement leur imagination ou leur mémoire. Et
c'est pourquoi, dans la *Physique*, VIII, Aristote[1] dit
que bien qu'il ne le considère qu'en puissance, celui
qui a déjà l'habitus du savoir n'a pas — en dehors de
la levée de l'obstacle — besoin d'un moteur qui le
ramène de la puissance à l'acte et qu'il peut, au
contraire, passer à volonté à l'acte de contemplation.
Mais si les espèces intelligibles de tous les savoirs sont
déjà dans l'intellect possible, ce qu'il faut admettre s'il
est unique et éternel, la nécessité d'images par rapport
à l'intellect possible sera comme pour passer de la
possession d'un savoir à l'exercice actuel de ce savoir
— car dans ce cas aussi il faut des images. Par
conséquent, comme tout homme pense par l'intellect
possible lorsqu'il est ramené à l'acte par les espèces
intelligibles, tout homme pourra considérer, quand il
le voudra, les savoirs contenus dans toutes les
sciences. Ce qui est manifestement faux, car ainsi
personne n'aurait besoin d'un enseignant pour acquérir un savoir. L'intellect possible n'est donc ni un ni
éternel.

(*Transl. vetus*, Gauthier, p. 446) : « Hoc autem accidit cum possit
operari per se ipsum. »

1. Cf. Aristote, *Phys.* VIII, 4, 255b1-5, Carteron, p. 113 : « Celui
qui possède une science mais sans faire l'objet actuel de son étude
(*mê theôrôn dé*) est savant en puissance d'une certaine façon, non
pourtant comme avant d'apprendre (*mathéin*), et, quand il est dans
cet état, il passe à l'acte (*énérgei*) et exerce son savoir (*théôréi*) ;
sinon, il serait dans un état qui contredirait sa capacité, autrement
dit dans l'ignorance (*agnoia*). » Carteron, p. 113, note 3 distingue la
puissance comme simple possibilité initiale et la virtualité, « puissance actuelle, mais ne s'exerçant pas encore ».

Contra Gentiles, II, 75

Réfutation des arguments supposés prouver l'unité de l'intellect possible

Pour prouver l'unité de l'intellect possible ils avancent certains arguments dont il faut montrer l'inefficacité. <Les voici :>

1. Toute forme qui est une selon l'espèce et multipliée selon le nombre semble être individuée par la matière : en effet ce qui est un selon l'espèce et plusieurs selon le nombre s'accorde en forme et se distingue selon la matière. Si, par conséquent, l'intellect possible est multiplié en divers hommes selon le nombre, il faudra, puisqu'il est un selon l'espèce, qu'il soit individué par la matière en cet <homme>-ci et en cet <homme>-là. Ce n'est pas par la matière qui fait partie de lui, car alors sa réceptivité serait du même genre que la réceptivité de la matière première, et elle recevrait des formes individuelles, ce qui est contre la nature de l'intellect. Il reste donc qu'il est individué par la matière qui est le corps de l'homme dont il est censé être la forme. Mais toute forme individuée par la matière dont elle est l'acte est une forme matérielle. En effet, l'être de toute chose dépend nécessairement de ce dont dépend son individuation, car, de même que les principes communs font partie de l'essence de l'espèce, les principes d'individualisation font partie de l'essence de l'individu. Il s'ensuit donc que l'intellect possible est une forme matérielle et, par conséquent, qu'il ne reçoit ni n'opère rien sans organe corporel. Ce qui est contre la nature de l'intellect possible. Donc, l'intellect possible n'est pas multiplié en divers hommes, mais il est unique en tous[1].

2. De plus, si l'intellect possible était autre en cet homme-ci et en cet homme-là, il faudrait que l'espèce

---

1. Cf. Siger de Brabant, *In III De anima*, q. 9 ; Bazán, p. 25, 7-9. Argument repris et critiqué dans le *De unitate*, § 95. Cf., également, Siger de Brabant, *In III De anima*, q. 9 ; Bazán, p. 26, 23-25, critiqué dans le *De unitate*, § 101.

qui est pensée soit numériquement autre en celui-ci et
en celui-là, mais qu'elle soit spécifiquement unique :
puisqu'en effet le sujet propre des espèces pensées en
acte est l'intellect possible, il faut que, si l'intellect
possible est multiplié, les espèces intelligibles soient
numériquement multipliées en des divers. Or les
espèces ou formes qui sont spécifiquement identiques
et numériquement diverses sont les formes individuelles, qui ne peuvent être des formes intelligibles,
car les intelligibles sont universels et non particuliers.
Il est, par conséquent, impossible que l'intellect possible soit multiplié en divers individus des hommes. Il
est donc nécessaire qu'il soit unique en tous.

3. En outre, le maître transfuse dans son disciple la
science qu'il possède. Or cette science est soit la même
en nombre, soit différente en nombre, mais pas en
espèce. La seconde hypothèse paraît impossible, car
ainsi le maître reproduirait sa science dans le disciple
comme il reproduit sa forme en un autre en engendrant quelqu'un de semblable à lui-même en espèce
— ce qui paraît être le propre des agents matériels. Il
faut donc qu'il produise dans son disciple une science
identique en nombre. Or cela ne pourrait se faire s'il
n'y avait pas le même intellect possible pour eux deux.
Il semble donc nécessaire que l'intellect possible de
tous les hommes soit unique [1].

De même que la position en question n'a aucune
espèce de vérité, comme on l'a montré [2], de même les
arguments avancés pour la confirmer sont faciles à
évacuer.

1. L'argument du maître et du disciple vient directement
d'Averroès, *In De anima* III, comm. 5 ; Crawford, p. 411, 713-412,
721 : « Et si nous posions qu'il est multiple, il arriverait que l'intelligible pensé en moi et en toi serait un en espèce et deux au niveau
individuel, et ainsi l'intelligible aurait lui-même un intelligible, et on
régresserait à l'infini. Il serait également impossible que l'élève
apprenne du maître, à moins que la science qui est dans le maître ne
soit une faculté engendrant et créant la science qui est dans l'élève
sur le mode selon lequel tel feu en engendre un autre semblable en
espèce — ce qui est impossible. » Il est repris et discuté dans le *De
unitate*, § 102.
2. En *SCG* II, 73.

<Réponse à 1>. Nous confessons en effet que l'intellect possible est un en espèce dans les divers hommes, et plusieurs selon le nombre : pas au point cependant de devoir dire que les parties constitutives de l'homme n'ont pas par elles-mêmes d'existence selon le genre et l'espèce, mais seulement en tant qu'elles sont principes d'un tout. Et il ne s'ensuit pas non plus que l'intellect possible soit une forme matérielle pourvue d'un être dépendant du corps. En effet, de même qu'il appartient à l'âme humaine selon son espèce de s'unir à un corps de telle espèce [1], de même cette âme-ci ne diffère numériquement de celle-là que par le fait qu'elle se rapporte à un corps <lui-même> numériquement autre. Et c'est ainsi que sont individuées les âmes humaines — et par conséquent l'intellect possible, qui est une puissance de l'âme — par <le rapport qu'elles entretiennent avec> les corps, non par une individuation <directement> causée par les corps.

<Réponse à 2>. Son deuxième argument présente un défaut du fait qu'il ne distingue pas entre ce par quoi on pense et ce qui est pensé [2]. En effet, l'espèce reçue dans l'intellect possible ne se comporte pas comme ce qui est pensé. Sinon, comme tous les arts et les sciences portent sur des choses que l'on pense, il s'ensuivrait que toutes les sciences porteraient sur des espèces existant dans l'intellect possible — ce qui est à l'évidence faux : aucune science n'étudie quoi que ce soit de ces espèces en dehors de la rationnelle et de la métaphysique. Pourtant, c'est par elles que tout ce qui est dans toutes les sciences est connu. Par conséquent l'espèce intelligible reçue dans l'intellect possible en pensant se comporte comme ce par quoi on pense,

1. Autrement dit : l'âme humaine ne peut s'unir à n'importe quelle espèce de corps.
2. « Ce par quoi on pense et ce qui est pensé », Marietti, p. 179b : « *quo intelligitur* et *quod intelligitur.* » Appliquant la distinction du *quo* et du *quod* Thomas va montrer que les formes intelligibles de l'intellect possible ne sont pas l'objet universel de toutes les sciences (*quod*), mais le *medium* universel de toutes les sciences (*quo*). En théorie de la connaissance, le vice fondamental de l'averroïsme est l'idéalisme.

non comme ce qui est pensé, de même aussi que
l'espèce de la couleur dans l'œil n'est pas ce qui est vu,
mais ce par quoi nous voyons. Ce qui est pensé c'est
donc la raison ou définition même des choses existant
hors de l'âme, exactement comme les choses existant
hors de l'âme sont ce qui est vu par la vision corporelle. En effet, les arts et les sciences ont été trouvés
pour connaître dans leurs natures les choses exis-
tantes.

Et bien que les sciences portent sur les universaux,
ce n'est pas pour autant que les universaux subsistent
par soi hors de l'âme, comme le soutient Platon. En
effet, même si la connaissance de la vérité exige qu'il y
ait une correspondance entre connaissance et chose, il
ne faut pas pour autant que le mode de la connaissance et celui de la chose soient identiques. Ce qui est
joint dans la réalité est connu parfois séparément : une
même chose est à la fois et blanche et douce, mais, la
vue connaît seulement la blancheur et le goût seulement la douceur[1]. De même aussi l'intellect pense la
ligne existant dans la matière sensible sans la matière
sensible, même s'il peut aussi la penser avec la matière
sensible[2]. Or cette variation résulte de la diversité des
espèces intelligibles reçues dans l'intellect, qui tantôt
représentent la seule quantité, tantôt la substance sensible quantifiée. Mais, pareillement, même si la nature
du genre et de l'espèce ne peut jamais être extérieure
aux individus, l'intellect pense néanmoins la nature de
l'espèce et du genre sans penser en même temps aux

    1. Cf. Aristote, *De an.* II, 6, 418a12-13 ; Tricot, p. 103 ; Bodéüs,
p. 165 : « Ainsi la vue perçoit la couleur, l'ouïe le son et le goût la
saveur » ; cf., sur le thème, *De unitate*, § 20.
    2. Cf. Aristote, *De an.* III, 4, 429b10-21 ; Tricot, p. 178, spécial.
429b16-21 : « De même encore, dans le cas des êtres abstraits, le
droit est analogue au camus, car il est joint au continu. Mais sa
quiddité, si du moins la quiddité du droit est différente du droit, est
tout autre chose : mettons que ce soit, par exemple, la dyade. C'est
donc par une faculté différente, ou plutôt par une manière d'être
différente <de la même faculté> que nous les discernons. En général, donc, comme les objets <de la connaissance> sont séparables de
leur matière, ainsi en est-il des opérations de l'intellect. »

principes qui l'individualisent, et c'est cela penser des
universaux. Ainsi les deux ne sont pas incompatibles :
que les universaux ne subsistent pas en dehors de
l'âme et que l'intellect, en pensant des universaux,
pense les choses qui sont extérieures à l'âme[1]. Mais si
l'intellect est capable de penser la nature du genre ou
de l'espèce dénuée des principes d'individuation, c'est
grâce au statut de l'espèce intelligible reçue en lui, au
fait qu'elle est à la fois actualisée et rendue immatérielle par l'intellect agent, en tant qu'abstraite de la
matière et des conditions de la matière qui individualisent chaque chose. Et c'est bien pourquoi les puissances sensitives ne peuvent connaître les universaux :
parce qu'elles ne peuvent recevoir de forme immatérielle, leur réceptivité étant liée à un organe corporel.

Il ne faut donc pas qu'il y ait identité numérique
entre les espèces intelligibles de tel et tel pensant,
sinon, en effet, leur penser serait numériquement
identique, puisque l'opération suit la forme qui est le
principe d'une espèce. Mais il faut, pour qu'il y ait
identité du pensé, que ce soit la représentation d'une
seule et même chose. Or c'est possible si les espèces
intelligibles sont numériquement diverses : de fait, rien

1. Les universaux ne sont pas des choses universelles. Toute
chose est individuelle. Mais toute chose possède une nature ou
essence, individuée. Penser ou saisir les universaux, c'est donc saisir
les choses individuelles par où elles sont universelles, ou, pour
mieux dire, saisir ce qu'il y a en elles d'universel. Thomas peut donc
bien dire que l'intellect pense des choses extérieures à l'âme quand il
pense les universaux, simplement ces choses ne sont pas les universaux de Platon, des *res universales*, réellement séparées des particuliers, ce sont les natures mêmes des choses, inhérentes aux choses
et individualisées en elles. Bref, en pensant les universaux, l'intellect
pense les choses individuelles qui présentent telle ou telle nature
commune, mais il ne les pense justement pas en tant qu'individuelles. C'est toute la fonction de la théorie aristotélicienne de
l'abstraction que d'expliquer la saisie de l'universel *dans le particulier*, là où l'intuition intellectuelle du platonisme explique seulement celle de l'universel *hors du particulier*. Le point de vue thomiste
sur les universaux est donc réaliste, mais ce réalisme est celui
d'Aristote. Sur la théorie des universaux, cf. A. de Libera, « Question de réalisme. Sur deux arguments anti-ockhamistes de John
Sharpe », *Revue de Métaphysique et de Morale*, 1-1992, p. 83-110.

n'interdit qu'il se crée plusieurs images différentes
d'une seule et même chose — c'est bien pourquoi un
même homme peut être vu simultanément par plusieurs. Il ne répugne donc pas à la connaissance universelle de l'intellect qu'il y ait une pluralité d'espèces
intelligibles dans une pluralité <de sujets connais-
sants>.

Et si les espèces intelligibles sont à la fois numériquement multiples et spécifiquement identiques, on
n'est pas non plus contraint de poser qu'elles ne sont
pas intelligibles en acte, mais seulement en puissance
comme les autres individus. En effet, être un individu
n'exclut pas d'être intelligible en acte : par exemple, si
l'on admet qu'il y a certaines substances séparées
subsistant par soi non unies à des corps, on peut bien
dire que l'intellect possible lui-même, comme l'intellect agent, sont des individus et qu'ils n'en sont pas
moins intelligibles. Ce qui est incompatible avec
l'intelligibilité est la matérialité[1] : le signe en est que,
pour devenir intelligibles en acte, les formes des
choses matérielles doivent d'abord être abstraites de la
matière. C'est pourquoi, là où l'individuation se fait
par une matière particulière désignée, les individus ne
sont pas intelligibles en acte, alors que, si leur individuation n'est pas le fait d'une matière, rien n'interdit
que des individus ne soient intelligibles en acte. Or, les
espèces intelligibles sont individuées par leur sujet, qui
est l'intellect possible, comme toutes les autres formes.
Donc, puisque l'intellect possible n'est pas matériel,
on ne peut refuser aux espèces qui sont individuées
par lui d'être intelligibles en acte.

En outre, dans la réalité sensible, de même que les
individus qui sont plusieurs dans une espèce, comme
les chevaux ou les hommes, ne sont pas intelligibles en
acte, de même les individus qui sont uniques dans leur
espèce, comme ce soleil et cette lune. Or, qu'il y ait
plusieurs intellects possibles ou qu'il n'y en ait qu'un,
c'est de la même manière que des espèces sont indivi-

---

1. Sur cet argument, cf. *De unitate*, § 108.

dualisées par l'intellect possible, mais ce n'est pas de la même manière que des individus se multiplient dans une même espèce. Que les espèces reçues dans l'intellect possible soient intelligibles en acte n'a donc rien à voir avec le fait que l'intellect possible soit unique ou multiple en tous.

De plus, selon le Commentateur, l'intellect possible est le plus bas dans la série des substances intelligibles, qui, selon lui, sont multiples. Or, on ne peut pas dire que certaines de ces substances supérieures n'ont pas connaissance de ce que connaît l'intellect possible : en effet, comme il le dit lui-même, les moteurs des sphères contiennent les formes de tout ce qui est causé par le mouvement de <chaque> sphère. Ainsi donc, même si l'intellect possible est unique, on devra admettre que les formes intelligibles se multiplient dans divers intellects.

Enfin, même si nous avons dit que l'espèce intelligible reçue dans l'intellect possible n'est pas ce qui est pensé, mais ce par quoi on pense, cela ne retire rien au fait que, par sa réflexion, l'intellect ne se pense à la fois lui-même, et son acte de penser, et l'espèce avec laquelle il pense. Or son acte de penser il le pense doublement : en particulier, puisqu'il se pense comme en train de penser, et en général, en tant qu'il ratiocine sur la nature de cet acte[1]. D'où il pense à la fois l'intellect et l'espèce intelligible de la même double manière : en percevant à la fois qu'il est et qu'il a une espèce intelligible, ce qui est connaître en particulier ; en considérant à la fois sa propre nature et celle de l'espèce intelligible, ce qui est connaître en général. Et c'est de ce point de vue que l'on traite de l'intellect et de l'intelligible dans les sciences.

<Réponse à 3>. Grâce à ce qu'on vient de dire la réponse au troisième argument apparaît clairement. En effet, la thèse selon laquelle la science est numériquement une dans le disciple et dans le maître est en partie vraie et en partie fausse : elle est numérique-

1. Cf. *De unitate*, § 108.

ment une quant à ce qui est su, non quant aux espèces
intelligibles avec lesquelles on sait, ni quant à l'habitus
du savoir lui-même ; mais cela n'implique pas, pour
autant, que le maître cause le savoir dans le disciple
comme le feu engendre le feu. En effet, le mode des
choses engendrées par la nature n'est pas le même que
celui des choses engendrées par l'art : le feu engendre
le feu naturellement, en ramenant la matière de la
puissance à l'acte de sa forme ; mais le maître cause le
savoir dans le disciple en utilisant un art — c'est pour
cela qu'est donné l'art de la démonstration, transmis
par Aristote dans les *Seconds analytiques* : parce que
« la démonstration est un syllogisme qui fait savoir[1] ».

Il faut savoir, toutefois, que, selon ce qu'enseigne
Aristote dans le livre VII de la *Métaphysique*, il y a des
arts dans lesquels la matière n'est pas un principe
concourant à produire l'effet d'art, par exemple dans
la construction : le bois ou la pierre ne contiennent pas
de force active servant d'élément moteur dans l'édifi-
cation de la maison, ils n'ont qu'une aptitude passive.
Mais il y a des arts où la matière est un principe actif,
qui sert de moteur pour produire l'effet d'art, par
exemple en médecine : de fait, le corps malade a en
lui-même un principe actif de santé. C'est pourquoi la
nature ne produit jamais un effet d'art du premier
genre, un tel effet est toujours produit par l'art lui-
même : toute maison est un produit de l'art. En
revanche, l'effet d'art du second genre provient de
l'art ou de la nature sans l'art : beaucoup de gens
guérissent par l'opération de la nature sans intervention de l'art médical. Or dans tout ce qui peut advenir
par l'art ou par la nature, « l'art imite la nature[2] » : si,
en effet, quelqu'un tombe malade à cause du froid, la
nature le soigne en le réchauffant ; c'est pourquoi, s'il
doit le soigner, le médecin, à son tour, le soigne en le
réchauffant[3]. Or l'art d'enseigner est semblable à cet
art médical. En effet, chez l'enseigné il y a à la fois un

1. Cf. Aristote, *Anal. Post.* I, 2, 71b16-18 ; Tricot, p. 8.
2. Cf. Aristote, *Phys.* II, 7, 194a21-22.
3. Sur ce thème, cf. *De unitate*, § 109.

principe actif <pour acquérir la> science : l'intellect, et
des pensées fournies naturellement : les premiers principes. C'est pourquoi, d'ailleurs, la science s'acquiert
de deux façons : sans que l'on vous donne un enseignement, c'est-à-dire par l'invention personnelle, ou
grâce à un enseignement. Dès lors, celui qui enseigne
suit, pour enseigner, le même ordre que celui qui
trouve, pour trouver : en offrant à la considération du
disciple les principes connus par soi — car « tout
enseignement reçu vient d'une connaissance préexistante[1] » ; en menant ces principes à des conclusions ;
en proposant des exemples sensibles, pour que se
forment dans l'âme du disciple les images nécessaires
à la pensée. Et comme l'opération extérieure de
l'enseignant ne produirait rien sans l'intervention d'un
principe intrinsèque de connaissance, qui est en nous
par un effet de la volonté divine, les théologiens disent
que « l'homme enseigne en montrant son ministère et
Dieu en opérant à l'intérieur ». On dit de même que,
quand il soigne, le médecin est le « ministre de la
nature ». C'est en ce sens exact, donc, que la science
n'est pas causée par le maître dans le disciple sur le
mode de l'action naturelle, mais sur celui de l'action
artificielle.

En outre, puisque le Commentateur situe l'habitus
du savoir dans l'intellect passif comme dans un sujet,
l'unité de l'intellect possible ne peut aucunement faire
qu'il y ait une même science numériquement identique chez le disciple et chez le maître. En effet, il est
établi que l'intellect passif ne peut être identique chez

---

1. Cf. Aristote, *Anal. post.* I, 1, 71a1-2 ; Tricot, p. 1 : « Tout
enseignement donné ou reçu par la voie du raisonnement vient
d'une connaissance préexistante. » L'enseignement « reçu par la voie
du raisonnement » (= l'enseignement dianoétique) s'oppose à l'acquisition par l'intuition sensible ou l'intuition intellective (= noétique) : « c'est la déduction syllogistique à laquelle se ramène toute
science démonstrative » (Tricot, p. 1, note 2). Sur la « connaissance
préexistante », cf. J. Barnes, *Aristotle's Posterior Analytics, translated
with Notes* (Clarendon Aristotle Series), Oxford, 1975, p. 89-90. Le
latin *disciplina* (l'enseignement reçu) correspond au grec *mathèsis*, le
latin *doctrina* (l'enseignement donné) renvoie au grec *didaskalia*.

les différents hommes, puisque c'est une puissance
matérielle. Donc, selon la propre thèse du Commentateur, son argument n'est pas à propos.

Contra Gentiles, II, 78

*Que la doctrine d'Aristote sur l'intellect agent n'en
faisait pas une substance séparée, mais quelque chose de
l'âme (*aliquid animae*)*

Mais puisque nombreux sont ceux qui adoptent
l'opinion d'Averroès parce qu'ils croient que c'était
celle d'Aristote, il faut montrer à partir de ses paroles
mêmes qu'il ne soutenait pas que l'intellect agent fût
une substance séparée.

Tout d'abord, en effet, il dit[1] que « comme en toute
nature[2] on distingue quelque chose qui sert de matière
à chaque genre, et c'est ce qui est en puissance tous les
êtres qui sont de ce genre, et une autre cause, qui sert
de cause efficiente et qui produit tous les êtres qui sont
de ce genre, comme l'art le fait avec la matière, il est
nécessaire que, dans l'âme aussi, il y ait ces différences. Et, de fait, ce qui est tel », à savoir : ce qui est
dans l'âme comme une matière, « est l'intellect » possible « en quoi tous les intelligibles subissent un devenir. Mais cet autre », qui est dans l'âme comme une
cause efficiente, « est l'intellect en qui est » le pouvoir

---

1. Cf. Aristote, *De an.* III, 5, 430a10-17 (*Transl. vetus*, Gauthier,
p. 459 ; *Transl. ar.-lat.* III, text. 17 et 18 ; Crawford, p. 436, 1-7 et
437, 1-7).

2. Le texte de la version gréco-latine dit « in omni natura » :
Thomas comprend donc logiquement : « en toute nature » c'est-
à-dire en tout être. Seule la version arabo-latine dit (Crawford,
p. 436, 1) : « in Natura », c'est-à-dire : « dans la Nature », comme le
traduit aussi Tricot, d'après l'original grec : « dans la nature tout
entière ». L'interprétation de Thomas n'est pas pour autant remise
en cause : *in omni natura* signifiant pour lui « en toute nature »
distincte de la Première Cause, voire : « en toute nature » appartenant au monde sublunaire.

« de tout faire » intelligible en acte, à savoir l'intellect
agent, « qui est comme une sorte d'habitus », et non
comme une puissance. En quel sens il dit que l'intellect agent est un « habitus », il l'explique en ajoutant
qu'il est « analogue à la lumière : puisqu'en effet la
lumière convertit d'une certaine manière les couleurs
en puissance, en couleurs en acte », à savoir : en tant
qu'elle les rend visibles en acte, ce qui est appliqué à
l'intellect agent dans son rapport aux intelligibles.

De là on tire clairement l'idée que l'intellect agent
n'est pas une substance séparée mais plutôt quelque
chose de l'âme : en effet, Aristote dit expressément
que l'intellect possible et l'intellect agent sont des
« différences » de l'âme et qu'elles sont « dans l'âme ».
Donc aucune d'elles n'est une substance séparée.

En outre, son raisonnement le prouve aussi. En
toute nature en laquelle on trouve de la puissance et
de l'acte, il y a quelque chose qui sert de matière, qui
est en puissance de toutes les choses qui appartiennent
à ce genre, et quelque chose qui sert d'agent et qui
ramène cette puissance à l'acte, c'est le cas, par
exemple, pour les produits artificiels qui comprennent
un art et une matière. Mais l'âme intellective est une
nature où l'on trouve aussi de la puissance et de l'acte,
puisque, tantôt, elle est pensante en acte, et tantôt, en
puissance. Il y a donc dans la nature de l'âme intellective quelque chose qui sert de matière, qui est en
puissance par rapport à tous les intelligibles et que l'on
appelle *intellect possible*, et quelque chose qui sert de
cause efficiente, qui fait passer tout à l'acte et que l'on
appelle *intellect agent*. Ainsi donc, selon la démonstration d'Aristote l'un et l'autre intellect est dans la nature
de l'âme[1], et ce n'est pas quelque chose de séparé
selon l'être du corps dont l'âme est l'acte.

De plus, Aristote dit que l'intellect agent est
« comparable à un habitus comme la lumière ». Or
« habitus » ne signifie pas quelque chose d'existant par

---

1. Sur l'habile utilisation du latin « uterque » par Thomas, cf. *De
unitate*, § 34.

soi, mais quelque chose de possédé par quelqu'un.
L'intellect agent n'est donc pas une substance qui
existe par soi à l'état séparé ; au contraire, c'est quelque chose de l'âme humaine.

Or l'interprétation littérale du texte d'Aristote n'est
pas de considérer l'habitus comme un effet de l'intellect agent, au sens de : « le rôle de l'intellect est de tout
faire penser à l'homme, le produit étant comme un
habitus ». En effet, comme le Commentateur Averroès
le dit à cet endroit même : « celui qui a cet habitus
pense par lui ce qui lui est propre, de lui-même et
quand il le veut, sans qu'il ait besoin pour ce faire de
quelque chose d'extrinsèque[1]. » C'est donc qu'il assimile expressément à l'habitus, non pas le produit lui-
même, mais bien « l'intellect qui a le pouvoir de tout
faire ».

Et il ne faut pas non plus comprendre que l'intellect
agent est un habitus du type de ceux qui appartiennent à la seconde espèce de la qualité, ainsi que
l'ont fait ceux qui soutenaient que l'intellect agent est
« l'habitus des principes[2] ». Car cet habitus des prin-

---

1. Averroès, *In De an.* III, comm. 18 ; Crawford, p. 438, 26-29.
Cf. *supra*, note 196.
    2. Sur ce point, Thomas et Siger sont d'accord. Cf. Siger de
Brabant, *In III De anima*, q. 12 ; Bazán, p. 39, 2-6 : « D'autres
disent, et cela semble être la position d'Albert, qu'il y a en notre
intellect de certaines connaissances innées, comme celle qui porte
sur les premiers principes, qui ne sont occultées pour personne, par
exemple : "pour toute chose il y a nécessairement une affirmation
ou une négation qui est vraie", etc. Non pas que ces principes
eux-mêmes soient l'intellect agent : ce sont au contraire les instruments de l'intellect agent, qui lui servent à faire passer l'intellect
possible à l'acte par éduction. » Dans son important article « Notes
sur Siger de Brabant. I. Siger en 1265. », *Rev. Sc. ph. th.*, 67 (1983),
p. 227-229, R.-A. Gauthier s'appuie sur le texte de Siger pour
montrer qu'« il est peu familiarisé avec le texte d'Averroès », car il
« attribue à S. Albert » « une doctrine » qui est, en réalité, « d'Averroès » comme « Albert le dit expressément ». Et l'éminent historien
de commenter : « Siger n'a pas su la retrouver dans Averroès », « et,
ce qui est plus grave, il l'a crue en contradiction avec la pensée
d'Averroès, ce qui montre qu'il n'en avait pas pénétré les subtilités. »
On nous permettra d'exprimer ici une légère nuance de désaccord :
s'il est vrai que Siger ne renvoie pas au texte d'*In De anima* III,
comm. 36, Crawford, p. 496, 488-498, 552, où Averroès explique

cipes est reçu des sensibles, comme le prouve Aristote dans les *Seconds analytiques*[1] : dès lors il faut que le rôle de l'intellect agent soit de transformer en intelligible en acte ce dont il y a image, autrement dit l'intelligible en puissance. Aristote prend ainsi le mot « habitus » au sens où il s'oppose à la privation et à la puissance, c'est-à-dire au sens où toute forme ou acte peut être appelée un « habitus ». Et cela se voit au simple fait qu'il dit que l'intellect agent est un habitus à la manière dont la lumière est un habitus.

Ensuite il ajoute que « cet intellect », à savoir l'agent, « est séparé et non mélangé, et impassible, étant par sa substance en acte[2] ». Sur ces quatre <propriétés> qu'il attribue à l'intellect agent, deux ont été expressément énoncées de l'intellect possible, à savoir qu'il est « non mélangé » et qu'il est « séparé ». La troisième, à savoir qu'il est « impassible », Aristote l'a énoncée dans le cadre d'une distinction : il a montré que <l'intellect possible> n'était pas passible comme le sens, mais que, si l'on prenait « pâtir » en un sens général, il était passible, dans la mesure où il est en puissance par rapport aux intelligibles. En revanche, la quatrième, il l'a absolument niée de l'intellect possible, arguant qu'il était « en puissance par rapport aux intelligibles et

---

que les premières propositions qui sont « naturellement présentes en nous » sont comme des « instruments » ou « une matière » pour l'intellect agent qui opère en nous grâce à elles comme une sorte de forme ou d'agent, sa connaissance de la doctrine identifiant l'*habitus principiorum* à un instrument de l'intellect agent ne peut être la seule *Summa de homine* d'Albert (q. 54, Borgnet, t. 35, p. 451b) — le parallélisme des formules de Thomas et de Siger impose d'aller plus loin dans l'hypothèse d'une dépendance de Siger à l'égard de... Thomas. Simplement, la source thomasienne n'est pas le *Commentaire des Sentences* (*In II Sent.*, d. 28, q. 1, a. 5) cité par Gauthier, c'est, plus probablement, la *SCG* II, 78.

1. Cf. Aristote, *Anal. post.* II, 19, 100b3-5 ; Tricot p. 246 : « Il est donc évident que c'est nécessairement l'induction qui nous fait connaître les principes, car c'est de cette façon que la sensation elle-même produit en nous l'universel. »

2. Cf. Aristote, *De an.* III, 5, 430a17-18 ; Tricot, p. 182 : « Et c'est cet intellect qui est séparé, impassible et sans mélange, étant par essence un acte. »

n'était en acte aucun d'entre eux avant de penser[1] ».
Ainsi donc, pour les deux premières <propriétés>
l'intellect possible s'accorde avec l'intellect agent ;
pour la troisième il s'accorde avec lui en partie et il en
diffère en partie ; mais pour la quatrième, l'agent diffère absolument du possible[2]. Ces quatre propriétés
de l'agent Aristote les établit par un seul argument,
quand il ajoute : « car toujours l'agent est plus honorable que le patient, et le principe », à savoir l'actif,
« plus <honorable> que la matière[3] ». En effet, il a dit
plus haut que l'intellect agent est comme une cause
efficiente, et le possible comme une matière. Or par ce
moyen on conclut ainsi les deux premières <proprié-
tés> : « L'agent est plus honorable que le patient et la
matière. Mais l'intellect possible, qui est comme un
patient et une matière, est séparé et sans mélange,
ainsi qu'on l'a démontré. Donc à plus forte raison
l'agent. » Et les <deux> autres <propriétés> sont
conclues par le même moyen : « L'agent est plus
honorable que le patient et la matière en ce qu'il se
rapporte à lui <le possible> comme l'agent et l'être en
acte au patient et à l'être en puissance. Or l'intellect
possible est d'une certaine manière patient et être en
puissance. Donc l'intellect agent est un agent non
patient et un être en acte. » Il est clair que l'on ne peut
pas tirer de ces paroles d'Aristote que l'intellect agent
est une substance séparée, mais seulement qu'il est
séparé de la manière qu'il a attribuée plus haut à
l'intellect possible, à savoir : au sens où il n'a pas
d'organe[4]. Quant au fait qu'il dise qu'il est « en acte
par sa substance », cela n'est pas incompatible avec le

    1. Cf. Aristote, *De an.* III, 4, 429b30-31 ; Tricot, p. 179.
    2. Dans son commentaire du *De anima*, Adam de Bocfeld note
(ms. Urb. lat. 206, f. 292v) dans le même sens : « Il y a trois points
de convergence (*convenientias*) <entre les deux intellects> : l'intellect agent est séparé, il est non mélangé — c'est-à-dire immatériel —
et absolument impassible ; sur ces trois points il s'accorde avec
l'intellect possible. »
    3. Cf. Aristote, *De an.* III, 5, 430a18-19 ; Tricot, p. 182.
    4. Cf. Aristote, *De an.* III, 4, 429a25-27 ; Tricot, p. 175 ; Bo-
déüs, p. 223. Cf., sur ce point, *De unitate*, § 24.

fait que la substance de l'âme est en puissance, comme on l'a démontré.

Il ajoute ensuite que « la science en acte est identique à la chose » connue [1]. Sur quoi le Commentateur dit que l'intellect agent diffère du possible, car dans l'intellect agent le pensant et le pensé sont identiques, mais pas dans le possible [2]. Mais c'est manifestement contraire à l'intention d'Aristote. En effet, plus haut, il dit exactement la même chose pour l'intellect possible, quand il pose qu'« il est lui-même intelligible comme les autres intelligibles, puisque dans tout ce qui est sans matière, il y a identité de l'intellect et de ce qui est pensé, car la science contemplative et ce qui est contemplé sont identiques [3] ». Et il est clair qu'en disant que quand il pense en acte l'intellect possible est identique avec ce qui est pensé, Aristote veut montrer que l'intellect possible se pense comme les autres intelligibles. Or, un peu plus haut, il dit que « d'une certaine manière, l'intellect possible est en

1. Cf. Aristote, *De an.* III, 5, 430a19-20 ; Tricot, p. 182 : « La science en acte est identique à son objet. »

2. Averroès, *In De an.* III, comm. 19 ; Crawford, p. 443, 85-91 : « Il dit ensuite : *Et la science en acte est identique à la chose.* Et il veut indiquer (*innuit*), comme je le pense (*reputo*), quelque chose de propre à l'intellect agent, en quoi il diffère du matériel, à savoir que dans l'Intelligence agente la science en acte est identique à ce qui est su. Et il n'en est pas ainsi dans l'intellect matériel, puisque son intelligé est constitué par des choses qui ne sont pas en soi intellect. Et en faisant remarquer que la substance <de l'agent> est son action, il fournit l'explication de cette différence. »

3. Cf. Aristote, *De an.* III, 4, 430a2-5 ; Tricot, p. 180 : « En outre, l'intellect est lui-même intelligible comme le sont les intelligibles. En effet, en ce qui concerne les réalités immatérielles, il y a identité du pensant et du pensé, car la science théorétique et ce qu'elle connaît sont identiques. » Le texte latin cité par Thomas dit : « scientia namque speculativa, et quod speculatum est, idem est ». La *Transl. vetus*, Gauthier, p. 447, donne : « sciencia namque speculativa et quod speculatiuum, idem est ». Bodéüs, p. 227, traduit : « Par ailleurs, elle <l'intelligence> est, elle aussi, intelligible, au même titre que les intelligibles, car, dans le cas des choses immatérielles, il y a identité du sujet intelligent et de l'objet intelligé. La science de nature spéculative et l'objet de cette science sont, en effet, identiques. »

puissance les intelligibles, mais qu'il n'est rien en acte
avant de penser[1] » : là il donne expressément à
entendre que du seul fait qu'il pense en acte, il devient
les intelligibles mêmes. Et il n'y a pas lieu de s'étonner
qu'il dise cela de l'intellect possible, car plus haut il a
dit la même chose du sens et du sensible selon l'acte[2].
En effet, le sens passe à l'acte par l'espèce sentie en
acte et, semblablement, l'intellect possible passe à
l'acte par l'espèce intelligible en acte. Et, pour cette
raison, l'intellect en acte désigne l'intelligible lui-même
en acte.

Il faut donc dire qu'à cet endroit, une fois déterminé
ce qu'il en est de l'intellect possible et de l'intellect
agent, Aristote commence à déterminer ce qu'il en est
de l'intellect en acte : quand il dit que « la science en
acte est identique à la chose connue en acte[3] ».

Il dit ensuite : « <La science> qui <est> en puissance est antérieure selon le temps dans l'individu ;
mais, absolument, <elle ne l'est> pas, même selon le
temps[4] ». Un type de distinction entre la puissance et
l'acte auquel il recourt en plusieurs passages — selon
la nature l'acte est antérieur à la puissance, mais selon
le temps, dans un individu qui passe de la puissance à
l'acte, c'est la puissance qui est antérieure à l'acte ; en
revanche, absolument parlant, la puissance n'est pas
antérieure à l'acte, même temporellement, car seul un
autre acte peut ramener la puissance à l'acte. Il dit
donc que « l'intellect qui est selon la puissance », à
savoir le possible, « est antérieur par le temps » à
l'intellect en acte, et je dis cela « dans un individu.
Mais pas absolument », c'est-à-dire universellement,
car ce qui ramène l'intellect possible à l'acte, c'est

1. Cf. Aristote, *De an.* III, 4, 429b30-32 ; Tricot, p. 179.
2. Cf. Aristote, *De an.* III, 2, 425b25-26 ; Tricot, p. 154.
3. Cf. Aristote, *De an.* III, 4, 430a4-5 ; Tricot, p. 180.
4. Cf. Aristote, *De an.* III, 5, 430a20-21 ; Tricot, p. 182 : « par
contre, la science en puissance est antérieure selon le temps dans
l'individu, mais, absolument, elle n'est pas antérieure, même selon le
temps » ; Bodéüs, p. 227 : « et, si la science potentielle a une priorité
chronologique chez l'individu, globalement, par contre, elle n'a
aucune priorité, même chronologique ».

l'intellect agent, qui est « en acte », comme il dit, et, sous un autre rapport, un autre intellect possible déjà actualisé ; c'est pourquoi il dit dans le livre III des *Physiques* qu'avant d'apprendre on a besoin d'un enseignant pour être ramené de la puissance à l'acte[1].

Tels sont les mots donc qu'il emploie pour montrer le rapport de l'intellect possible, en tant qu'il est en puissance, à l'intellect en acte.

Il dit ensuite : « et il n'est pas <vrai> que tantôt il pense, et tantôt il ne pense pas[2] ». Par là il montre la différence de l'intellect en acte et de l'intellect possible. En effet, il a dit plus haut de l'intellect possible qu'il ne pense pas toujours, mais que tantôt il ne pense pas, quand il est en puissance par rapport aux intelligibles, et que tantôt il pense, quand il est ces intelligibles en acte. Or, l'intellect devient en acte par le fait d'être ces intelligibles mêmes, comme il l'a déjà dit. Donc il ne revient pas <à l'intellect en acte> de tantôt penser et de tantôt ne pas penser.

Il ajoute ensuite : « Mais cela seul est séparé et est vraiment[3]. » On ne peut entendre cela de l'intellect agent : en effet, il n'est pas le seul à être séparé, puisque Aristote lui-même a déjà dit cela de l'intellect possible. Et on ne peut non plus l'entendre de l'intellect possible, puisque Aristote l'a également dit de l'intellect agent. Il reste donc qu'il le dit de ce qui comprend les deux, à savoir de l'intellect en acte, dont il parlait <précisément juste au-dessus>, car seul, dans notre âme, ce qui appartient à l'intellect en acte est séparé et n'utilise pas d'organe : à savoir cette partie de l'âme par laquelle nous pensons en acte et qui comprend l'intellect possible et l'agent. Et c'est pour-

---

1. En *Phys.* III, 3, 202b1-22 ; Carteron, p. 94-95, Aristote examine effectivement la question de l'unité de l'acte du passif et de l'actif en s'appuyant sur l'exemple de l'enseignement donné et de l'enseignement reçu. Nous n'avons pu, cependant, y retrouver la phrase exacte citée par Thomas.

2. Cf. Aristote, *De an.* III, 5, 430a22 ; Tricot, p. 182 : « [...] et on ne peut dire que cet intellect tantôt pense et tantôt ne pense pas. »

3. Cf. Aristote, *De an.* III, 5, 430a22-23 ; Tricot, p. 182-183.

quoi il ajoute que « de l'âme, cela seul est immortel et éternel [1] », en tant qu'il ne dépend pas du corps, puisqu'il est séparé.

*
**

Question disputée sur l'âme

Article 3. L'intellect possible, ou l'âme intellective, est-il unique en tous les hommes ?

[1] Je réponds. Il faut dire que cette question dépend d'une certaine manière de la précédente [2]. En effet, si l'intellect possible est une substance séparée du corps selon l'être, il est nécessairement unique, car ce qui est séparé du corps selon l'être ne peut aucunement être multiplié par la multiplication des corps. Cependant, l'unité de l'intellect requiert un examen spécial, car elle présente une difficulté spéciale.

[2] Au premier regard, en effet, il semble impossible que l'intellect de tous les hommes soit unique. Il est évident que l'intellect possible se rapporte aux sciences actuelles [3] comme une perfection première à

---

1. Cf. Aristote, *De an.* III, 5, 430a22-23 ; Tricot, p. 183. L'intellect en acte est ici assimilé à l'intellect tout court, mais en plein exercice de la pensée, comme unité énergique de l'intellect possible et de l'intellect agent. C'est cet intellect-là qui, dans sa réalité énergique même, légitime l'emploi du terme *uterque* au singulier, pour dire « l'un *et* l'autre intellect qui pense ». L'extraordinaire ambiguïté de 430a22-23 est ainsi surmontée.

2. A savoir, celle disputée dans l'article 2 : l'âme est-elle séparée du corps ?

3. Les « perfections des sciences » sont les états d'existence actuelle, ce qu'Aristote appelle « entéléchies » ou « achèvement » — les « réalisations » de Bodéüs. Nous traduisons ici par « sciences achevées », pour indiquer l'élément d'actualité, d'effectuation de la science en acte dans l'âme du savant, par opposition à sa simple possession virtuelle. La science *réelle* est la science *réalisée* dans l'esprit humain ; elle n'existe pas en soi, dans un monde idéal, ou une troisième région de l'être distincte à la fois de l'âme et du monde extérieur. Nous rendons donc ici alternativement « *perfectio* » par « état d'actualité » et « réalité actuelle » plutôt que par « achèvement », qui serait ambigu, ou par « perfection », qui ne dit pas assez. Ailleurs, quand le mot de « perfection » est suffisamment clair, nous le conservons.

une perfection seconde. Il est également évident que c'est par l'intellect possible que nous sommes savants en puissance — c'est là ce qui oblige à poser un intellect possible. Mais il est manifeste que l'état d'actualité des sciences n'est pas le même en tous les hommes, car certains se trouvent posséder des sciences dont d'autres manquent. Or il semble inacceptable et impossible qu'une perfection seconde ne soit pas numériquement identique en tous, si la perfection première correspondante existe numériquement identique en eux — de même qu'il est impossible qu'un seul et même sujet premier soit en acte et en puissance relativement à la même forme ; de même qu'il est impossible qu'une surface soit simultanément blanche en acte et en puissance.

[3] Or pour tenter d'échapper à cette contradiction certains posent que l'intellect possible est unique en tous, du fait que les espèces intelligibles, qui constituent la réalité actuelle de chaque science, ont un sujet double[1] : d'une part, les images elles-mêmes, d'autre part, l'intellect possible. Et puisque, pour le premier côté, les images ne sont pas les mêmes en tous, les espèces intelligibles ne sont pas non plus les mêmes en tous. Au contraire, de l'autre côté, c'est-à-dire dans l'intellect possible, elles ne sont pas multipliées. C'est pourquoi untel possède la science dont un autre manque : à cause de la diversité des images.

[4] Mais cet argument paraît bien frivole en regard de ce qu'on a établi. De fait, les espèces ne sont intelligibles en acte que quand elles sont abstraites des images et qu'elles se trouvent dans l'intellect possible. La diversité des images ne peut donc être la cause de l'unité ou de la multiplication de la réalité actuelle correspondant à une science intelligible. En outre, des habitus de savoir ne peuvent se trouver comme en un sujet dans une partie qui relève de l'âme sensitive, contrairement à ce qu'ils disent.

1. Dans la *SCG* II, 73, Thomas attribue explicitement la théorie du « sujet double » au seul Commentateur (d'après Averroès, *In De anima* III, comm. 5 ; Crawford, p. 400, 376-394).

[5] Mais une difficulté encore bien plus grande se dresse devant ceux qui posent que l'intellect possible est unique en tous. En effet, l'opération qu'est penser procède sans conteste de l'intellect possible comme du principe premier par lequel nous pensons, de même que l'opération de sentir procède de la puissance sensitive. Or, bien qu'on ait montré que si l'intellect possible est séparé de l'homme selon l'être, il est impossible que le penser, qui est celui de l'intellect possible, soit aussi l'opération de cet homme-ci ou de cet homme-là, néanmoins, supposé qu'on l'accorde pour les besoins de l'enquête, il s'ensuit malgré tout que cet homme-ci ou cet homme-là pensent par le penser même de l'intellect possible. Or une opération ne peut se multiplier que de deux façons : soit du côté des objets, soit du côté du principe opérant — et l'on peut aussi ajouter une troisième manière : du côté du temps, au sens où une opération reprend après qu'un laps de temps s'est intercalé. Donc, le penser qui est l'opération de l'intellect possible peut bien se multiplier selon les objets, de sorte qu'autre soit le penser <portant sur> l'homme et autre le penser <portant sur> le cheval ; il peut bien aussi <se multiplier> selon le temps, de sorte que soient numériquement autres le penser d'hier et le penser d'aujourd'hui — du moins, si l'opération a été interrompue[1]. En revanche, il ne peut se multiplier du côté du principe opérant si l'intellect possible est seulement un. Si, par conséquent, le penser de l'intellect possible est le penser de cet homme-ci et de cet homme-là, le penser de cet homme-ci et celui de cet homme-là pourront être autres s'ils pensent des divers — le pourquoi de cette possibilité résidant dans la diversité de leurs images, comme ils[2] le soutiennent. Pareillement le penser pourra se multiplier <selon le temps>, de sorte

1. Il s'agit de deux actes de penser discontinus, séparés par un laps de temps. Même s'ils visent la même chose, ils sont numériquement distincts. La situation serait différente si l'acte n'avait pas été interrompu par ce que Thomas appelle l'« *interpolatio temporis* ».

2. « Ils », c'est-à-dire Averroès et ses partisans.

qu'untel pense aujourd'hui et tel autre demain — ce que l'on pourra de nouveau expliquer par la diversité des images intervenant <dans le processus>. En revanche, de deux hommes pensant simultanément la même chose, il y aura nécessairement un seul et même penser numériquement identique — ce qui est manifestement impossible. Il est donc impossible que l'intellect possible, par lequel nous pensons formellement, soit unique en tous[1].

[6] Si nous pensions par l'intellect possible comme par un principe actif, <ce> qui ferait de nous des êtres pensants en vertu d'un principe de pensée opérant en nous, la position serait plus raisonnable. En effet, un seul moteur peut mouvoir diverses choses à opérer ; mais que des êtres différents opèrent par quelque chose de formellement un, c'est complètement impossible[2].

1. L'argument, tacitement appuyé sur Aristote, *Phys.* V, 4, 227b21-228a3, sera repris par Thomas dans le *De unitate*, § 88. Dans le *De anima intellectiva*, chap. 7 ; Bazán, p. 108, 70-8, Siger le reproduit aussi, car de son propre aveu, il fait partie des « arguments difficiles » en faveur de « la multiplication de l'âme intellective par la multiplication des corps humains » (Bazán, p. 107, 42-43) : « Mais on peut encore argumenter ainsi. Il y a opération autre soit par l'opérateur, soit par l'objet, soit par le temps. Par l'opérateur : comme lorsque toi et moi nous voyons simultanément le même objet — nos visions n'en sont pas moins différentes ; par l'objet : comme si quelqu'un voit simultanément et par le même œil du blanc et du noir — les deux visions n'en sont pas moins différentes ; par le temps : comme si je vois d'abord un blanc, puis, un laps de temps s'étant intercalé (*cum interpolatione temporis*), je vois à nouveau le même blanc — les deux visions sont différentes. Si donc deux hommes pensent simultanément le même intelligible, et si cela se produit grâce au même intellect, le penser de cet homme-ci et celui de cet homme-là sera un et le même, ce qui paraît bien absurde. »

2. Thomas impute ici à ses adversaires une théorie faisant de l'intellect unique séparé le principe formel de la pensée humaine. Cela vise-t-il Siger de Brabant ? On en doute. Dans *In III De anima*, q. 9 ; Bazán, p. 27, 41-44, Siger de Brabant lui-même souligne que « si l'intellect était, par sa substance, perfection d'un corps, la question de savoir si les intellects sont ou non multipliés selon la multiplication des divers hommes individuels, ne se poserait pas une seconde — la réponse serait complètement évidente et elle serait positive ». Mais, précisément, comme il le rappelle lui-même, il a

[7] De plus les formes et espèces des choses naturelles sont connues par leurs opérations propres. Or
l'opération propre de l'homme en tant qu'il est
homme est de penser et de se scrvir de la raison ; d'où
il importe que le principe de cette opération, à savoir
l'intellect, soit ce par quoi l'homme se voit attribuer
son espèce[1], et non l'âme sensitive ou une autre de ses
forces. Si donc, au titre de substance séparée, l'intellect possible est un en tous, il s'ensuivra que tous les
hommes se verront conférer leur espèce par une seule
et même substance séparée ; ce qui est semblable à la
théorie des Idées et comporte la même difficulté[2].

[8] Il faut donc dire absolument que l'intellect possible n'est pas un en tous, mais qu'il est multiplié en
des divers. Et puisqu'il est une certaine force ou puissance de l'âme humaine, il est multiplié selon la multiplication de la substance de cette même âme — multiplication que l'on peut considérer ainsi. Si quelque
chose reçoit une multiplication matérielle par une
considération et sous un aspect caractéristique
commun[3], il est nécessaire que ce trait caractéristique
commun soit multiplié selon le nombre, la même
espèce demeurant ; ainsi, par exemple la chair et les os
font partie des traits caractéristiques de l'animal, c'est
pourquoi la distinction des animaux, qui suit <la différence entre> ces chairs-ci et ces chairs-là, fait une
différence numérique et non pas spécifique. Or il est

---

démontré, dans la q. 7, que « l'intellect achève le corps, non par sa
substance, mais par sa puissance, puisque, précisément, s'il l'achevait par sa substance, il n'en serait pas séparable ». Cf., sur ce point,
Siger de Brabant, *In III De anima*, q. 7 ; Bazán, p. 23, 37-40.

1. Sur cet argument, cf. *SCG*, II, 59, 60 et 73 et *De unitate*, § 77.
« Espèce » a, rappelons-le, aussi bien le sens de la réalité spécifique
partagée par chaque homme que celui de l'« espèce humaine »,
classe dont chaque homme individuel est membre.

2. Pour Thomas, le monopsychisme se heurte aux même difficultés que la théorie platonicienne des Idées : la faiblesse de la
théorie de la participation. L'intellect unique est comme l'Idée des
Idées évoquée et critiquée plus tard au § 98 du *De unitate* : imprédi-
cable d'une pluralité.

3. Les textes de Robb, p. 84 et de Marietti, p. 293a sont en
totale discordance. Nous suivons la leçon de Robb.

manifeste, d'après ce qu'on a dit, qu'il appartient aux traits caractéristiques de l'âme humaine de pouvoir être unie au corps humain, puisqu'elle n'a pas en elle de quoi faire une espèce complète et que le complément de son espèce est dans le composé lui-même. D'où, le fait de pouvoir être unie à tel ou tel corps multiplie l'âme selon le nombre, mais pas selon l'espèce ; de même que cette blancheur-ci diffère en nombre de celle-là en fonction de l'être de leurs sujets respectifs. Mais l'âme humaine diffère des autres formes en ce que son être ne dépend pas du corps et que l'être individué qui est le sien ne dépend pas non plus du corps. De fait, tout ce qui est, en tant qu'il est un, est indivisé en soi et distinct des autres[1].

Commentaire du livre De l'âme
Livre III, chap. 1 (429a20-429b5)
Que l'intellect possible de l'homme n'est pas une substance séparée

[1] En lisant ce texte certains se sont à ce point fourvoyés qu'ils ont posé que l'intellect possible était séparé du corps selon l'être et comptait parmi les substances séparées. C'est absolument impossible.

[2] En effet, il est manifeste que cet homme-ci pense, car, si on le nie, celui qui énonce cette opinion n'est pas lui-même en train de penser et il n'y a pas à l'écouter[2]. Mais s'il pense, il faut qu'il pense par quel-

---

1. Cette formule est courante chez les scolastiques. Un de ses premiers grands témoins est Albert le Grand, *Super Dionysium De divinis nominibus* ; éd. P. Simon (*Opera omnia*, XXXVII, 1), Münster, Aschendorff, 1972, p. 436, 8-16.

2. Cette stratégie n'est pas sans rappeler la méthode de réfutation qu'emploie Aristote face au sophiste, *Métaph.* IV, 4, 1006a18 sqq. Sur ce point, cf. P. Aubenque, *Le problème de l'être chez Aristote...*, p. 126 : « [...] Comme le remarque Alexandre, le sophiste, "en supprimant le discours, se sert du discours" et par là même, peut-on ajouter avec Aristote, "il tombe sous le coup du discours". [...] au moment même où il nie la valeur du discours, il l'atteste — sinon en paroles, du moins en esprit — par cette contestation même. »

que chose, formellement parlant[1] ; or cela c'est l'intellect possible, dont Aristote dit : « J'entends par intellect ce par quoi l'âme opine et pense[2] » ; par conséquent l'intellect possible est ce par quoi cet homme-ci, formellement parlant, pense. Or ce par quoi quelque chose opère comme par un principe actif peut être séparé, selon l'être, de ce qui opère, au sens où nous disons que le portefaix[3] opère par le roi, parce que c'est le roi qui le meut pour qu'il opère ; mais il est impossible que ce par quoi quelque chose opère formellement en soit séparé selon l'être ; et il en est ainsi parce que rien n'agit sinon en tant qu'il est en acte[4] ; par conséquent, quelque chose est opéré formellement par autre chose dans la mesure même où il est actualisé par lui ; or quelque chose ne peut devenir un être en acte sous l'effet d'autre chose s'il en est séparé selon l'être ; d'où, il est impossible que ce par quoi quelque chose agit formellement en soit séparé selon l'être ; donc, il est impossible que l'intellect possible par lequel l'homme pense tantôt en puissance, tantôt en acte[5], soit séparé de lui selon l'être.

[3] Et c'est pourquoi, considérant cela, les inventeurs de cette position ont été contraints d'inventer un mode par lequel cette substance séparée qu'ils disent être l'intellect possible se prolongerait et s'unirait avec nous, de sorte qu'ainsi son penser même serait notre penser. Ils disent donc que l'espèce intelligible est forme de l'intellect possible (c'est par elle en effet qu'il devient en acte), mais que le sujet de cette espèce est une certaine image qui est en nous ; et ils disent ainsi que l'intellect possible est couplé avec nous par sa forme[6].

1. Cette exigence explique l'argument de la *Quaestio De anima*, a. 3, § 6.
2. Cf. Aristote, *De an.* III, 4, 429a23 ; Tricot, p. 174-175.
3. Nous suivons ici la leçon des mss. DnF⁵ qui donnent « baiulus » au lieu de « balliuus », retenu par Gauthier, p. 206, 293.
4. Sur ce principe aristotélicien, cf. Thomas d'Aquin, *In De sensu*, I, 9, éd. Léonine, lin. 178-179.
5. Sur l'interprétation de *De an.* III, 5, 430a22 qui sous-tend ce passage, cf. *SCG* II, 78.
6. C'est la doctrine d'Averroès, *In De an.* III, comm. 5 ; Crawford, p. 404, 513-405, 527, spécialement : « [...] la prolongation des

[4] Mais ce qui est dit là ne fait aucunement la preuve d'une prolongation de l'intellect jusqu'à nous. C'est évident : l'intellect possible ne fait un avec l'intelligible que dans la mesure où il est pensé en acte, tout comme le sens ne peut être la même chose que le sensible <tant qu'il est> en puissance, comme on l'a établi plus haut[1] ; par conséquent l'espèce intelligible n'est la forme de l'intellect possible qu'en tant qu'elle est intelligible en acte ; or elle n'est intelligible en acte qu'en tant qu'elle est abstraite des images ; il est donc évident que selon qu'elle est unie à l'intellect elle est séparée des images ; ce n'est donc pas par ce biais que l'intellect est uni avec nous[2]. Et il est manifeste que l'auteur de cette position a été trompé par une erreur de l'accident en faisant un argument du type de : les images ne font d'une certaine manière qu'un avec l'espèce intelligible ; or l'espèce intelligible ne fait qu'un avec l'intellect possible ; donc l'intellect possible est uni aux images. Il est manifeste qu'il y a là une erreur de l'accident, car l'espèce intelligible, selon qu'elle est un avec l'intellect possible, est abstraite des images, ainsi qu'on l'a dit[3].

[5] Accordé même que par ce mode il y ait une

_____

pensés en nous autres hommes se fait par la prolongation en nous de l'intention pensée (et ce sont les intentions imaginées), à savoir de cette partie d'elles qui en nous est d'une certaine manière comme une forme [...] ». La notion de « couplage » pourrait évoquer Siger, si la chronologie des œuvres de Thomas et du maître de Brabant n'y faisait obstacle. Cf., néanmoins, Siger de Brabant, *In III De anima*, q. 9 ; Bazán, p. 28, 64-86, spécialement : « [...] l'intellect et le sens nous sont tous deux couplés en acte, mais de manière différente. Le sens, en effet, nous est couplé par cette partie de lui qui est matière. Mais l'intellect nous est couplé par cette partie de lui qui est forme. »

1. Thomas renvoie ici aux analyses développées en *In II De anima*, chap. 10 (ad 417a18-20) et *In II De anima*, chap. 12 (ad 418a3-5).

2. Thomas reprendra l'argument dans le *De unitate*, § 64. C'est la pièce essentielle de sa critique du « sujet double » — d'après Averroès, *In De anima* III, comm. 5 ; Crawford, p. 400, 376-394.

3. Sur l'« erreur de l'accident » cf. Aristote, *Réf. soph.*, 5, 166b28-30 ; Tricot, p. 14 : « Les paralogismes qui relèvent de l'accident ont lieu quand on croit qu'un attribut quelconque appartient de la même façon à la chose et à son accident. »

certaine union de l'intellect possible avec nous, cette
union ne nous rendrait pas pour autant pensants, mais
bien plutôt pensés. En effet, en se mettant à exister
dans une faculté cognitive, ce qui est reflété par une
espèce ne devient pas connaissant, mais connu : ce
n'est pas parce que l'espèce qui est dans la pupille est
image de la couleur qui est dans le mur, que la couleur
voit — au contraire, ce qui se passe, c'est qu'elle est
vue. Le fait que l'espèce intelligible qui est dans l'intellect possible soit le reflet d'une certaine image
n'implique donc pas que nous sommes pensants, mais
plutôt que nous, plus exactement nos images, sommes
pensés par cette substance séparée [1] <qu'est, selon
Averroès, l'intellect possible>.

[6] Il y a encore bien d'autres arguments que l'on
peut énoncer contre cette position : nous les avons
soigneusement examinés ailleurs [2] ; ici un seul suffira :
cette position conduit à affirmer que cet homme-ci ne
pense pas.

[7] Il est également clair que cette position est
contraire à l'intention d'Aristote. D'abord parce
qu'Aristote s'enquiert bien ici « d'une partie de
l'âme » : c'est même par ces mots que commence le
traité [3]. Il est donc évident que l'intellect possible est
<pour lui> une partie de l'âme et non une substance
séparée.

[8] De plus, parce qu'il développe son enquête sur
l'intellect qu'il soit ou non séparable des autres parties
de l'âme quant au sujet [4]. Il est donc évident que son

1. Même argument dans le *De unitate*, § 65 et dans le *Compendium theologiae*, I, 85 ; éd. Léonine, p. 109, 86-90 : « Il ne s'ensuit
pas que nous soyons pensants, mais bien plutôt que nous sommes
pensés, ou, plus exactement, les images qui sont en nous. »
2. Thomas renvoie ici au *Contra Gentiles*, II, chap. 59-75.
3. On sait, en effet, que, dans les versions médiévales, le chap. 1
du livre III *De l'âme* commence, en 429a10-11 : « De parte autem
anime qua cognoscit// anima et sapit, sive separabili existente sive
non separabili, etc. » ; Tricot, p. 173 : « Voyons maintenant la partie
de l'âme// par laquelle l'âme connaît et comprend, que cette partie
soit séparée, ou même qu'elle ne soit pas séparée, etc. »
4. Dans le *De unitate*, § 16, Thomas souligne abondamment
cette particularité du texte d'Aristote, et il en tire le même argument.

développement reste valable si l'intellect n'est pas séparable des autres parties de l'âme quant au sujet.

[9] De plus, parce qu'il dit que « l'intellect est ce par quoi l'âme pense[1] ».

[10] Tout cela montre qu'Aristote n'a jamais dit que l'intellect était séparé comme le sont les substances séparées. Il est étonnant de voir comment certains ont pu se tromper si légèrement à propos de sa phrase sur « l'intellect séparé[2] », alors que la simple lettre donne la signification de ce mot : l'intellect est dit « séparé » parce que, contrairement au sens, il n'a pas d'organe[3]. Et il en est ainsi parce que, grâce à sa noblesse, l'âme humaine transcende les capacités de la matière corporelle et ne peut être entièrement contenue par elle ; c'est pourquoi il lui reste une action avec laquelle la matière corporelle ne communique pas, et c'est la raison pour laquelle la puissance de l'âme relative à cette action n'a pas d'organe corporel. Et c'est en ce sens que l'intellect est séparé[4].

1. Cf. Aristote, *De an.* III, 4, 429a23 ; Tricot, p. 174-175. Argument repris dans le *De unitate*, § 11.

2. Cf. Aristote, *De an.* III, 5, 430a22-23.

3. C'est la thèse que Thomas va inlassablement marteler dans le *De unitate*. Sur ce point, la critique thomiste ne troublera pas Siger de Brabant qui, dans le *De anima intellectiva*, chap. 3 ; Bazán, p. 78, 29-33, répond en retournant la pointe de l'attaque : « De plus, comme le prouve le livre III *De l'âme,* l'intellect n'a pas pour penser d'organe corporel, au sens où la vue a l'œil. Mais si l'âme intellective était unie au corps comme une forme, lui donnant l'être, comme une figure <est unie> à un morceau de cire, l'âme intellective accomplirait son opération propre par un organe corporel : en effet, c'est le corps, existant par l'âme intellective, qui penserait par elle ». Quelques pages plus loin, il répond nommément à Thomas, cf. *De anima intellectiva*, chap. 3 ; Bazán, p. 86, 101-6 : « Et selon le mode que décrit Thomas, l'homme ne penserait pas seulement selon l'intellect, mais aussi selon le corps, comme il y a voir grâce à l'âme visive et au corps de l'œil, à cause que le mode d'union de l'âme visive au corps de l'œil est comme celui de la figure au morceau de cire et de la forme Jonatrice d'être à la matière. »

4. Cf. Thomas d'Aquin, *SCG* II, 68 ; *Quaestio De anima,* a. 2, Robb, p. 71 ; *De unitate*, § 27 et 28.

Commentaire du livre De l'âme

Livre III, chap. 4 (430a10-25)

Que l'intellect agent n'est pas une substance séparée

[1] Mais à l'occasion de ce qui est dit ici[1] certains[2] ont posé que l'intellect agent était une substance séparée et qu'il différait selon sa substance de l'intellect possible.

[2] Cela ne semble pas vrai. En effet, l'homme n'aurait pas été suffisamment doté par la Nature, s'il n'avait pas en lui-même les principes pour déployer son opération qui est de penser. Or celle-ci ne peut s'accomplir entièrement que par l'intellect possible et l'intellect agent. D'où la perfection de la nature humaine requiert que l'un et l'autre soit quelque chose dans l'homme.

[3] Nous voyons aussi que de même que l'opération de l'intellect possible, qui est de percevoir l'intelligible, est attribuée à l'homme, de même aussi l'opération de l'intellect agent, qui est d'abstraire les intelligibles. Or cela ne pourrait se faire si le principe formel de cette action ne lui était pas joint selon l'être. Et, pour que cette action soit attribuée à l'homme, il ne suffit pas non plus que les espèces intelligibles faites par l'intellect agent aient en quelque manière pour sujet les images qui sont en nous, car, comme nous l'avons dit plus haut en traitant de l'intellect possible, les espèces ne sont intelligibles en acte qu'en tant qu'elles sont abstraites des images, et donc, l'action de l'intellect agent ne pourrait nous être attribuée par leur média-

---

1. Il s'agit de 430a16-18, soit, dans la traduction de Moerbeke utilisée par Thomas (*Transl. nova*, Gauthier, p. 218) : « Et c'est cet intellect qui est séparable et impassible et sans mélange, et par sa substance être en acte. Car toujours l'agent est plus honorable que le patient, et le principe, que le matière. »

2. Il ne s'agit pas ici d'Averroès en particulier, mais de la quasi-totalité des commentateurs grecs et arabes d'Aristote : « fere omnes philosophi » (« presque tous les philosophes »), comme le dit Thomas lui-même, *In II Sent.*, dist. 17, q. 2, a. 1.

tion. De plus, l'intellect agent se rapporte aux espèces pensées en acte comme l'art aux espèces des effets de l'art ; or il est clair que les effets de l'art n'ont pas eux-mêmes l'action de l'art ; d'où, même si l'on accorde que, une fois intelligibles en acte, les espèces sont en nous, il ne s'ensuivra pas que nous puissions avoir nous-mêmes l'action de l'intellect agent.

[4] En outre cette position est contraire à l'intention d'Aristote, qui dit expressément que « ces deux différences », à savoir l'intellect agent et l'intellect possible, « sont dans l'âme » ; par quoi il donne expressément à entendre qu'ils sont des parties ou des puissances de l'âme et non des substances séparées [1].

[5] La principale objection contre cette thèse semble être le fait que l'intellect possible se rapporte aux intelligibles comme existant en puissance par rapport à eux, alors que l'intellect agent se rapporte à eux comme un être en acte ; or il ne semble pas que le même relativement au même puisse être à la fois en puissance et en acte ; d'où il ne paraît pas possible que l'intellect agent et l'intellect possible se rencontrent en une seule et même substance de l'âme.

[6] Mais l'on peut facilement résoudre cela, si l'on considère correctement la manière dont l'intellect possible est en puissance par rapport aux intelligibles et comment les intelligibles eux-mêmes sont en puissance par rapport à l'intellect agent. En effet, l'intellect possible est en puissance par rapport aux intelligibles comme l'indéterminé l'est par rapport au déterminé, car l'intellect possible n'a pas déterminément la nature d'une chose sensible quelle qu'elle soit, alors que tout intelligible est une certaine nature déterminée d'une certaine espèce. C'est pourquoi Aristote dit plus haut que l'intellect possible se rapporte aux intelligibles comme la tablette à des dessins déterminés [2]. Or, sous ce rapport, l'intellect agent n'est pas en acte ; si, en

1. Cf. Aristote, *De an.* III, 5, 430a10-17 ; *Transl. vetus*, Gauthier, p. 459, spécialement 430a12-14.
2. Cf. Aristote, *De an.* III, 4, 429b30-430a2 ; Tricot, p. 179-180 ; Bodéüs, p. 227.

effet, l'intellect agent avait en lui la détermination de tous les intelligibles, l'intellect possible n'aurait pas besoin d'images, l'intellect agent suffirait pour le ramener à l'actualité de tous les intelligibles. Dès lors, il <l'intellect agent> ne se rapporterait pas aux intelligibles comme le facteur au fait, comme le dit ici Aristote, il serait les intelligibles eux-mêmes. Si donc l'intellect agent se rapporte aux intelligibles comme un acte, c'est en tant qu'il est une certaine faculté immatérielle, active, ayant la puissance de produire d'autres entités semblables à lui, à savoir : immatérielles ; et c'est de cette manière qu'il rend intelligible en acte tout ce qui est intelligible en puissance : c'est ainsi en effet que la lumière produit les couleurs en acte, et non parce qu'elle aurait en elle la détermination de toutes les couleurs. Or une faculté active de ce genre est une certaine participation de la lumière intellectuelle émanée des substances séparées, et c'est pourquoi Aristote dit qu'il est « comme un habitus, telle la lumière », ce qui ne pourrait être dit de lui s'il était lui-même une substance séparée.

BIBLIOGRAPHIE

Nous n'indiquons ici que les textes les plus directement concernés par la problématique du *De unitate intellectus contra averroistas*. Une bibliographie essentielle établie par G. Emery, O.P., est donnée dans le livre de J.-P. Torrell, *Initiation à saint Thomas d'Aquin*, p. 529-567.

Éditions

ÉDITION LÉONINE : *Sancti Thomae Aquinatis doctoris angelici Opera omnia iussu Leonis XIII. P.M. edita*, cura et studio fratrum praedicatorum, Romae, 1882 —. En cours.

ÉDITION DE PARME : *Sancti Thomae Aquinatis doctoris angelici Opera omnia ad fidem optimarum editionum accurate recognita, Parmae typis Petri Fiaccadori*, 25 vol., 1852-1873 [Reprint : New York, Musurgia, 1948-1950].

OPUSCULES : *Opuscula omnia*, P. Mandonnet (éd.), 6 vol., Paris, Lethielleux, 1927 ; *Opuscula philosophica*, R.M. Spazzi (éd.), Turin, Marietti, 1954.

THOMAS D'AQUIN, *De unitate intellectus contra averroistas*, éd. Léonine, t. 43, préface, p. 247-287, texte, p. 291-314 ; éd. de Parme, t. 16, p. 208-224 ; éd. Mandonnet, *Opuscula omnia*, t. 1, p. 33-69 ; éd. L.W. Keeler, *S. Thomae Aquinatis Tractatus De unitate intellectus contra averroistas*. Editio critica (Textus et documenta, Series philosophica, 12), Rome, 1936 (editio altera, 1957) ; éd. Spazzi, *Opuscula philosophica*, p. 63-90 (reprise de Keeler).

Quaestio disputata de anima, in *St. Thomas Aquinas Quaestiones de anima. A newly Established Edition of the Latin Text with an Introduction and Notes*, ed. J.H. Robb (Studies and

Texts, 14), Toronto, Pontifical Institute of Mediaeval Studies, 1968.

AVERROÈS : *Aristotelis opera cum Averrois commentariis,* Venise, 1562-1574.

—, *Averroes Cordubensis Commentarium magnum in Aristotelis de anima libros,* éd. F. Stuart Crawford, (Corpus commentariorum Averrois in Aristotelem, Versionum Latinarum, vol. VI, 1), Cambridge (Mass.), 1953.

SIGER DE BRABANT : *Quaestiones in tertium De anima. De anima intellectiva. De aeternitate mundi.* Édition critique, éd. B. Bazán (Philosophes médiévaux, XIII), Louvain-Paris, Publications universitaires-Béatrice-Nauwelaerts, 1972 ; *Écrits de logique, de morale et de physique.* Édition critique, éd. B. Bazán (Philosophes médiévaux, XIV), Louvain-Paris, Publications universitaires-Béatrice-Nauwelaerts, 1974 ; *Questions sur la Métaphysique* ; éd. C.A. Graiff (Philosophes médiévaux, I), Louvain, 1948 ; *Questions sur la Métaphysique* ; éd. D. Dunphy (Philosophes médiévaux, XXIV), Louvain-la-Neuve, Éditions de l'Institut supérieur de philosophie, 1981 ; *Quaestiones super Librum de causis,* éd. A. Marlasca (Philosophes médiévaux, XII), Louvain-Paris, Publications universitaires-Béatrice-Nauwelaerts, 1972.

Averroïstes anonymes. GIELE, M., VAN STEENBERGHEN, F., BAZÁN, B., éds., *Trois commentaires anonymes sur le traité de l'âme d'Aristote* (Philosophes médiévaux, XI), Louvain-Paris, Publications universitaires-Béatrice-Nauwelaerts, 1971.

Traductions

Traduction française : *Opuscules de saint Thomas d'Aquin,* 7 vol., Paris, Vivès, 1856-1858 [Reprint : Paris, Vrin-Reprise, 1984]. *L'unité de l'intellect contre les averroïstes,* trad. de l'abbé Bandel, éd. Vivès, t. 2, Paris, 1857 [Reprint : Paris, Vrin-Reprise, t. 3, 1984, p. 248-310]. Inutilisable.

Traductions étrangères.

Italien : NARDI, B., *S. Tommaso d'Aquino, Trattato sull'unià dell'intelletto contra gli Averroisti.* Traduzione, commento e introduzione storica, Florence, 1938.

LOBATO, A., *Opusculi filosofici : l'ente e l'essenza, l'unità delle'intelletto, le sostanze separate,* trad., intr. et notes, Rome, 1989.

Anglais (États-Unis) : ZEDLER, Beatrice H., *St. Thomas Aquinas : On the Unity of the Intellect Against the Averroists* (Mediaeval Philosophical Texts in Translation, 19), Marquette University Press, Milwaukee, Wisconsin, 1968.

Orientations bibliographiques, synthèses

Sur Thomas d'Aquin

CHENU, M.-D., *Saint Thomas d'Aquin et la théologie,* Paris, Éd. du Seuil, 1963 (2ᶜ éd.).

—, *Introduction à l'étude de saint Thomas d'Aquin* (Publications de l'Institut d'Etudes Médiévales de l'université de Montréal, XI), Montréal-Paris, Vrin, 1974.

GILSON, É., *Le Thomisme. Introduction à la philosophie de saint Thomas d'Aquin* (Études de philosophie médiévale, I), Paris, Vrin, 1965 (6ᶜ éd.).

TORRELL, J.-P., *Initiation à saint Thomas d'Aquin. Sa personne et son œuvre* (Vestigia, 13), Paris-Fribourg, Le Cerf-éditions universitaires de Fribourg, 1993. Indispensable.

WEISHEIPL, J.A., *Frère Thomas d'Aquin. Sa vie, sa pensée, ses œuvres,* traduit de l'anglais (États-Unis) par C. Lotte et J. Hoffmann, Paris, Le Cerf, 1993.

Sur Siger de Brabant et l'averroïsme

KUKSEWICZ, Z., *De Siger de Brabant à Jacques de Plaisance. La théorie de l'intellect chez les averroïstes latins des XIIIᵉ et XIVᵉ siècles* (Institut de philosophie et de sociologie de l'Académie polonaise des sciences), Ossolineum, Editions de l'Académie polonaise des sciences, Wroclaw, Varsovie, Cracovie, 1968.

LIBERA, A. (de), *Penser au Moyen Age* (Chemin de pensée), Paris, Éd. du Seuil, 1991.

—, *Averroès et l'averroïsme* [en collaboration avec M.-R. Hayoun] (Que sais-je ? 2361), Paris, PUF, 1991.

—, *La Philosophie médiévale* (Premier cycle), Paris, PUF, 1993.

NARDI, B., *Sigieri di Brabante nel pensiero del Rinascimento italiano,* Rome, 1945 (contient le célèbre « Due opere sconosciute di Sigieri di Brabante », article paru originellement dans *Giornale critico delle filosofia italiana,* 24 [1943], p. 1-27).

VAN STEENBERGHEN, F., *Siger de Brabant d'après ses œuvres inédites,* II (Les philosophes belges, XIII), Louvain, 1942.

—, *Maître Siger de Brabant,* Louvain-Paris, 1977. Fondamental.

—, *La Philosophie au XIIIᵉ siècle,* (Philosophes médiévaux, XXVIII), Louvain, 1991 (2ᶜ éd.).

Articles, Études, Monographies

BIANCHI, L., « La felicità intellettuale come professione nella Parigi del Duecento », *Rivista di Filosofia,* 78 (1987), p. 181-199.

—, *Il vescovo e i filosofi. La condanna parigina del 1277 e l'evoluzione dell'aristotelismo scolastico*, Bergamo, Lubrina, 1990. Capital.

—, « Filosofi, Uomini e Bruti. Note per la storia di un'antropologia 'averroista' », *Rinascimento*, Seconda serie, vol. XXXII (1992), p. 185-201.

BIANCHI, L. et RANDI, E. (†), *Vérités dissonantes. Aristote à la fin du Moyen Age*, (Vestigia, 11), Paris-Fribourg, Cerf-Éditions universitaires de Fribourg, 1993.

BRUNI, G., « Egidio Romano antiaverroista », *Sophia*, 1 (1933), p. 208-219.

DA PALMA CAMPANIA, G., « L'immaterialità delle'anima intellettiva in Sigieri di Brabante », *Collectanea Franciscana*, 24 (1954), p. 285-302.

—, *La dottrina sull'unita dell'intelletto in Sigieri di Brabante* (Il pensiero medioevale, V), Padoue, 1955.

— « L'eternità dell'intelletto in Aristotele secondo Sigieri di Brabante », *Collectanea Franciscana*, 25 (1955), p. 397-412.

FIORAVANTI, G., « Boezio di Dacia e la storiografia sull'averroismo », *Studi medievali*, 7 (1966), p. 283-322.

—, « Desiderio di sapere e vita filosofica nelle *Questioni sulla Metafisica* del ms. 1386 Universitätsbibliothek Leipzig », in *Historia Philosophiae Medii Aevi, Studien zur Geschichte der Philosophie des Mittelalters*, hrsg. B. Mojsisch-O. Pluta, Grüner, Amsterdam/Philadelphia, 1991, p. 271-283.

—, « L'aristotelismo latino : Alberto Magno e i Magistri artium parigini (Sigieri du Brabante, Boezio di Dacia) », in P. Rossi et C. A. Viano, éd., *Storia della filosofia, 2. Il Medioevo*, Laterza, Rome-Bari, sous presse.

FLASCH, K., « Kennt die mittelalterliche Philosophie die konstitutive Funktion des menschlichen Denkens ? Eine Untersuchung zu Dietrich von Freiberg », *Kant-Studien*, 63 (1972), p. 182-206.

—, « Einleitung » zu *Dietrich von Freiberg. Opera omnia, I : Schriften zur Intellekttheorie*, hrsg. von B. Mojsisch, Hambourg, 1977, p. IX-XXVI.

—, « Zum Ursprung der neutzeitlichen Philosophie im späten Mittelalter », *Philosophisches Jahrbuch*, 85 (1978), p. 1-18.

— « Die Seele im Feuer. Aristotelische Seelenlehre und augustinisch-gregorianische Eschatologie bei Albert von Köln, Thomas von Aquino, Siger von Brabant und Dietrich von Freiberg », in *La Philosophie rhénane. Albert le Grand et la culture allemande du Moyen Age*, sous presse.

GAUTHIER, R.-A., « Notes sur les débuts (1225-1240) du premier "averroïsme" », *Rev. Sc. ph. th.*, 66 (1982), p. 322-330.

—, « Notes sur Siger de Brabant. I. Siger en 1265 », *Rev. Sc. ph. th.*, 67 (1983), p. 201-232.

—, « Notes sur Siger de Brabant. II. Siger en 1272-1275. Aubry de Reims et la scission des Normands », *Rev. Sc. ph. th.*, 68 (1984), p. 3-49.

HÖDL, L., « Über die averroistische Wende der lateinischen Philosophie des Mittelalters im 13. Jh. », *Recherches de théologie ancienne et médiévale*, 39 (1972), p. 171-204.

IMBACH, R., *Deus est intelligere* : Das *Verhältnis von Sein und Denken* in *seiner Bedeutung für das Gottesverstandnis bei Thomas von Aquin und in den Pariser Quaestionen Meister Eckharts* (Studia Friburgensia, NF 53), Fribourg (Suisse), 1976.

—, « L'averroïsme latin du XIIIᵉ siècle », in *Gli studi di filosofia medievale fra otto e novecento. Contributo a un bilancio storiografico*, Atti del convegno internazionale Roma, 21-23 settembre 1989, a cura di R. Imbach e A. Maierù (Storia e Letteratura, 179), Rome, Edizioni di Storia e Letteratura, 1991, p. 191-208.

—, « Prétendue primauté de l'être sur le connaître. Perspectives cavalières sur Thomas d'Aquin et l'école dominicaine allemande », in *Lectionum varietates. Hommage à Paul Vignaux (1904-1987)*, (Études de philosophie médiévale, LXV), éd. par J. Jolivet, Z. Kaluza, A. de Libera, Paris, Vrin, 1991, p. 121-132.

JOLIVET, J., « Averroès et le décentrement du sujet », in *Le choc Averroès. Comment les philosophes arabes ont fait l'Europe*, *Internationale de l'imaginaire*, 17/18 (1991), p. 161-169.

KUKSEWICZ, Z., « Gilles d'Orléans était-il averroïste ? », *Revue philosophique de Louvain*, 88 (1990), p. 5-24.

—, « Das *Naturale* und das *Supranaturale* in der averroistichen Philosophie », *Miscellanea Medievalia*, 21/1 (1991), Berlin-New York, p. 371-382.

LIBERA, A. (de), *La Mystique Rhénane. D'Albert le Grand à Maître Eckhart* (Points Sagesse), Paris, Éd. du Seuil, 1994.

—, *Albert le Grand et la Philosophie* (A la Recherche de la Vérité), Paris, Vrin, 1990.

MOJSISCH, B., *Die Theorie des Intellekts bei Dietrich von Freiberg* (Beihefte zu Dietrich von Freiberg Opera Omnia, Beiheft 1), Hambourg, 1977.

—, « Die Theorie des Ich in seiner selbst-und Weltbegründung bei Meister Eckhart », in Chr. Wenin, éd.,

L'Homme et son univers au Moyen Age (Philosophes médiévaux, XXVI), Louvain-La-Neuve, 1986, p. 267-272.

—, « *Dynamik der Vernunft* bei Dietrich von Freiberg und Meister Eckhart », in *Abendländische Mystik im Mittelalter*, hrsg. von Kurt Ruh, Symposium Kloster Engelberg 1984, Stuttgart, 1986, p. 135-144

NARDI, B., « Note per una storia dell'averroismo latino », *Rivista di storia della filosofia*, 2 (1947), p. 134-140 et 197-220 ; 3 (1948), p. 120-122 ; 4 (1949), p. 1-12.

PUTALLAZ, F.-X., *Le sens de la réflexion selon Thomas d'Aquin* (Études de Philosophie médiévale, LXVI), Paris, Vrin, 1991.

—, « La connaissance de soi au Moyen Âge : Siger de Brabant », *AHDLMA*, 49 (1992), p. 89-157.

SOLÈRE, J.-L., « La notion d'intentionnalité chez Thomas d'Aquin », *Philosophie*, 24 (1989), p. 13-36.

WÉBER, É.-H., *L'homme en discussion à l'Université de Paris en 1270*, Paris, Vrin, 1970.

—, *Dialogue et dissensions entre saint Bonaventure et saint Thomas d'Aquin à Paris (1254-1273)* (Bibliothèque thomiste, XLI), Paris, Vrin, 1974.

—, *La personne humaine au XIIᵉ siècle* (Bibliothèque thomiste, 46), Paris, Vrin, 1991.

ZIMMERMANN, A. « Albertus Magnus und der lateinische Averroismus », in *Albertus Magnus. Doctor universalis (1280/1980)*, hrsg. von G. Meyer. A. Zimmermann (Walberger Studien 6), Mainz, 1980, p. 465-493.

CHRONOLOGIE

CHRONOLOGIE

Événements politiques et ecclésiologiques	Philosophie, théologie
1179-1223 : Philippe Auguste, roi de France.	
1180 :	Alain de Lille, *Anticlaudianus*.
v. 1182-1193 :	Averroès, *Commentaires d'Aristote. Incohérence de l'Incohérence. Traité décisif.*
1185 :	† Ibn Tufayl.
1189-1199 : Richard Cœur de Lion, roi d'Angleterre.	
1187 : Saladin reprend Jérusalem.	
1190 :	Maïmonide, *Le Guide des indécis*.
1191 : Troisième croisade.	
1198 :	† Averroès.
1200 : Privilège de Philippe Auguste en faveur des écoles de Paris.	Naissance d'Albert le Grand.
1202 : Quatrième croisade.	† Alain de Lille.
1204 : Prise de Constantinople par les croisés. *Partitio Romaniae.*	† Maïmonide.
1204-1261 : Empire latin de Constantinople.	
1209 : Début de la croisade albigeoise. Sac de Béziers.	
1210 : Aristote interdit à Paris.	
1212 : Bataille de Las Navas de Tolosa. *Reconquista* de l'Espagne par les Chrétiens.	

1214 : Bataille de Bouvines.

1215 : Statut de Robert de Courçon. Fondation de l'ordre des prêcheurs.

1217 : Arrivée des prêcheurs à Paris.

1217-1219 : Cinquième croisade.

1219 : Arrivée des Franciscains à Paris.

1220 : Couronnement de l'Empereur Frédéric II de Hohenstaufen (22 novembre).

v. 1220 :   Guillaume   d'Auxerre,
                                               Summa aurea.

v. 1220-1230 :   Michel Scot traduit Averroès.

v. 1220-1235 :   Michel Scot traduit Aristote.

1221 :   † Dominique de Guzman.

1222-1237 : Jourdain de Saxe, maître de l'ordre des prêcheurs.

v. 1224-1225 : Naissance de Thomas d'Aquin à Roccasecca près de Naples.

1226 :   † François d'Assise.

1228 : Guillaume d'Auvergne, évêque de Paris (10 avril). Premières constitutions des Frères prêcheurs.

1229 : Sixième croisade. Traité de Jaffa. Fin de la guerre albigeoise.

1229 : Roland de Crémone O.P., premier maître régent des prêcheurs à Paris.

1230 : Jean de Saint-Gilles O.P., deuxième maître régent des prêcheurs à Paris.

1230-1235 : Hugues de Saint-Cher O.P. maître à Paris.

v. 1230-1329 : Thomas d'Aquin oblat à l'Abbaye bénédictine du Mont-Cassin.

1231 : Confirmation de l'interdiction   † Guillaume d'Auxerre.
d'Aristote par Grégoire IX.

1233-1242 : Guerric de Saint-Quentin O.P., maître à Paris.

1236 :   † Philippe le Chancelier.

1236-1247 : Guillaume de Saint-Amour, maître à Paris.

1238-1240 : Raymond de Peñafort O.P., maître de l'ordre des prêcheurs.

1239-1244 : Thomas d'Aquin étudiant à Naples.

1241 : Condamnation de la théologie « grecque » à Paris.

1241-1252 : Jean de Wildeshausen O.P., maître de l'ordre des prêcheurs.

1242 : Début des invasions mongoles.

1244 : Prise d'habit de Thomas chez les prêcheurs (avril).

1244-1245 : Thomas séquestré par sa famille à Roccasecca.

1245 : Interdiction d'Aristote à Toulouse. Déposition de Frédéric II (17 juillet). **Thomas rejoint les prêcheurs.**

† Jean de la Rochelle.
† Alexandre de Halès.

1245-1248 : Thomas élève d'Albert le Grand à Paris.

1246-1249 :

Albert le Grand, *Commentaire des Sentences.*

1248 : Septième croisade. Fondation du *Studium generale* de Cologne par Albert le Grand. Destruction du *Talmud* à Paris sur édit royal.

1248-1252 : Thomas assistant d'Albert le Grand à Cologne.

Thomas d'Aquin, *Super Isaiam.*

1250 : Captivité de Saint Louis. Mort de Frédéric II (13 décembre).

Albert le Grand, *Super Dionysium De divinis nominibus* ; Bonaventure, *Commentaire des Sentences.*

1250-1252 :

Albert le Grand, *Super Ethica.*

1252 : Statut de la Nation anglaise à la faculté des arts de l'université de Paris.

1252-1256 : Thomas bachelier sententiaire à Paris.

Thomas d'Aquin, *Commentaire des Sentences ; De ente et essentia ; De principiis naturae.*

1253 :

† Robert Grosseteste.

1254-1263 : Humbert de Romans, maître de l'ordre des prêcheurs.

1255 : Statut de la faculté des arts de l'université de Paris (19 mars).

Guillaume de Saint-Amour, *De periculis.*

1256 : Thomas d'Aquin maître en théologie (printemps).

Albert le Grand, « *Dispute d'Anagni* ».

1256-1259 : Thomas maître régent à Paris.

Thomas d'Aquin, *Quaestiones disputatae De veritate ; Super Boethium De Trinitate ; Contra impugnantes.*

1257 : Bonaventure ministre général de l'ordre des mineurs (2 février). **Thomas et Bonaventure entrent dans le *consortium magistrorum* de l'université de Paris (15 août).**

1258 : Prise de Bagdad par les Mongols. Fin du khalifat abbâsside.

1259 : **Retour de Thomas d'Aquin en Italie.**

1259-1261 : Thomas enseigne à Naples.   Thomas d'Aquin, *Summa Contra Gentiles* (début).

1261-1282 : Michel VIII Paléologue, empereur à Byzance.

1263 : Urbain III renouvelle les interdictions de 1231.   Albert le Grand, « *Contre Averroès* ».

1263-1267 :   Albert le Grand, *Metaphysica ; De causis et processu universitatis.*

1264-1283 : Jean de Verceil, maître de l'ordre des prêcheurs.

1265-1268 : Thomas d'Aquin maître régent à Rome.   Thomas d'Aquin, *Prima pars ; Sentencia libri De anima ; Compendium theologiae ; Catena aurea.*

1266 : Traduction du *Commentaire des Catégories* de Simplicius par Guillaume de Moerbeke.

1267 : Roger Bacon, *Opus maius.*   Bonaventure, *Collationes de decem praeceptis* (6 mars-17 avril).

1268 : Bataille de Tagliacozzo. Charles d'Anjou s'empare du Royaume de Naples. Étienne Tempier, évêque de Paris (7 octobre).   Traduction des *Éléments de théologie* de Proclus et du *De anima* de Thémistius par Guillaume de Moerbeke ; Siger de Brabant, *Sophisma* « *Omnis homo* » ; Bonaventure, *Collationes de septem donis.*

1268-1272 : Seconde régence de Thomas d'Aquin à Paris.   Thomas d'Aquin, *Secunda pars ; De aeternitate mundi ; Commentaires sur Aristote ; Quodlibet I-VI et XII.*

1269 : Siger de Brabant, *Quaestiones in III De anima ; Quaestio « Utrum haec sit vera ».*

1270 : Premières condamnations de la philosophie à Paris. † Saint Louis.   Albert le Grand, *De quindecim problematibus.* Saint Thomas d'Aquin, *De unitate intellectus contra averroistas.* † Ibn Sab'în.

1271 : Prise du Krak des chevaliers.   Siger de Brabant, *De aeternitate mundi ; Quaestiones logicales.*

1272 : Scission à la faculté des arts de l'université de Paris.

Siger de Brabant, *Impossibilia* ; *Quaestiones naturales.*

1272-1273 : Thomas d'Aquin maître régent à Naples.

Thomas d'Aquin, *Tertia pars* (q. 1-90).

1273 : Accident de Thomas (6 décembre).

1274 : Ouverture du concile de Lyon (7 mai).

† Nasîr al-Dîn al-Tûsi. **† Thomas d'Aquin (7 mars).** † Bonaventure (15 juillet). Siger de Brabant, *De anima intellectiva.*

1274-1276 :

Siger de Brabant, *Quaestiones super Librum de causis.*

1275 : Fin de la scission à la faculté des arts de l'université de Paris. Pierre d'Auvergne recteur.

1276 : Citation de Siger par l'Inquisiteur. Élection de Jean XXI.

1277 : Condamnation de 219 thèses (dont certaines thomistes) à Paris par Étienne Tempier (7 mars). Condamnations de thèses thomistes à Oxford par l'archevêque de Canterbury Robert Kilwardby, O.P. (18 mars).

1277-1278 :

Guillaume de la Mare O.F.M., *Correctoire de Frère Thomas.*

1280 :

† Albert le Grand.

1281/1284 :

† Siger de Brabant.

1282-1284 :

Correctoires du Corrupteur.

1284 : Confirmation des condamnations d'Oxford par l'archevêque de Canterbury Jean Pecham, O.F.M. (29 octobre).

1285-1314 : Philippe IV le Bel, roi de France.

1286 :

† Guillaume de Moerbeke.

1291 : Prise de Saint-Jean-d'Acre.

1292 :

Roger Bacon, *Compendium studii theologiae.*

1294-1298 :

Eckhart, *Instructions spirituelles.*

v. 1296 :

Dietrich de Freiberg, *De intellectu et intelligibili.*

1298 :

Raymond Lulle, *Declaratio.*

1301-1302 :

Gilles de Rome, *De ecclesiastica potestate.*

1302-1303 :

Duns Scot, *Reportata Parisiensa.*

1303 : Boniface VIII excommunie Philippe
le Bel. Attentat d'Anagni.

1304-1307 :   Dante, *Le Banquet.*

1305 : Excommunication des juifs partisans
de la philosophie par Rabbi Salomon ben
Adret.

1306 :   † Jean de Paris.

1307 :   † Georges Pachymérès.

1308 :   † Duns Scot.

1309 : La papauté s'installe en Avignon.

1310 : Supplice de Marguerite Porète.   Dante, *La Monarchie.*

1314-1347 : Louis IV de Bavière, empereur
d'Allemagne.

1317-1329 :   Gersonide, *Milhamot Adonaï
(Guerres du Seigneur).*

**1319 : Premier procès de canonisation
de Thomas (Naples).**

1320-1325 :   Buridan, *Somme de logique.*

**1321 : Second procès de canonisation
de Thomas (Fossanova).**   † Dante.

**1323 : Canonisation de Thomas en Avi-
gnon par Jean XXII (18 juillet).**   Ockham, *Somme de logique.*

1325 : Révocation des condamnations parisiennes en ce qui concerne Thomas
d'Aquin (14 février).

INDEX

Les chiffres renvoient aux pages de ce livre, les chiffres suivis d'un astérisque correspondent à des textes ou des auteurs nommément cités par Thomas lui-même. Les références à Aristote sont données d'après la numérotation de Bekker.

TABLE

LA PHILOSOPHIE DANS LA GF-FLAMMARION

MACHIAVEL
Le Prince (317). L'Art de la guerre (615).

MALTHUS
Essai sur le principe de population (708 et 722).

MARC AURÈLE
Pensées pour moi-même suivies du Manuel d'Épictète (16).

MONTAIGNE
Essais (210, 211, 212).

MONTESQUIEU
Lettres persanes (19). Considérations sur les causes de la grandeur des Romains et de leur décadence (186). De l'esprit des lois (325 et 326).

MORE
L'Utopie (460).

NIETZSCHE
Le Crépuscule des idoles. Le Cas Wagner (421). Ecce homo. Nietzsche contre Wagner (572). Seconde Considération intempestive (483). Le Livre du philosophe (660).

PASCAL
Pensées (266). Préface au Traité du vide. De l'esprit géométrique et autres textes (436).

PENSEURS GRECS AVANT SOCRATE (31).

PLATON
Le Banquet-Phèdre (4). Apologie de Socrate. Criton. Phèdon (75). Protagoras. Euthydème. Gorgias. Ménexène-Ménon. Cratyle (146). Premiers Dialogues (129). République (90). Sophiste. Politique. Philèbe. Timée. Critias (203). Théétète. Parménide (163). Gorgias (465). Phèdre (488). Lettres (466). Ion (529). Euthydème (492). Phèdon (489). Ménon (491). Timée. Critias (618). Sophiste (687). Théétète (493).

QUESNAY
Physiocratie (655).

RICARDO
Principes de l'économie politique et de l'impôt (663).

ROUSSEAU
Discours sur l'origine et les fondements de l'inégalité parmi les hommes. Discours sur les sciences et les arts (243). Du contrat social (94). Émile ou de l'éducation (117). Essai sur l'origine des langues et autres textes sur la musique (682). Lettre à M. d'Alembert sur son article Genève (160). Considérations sur le gouvernement de Pologne. L'Économie politique. Projet de constitution pour la Corse (574).

SÉNÈQUE
Lettres à Lucilius (1-29) (599).

SMITH
La Richesse des nations (598 et 626).

SPINOZA
Œuvres. I- Court traité. Traité de la réforme de l'entendement. Principes de la philosophie de Descartes. Pensées métaphysiques (34). II- Traité théologico-politique (50). III- Éthique (57). IV- Traité politique. Lettres (108).

TOCQUEVILLE
De la démocratie en Amérique (353 et 354). L'Ancien Régime et la Révolution (500).

VICO
De l'antique sagesse de l'Italie (742).

VOLTAIRE
Lettres philosophiques (15). Dictionnaire philosophique (28). Traité sur la tolérance (552).

PUBLICATIONS NOUVELLES

Cet ouvrage a été composé par EUROCOMPOSITION
à 92310 Sèvres, France

GF – TEXTE INTÉGRAL – GF

94/08/M4846-IX-1994 – Impr. MAURY Eurolivres SA, 45300 Manchecourt.
Nᵒ d'édition 15463. – septembre 1994. – Printed in France.